COURS

D'ÉCONOMIE POLITIQUE

COURS

D'ÉCONOMIE POLITIQUE

OUVRAGES DU MÊME AUTEUR :

Bruxelles. — Typ. de A. LACROIX, VERBOECKHOVEN et Cie, rue ROYALE, 3, impasse du Parc.

COURS

D'ÉCONOMIE POLITIQUE

PAR

M. G. DE MOLINARI

Professeur au Musée de l'industrie, Directeur de l'ÉCONOMISTE BELGE, etc.

—

DEUXIÈME ÉDITION

REVUE ET AUGMENTÉE

TOME II

LA CIRCULATION ET LA CONSOMMATION DES RICHESSES

BRUXELLES ET LEIPZIG

A. LACROIX, VERBOECKHOVEN ET Cie.

RUE ROYALE, 3, IMPASSE DU PARC

PARIS

GUILLAUMIN ET Cie, ÉDITEURS

RUE RICHELIEU, 14

—

1863

TROISIÈME PARTIE

DE LA CIRCULATION

PREMIÈRE LEÇON

LES POIDS ET MESURES

Récapitulation de quelques notions élémentaires. — Les besoins des hommes, la production, l'association des agents productifs, la division du travail. — Multiplication des échanges résultant du développement croissant de ces deux derniers phénomènes. — Nécessité de l'intervention des mesures de quantité et de valeur dans les échanges. — Comment se constituent les étalons de mesure ou de poids. — L'unité économique et l'unité physique. — Les anciens systèmes de poids et mesures. — Leurs inconvénients. — Le système métrique. — Vices de ce système artificiel et arbitraire. — A quoi doit se borner l'intervention gouvernementale en matière de poids et mesures. — Par quelle voie pourra s'opérer utilement l'uniformisation des poids et mesures. — Note sur le système métrique.

Les richesses se produisent et se distribuent dans la société sous l'impulsion des besoins des hommes. Ces besoins, dont nous ressentons l'aiguillon à des degrés divers, on les a rangés, conformément à leurs caractères particuliers, en trois catégories : les besoins *physiques*, *intellectuels* et *moraux*. Ils exigent pour être satisfaits, apaisés, l'assimilation ou la *consommation* d'une certaine quantité de produits ou de services en harmonie avec leur nature. Tel est le premier phénomène qui appelle l'attention de l'économiste.

Mais ces produits ou ces services ne naissent pas spontanément à l'appel de nos besoins. Il faut les créer. Le milieu où nous vivons nous en offre, à la vérité, tous les éléments matériels et immatériels; mais ces éléments sont épars et bruts. Il faut les découvrir, les rassembler et les façonner, de manière à les approprier aux besoins qu'il est dans leur nature de satisfaire. Il faut ensuite les mettre à la portée des individus ou des agglomérations d'individus qui éprouvent ces besoins, autrement dit des consommateurs. Ces diverses opérations constituent la *production* et elles forment le second phénomène que doit étudier l'économiste.

Si l'on examine comment s'opère la production, on s'aperçoit qu'elle a ses conditions et ses exigences naturelles; qu'elle implique, avant tout, la réunion sur un point donné de l'espace et du temps, d'une certaine quantité d'*agents productifs*. S'agit-il par exemple de produire du blé, c'est à dire une denrée de nature à satisfaire le besoin physique de l'alimentation? Il faut une certaine étendue de terre propre à la production de cette céréale, un certain nombre d'hommes, pourvus de la force, des aptitudes et des connaissances requises pour accomplir les différentes opérations de la production agricole, un certain nombre d'animaux, d'outils et de machines, des engrais et de la semence, des bâtiments pour abriter les travailleurs, les instruments et les matériaux, des approvisionnements de diverses sortes pour entretenir et renouveler le personnel et le matériel de la production. S'agit-il de produire du drap, il faut de même un personnel et un matériel ad hoc, réunis dans les proportions voulues, des travailleurs, des bâtiments, des outils, des machines, des matières premières. S'agit-il enfin d'un produit immatériel, de la sécurité par exemple, nous retrouvons une réunion analogue d'agents productifs, savoir un personnel composé d'administrateurs, de magistrats, d'hommes de police, de militaires; un matériel consistant en bureaux d'administration, en palais de justice, en prisons, en casernes et en forteresses, avec leur mobilier et leur outillage, enfin les matériaux et les provisions nécessaires au fonctionnement et à l'entretien de ce personnel et de ce matériel.

Si nous parcourons les ateliers de toute sorte où l'on s'occupe de produire les innombrables objets matériels ou immatériels nécessaires à la satisfaction de nos besoins physiques, intellectuels ou moraux, nous serons partout frappés du même spectacle. Partout, nous constaterons la réunion, dans des proportions déterminées par la nature de l'œuvre à accomplir, d'une certaine somme d'agents productifs, travail, capital, agents naturels appropriés, constituant le *personnel* et le *matériel* de la production.

Un autre phénomène nous frappera encore : c'est la *division du travail*, c'est à dire le fractionnement de la production en une multitude de foyers ou d'ateliers *spéciaux*, où l'on s'occupe de la confection d'une seule espèce de produits, afin d'obtenir un résultat plus considérable en échange d'une dépense moindre.

Ces deux phénomènes essentiels qui caractérisent la production se développent d'une manière progressive à mesure que l'industrie humaine se perfectionne : l'association des agents productifs s'opère sur une échelle plus vaste et la division du travail s'étend davantage.

Lorsque la production encore dans l'enfance s'opère dans le

cercle resserré de la famille ou de la tribu, l'association des agents productifs et la division du travail n'existent qu'à l'état rudimentaire. Les industries peu nombreuses qui sont alors exercées pour satisfaire aux besoins de première nécessité, n'exigent qu'une faible agglomération d'agents productifs : des agents naturels imparfaitement appropriés, quelques travailleurs pourvus de connaissances élémentaires, un petit nombre d'outils grossiers, enfin les matériaux et les approvisionnements indispensables pour faire fonctionner, entretenir et renouveler cette primitive agglomération d'agents productifs, jusqu'à ce que la pêche, la chasse, l'élève des bestiaux, souvent encore le brigandage aient fourni aux producteurs leurs moyens d'existence accoutumés. En même temps, la division du travail existe à peine. Chaque famille produit elle-même la plus grande partie des choses qui servent à nourrir, à vêtir, à loger et à défendre ses membres. L'échange n'apparaît, en conséquence, que comme un fait exceptionnel.

Dans nos sociétés civilisées, au contraire, quel spectacle frappe nos regards? Nous voyons dans la plupart des branches de l'activité humaine les agents productifs groupés, associés, combinés par masses, et la division du travail étendue à l'infini. Prenons pour exemple la production d'un vêtement de laine. Tandis que dans la première phase du développement de l'industrie, un chef de famille, éleveur de moutons, remettait les toisons qu'il avait tondues et lavées lui-même à sa femme et à ses filles, pour les filer, les tisser et en façonner, à l'aide d'un outillage simple et grossier, les vêtements à l'usage de la famille, de nos jours, la production des mêmes vêtements exige l'application d'une masse énorme de capital et de travail divisés. La laine provient, par exemple, des immenses bergeries de l'Australie. De ce premier foyer de production, la matière première est transportée dans un magasin à Sydney, puis chargée à bord d'un navire qui l'apporte en Angleterre où elle commence par être déposée dans un entrepôt. De là, elle passe dans une manufacture où elle est préparée et filée. Souvent, elle est tissée dans un autre établissement, teinte dans un troisième, apprêtée dans un quatrième. L'étoffe achevée passe dans les mains des marchands de gros, de demi-gros et de détail, enfin, dans celles du tailleur ou du confectionneur qui en fait des vêtements. Parfois encore elle est livrée au commerce sous cette dernière forme, transportée par terre et par mer, et on la voit revenir, après un immense circuit, au lieu de provenance de la matière première. Les transformations et les transports dont la laine a été l'objet, avant de passer à l'état de vêtement et d'être mis sous cette forme à la portée des consommateurs, se sont multipliés à l'infini, et chacune de ces transformations, chacun de ces transports a été opéré dans un foyer de production spécial, où se trouvent agglomérés et associés par masses des agents productifs de nature et de provenance diverses.

Or, ces deux phénomènes progressifs, l'association des agents productifs et la division du travail, exigent, d'une manière de plus en plus fréquente et précise, l'application des mesures de quantité et de valeur, soit aux agents et aux éléments de la production, soit aux produits.

Dans l'enfance de la production, lorsque chaque famille produit elle-même, à l'aide des agents et des éléments dont elle dispose, les choses qui servent à la satisfaction des besoins de ses membres, la nécessité de mesurer les quantités et les valeurs se fait peu sentir. Il suffit alors d'apprécier d'une manière approximative l'étendue des pâturages nécessaires à l'alimentation du bétail, la quantité de subsistances qu'il faut mettre en réserve pour la mauvaise saison, etc. Il est encore moins nécessaire de mesurer la valeur des produits que la famille crée pour sa subsistance et son entretien puisqu'elle consomme elle-même ces produits, sans en échanger aucune portion. Cependant, dès qu'une séparation survient dans la famille, dès que certains membres demandent à se retirer de la communauté en réclamant leur part dans le capital et dans les produits communs, il faut bien mesurer cette part. Il faut compter les troupeaux, faire l'inventaire des provisions et tâcher aussi de se former une idée de la valeur comparative de ces capitaux ou de ces produits à partager. Cette nécessité de mesurer et d'évaluer les choses devient plus prononcée, d'une part, lorsque des individus appartenant à des familles différentes réunissent leurs forces et leurs capitaux pour produire, d'une autre part, lorsque la division du travail intervenant, chaque individu ou chaque famille ne produit plus directement tous ses objets de consommation, mais s'en procure une partie par l'échange. Dans ce nouvel état de choses, il est indispensable que chacun mesure aussi exactement que possible la quantité et la valeur des agents et des matériaux qu'il associe à ceux d'autrui pour produire, afin de pouvoir apprécier la quote-part qui doit lui revenir dans les résultats de la production ; il n'est pas moins indispensable encore que chacun mesure la quantité et la valeur des produits qu'il échange.

La nécessité de *mesurer* les quantités et les valeurs dans cette phase nouvelle et progressive de la production étant bien établie, il s'agit de savoir ce que doivent être les *mesures*.

Les mesures doivent remplir plusieurs conditions essentielles. Elles doivent :

1° Être en harmonie avec la nature des choses qu'il s'agit de mesurer, et offrir aux détenteurs de ces choses un point d'appréciation ou de comparaison d'une perception claire et facile ;

2° Être autant que possible fixes ou stables.

Que la mesure doive être appropriée à la nature des choses qu'il s'agit de mesurer, cela se conçoit aisément. S'agit-il, par exemple, de terre? Ce qu'il faut, c'est une mesure de superficie. S'agit-il d'un produit mobilier solide, liquide ou gazéiforme? C'est une mesure de poids, de longueur ou de capacité. S'agit-il de travail? C'est une mesure de force ou de temps. L'étendue, la pesanteur, la force, le temps, voilà les éléments des mesures de quantité. La valeur, voilà, de même, l'élément des mesures de valeur.

Occupons-nous d'abord des mesures de quantité et des conditions essentielles qu'elles doivent remplir.

L'élément constitutif d'une mesure de quantité, étendue, pesanteur, force ou temps, doit être, comme nous venons de le voir, en harmonie avec la nature de la chose qu'il s'agit de mesurer. C'est un poids pour une chose pesante, une surface pour une chose étendue, etc. Mais ce n'est là que l'élément brut, on pourrait dire la matière première de la mesure. Il faut façonner cet élément brut, cette matière première. Il faut en tirer une unité ou, pour nous servir de l'expression consacrée, *un étalon* auquel on puisse rapporter les quantités qu'il s'agit de mesurer. Il faut encore diviser et multiplier cette unité ou cet étalon, afin de mesurer les quantités qui y sont contenues ou qui la contiennent. Est-ce le hasard qui a présidé au choix des unités ou des étalons de mesure, de leurs divisions et de leurs multiples, ou bien ce choix a-t-il été déterminé, comme celui de l'élément constitutif dans lequel on les a pris et façonnés, par la nature des choses?

Une étude attentive démontre qu'on a dû chercher dès l'origine, pour la constitution des étalons, la réunion de certaines qualités, les unes économiques, les autres physiques.

Les quantités le plus souvent demandées des différents produits ou services ont dû, selon toute apparence, déterminer partout le choix des étalons de mesure ou de poids. Il était, en effet, naturel de choisir pour unité la quantité qui se présentait le plus communément dans les transactions, partant qui était la mieux et la plus généralement connue, comme aussi la plus facile à vérifier, au moins d'une manière suffisante pour l'usage. Cette conjecture est confirmée par l'histoire, à la vérité assez obscure et mal étudiée, des poids et mesures. C'est ainsi que les divers peuples de l'Europe ont depuis un temps immémorial adopté des étalons de poids qui ne présentent que des différences peu sensibles, bien qu'il n'y ait eu pour cet objet, entre eux, aucune entente, aucun accord préalable. Cette quasi uniformité des étalons de poids dans des contrées fort éloignées les unes des autres trouve son explication la plus naturelle dans ce fait que les besoins de l'alimentation qui provoquent partout la demande la plus usuelle des choses pesantes sont, partout aussi, à peu près les mêmes. Les quantités de subsistances le plus souvent demandées ne différant que d'une manière peu sensible sous l'influence des circonstances particulières de race et de climat, il a dû en résulter une certaine uniformité dans les *unités économiques* de poids.

Quant aux divisions et aux multiples de l'unité, on n'a pas

manqué de choisir partout ceux qui présentaient le plus de
commodité dans l'usage. C'est ainsi que la division par moitié,
quart, demi-quart, once, qui est de beaucoup la plus commode
et la plus facile à concevoir au moins pour les mesures de poids
et de capacité, a généralement prévalu.

Cependant, cette unité dont les besoins économiques de la
société avaient déterminé le choix, il fallait la concréter dans
un objet matériel qui s'y adaptât et qui demeurât le même en
tous temps. Selon la plupart des historiens, on choisit pour
type de la mesure de poids le grain d'orge ou de blé. On
compta le nombre de grains qui étaient nécessaires pour former
une livre et ce nombre devint l'étalon de poids. Pour mesures de
longueur, on choisit certaines parties ou certains mouvements
du corps humain (1). Tels furent le pied, le pas, la coudée, la
brasse. Mais ce choix demeurait toujours subordonné à la nature
des choses à mesurer, et l'*unité physique* devait répondre à
l'*unité économique* appropriée aux besoins des échanges, qu'elle
servait à faciliter. Il semblerait naturel, par exemple, que l'on
eût pris la taille moyenne de l'homme pour unité de longueur.

---

(1) L'opinion d'un ancien philosophe, cité par Platon (*in Theateto*), que
l'*homme est la mesure de toutes choses*, convient à ce qui compose les mesures
itinéraires et dans un sens littéral, indépendamment d'aucun rapport, aux
connaissances purement intellectuelles. L'emploi des termes de *pied*, de *coudée*,
de *palme*, de *pouce*, de *doigt*, de *pas* commun, de *brasse* en est la preuve. Il
faut même ajouter qu'il y a tout lieu de croire que la mesure propre aux parties qu'on vient de nommer, selon leur proportion dans la stature commune des
hommes, a été d'un usage primitif, en précédant l'usage postérieur des mesures
qui passent le naturel par l'étendue qu'on leur a donnée, ce qu'il faut attribuer aux mathématiciens, comme le pas' géométrique en fournit un indice.
(D'ANVILLE, *Traité des mesures itinéraires anciennes et modernes.*)

On n'en fit rien cependant. Pourquoi? Parce que cette unité était trop grande pour l'usage habituel. Parce que l'on demandait plus souvent une longueur répondant à celle du pied ou de la coudée qu'à celle du corps.

Pour mesurer le travail, on a choisi généralement une unité de temps, la journée, que l'on a divisée par moitié et par quarts. Cette unité a été choisie parce que la quantité de travail le plus souvent demandée est celle qui peut être livrée dans l'espace d'une journée. Cependant elle avait le défaut de manquer essentiellement de précision, car la durée de la journée de travail ne représente nullement, comme on sait, la durée du jour astronomique. A l'origine, on se contentait même de certaines indications assez vagues pour la spécifier. C'était, par exemple, l'intervalle compris entre le lever et le coucher du soleil, déduction faite du temps nécessaire pour les repas. Plus tard, à mesure qu'un plus grand nombre d'ouvriers ont été employés à une même œuvre, on a senti le besoin d'une précision plus grande, et l'on a spécifié l'heure à laquelle la journée devait commencer et celle à laquelle elle devait finir, ainsi que la durée des intervalles consacrés aux repas. Mais la journée n'en est pas moins demeurée l'unité générale de mesure pour le travail. Ce n'est pas une unité physique, puisque la journée de travail n'a rien de commun avec la journée astronomique. C'est une unité économique.

Certains travaux se mesurent toutefois à l'aide d'une unité plus longue, en vertu de leur nature particulière. S'agit-il, par exemple, des services d'un contre-maître, d'un commis ou d'un directeur d'exploitation; on ne peut évidemment les demander pour une journée comme lorsqu'il s'agit de ceux d'un simple ouvrier, car il faut déjà plusieurs jours à un contre-maître ou à un commis pour se mettre au courant de sa besogne. Selon que le travail exige une mise en train plus ou moins longue, selon encore qu'il comporte une responsabilité plus ou moins grande, on demande les services du travailleur pour un mois, pour un trimestre ou pour un an. L'unité de mesure des travaux de cette catégorie, c'est alors le mois, le trimestre ou l'année.

Certains travaux comportent enfin une unité plus courte que la journée. Les artistes dramatiques sont fréquemment payés par représentation, les professeurs par leçon. La durée de la représentation ou de la leçon est rarement spécifiée. C'est l'usage qui en décide, — et l'usage à son tour est fondé sur la nature du travail demandé. Les leçons se demandent plus ou moins longues selon que la science ou l'art qu'il s'agit d'étudier exige une application plus ou moins forte et suivie des facultés de l'étudiant, et, par conséquent, cause plus tôt de la fatigue. De là, une certaine diversité, fondée comme toujours sur la nature des choses, dans la leçon considérée comme unité de mesure d'une catégorie particulière de travaux.

Le choix de l'étalon de mesure ou de poids est donc déterminé d'abord par la nature des choses à mesurer ou à peser, ensuite par la quantité de ces choses qui est le plus communément demandée. Cette unité économique est concrétée ensuite dans une unité physique qui s'y ajuste, et qui puisse être aisément reconnue et vérifiée, comme le grain de blé, d'orge ou de riz pour le poids, les dimensions ou les mouvements du corps humain pour la longueur, les divisions naturelles du temps pour les services mesurables par la durée.

Il ne suffit pas toutefois que l'étalon ainsi façonné offre un point de comparaison facile à apprécier et à vérifier, il faut encore qu'il demeure fixe ou stable. Ceci ne comporte point une longue démonstration. Supposons que les mesures en usage soient sujettes à varier, sans qu'on puisse prévoir et calculer à l'avance leurs variations, il deviendra impossible de conclure un marché sur une base certaine. On recevra une quantité supérieure ou inférieure à celle dont la livraison aura été stipulée, selon que la mesure sera devenue plus lourde ou plus légère, qu'elle se sera allongée ou rétrécie dans l'intervalle, et cette instabilité de la mesure, en rendant toutes les transactions incertaines, opposera un obstacle sérieux à leur multiplication.

Il importe de même que l'étalon choisi présente un type uniforme, car sa diversité peut donner naissance à d'incessantes contestations. A cet égard, il semble que certains types primitivement adoptés, tels par exemple que les dimensions et les mouvements du corps humain aient laissé beaucoup à désirer.

Cependant l'inconvénient qui en résultait, était moindre qu'on ne serait tenté de le supposer au premier abord. Les dimensions et les mouvements de la grande majorité des hommes d'une même race forment, en effet, une moyenne, dont l'approximation est facile. Or, cette approximation pouvait suffire aux époques où les échanges étaient encore peu fréquents et les contrats à longs termes presque inconnus. L'extrême précision et l'extrême stabilité de la mesure n'auraient eu alors qu'une faible utilité pratique. Lorsque ce besoin de précision et de stabilité commença à se faire sentir, on ne manqua pas d'y pourvoir. On façonna, en employant des matériaux aussi peu altérables que possible, du bois dur ou des métaux, des étalons-types qui reproduisaient en les fixant, les mesures en usage. On se servit de ces étalons-types pour vérifier les poids et mesures, et, au besoin, pour les redresser ou les rectifier quand ils venaient à s'altérer. Dans l'antiquité, on les conservait dans les temples sous la responsabilité des prêtres et sous la protection des dieux. Plus tard, lorsque les fonctions religieuses ont commencé à se séparer des fonctions judiciaires et administratives avec lesquelles elles étaient primitivement confondues, les gouvernements se sont chargés de la conservation des étalons de poids et de mesures.

Malheureusement, les gouvernements ne s'en sont pas tenus là. Ils ne se sont pas bornés à conserver intacts les types en usage, et à s'en servir pour réprimer les fraudes et les tromperies sur les poids et mesures. Ils ont eu la prétention d'en créer de nouveaux, et de les imposer aux populations, sans rechercher si ces nouveaux étalons répondaient mieux que les anciens aux besoins ou aux convenances des consommateurs. C'est ainsi que le *système métrique* a été imposé à la France et aux pays qui suivent d'habitude son exemple, bon ou mauvais, pour remplacer les poids et mesures de l'ancien régime.

Ce système, inventé et combiné par un « comité » de physiciens et de mathématiciens, peut être une fort agréable conception physico-mathématique, mais il a le défaut capital de ne tenir aucun compte de l'élément essentiel en matière de poids et mesures, savoir de l'unité économique. Ses inventeurs ont commis, en effet, la faute grave de prendre, en matière de poids par exemple, une unité beaucoup plus forte que celle que comportent les besoins des populations; on a dû, en conséquence, la partager par moitié dans l'usage; ce qui a engendré une complication au lieu d'amener une simplification. Les nouvelles divisions décimales de l'étalon de poids avaient encore l'inconvénient d'être difficiles à reconnaître, et de compliquer les calculs beaucoup plus que les anciennes divisions, par demi, par quart, etc., et la mauvaise foi des marchands de détail n'a pas manqué d'exploiter largement cette imperfection du nouveau système, aux dépens de la masse des consommateurs pauvres et ignorants. Quant au nouvel étalon de longueur, le mètre, il avait le défaut non moins grave de ne pouvoir être aisément approximé comme l'étaient les étalons tirés des dimensions du corps humain, le pieds, la palme, la coudée, la brasse. Quelques autres parties du système, celles qui concernaient la division du temps et la mesure des angles, par exemple, étaient encore beaucoup moins acceptables (1). Aussi, ce système artificiel a eu beau être présenté au monde comme le plus merveilleux et le plus enviable des progrès : nulle part on a pu le faire accepter de plein gré, nulle part même on n'a pu l'imposer dans toutes ses parties, malgré la prohibition rigoureuse dont on a frappé les anciens systèmes déclarés « routiniers » ou « rétrogrades. »

Sans doute, la diversité, le manque d'uniformité et de fixité

---

(1) Nous ne parlerons pas, dit l'auteur d'une savante critique du système métrique, de la mesure du temps, parce que nous croyons qu'il n'a été fait à cet égard que de très timides essais ; mais, pour la mesure des angles, on ne s'est pas borné à de simples essais, on a fait des calculs prodigieux pour mettre à la disposition des géomètres, des astronomes, des géographes, des tables dans lesquelles l'angle droit est divisé en 100 degrés, les degrés en 100 minutes... Nous avons lu quelque part que M. de Prony employa à ces calculs les nombreux garçons perruquiers que l'abandon de la poudre et de la queue avait mis sur le pavé. Peine perdue ! les savants n'ont jamais voulu de leur œuvre ; ils ont conservé les 90 degrés, comme le peuple a conservé les vingt sous ; ils se sont aperçus un peu tard que le calcul décimal cessait d'être bon quand il cessait d'être commode. (J. DUPUIT, *Dictionnaire de l'économie politique*, art. *Poids et mesures.*)

de ces systèmes, dans certains cas aussi, la complication de leurs divisions présentaient des inconvénients. Cependant, ces inconvénients étaient moindres que ne se plaisent à le supposer les admirateurs fanatiques du système métrique, et d'ailleurs on pouvait aisément les corriger, sans créer de toutes pièces un système arbitraire aussi mal adapté que possible aux besoins des populations.

S'agit-il, par exemple, de la fixité des poids et mesures. Sous ce rapport, il serait impossible, assure-t-on, de concevoir quelque chose de plus parfait qu'un système basé sur la mesure de notre globe et sur le poids spécifique de l'eau distillée. Soit! mais en admettant même que cette perfection existe (ce qui n'est point, car on a reconnu trop tard qu'une erreur a été commise dans la détermination de la longueur du mètre), elle n'aurait aucune importance dans la pratique, et elle serait, en tous cas, fort loin de compenser les inconvénients et les embarras quotidiens qui résultent de l'établissement d'un étalon arbitraire, en désaccord avec l'étalon économique qui ressort de la nature des choses à peser ou à mesurer. Les anciens étalons que l'on conservait dans les temples et plus tard dans les administrations publiques présentaient une fixité bien suffisante dans la pratique, et ils avaient cet avantage que l'homme le plus ignorant pouvait, sans aucun effort, se les représenter, en les rapportant à la dimension ou au poids généralement connu qu'ils servaient à fixer (1). Enfin, en

---

(1) En France, lisons-nous dans le *Dictionnaire des monnaies* d'Abot de Bazinghen, les étalons de poids pour l'or étaient, avant François Ier, soigneusement gardés dans le palais des rois de France. Ce prince ordonna en 1540

admettant qu'il y eût nécessité d'assurer mieux la fixité des étalons, ne suffisait-il pas de calculer le rapport existant entre l'étalon de mesure et la longueur du pendule ou bien encore

---

qu'ils seraient déposés et gardés en la cour des monnaies où ils sont restés depuis.

C'est à la cour des monnaies que l'on s'adresse présentement pour faire étalonner tous les poids qui servent à peser les métaux et autres marchandises, comme les poids de trébuchet, les poids de marc et les poids massifs de cuivre, ensuite on les marque d'une fleur de lis, savoir ceux de Paris en présence de l'un des conseillers de la cour commis à cet effet et ceux des autres villes en présence des juges-gardes des monnaies ou autres juges commis par la cour. Il y a pour cet effet des poids de chaque sorte qu'on nomme *étalons*, dans les hôtels des monnaies du royaume, étalonnés sur les poids déposés en la cour des monnaies.

Cet étalon du poids de marc se nomme *archétype*, mot qui signifie original, patron ou modèle. Il est gardé dans le cabinet de la cour, dans un coffre fermé à trois clefs, dont l'une est entre les mains de M. le premier président, l'autre en celles du conseiller commis aux mandements et la troisième en celles du greffier.

Ce fut sur ce poids original qu'en 1494, le sixième du mois de mai, un arrêt du parlement ordonna que tous changeurs, orfévres et autres usant du poids de marc pour peser l'or et l'argent seraient tenus de faire étalonner et ajuster leurs poids, avec défenses sous peine arbitraire et de punition corporelle en cas de récidive de se servir de poids non étalonnés en la cour des monnaies.

C'est encore sur l'étalon de cette cour que doivent être étalonnés les poids dont se servent les maîtres et gardes du corps de l'épicerie et les maîtres apothicaires lorsqu'ils font leurs visites générales ou ordinaires chez les marchands de leur corps et chez tous les autres marchands, ouvriers et artisans qui vendent leurs ouvrages et marchandises au poids. Cet étalonnage se fait en présence de deux conseillers de la cour des monnaies.

L'étalon du poids de marc de France a toujours été si estimé pour sa justesse

celle des méridiens (quoique l'opération de la mesure des
méridiens fût, l'expérience l'a prouvé, coûteuse, difficile et
incertaine). Ce rapport, une fois connu, ne pouvait-on pas

---

et sa précision, que les nations étrangères ont quelquefois envoyé rectifier leurs
propres étalons sur celui de la cour des monnaies.

On remarque entre autres exemples que l'empereur Charles-Quint envoya
à Paris en 1529 M. Thomas Grammaye, conseiller et général de ses monnaies,
pour faire étalonner un poids de deux marcs, dont on se servait alors pour
étalons dans les monnaies de Flandre. Cet étalon s'étant trouvé trop fort de
vingt-quatre grains par marc, fut réduit sur celui de la cour des monnaies, de
quoi il fut tenu registre et fait procès-verbal par les officiers commis pour
cette opération. Pour conserver la mémoire de cet étalonnement il fut fondu
trois poids de laiton par ordre de François Ier, sur lesquels furent empreints
d'un côté les armes du roi et de l'autre celles de l'empereur.

De ces trois poids ainsi étalonnés, l'un fut envoyé à l'empereur, l'autre à
Marguerite d'Autriche, gouvernante des Pays-Bas, et le troisième fut présenté
au roi par des députés de la chambre des monnaies. On joignit à ces trois poids
trois procès-verbaux dressés le 13 août de cette même année 1529, l'un pour
le roi, l'autre pour l'empereur et le troisième pour la chambre des monnaies.

En février 1756, eut lieu un nouvel étalonnage pour le gouvernement des
Pays-Bas.

Enfin, le 3 décembre 1760, vérification fut pareillement faite sur le poids
original de France du marc d'Angleterre étalonné et vérifié à la cour de Londres, apporté à la chambre des poids de la cour des monnaies par le sieur
Tillet, de l'Académie royale des sciences, ci-devant directeur de la monnaie
de Troyes ; le marc d'Angleterre de douze onces, poids de Troyes qui est celui
d'usage en Angleterre, s'est trouvé plus fort d'un gros deux grains que celui
de France. (ABOZ DE BAZINGHEM, *Traité des monnaies*, art. *Étalons* et *Poids
de marc.*)

Ces étalonnages n'accusent-ils pas une tendance à l'uniformisation des
poids et mesures, tendance que l'adoption d'un nouveau système en désaccord
complet avec les systèmes en usage a contrariée au lieu de la favoriser ?

toujours rétablir les étalons-types, en supposant, chose peu
probable, qu'ils vinssent à s'altérer d'une manière appréciable?
A la vérité, ce rapport n'aurait pas été exprimé par une quantité régulièrement décimale, mais la régularité mathématique
n'était ici nullement nécessaire, et la preuve c'est qu'après avoir
tout sacrifié à ce besoin prétendu d'une régularité mathématique,
on a fini par ne point l'obtenir, car, par suite de l'erreur men-
tionnée plus haut, le mètre ne représente pas exactement la
dix millionième partie du quart du méridien.

S'agit-il de l'uniformité des poids et mesures? Il ne faudrait
pas, non plus, s'en exagérer les avantages. La plus forte
proportion des échanges s'effectue partout dans la même ville,
dans le même canton ou dans la même province. Les échanges
à distance, de pays à pays, par exemple, sont peu nombreux en
comparaison de ceux-là. La diversité des systèmes présente, en
conséquence, des inconvénients moindres que l'uniformité d'un
système incommode.

Cette diversité était certainement poussée à l'excès sous
l'ancien régime. Par suite du morcellement politique qui
caractérisa le moyen âge, chaque seigneurie ou chaque commune, constituée comme un État à part, eût ses mesures
particulières. Mais il n'en résultait qu'un faible inconvénient,
à cause de la rareté des échanges à distance. Ce fut seulement
lorsque la sphère des échanges commença à s'agrandir, grâce
aux progrès de la sécurité intérieure et au développement des
moyens de communication que cet inconvénient se fit sentir.
Alors aussi, on ne manqua pas d'y porter remède en adoptant
des mesures communes et spéciales pour les marchandises qui
s'échangeaient à distance, le last pour les grains, le marc pour
les métaux précieux, le carat pour les diamants et les autres

pierres fines, sans tenir aucun compte de la « nationalité » des choses à peser ou à mesurer. L'uniformisation des poids et mesures se serait ainsi, selon toute apparence, opérée d'elle-même, dès qu'elle serait devenue nécessaire, si les gouvernements n'y avaient point mis obstacle en imposant, dans les limites de leur juridiction, un système qualifié de « national. » L'Unité, adoptée d'un commun accord, aurait été, selon toute apparence aussi, la mieux appropriée aux convenances du plus grand nombre; elle aurait été, sur le marché général ce qu'elle avait été d'abord sur les marchés particuliers, savoir : *la quantité la plus demandée.*

Cette prétention, d'ailleurs assez moderne, des gouvernements d'imposer un certain système de poids et mesures dans les limites de leur juridiction, à l'exclusion de tout autre système indigène ou étranger, est peut-être ce qui a le plus contribué à retarder l'uniformisation des poids et mesures. Si l'on veut que ce progrès s'accomplisse, il faudra, *avant tout,* que les gouvernements cessent d'imposer aux échangistes un système arbitraire à l'exclusion de tout autre; comme s'ils étaient plus capables que les intéressés eux-mêmes de choisir les étalons les mieux appropriés à chaque espèce d'échange! Il faudra pour tout dire que les gouvernements reconnaissent *la liberté du mesurage,* en se bornant désormais à vérifier les poids et mesures en usage, et à réprimer les fraudes auxquelles le mesurage peut donner lieu. Alors, mais alors seulement, on verra s'établir dans toute l'étendue du monde civilisé un système uniforme de poids et mesures. Ce système se constituera, non par l'adoption en bloc du système en vigueur dans tel ou tel pays, mais par la généralisation successive des poids et mesures déjà existants dans les différents systèmes ou encore à trouver,

qui conviennent le mieux à chaque catégorie de produits et de
services à peser ou à mesurer (1).

---

(1) Au nombre des critiques les plus judicieuses qui aient été faites du système métrique, nous citerons celle qui parut dans la *Revue d'Édimbourg* à
l'occasion de la publication du rapport sur les opérations de la mesure de l'arc
du méridien de Dunkerque à Barcelone par MM. Mechain et Delambre. Tel
était cependant l'engouement dont ce système était l'objet, que l'écrivain de
la *Revue d'Édimbourg*, après en avoir signalé les défauts, à la vérité d'une
manière incomplète, finit par exprimer des vœux en faveur de l'universalisa-
tion des poids et mesures métriques. La traduction de cet article a été
publiée dans la *Bibliothèque britannique*. On nous saura gré d'en reproduire
les principaux passages.

   " Il est à remarquer que, dans le nombre de nos idées les plus claires, il y en
a quelques-unes que ni le langage ni aucun symbole arbitraire quelconque ne
peuvent jamais exprimer. Il en est ainsi de certaines idées de quantité; tandis
que d'autres, qui ne sont ni plus claires ni mieux déterminées, se trouvent
dans le cas contraire.

   " Ainsi, par exemple, un homme ne peut donner à un autre la notion
précise de la grandeur d'une ligne qu'en la comparant à une ligne déjà
connue à l'un et à l'autre des deux individus; sans ce terme moyen de
comparaison, tous les moyens ordinaires de communication sont en défaut,
et il faut en venir à montrer la ligne elle-même. Il n'en est pas ainsi
lorsqu'on connaît ou le rapport ou la position angulaire des grandeurs
qu'il est question de désigner; alors la communication verbale peut suffire,
et il n'est point nécessaire de recourir à l'exposition des objets eux-mêmes.
Nous savons ce qu'un géomètre ancien entendait par un angle droit ou
par un angle d'un degré aussi bien que si nous avions sous les yeux un
cercle divisé par quelque ouvrier d'Athènes ou d'Alexandrie. Nous savons
aussi ce qu'il entend lorsqu'il parle du rapport de deux à un, ou de la
diagonale d'un carré à son côté; mais, s'il veut désigner une certaine longueur individuelle, un pied par exemple, un spithame ou un stade, nous
ignorons ce qu'il entend à moins qu'il n'ait rapporté cette mesure à quelque

étalon commun, demeuré le même dans tout l'intervalle qui a séparé les temps anciens des modernes.

« Cet inconvénient a été ressenti de tout temps, et l'on a essayé d'y remédier en se servant de mesures rapportées à des objets d'une certaine fixité.

« Le pied qu'on trouve comme étalon de mesure chez presque toutes les nations a pour origine la longueur du pied humain, et il est ainsi variable dans des limites qui ne sont pas très rapprochées. On a eu quelquefois recours à d'autres étalons que l'on supposait plus exacts. Chez quelques peuples agricoles, on a déterminé le pouce par la longueur de trois grains d'orge rangés bout à bout, et, chez quelques tribus vagabondes d'Arabie, le diamètre d'un certain nombre de crins de cheval juxtaposés a fourni un échantillon du même genre. On a considéré, chez quelques peuples, une goutte d'eau comme l'unité de poids ; chez d'autres, c'est un grain de froment qui l'a représentée ; et c'est là sans doute l'étymologie de l'expression actuelle. Quelques auteurs ont voulu nous persuader que les anciens, dans leurs efforts pour trouver un étalon de mesures, avaient été beaucoup au delà de ces tentatives grossières. Paucton prétend, dans sa *Métrologie*, que la circonférence ou le diamètre de la terre était le terme de comparaison auquel ils rapportaient toutes leurs mesures de longueur. Bailly a soutenu cette opinion avec le génie et les connaissances dont il a fait preuve dans tous ses ouvrages, et il cherche à persuader que le stade a toujours été considéré comme faisant une aliquote exacte de la circonférence du globe, quoique l'étendue indiquée sous ce nom ait été différente chez divers peuples et pour divers auteurs. Mais on ne parviendra par aucun effort de génie à donner à cette supposition un certain degré de probabilité.

« Les anciens n'avaient aucun moyen de déterminer avec quelque précision l'étendue de la grande unité à laquelle on suppose que ces mesures se rapportent. Si une comparaison de ce genre eût existé, elle n'aurait certainement pas pu leur être inconnue à eux-mêmes : cependant nous savons bien que ni Aristote, ni Possidonius, ni Pline, ni aucun des auteurs anciens qui ont cherché à établir la dimension du globe n'ont imaginé que la différence entre leurs propres assertions à cet égard et celles des autres écrivains n'était qu'apparente, c'est à dire qu'en s'accordant avec eux sur la grandeur absolue du globe, chacun ne différait des autres que sur la longueur de la mesure qu'il employait pour désigner cette étendue.

« On doit au fertile génie du célèbre Huyghens le premier essai qui ait été fait pour établir un étalon de mesure qui fût à la fois exact et universel pour tous les lieux et tous les temps. Ce physicien a démontré que les temps des vibrations des pendules dépendent seulement de leur longueur, et que, quelle que soit sa structure, on peut trouver dans le pendule un certain point qui, dans les pendules dont les oscillations se font dans le même temps, est toujours à la même distance du centre de suspension. Il a conclu de cette propriété que le pendule pourrait fournir une unité ou un étalon pour les mesures de longueur, et, quoiqu'il fallût lui appliquer une correction parce que la force de gravitation n'est pas la même dans toutes les latitudes, Huyghens ne doute point que la science ne fournît les moyens de déterminer cette correction avec une exactitude suffisante. Picard adopta cette idée, et Cassini, dans son ouvrage *De la grandeur de la terre*, proposa une autre unité, prise aussi dans la nature, mais moins facilement : c'était la six millième partie d'une minute de degré d'un grand cercle de la terre. Avant lui, Mouton avait imaginé quelque chose de semblable, mais on n'avait point songé à prendre l'un de ces étalons pour base d'un système régulier de mesures qui pût s'adapter aux besoins de la science comme à ceux de l'économie publique et domestique, et l'on ne voyait que confusion et perplexité dans les poids et les mesures en usage dans toute l'Europe. Dans chaque sorte de mesure, on admettait des unités d'étendue différente; elles étaient divisées avec peu d'exactitude, et on les comptait diversement dans un même pays. On éprouvait partout ces inconvénients, on s'en plaignait, on proposait des remèdes, mais on ne cherchait jamais sérieusement à les appliquer. La France était à cet égard dans la même situation que les autres nations; mais il n'était pas probable qu'un système, qui n'avait en sa faveur que l'autorité des temps anciens et l'inactivité du temps présent, pût lutter longtemps contre l'esprit de réforme qui devint si général dans ce pays au commencement de la révolution. Indépendamment des objections réelles qu'on pouvait faire au système des poids et mesures, il avait le malheur de paraître lié à toutes les abominations du régime féodal : on résolut donc de l'abolir...

« On eut en vue deux objets principaux dans la réforme proposée. Le pre-

mier fut de se procurer un étalon naturel pour les mesures linéaires, et par
conséquent pour toutes les autres quantités; le second d'appliquer au calcul
de ces mesures le même système arithmétique qu'on emploie dans les autres
calculs. Il fallait dans ce but adopter, pour l'unité de mesure, la division décimale, et trouver dans les multiples ou sous-multiples décimaux de cette unité
toutes les autres mesures que l'usage rend nécessaires; les fractions ordinaires
devaient être ramenées à l'expression décimale et on devait ainsi obtenir le
grand avantage de réduire à une seule et même échelle arithmétique les entiers
et les fractions de toute espèce; avantage tellement évident, si facile à obtenir qu'il y a lieu de s'étonner qu'on n'ait essayé de s'en prévaloir qu'environ
mille ans après que l'arithmétique décimale elle-même a été introduite en
Europe.

« Mais, en parlant de cette réforme, nous ne pouvons nous empêcher de
remarquer que les académiciens français, quoique se soulevant alors ainsi que
tous leurs compatriotes sous cette inertie qui commande aussi puissamment le
monde moral que le monde physique et qui donne au passé tant d'influence
sur l'avenir; quoique délivrés d'une manière presque absolue de l'action de
cette force, les Français, disons-nous, peuvent être accusés cette fois de s'être
arrêtés trop tôt dans la carrière des innovations, et d'avoir essayé avec trop
de timidité d'abandonner une pratique établie, il est vrai, mais qui n'avait pas
la raison pour elle. Nous voulons parler du système de l'échelle arithmétique,
dans laquelle ils ont conservé le système décimal au lieu de lui substituer le
duodécimal qui, d'après la nature des nombres, lui aurait été si évidemment
préférable. La théorie, nous le croyons, ne laisse aucun doute à cet égard; et
un être raisonnable, appelé à construire, sans aucun préjugé ni habitude préalable son système de numération, n'hésiterait pas à choisir le duodécimal et à
le préférer non seulement au décimal, mais probablement à tout autre. Le
nombre 12 est divisible par 2, par 3, par 4 et par 6; cette propriété le rend si
propre aux calculs arithmétiques qu'on l'a considéré dans tous les temps
comme le plus convenable à adopter pour faciliter les subdivisions de l'unité
de poids ou de mesure.

« On peut citer en preuve l'*as*, le *libra*, le *jugerum*, le *pied*, dont les divisions
ont été duodécimales; et cet avantage, qui n'a point échappé dès les premiers
temps, se serait trouvé plus évident à mesure que le perfectionnement des

sciences arithmétiques aurait multiplié les occasions de l'apprécier. Il est probable que le nombre dix n'a été choisi comme racine du système décimal que parce qu'il exprime l'ensemble des doigts de l'homme. Ceux qui considèrent la science comme fille de la pure raison doivent s'indigner de ce qu'une considération aussi mécanique, et qui lui est tout à fait étrangère, ait déterminé la forme et l'ordre de l'une des sciences les plus intellectuelles et les plus abstraites.

« C'est surtout dans la division du cercle que l'échelle duodécimale se serait trouvée de beaucoup préférable au système décimal, qui est sujet dans ce cas à de fortes objections. Le nombre qui exprime la circonférence du cercle devrait non seulement être divisible par quarts sans fractions, comme il l'est dans le système français, mais aussi en six parties, car la sixième de la circonférence ayant sa corde égale au rayon, doit être naturellement exprimée par un nombre entier, tant sous le rapport de la construction des instruments que sous celui des calculs de la trigonométrie. Dans la division décimale du quart de cercle, non seulement la sixième partie de la circonférence n'est pas un nombre entier, mais la fraction décimale qui doit l'exprimer est continue et sans terme. Voilà au moins une sorte de difformité qui provient de l'admission stricte de la division décimale; et c'est là peut-être la principale source de la difficulté qu'on a éprouvée à l'introduire dans les calculs trigonométriques et astronomiques (*). L'admission du nombre 12 pour racine de l'échelle arithmétique aurait levé toutes ces difficultés...

« Mais, pour en revenir à l'étalon de mesures naturel et universel, nous devons remarquer que le projet de l'établir et de faire cesser la diversité de poids et de mesures fut l'un des premiers objets dont s'occupa l'assemblée constituante. M. de Talleyrand y proposa et il fut décrété que » le roi serait supplié d'écrire à Sa Majesté britannique pour engager le parlement d'Angleterre à concourir avec l'assemblée nationale dans le but de fixer une unité naturelle de poids et de mesures, et pour que, sous les auspices des deux nations, un nombre égal de commissaires appartenant à l'académie des sciences et à la société royale de Londres déterminassent ensemble la longueur du pendule dans la latitude de 45 degrés ou sous tel autre parallèle qu'on

---

(*) On a vu plus haut que l'ancienne division a décidément prévalu.

croirait plus convenable, afin d'en déduire un étalon invariable de mesures et de poids. « L'Académie nomma une commission composée de Borda, Lagrange, Laplace, Monge et Condorcet, et leur rapport est imprimé dans les mémoires de l'Académie pour 1788. Ces savants examinent trois unités différentes ; la longueur du pendule à secondes, le quart du méridien et le quart de l'équateur. Si l'on se décide pour la première de ces quantités, les commissaires croient que le pendule, qui bat les secondes dans la latitude de 45°, doit être préféré parce qu'il est la moyenne arithmétique entre les pendules à secondes sous toutes les autres latitudes. Mais ils observent que la détermination du pendule dépend d'un élément hétérogène, c'est à dire du *temps*, et d'une autre quantité qui est arbitraire, savoir la division du jour en 86,400 secondes. Ils paraissent donner la préférence à une unité de longueur qui ne dépende point d'une quantité étrangère à sa nature, et que rien d'arbitraire ne contribue à déterminer.

« Les commissaires sont donc amenés à discuter lequel, du quart de l'équateur ou de celui du méridien, mérite la préférence. Ils se décident pour le dernier comme plus accessible et comme plus susceptible d'être mesuré avec précision. On le choisit en conséquence pour unité fondamentale, et on adopte pour unité des mesures linéaires la dix millionième partie comme étant une longueur convenable dans la pratique. On décide en même temps qu'il convient d'abandonner l'ancienne division du cercle en 360°, d'adopter la division décimale pour le quart de sa circonférence, c'est à dire de diviser ce quart en 100 degrés au lieu de 90, et d'appliquer aux nouveaux degrés la subdivision décimale au lieu de la sexagésimale.

« On nous permettra de remarquer, à l'égard de la détermination fondamentale, que les motifs qui font rejeter le pendule ne nous paraissent pas complétement satisfaisants. L'objection tirée de l'hétérogénéité de l'élément du temps est, selon nous, trop abstraite et trop métaphysique pour devoir être prise en considération dans une question purement pratique. L'élément arbitraire, introduit par la division du jour en secondes, formerait une objection plus réelle, si elle ne portait pas avec une égale force sur l'unité même qui a été adoptée : car cet étalon n'est pas le quart du méridien, mais la dix millionième partie de ce quart, et dix millions est sans doute un nombre tout aussi arbitraire et aussi éloigné d'être indiqué par aucune apparence ou aucun phénomène naturel que 86,400, nombre de secondes adopté pour la division du jour. Ce dernier nombre même nous semble avoir plus d'un phénomène naturel en sa faveur. On sait que le battement du pouls de l'homme en santé et parvenu au milieu de sa carrière est fort rapproché de 60 pulsations par minute, c'est à dire de 86,400 par jour. Le pas *ordinaire* dans les manœuvres militaires se rapproche fort de cette même durée ; et celui du voyageur, en comptant les pas de la même jambe, est encore d'une seconde de temps, à très peu près.

« Il faut convenir que, quelque étalon qu'on adopte, on est toujours forcé de lui appliquer quelque division arbitraire que la convenance décide, sans égard à la nature même de la chose. Soit que nous prenions le quart du méridien ou le rayon du globe, ainsi que Cassini l'avait anciennement proposé pour l'unité à laquelle toutes les mesures doivent être rapportées, la portion de cet étalon que nous pouvons convertir en une verge de laiton ou de platine pour la conserver dans nos musées, ou pour l'employer aux mesures actuelles, sera toujours l'objet d'une détermination arbitraire. L'unité réelle, l'étalon pratique est soumis à la même condition, et cela ne doit point contribuer à l'adoption ou au rejet d'une quantité linéaire que d'autres considérations présenteraient comme unité convenable.

« On pourrait même objecter au choix qui a été fait qu'il y a dans l'unité adoptée quelque chose de pire qu'un élément arbitraire, c'est à dire une détermination hypothétique et à quelques égards incertaine. Ce n'est point le quart du méridien dans toute son étendue qui est l'objet de la mesure immédiate ; on déduit son étendue totale d'une opération partielle et d'après la supposition que le méridien est une ellipse et que le rapport des deux axes est bien connu. On suppose encore que les méridiens sont des courbes semblables et égales, c'est à dire que, dans quelque partie du globe qu'on mesure un arc du méridien, le quart qui en résultera aura la même étendue. Or, on sait bien que ces suppositions ne sont pas vraies en rigueur ; et ce qui est bien plus essentiel encore, on sait qu'il faut mesurer non seulement un très grand arc, mais plusieurs grands arcs de méridiens pour obtenir une quantité moyenne passablement exacte. Sous tous ces points de vue, il nous semble que le pendule à 45° aurait mérité une préférence décidée : cette détermination ne dépend d'aucune théorie, d'aucune au moins sur laquelle il reste le moindre doute ; on peut la vérifier dans tous les temps ; la nature tient toujours là le prototype avec lequel on peut comparer nos étalons, et qui peut les faire retrouver s'ils avaient été détruits par quelque catastrophe. (BIBLIOTHÈQUE BRITANNIQUE, *Sciences et arts*, t. XXXV, année 1807.) »

Ces observations au sujet du choix de la mesure de l'arc du méridien de préférence à celui du pendule sont assurément des mieux fondées; mais la mesure de l'arc du méridien était de nature à frapper davantage les esprits, et elle avait en outre l'avantage de procurer de l'ouvrage aux savants qui n'étaient pas moins que les autres travailleurs victimes de la crise révolutionnaire. Mechain et Delambre furent chargés de l'opération, et ils commencèrent cette œuvre plus fastueuse qu'utile dans l'été de 1792. Leurs opérations furent maintes fois entravées par l'hostilité des populations, et plus encore par la dépréciation des assignats qui fit déserter leurs aides. Ils réussirent néanmoins à les mener à bonne fin, et un peu plus tard MM. Biot et Arago furent chargés de les compléter, en poursuivant jusqu'aux îles Baléares la mesure de l'arc du méridien.

Cependant l'adoption du système métrique provoqua des plaintes telles de la part des populations auxquelles on l'imposait sans aucun égard pour leurs convenances et leurs habitudes, que Napoléon fut sur le point d'y renoncer, et que les anciennes mesures ont dû être légalement tolérées jusqu'en 1840. Elles l'ont été également en Belgique jusqu'en 1855; mais, à partir de cette époque, on les a rigoureusement proscrites; si rigoureusement que la *Gazette de Liége*, ayant annoncé dans l'hiver de 1859-60 que « par suite des dernières pluies le niveau de la Meuse s'était élevé de *plusieurs pieds*, » elle fut condamnée à l'amende pour avoir contrevenu à la loi du 1er octobre 1855, imposant l'emploi exclusif des poids et mesures métriques.

Lors de la présentation de cette loi vexatoire, inspirée comme bien d'autres par le mauvais génie de la contrefaçon, l'auteur de ce livre a publié dans l'*Économiste belge* la première protestation radicale qui ait été faite contre le système métrique. Quoique insérée en forme de *Variétés* et à l'abri d'un pseudonyme, cette protestation n'en a pas moins excité l'indignation la plus vive chez les partisans fanatiques d'un système si mal à propos considéré comme le *nec plus ultra* du progrès en matière de poids et mesures.

La voici :

« C'est à la France que nous avons emprunté le système métrique, et s'il faut en croire nos voisins, ce système, une des plus belles acquisitions de 89, est infailliblement destiné à faire le tour du monde. Voilà pourtant soixante années que cette belle acquisition a été faite, et hormis le peuple français et deux ou trois autres qui ont la mauvaise habitude de le contrefaire, nul ne s'est soucié d'abandonner son vieux système de poids et mesures pour le nouveau. Comment cela se fait-il? Envie, routine, préjugés nationaux, répondent en chœur les propagateurs du kilomètre, du centilitre et du décagramme. On ne veut pas du système métrique, parce que c'est une invention française, voilà tout! Est-ce bien sûr? Peut-on citer un seul exemple, un seul, d'une invention utile qui ait été repoussée, sous le prétexte qu'elle était française, anglaise ou chinoise? Le bateau à hélice est une invention française; n'a-t-il pas été adopté par tous les peuples navigateurs de l'Europe? Les chemins de fer et la télégraphie électrique sont anglais; cela les a-t-il empêchés de faire le tour du monde? Si le système métrique était vraiment une invention utile, s'il constituait un progrès réel, n'aurait-il pas été adopté déjà, spontanément, comme l'ont été l'hélice, les chemins de fer et le télégraphe électrique par tous les peuples de la terre?

« Mais je nie que le système métrique soit une invention utile, je nie qu'il constitue un progrès réel, et, n'en déplaise aux auteurs du projet de loi que la chambre va, sans aucun doute, adopter à l'unanimité, je suis convaincu qu'on finira par l'abandonner partout, même en France. Et voici sur quoi mon opinion se fonde :

« La commission de l'Académie des sciences qui a inventé le système métrique des poids et mesures, comme elle a inventé un peu plus tard, le calendrier républicain, une autre innovation destinée à faire le tour du monde! la commission de l'Académie des sciences, dis-je, a fondé ce beau système sur l'axiome que voici : *l'unité pour chaque espèce de mesure est arbitraire.* Mathématiquement, cela peut être vrai, commercialement c'est une lourde erreur. Or, c'est de commerce qu'il s'agit lorsque l'on pèse ou que l'on mesure une marchandise en vue de l'échanger, et non point de mathématiques. On choisit avant tout un poids ou une mesure en harmonie avec la nature particulière de la marchandise qu'il s'agit de peser ou de mesurer. On ne s'avise point, par exemple, de prendre pour la tourbe et le charbon de terre la même unité de poids que pour le diamant. On choisit ensuite l'unité que *l'expérience* démontre être la plus commode, c'est à dire, selon toute apparence, celle qu'on demande le plus. C'est la fraction la plus communément demandée d'une marchandise quelconque qui finit partout et toujours par servir d'unité pour le pesage ou le mesurage de cette marchandise. L'unité de poids ou de mesure n'est donc pas arbitraire, comme l'ont affirmé les têtes mathématiques de l'Académie des sciences. Elle ne l'est pas plus que l'unité de temps, en dépit de leur calendrier républicain. Elle est indiquée par la nature des choses. Cela est si vrai, que les étalons de poids adoptés séparément, sans aucun accord, par le plus grand nombre des nations de l'Europe ne diffèrent pas d'une manière essentielle. Vous en jugerez par le tableau, suivant que j'emprunte à l'article *Poids et mesures* du *Dictionnaire de l'économie politique,* article dû à un savant ingénieur, M. Dupuit, dont le bon sens proteste contre le système métrique, mais que le préjugé finit toutefois par y ramener :

	Poids de l'étalon en kilog.
Autriche, Bavière .	0,56
Bohême	0,51
Francfort .	0,50
Danemark, Hanovre, Hollande	0,49
Hambourg, Suisse, France ancienne	0,48
Espagne, Prusse, Saxe .	0,46
Angleterre, Portugal .	0,45
Russie .	0,44
Sardaigne (douze onces).	0,36
États de l'Église, Toscane (douze onces) .	0,34

« L'unité de poids, cette unité que l'Académie prétendait être arbitraire, est donc à peu près la même partout. D'où cela vient-il? Cela vient de ce que les besoins de l'alimentation, qui provoquent la demande de la plupart des objets de la consommation usuelle, sont aussi partout à peu près les mêmes. De là, la quasi uniformité de l'étalon des poids et des mesures chez les nations les plus diverses. Mais l'Académie des sciences se composait de mathématiciens, de physiciens et d'astronomes, non de négociants ou d'économistes. Elle prit, en conséquence, pour base de son système, non les besoins des hommes, mais la circonférence de la terre, d'une part, le poids de l'eau distillée de l'autre, et le système métrique, convenablement émaillé de dénominations grecques, selon la mode du temps, fut offert au monde comme l'une des plus merveilleuses inventions du génie humain. Quand je dis offert, je me trompe, c'est imposé que je devrais dire : partout, en effet, où pénétrèrent les baïonnettes, porteuses des idées de 89, le kilogramme, le décagramme, le gramme, sans parler du reste de la famille, furent imposés aux ménagères ahuries par tant de grec. Et quel grec ? Un savant helléniste ne s'est-il pas avisé de prétendre que les parrains du système ne connaissaient pas le premier mot de la langue d'Homère ? Que *kilomètre*, par exemple, n'avait jamais signifié mille mètres, mais, ô savants, dressez les oreilles ! « mesure d'une bourrique. »

« Les dénominations ne font toutefois rien à l'affaire. La question est de savoir si le système et sa nomenclature en grec de cuisine sont commodes ou non, si les transactions s'en trouvent facilitées ou rendues plus difficiles. Eh bien ! que nos législateurs se donnent la peine de convoquer dans leurs bureaux un certain nombre de ménagères et de cuisinières, et ils ne tarderont pas à être pleinement édifiés sur ce point. Gageons que sur dix personnes appartenant à cette classe intéressante, qui est chargée de pourvoir à la consommation journalière des familles, ils n'en trouveront pas une qui connaisse suffisamment les poids et mesures dont la loi prescrit l'usage. Gageons que les questionneurs eux-mêmes seraient fort embarrassés si on les mettait à leur tour sur la sellette. Les ménagères, les cuisinières, sans parler des législateurs, connaissent cependant la livre, la demi-livre, le quarteron et l'once, c'est à dire les vieux poids ; comment donc se fait-il qu'ils ne s'accoutument point aux nouveaux ; que leur intelligence refuse de s'assimiler le kilogramme, ses divisions et ses subdivisions ? Cela tient simplement à ce que le vieux système, fondé sur l'expérience, est simple et commode, tandis que le nouveau, fondé sur la mesure de la terre (pourquoi pas aussi bien sur la mesure de la lune ?) est horriblement compliqué et quasi inapplicable. Qu'en résulte-t-il ? Que le système métrique donne lieu à des fraudes de toute sorte ; que les acheteurs, et surtout les acheteuses qui ne le comprennent pas, sont obligées de s'en remettre à la bonne foi du marchand, et que celui-ci fait son beurre à leurs dépens. Le système métrique n'est en réalité qu'un instrument de fraude, et il le serait bien plus encore si on ne l'avait un peu corrigé en le greffant tant bien que mal sur celui auquel on l'a brutalement substitué. Écoutons encore à ce sujet M. Dupuit :

« Il est commode de dire que le fret du Havre à Bordeaux est de 6 fr. par tonne : on dirait encore qu'il est de fr. 0 06 par kilogramme ; mais on ne dirait pas qu'il est de fr. 0,000,006 par gramme, qui est la véritable unité de poids du système décimal. La tonne, si commode pour l'armateur, serait fort incommode pour les achats de comestibles : on ne peut pas exiger raisonnablement que la ménagère demande un demi-millième de tonne de beurre. Pour venir à son secours, on a consenti à ce qu'elle en demandât cinq hectogrammes ou cinq cents grammes. Mais aucun des marchés qu'elle a à conclure n'exige qu'elle descende jusqu'au gramme ; c'est à peine si elle se soucie du décagramme. Aussi qu'a-t-elle fait ? Du kilogramme, elle a fait le kilo, le demi-kilo : c'est sur le demi-kilo que sont basés les prix de presque tous les comestibles : le demi-kilo a été divisé par le boucher et l'épicier en cinq hectos et l'hecto en demi-hecto et quart d'hecto, et le système métrique s'est arrangé comme il a pu. S'il s'agit de payer maintenant ce demi-kilo de beurre, le système métrique veut qu'on s'exprime en centimes et qu'on dise 85 centimes au lieu de 17 sous. Ainsi voilà notre ménagère qui, ayant acheté trois objets, l'un à 85 centimes, l'autre à 35 centimes et le dernier à 45 centimes, est obligée de tirer un agenda pour faire l'addition de ces trois chiffres formidables qui, convertis en sous, présentent un calcul simple et facile, qu'elle peut faire de tête. Aussi le sou est-il resté, malgré sa proscription officielle. »

« Je n'ajouterai rien à cette citation que j'emprunte à un partisan du système métrique. Elle démontre suffisamment, je pense, ce que vaut dans la pratique ce système tant prôné. Mais, dira-t-on, que demandez-vous donc ? Voulez-vous supprimer le système métrique ? A Dieu ne plaise. Je demande seulement qu'au lieu de l'appliquer à toutes choses et de le rendre obligatoire, on cesse de l'imposer. Je demande qu'on permette aux acheteurs et aux vendeurs de se servir des poids et des mesures qui leur paraissent le plus commodes ; je demande la liberté des poids et mesures, voilà tout. Maintenant, s'il est vrai que le système métrique soit, comme l'affirment ses partisans, le plus parfait des systèmes ; s'il est vrai qu'il existe entre la mesure du méridien terrestre et le poids du beurre, du sucre ou du café, un rapport mystérieux et ineffable ; s'il est vrai que le kilogramme, le décagramme et le gramme soient autant supérieurs à la livre, au quarteron et à l'once, que le chemin de fer peut l'être à la diligence ou au coucou, et le télégraphe électrique au vol des pigeons messagers, le système métrique ne subsistera-t-il pas quand même ? ne triomphera-t-il pas aisément de ses rivaux ? Que si, au contraire, c'est, dans la pratique, un système faux, incommode et absurde, un système qui met chaque jour l'ignorance à la merci de la friponnerie, un système qui ne facilite guère que les petites rapines et les menus vols, ne doit-on pas souhaiter qu'il disparaisse au plus vite?

« On objectera l'inconvénient de la diversité des poids et mesures. C'est un inconvénient, soit! comme la diversité des langues et des patois en est un autre. Mais n'est-ce pas un inconvénient plus grand d'employer un système ou une langue uniforme qu'on ne connaît point ou que l'on connaît mal, que de se servir de plusieurs systèmes ou de plusieurs langues que l'on connaît bien. Qu'un utopiste, ayant à sa disposition un nombre suffisant de baïonnettes s'avise d'imposer au monde l'unité de langue ; et qu'afin de ne causer aucune jalousie entre les 3 à 4,000 dialectes qui sont actuellement en usage sur la surface de notre globe, il confie à l'Académie des inscriptions et belles-lettres le soin de fabriquer exprès une langue nouvelle, dont il se chargera ensuite d'imposer l'emploi, croit-on de bonne foi qu'il en résultera un accroissement de facilités dans les communications des individus et des peuples? En admettant même que la langue académique fût aussi parfaite que possible, s'adapterait-elle également à tous les besoins, à toutes les intelligences, à tous les gosiers? Ce serait une cacophonie universelle, n'est-il pas vrai, une nouvelle tour de Babel, et chacun finirait inévitablement par retourner à sa langue ou à son patois.

« Que le gouvernement nous laisse donc peser et mesurer nos marchandises à notre guise, comme il nous laisse parler notre langue ou notre patois; qu'il *vérifie* les poids et les mesures en les ramenant, si bon lui semble, à l'étalon du système métrique, mais qu'il cesse de nous imposer une invention saugrenue dont il ne serait plus question depuis longtemps, si l'on eût écouté votre serviteur.

« FREE WEIGHT. »

DEUXIÈME LEÇON

LA MESURE DE LA VALEUR

De la valeur et de ses éléments. — Nécessité de mesurer la valeur. — Impossibilité de trouver une mesure fixe de la valeur. — Qualités que doit réunir une mesure ou un étalon de la valeur. — Qualités que réunissent les métaux précieux pour remplir cette fonction économique ; — l'uniformité de la qualité ; — la transportabilité ; — la durabilité. — Perturbations que causent les variations de l'étalon. — Lequel de l'or ou de l'argent est le moins sujet à varier. — De l'étalon simple et de l'étalon double. — Étalons réels et étalons nominaux.

Dans la première partie de ce cours, j'ai analysé les éléments constitutifs de la valeur. J'ai montré que la valeur est un composé d'utilité et de rareté; que l'union de ces deux éléments opposés est nécessaire pour la constituer; qu'une chose peut être utile, indispensable même, sans avoir aucune valeur, si l'on n'éprouve à se la procurer aucune difficulté, si elle n'est pas rare à quelque degré; qu'il en est de même si cette chose est rare, difficile à obtenir sans être utile. J'ai essayé de démontrer, en même temps, contrairement à une opinion accréditée,

que la valeur existe indépendamment de l'échange, que l'échange
la manifeste sans la créer.

La valeur constitue une *puissance économique*. Toute chose
s'échange en raison de la proportion de cette puissance qui est
contenue en elle et qui constitue son *pouvoir d'échange*. Comment
ce pouvoir d'échange augmente et diminue, c'est ce que j'ai
cherché à déterminer encore. On a vu qu'il s'établit et se fixe,
dans l'échange, en raison inverse des quantités offertes, et qu'il
varie en progression géométrique lorsque les quantités varient
simplement en progression arithmétique; d'où l'extrême mobilité qui caractérise toutes les valeurs, mobilité qui a pour
résultat admirable l'équilibre du monde économique. *(Voir la
première partie. Loi des quantités et des prix.)*

Mais ce pouvoir en raison duquel les choses s'échangent,
comment peut-on en apprécier l'étendue si ce n'est en les mesurant? Comment pourrai-je me faire une idée de ce que valent le
blé, le vin, le coton, le thé, les habits, les outils, etc., si je ne
rapporte point la valeur de chacune de ces choses à une unité
commune, de manière à pouvoir constituer une échelle des
valeurs comme je constitue au moyen de l'unité de grandeur
une échelle des grandeurs? Supposons qu'il n'existe point de
mesure de grandeur, comment me ferai-je une idée de la hauteur comparative d'un arbre, d'une maison, d'une montagne?
J'en serai réduit à dire : l'arbre a deux fois la hauteur de la
maison, la montagne a cent fois la hauteur de l'arbre. Si le
nombre des objets, dont j'ai besoin de connaître la hauteur est
petit, ce mode de mesurage pourra me suffire à la rigueur. Mais
si ces objets se multiplient, il faudra bien que j'en choisisse un
auquel je compare la grandeur de tous les autres. Il en est de
même pour les valeurs. Supposons qu'il n'existe point d'étalon

commun auquel on puisse rapporter la valeur de chacune des choses qui sont présentées à l'échange, j'en serai réduit à évaluer successivement et isolément ces choses. Je dirai tant de blé vaut tant de café, c'est à dire telle quantité de blé a un pouvoir d'échange égal à celui de telle quantité de café, et ainsi pour l'infinie variété des produits ou des services qui font l'objet des échanges ; mais il me sera impossible de me faire une idée des rapports de valeur existant entre l'ensemble de ces choses, à moins que je ne possède une unité commune échelonnée par degrés où je puisse marquer le niveau de chacune de ces valeurs : absolument comme je ne pourrai me faire une idée précise des hauteurs comparatives de l'arbre, de la maison, de la montagne, etc., qu'à la condition de posséder une unité à laquelle je rapporte ces différentes hauteurs. Cette mesure commune me serait nécessaire alors même que la valeur de chacune des choses qui se présentent à l'échange ou qui doivent être additionnées ou partagées ne serait point sujette à varier ; à plus forte raison l'est-elle lorsque ces choses sont soumises à des variations incessantes de valeur (1).

---

(1) Pour bien comprendre, dit M. John Stuart Mill, les fonctions multiples de l'intermédiaire circulant, ce qu'il y a de mieux à faire, c'est d'examiner les divers embarras que nous éprouverions si cet intermédiaire n'existait pas. Le premier et le plus évident de ces embarras serait le défaut de mesure commune pour les valeurs de différentes sortes. Un tailleur qui n'aurait que des habits et qui aurait besoin d'acheter du pain ou un cheval, aurait bien de la peine à savoir combien il obtiendrait de pains contre un habit et combien il lui faudrait donner d'habits en échange d'un cheval. Il faudrait recommencer le calcul sur des données différentes chaque fois qu'il s'agirait d'échanger des habits contre diverses marchandises, et il n'y aurait point de prix courant ou

Maintenant, quelle peut être cette mesure commune des valeurs? Evidemment une chose pourvue de valeur, de même que la mesure commune des grandeurs ne peut être qu'une grandeur. Comme on a pris le pied, la coudée, la brasse et finalement le mètre pour y rapporter les longueurs dont on veut connaître la mesure, il faut prendre une valeur pour y rapporter les valeurs qu'il s'agit de mesurer. Ce sera, par exemple, la valeur d'une quantité déterminée de blé, d'argent, d'or, de cuivre, etc. Cependant nous nous heurtons ici à une difficulté que nous n'avons point rencontrée lorsqu'il s'est agi des quantités physiques. C'est que si l'on peut trouver une chose dont les

---

de cote régulière des valeurs. Au contraire, aujourd'hui toute chose a son prix courant en monnaie, et on lève toutes les difficultés en comptant, par exemple, un habit 4 ou 5 liv. st. et un pain de 4 livres 6 ou 7 pence. Comme il est plus facile de comparer les diverses longueurs, lorsqu'elles sont exprimées en pieds et pouces, selon l'usage ordinaire, il est plus facile de comparer les diverses valeurs en les exprimant couramment en livres, shellings et pence. Il n'y a pas d'autre moyen de faire une échelle des valeurs diverses, pas d'autre moyen de calculer la somme d'une fortune particulière, et il est bien plus facile de se rappeler le rapport de valeur des diverses marchandises à une seule que les rapports complexes qu'elles ont entre elles. (JOHN STUART MILL. *Principes d'économie politique*, liv. III, chap. VII. *De la monnaie*.)

Dans une société commerçante, dit encore Storch, il y a un grand nombre de marchandises, et il importe aux commerçants d'évaluer le prix de chaque marchandise, non seulement par rapport à telle autre, mais par rapport à toutes les autres. Le marchand russe de Kiakhta, par exemple, est intéressé à savoir non seulement combien une archine de son drap vaut de thé, mais encore combien elle vaut de porcelaine, de rhubarbe, d'encre de Chine, de papier, de nankin, etc.; le marchand chinois est dans le même cas. Si le premier n'a jamais troqué son drap contre ces marchandises, il ne peut parvenir à connaître leur prix relativement au drap que par le prix d'autres marchan-

dimensions ne varient point ou ne varient que d'une manière insensible, on ne trouve point de valeur invariable; c'est que la valeur ne se manifestant que par l'échange et se trouvant soumise dans l'échange à des fluctuations qui se produisent, avec une excessive sensibilité, à chaque changement dans la proportion des quantités offertes, il est impossible d'obtenir une mesure fixe de la valeur, à raison de l'extrême mobilité de l'élément qui la compose. Cet inconvénient a une gravité facile à apprécier. C'est comme si le mètre était incessamment exposé à s'allonger ou à se raccourcir. Mais c'est un inconvénient qui tient à la nature des choses et auquel on ne peut espérer de remédier d'une

---

dises qui ont été échangées non seulement contre ces marchandises, mais aussi contre du drap. Mettons qu'une archine de drap s'échange ordinairement contre quinze livres de cuivre et que cette quantité de cuivre puisse s'échanger contre une pièce de nankin : le prix du cuivre relativement à ces deux marchandises présenterait alors un terme de comparaison pour les évaluer entre elles, et il s'ensuivrait qu'une archine de drap pourrait s'échanger contre une pièce de nankin ou qu'elle la vaudrait.

Vous voyez que ce procédé exige autant de termes de comparaison qu'il y a de marchandises en circulation et que, si quelqu'une de ces marchandises n'était pas échangée contre deux autres mais seulement contre une seule, elle ne pourrait point servir de terme de comparaison.

Ces difficultés d'évaluer le prix des marchandises ont fait sentir à toutes les nations commerçantes la nécessité d'un *terme commun de comparaison* pour toutes les valeurs, comme il faut pour réduire les fractions un dénominateur commun sans lequel on ne pourrait s'entendre. (STORCH. *Cours d'économie politique*, t. 1er, ch. VIII.)

L'homme chargé d'évaluer 100 articles divers serait obligé, à défaut de cette mesure commune, de retenir en mémoire 4,950 proportions différentes, c'est à dire $\frac{100\,(100-1)}{2}$, tandis que 99 lui suffisent désormais. (J. G. SCHULTZE, cité par G. Roscher. *Principes d'économie politique*, Ch. III.)

manière absolue. La recherche d'une mesure fixe de la valeur est, en effet, considérée à bon droit comme le problème de la quadrature du cercle de l'économie politique.

Quoi qu'il en soit, l'étalon des valeurs ne peut être qu'une chose ou bien encore un ensemble de choses pourvues de valeur. Recherchons maintenant les qualités qu'il doit réunir, et qui doivent faire préférer telle chose à telle autre dans le choix de l'étalon.

Cet étalon doit consister dans une valeur qui soit : 1° la plus généralement connue ou la plus aisée à connaître; 2° la plus fixe ou la moins variable.

Cette valeur n'est pas la même chez tous les peuples et elle change à mesure que les transactions se multiplient et s'étendent à une plus grande diversité d'objets. Chez un peuple pasteur la valeur dont chacun possédera la notion la plus claire et la plus précise, sera celle du bœuf ou du mouton; chez un peuple ictyophage, ce sera celle de l'espèce de poisson ou de coquillage dont on se nourrit d'habitude; chez un peuple agriculteur ce sera celle de la quantité la plus souvent demandée du grain qui sert de base à l'alimentation. Naturellement les populations compareront à ces valeurs qu'elles connaissent bien, dont elles ont la notion claire et positive, toutes les autres valeurs, comme elles comparent à la grandeur bien connue du pied ou de la coudée toutes les autres grandeurs. Un bœuf, un mouton, un poisson ou une mesure de blé, voilà donc quels ont dû être et quels ont été, partout, les premiers étalons de la valeur. Ces étalons primitifs réalisaient la première condition de toute mesure, savoir d'être faciles à connaître, de présenter une notion qui entre, en quelque sorte instinctivement, dans les esprits les plus bruts, s'y fixe et s'y conserve. En revanche, ils étaient, sous le rapport de la fixité ou de la stabilité, essentiellement imparfaits. Car le bétail, le poisson, le blé sont sujets à des fluctuations de valeur brusques et considérables. Telle évaluation faite en têtes de bétail après une épizootie ou en mesures de blé dans une année de disette différera singulièrement de celle qui sera faite dans une année d'abondance de blé ou de bétail.

Cependant, ce défaut de fixité ou de stabilité de l'étalon ne présente pas à l'origine les inconvénients que l'on pourrait supposer, si l'on jugeait, comme on n'y est que trop disposé, du passé par le présent; il ne devient sensible, et l'on n'éprouve, en conséquence, le besoin d'y porter remède, que dans un état plus avancé du développement économique de la société, savoir lorsqu'aux échanges immédiats ou au comptant commencent à se joindre les contrats ou les échanges à terme.

Rendons-nous d'abord bien compte de ces deux sortes d'opérations.

Vente ou achat au comptant, marché au comptant, sont des expressions synonymes, signifiant que les choses qui font l'objet de l'échange ou du marché sont réciproquement livrables immédiatement après la conclusion de l'échange ou du marché.

Vente ou achat à terme, marché à terme signifie au contraire que les choses échangées ou l'une de ces choses seront livrées plus tard, en totalité ou d'une manière successive.

Quant il s'agit d'un marché au comptant, il suffit que les deux parties contractantes connaissent bien la valeur actuelle de la chose servant d'étalon; il n'est pas nécessaire que cet étalon soit ce qu'il était la veille, ce qu'il sera le lendemain.

Mais il en est autrement quand il s'agit d'une opération à terme. La fixité de l'étalon devient alors une nécessité. Supposons, par exemple, que je loue une maison ou une terre pour un terme de neuf ans, il sera indispensable que la somme stipulée pour la location conserve une certaine fixité. Si l'étalon des valeurs est une mesure de blé, et que je contracte à raison de 100 mesures de blé par année, le blé étant sujet à des fluctuations de valeur considérables, je serai exposé à ce que la redevance qui me sera fournie varie, d'année en année, du simple au double ou même au triple. Ainsi, en admettant que j'aie contracté dans une année de rareté, et qu'il y ait, l'année suivante, une récolte abondante, les 100 mesures de blé que je recevrai alors constitueront un loyer deux ou trois fois moindre que dans la première et vice versâ. Il en sera de même si le loyer est stipulé en têtes de bétail ou en poissons. Ces étalons étant, de leur nature, instables, les contractants qui en feront usage auront à subir le risque d'un allongement ou d'un raccourcissement de l'étalon pendant la durée du contrat ou du marché à terme. Si ce risque ne peut être évalué d'avance, il en résultera un obstacle sérieux à la conclusion des marchés à terme, et l'on éprouvera le besoin d'écarter cet obstacle, en adoptant un étalon plus stable.

Cet étalon plus stable, on l'a obtenu en substituant aux étalons primitifs certains métaux, dont les plus notables sont l'or et l'argent. Grâce à une réunion particulière de qualités physiques, l'or et l'argent possèdent une uniformité et une stabilité de valeur plus grandes que celles d'aucun autre produit. Sous ce double rapport, ils l'emportent beaucoup sur les étalons primitifs, bétail, blé, etc. Ainsi, un certain poids d'or ou d'argent affiné est le même partout, tandis qu'un bœuf, un mouton ou une mesure de blé peuvent différer sensiblement d'un autre bœuf, d'un autre mouton ou d'une autre mesure de blé. L'or et l'argent possèdent, en un mot, au plus haut degré l'uniformité de la qualité, laquelle est un élément essentiel de l'uniformité de la valeur. Cet élément ne suffit cependant pas encore. Car un même bœuf, un même mouton, une même mesure de blé peuvent avoir des valeurs fort diverses à des distances assez courtes, et l'immense majorité des produits ou des services se trouvent dans le même cas. L'or et l'argent sont sujets à la même diversité de valeur, mais à un degré infiniment moindre, grâce à leur extrême *transportabilité*. Sans doute, on ne les produit pas partout, et, dans les endroits où on les produit, leurs frais de production sont fort divers. Il en coûte beaucoup plus, par exemple, pour extraire un kilog. d'or des sables du Rhin que de ceux du Sacramento. Mais comme l'or est particulièrement facile à transporter, parce qu'il renferme une grande valeur sous un petit volume, on ne manque pas de le porter toujours dans les endroits où il vaut plus qu'ailleurs. Ainsi, en Californie et en Australie où on le produit en abondance et avec une facilité relative, sa valeur, ou, en d'autres termes, son pouvoir d'échange par rapport aux autres marchandises est moindre qu'en Angleterre ou en France. Qu'en résulte-t-il? C'est que ceux qui le produisent trouvent profit à le faire transporter en Angleterre ou en France, où il peut leur procurer une plus grande quantité d'autres marchandises, qu'il ne le pourrait en Californie et en Australie. On l'exporte donc jusqu'à ce que sa valeur soit nivelée sur les deux marchés, sauf la différence des frais de déplacement. La même observation s'applique à l'argent, quoique dans une mesure moindre, car l'argent ayant de 15 à 16 fois moins de valeur sous un même volume est proportionnellement plus coûteux à transporter; il possède à un degré moindre la qualité de la *transportabilité*.

L'uniformité ou la quasi uniformité de la valeur de l'or et de l'argent *dans l'espace* reposent donc sur deux qualités physiques qu'ils possèdent à un plus haut degré que la plupart des autres produits, savoir l'uniformité de la qualité et la transportabilité. Certains produits, les pierres précieuses, par exemple, possèdent à un plus haut degré encore la qualité de la transportabilité, mais sans y joindre au même degré celle de l'uniformité de la qualité.

L'uniformité ou la stabilité de la valeur des métaux précieux *dans le temps* se fonde sur une autre de leurs qualités physiques, savoir la *durabilité*. Grâce à cette qualité qu'ils possèdent, l'or surtout, à un haut point, il en existe dans le monde un approvisionnement qui s'est accumulé de siècle en siècle et sur lequel l'augmentation ou la diminution de la production d'une année ou même de plusieurs années ne peut exercer qu'une faible influence. Tandis que les inégalités de la récolte du blé peuvent faire varier du simple au double le prix de cette denrée alimentaire, parce que le *stock* des années antérieures est relativement insignifiant, les variations de la récolte annuelle de l'or et de l'argent ne peuvent exercer qu'une action insensible sur la valeur de ces métaux, parce qu'il en existe dans le monde un stock infiniment supérieur au montant de la récolte d'une année. A quoi il faut ajouter que le blé étant un article de première nécessité, la demande en demeure à peu près la même soit que l'approvisionnement abonde ou qu'il soit insuffisant, tandis que les métaux précieux n'ayant pas ce caractère de nécessité dans l'usage, une diminution de leur approvisionnement qui aurait pour effet naturel de susciter, si la demande demeurait la même, une hausse extrême de leur valeur, provoque un ralentissement de la demande qui retarde l'exhaussement de leur valeur s'il ne l'arrête point.

Telles sont les qualités qui rendent les métaux précieux propres à servir d'étalons ou de mesures des valeurs. Peut-on dire cependant qu'ils constituent des étalons parfaits? En aucune façon. Ils réunissent à un plus haut degré que les autres marchandises l'ensemble des qualités nécessaires pour constituer une mesure des valeurs; mais ces qualités, ils sont loin d'en être pourvus d'une manière absolue. Ils possèdent même quelques-unes de ces qualités à un moindre degré que d'autres produits, s'ils en possèdent l'ensemble à un plus haut degré.

Ainsi l'uniformité de leur valeur dans l'espace est loin d'être absolue; elle est même moindre que ne le serait celle des diamants par exemple si ceux-ci servaient d'étalons, car les diamants sont à un plus haut point transportables. Il en est de même pour l'uniformité de leur valeur dans le temps. S'ils l'emportent, à cet égard, sur la plupart des autres marchandises, dans un court intervalle, il en est autrement lorsqu'il s'agit d'un long espace de temps. C'est ainsi que, dans une période de plusieurs siècles, la valeur du blé présente une moyenne plus uniforme que celle des métaux précieux. Enfin, il y a des produits dont la valeur est plus accessible à l'intelligence des masses que celle de l'or et de l'argent. Telles sont les denrées alimentaires qui servent à la consommation générale.

Nous venons de dire que la valeur du blé, prise dans une période de plusieurs siècles, présente un niveau moyen plus uniforme que celle des métaux précieux, — un niveau moyen, c'est à dire compensation faite des inégalités provenant des différences annuelles des récoltes. En effet, les frais de production du blé, au niveau desquels sa valeur s'établit à travers les fluctuations des récoltes, n'ont pas changé sensiblement depuis l'invention de la charrue, tandis qu'il en a été autrement pour ceux des métaux précieux. Dans l'antiquité d'abord, l'approvisionnement d'or et d'argent, provenant des récoltes antérieures étant beaucoup moindre qu'il ne l'est devenu depuis, toute augmentation extraordinaire de la production, provenant de la découverte de nouvelles mines devait influer d'une manière sensible et rapide sur la valeur des métaux précieux. Plus tard, au moyen âge, lorsque la production en avait presque entièrement cessé, et que toutes relations commerciales se trouvaient à peu près interrompues entre les différentes parties de l'Europe, leur valeur dut encore subir des fluctuations considérables. Enfin, après la découverte de l'Amérique, l'abaissement de leurs frais de production finit par amener une diminution correspondante de leur valeur. On ne saurait donc dire que les métaux précieux soient des étalons parfaits, c'est à dire des mesures de la valeur *partout* et *toujours* uniformes, comme sont les unités de longueur, de capacité ou de poids. Ils fournissent les mesures de valeur les moins imparfaites que l'on connaisse, eu égard à l'ensemble des qualités que doivent réunir les mesures de cette espèce, voilà tout!

Est-ce à dire que l'on n'en puisse trouver d'autres? que l'on ne puisse arriver même à en découvrir qui possèdent d'une manière absolue les qualités nécessaires à la mesure des valeurs, qualités qui peuvent se résumer par un seul mot : *l'invariabilité,* autrement dit la fixité ou l'uniformité absolue dans l'espace et dans le temps? Que l'on ne puisse trouver d'étalons de la valeur moins variables que les étalons actuels, ce serait une témérité pédantesque de l'affirmer. Que l'on puisse découvrir une mesure de la valeur absolument invariable, c'est au contraire une véritable utopie, et le problème de l'invariabilité de la mesure de la valeur est considéré, à bon droit, comme la quadrature du cercle de l'économie politique. Il n'existe point, en effet, de chose dont la valeur demeure toujours uniforme dans l'espace et dans le temps, et l'on ne peut se figurer même qu'il en existe une. Mais de même que la quadrature du cercle n'aurait aucune utilité appréciable, car une approximation infinitésimale suffit dans l'usage, il n'est point nécessaire de posséder une mesure invariable de la valeur. Une fixité approximative est suffisante. Seulement on peut se demander s'il n'y aurait pas moyen d'obtenir mieux que l'approximation déjà acquise; si, à une époque comme la nôtre, en particulier, ou l'on peut prévoir un nouvel abaissement de la valeur des métaux précieux, il n'y aurait pas lieu de chercher une mesure des valeurs qui approche davantage de la fixité.

Si l'on veut se faire une idée de l'utilité que pourrait avoir un tel progrès, il est nécessaire de se rendre bien compte de l'influence qu'exercent sur les transactions et sur l'économie générale de la société, les variations de l'étalon des valeurs, surtout à une époque comme la nôtre où les contrats et les opérations à terme de toute sorte se sont si considérablement multipliés. Supposons que la valeur du métal servant d'étalon, la valeur de l'or par exemple, vienne à baisser d'un dixième, qu'en résultera-t-il? C'est que toutes les personnes qui auront fait des opérations à terme subiront, comme créanciers, une perte d'un dixième sur les sommes stipulées. Ainsi, tel qui aura loué pour une somme de fr. 1,000 une maison ou une terre ne recevra plus, après la baisse, qu'une valeur de fr. 1,000 — 1/10°, soit fr. 900, et cette perte, il la subira jusqu'à l'expiration de son contrat de location. Alors seulement il pourra, en renouvelant son bail, exiger une augmentation de prix, servant à compenser [la diminution de la valeur du métal-étalon.

Il le portera par exemple à fr. 1,110, ce qui le mettra dans la même situation qu'auparavant, 1,110 fr. n'ayant plus qu'une valeur ou, ce qui revient au même, une puissance d'achat à peu près égale à celle que possédaient les 1,000 fr. avant la baisse. La position des créanciers sera, comme on voit, d'autant plus mauvaise qu'ils auront contracté pour un terme plus long. Elle le sera tout à fait s'ils ont contracté pour un terme illimité, s'il s'agit d'une rente perpétuelle; s'ils ont prêté, par exemple, à un gouvernement fr. 1,000 à 5 p. c., sans stipuler aucune époque de remboursement. En ce cas, les 50 fr. qu'ils recevront n'équivaudront plus, après la baisse, qu'à 45 fr.; ce sera, en un mot, comme s'ils avaient subi, à perpétuité, une réduction d'intérêt d'un demi p. c. On objectera, à la vérité, que si cette baisse de l'étalon est dommageable aux créanciers, en revanche elle est profitable aux débiteurs, et particulièrement aux États, gros emprunteurs, comme chacun sait. Nous l'accordons, mais le gain des uns peut-il être, en bonne justice et en bonne économie, invoqué comme une compensation du dommage infligé aux autres? D'ailleurs, un autre mal résulte encore de cette perturbation. Comme nous l'avons remarqué, la dépréciation du métal précieux servant d'étalon n'a pas lieu d'emblée. Elle s'opère toujours avec une certaine lenteur. C'est ainsi qu'après la découverte de l'Amérique, il a fallu environ trois quarts de siècle avant que les métaux précieux ne fussent descendus au niveau où ils devaient ensuite se maintenir d'une manière à peu près fixe. Lorsqu'une dépréciation survient, nul ne peut prédire non plus quand et à quel point elle s'arrêtera. Dans l'intervalle et même encore quelque temps plus tard, toutes les transactions sont entravées par le *risque de dépréciation* de l'étalon. Ce risque, les gens qui prêtent des capitaux sous forme de monnaie ou qui en louent sous forme de terres ou de maisons, ne manquent pas de s'en couvrir au moyen d'une prime, ajoutée au taux ordinaire de l'intérêt et des loyers. Cette prime dépasse même toujours le risque qu'elle sert à couvrir à cause de l'impossibilité de calculer exactement ce risque. Toutes les opérations à terme, prêts, loyers, etc., sont ainsi rendues plus difficiles et plus onéreuses pour les emprunteurs et les locataires; en sorte que si la classe des débiteurs gagne sur le passé quelque chose à la dépréciation, en revanche elle perd sur le présent et sur l'avenir. A quoi il faut ajouter que la société prise dans son ensemble perd naturellement aussi au ralentissement des transactions, provenant de cette cause.

Enfin, il y aurait bien quelque chose à dire sur la perturbation que la baisse de l'étalon amène dans les opérations au comptant, vente des marchandises, loyer du travail, etc. Si les fermiers, les industriels et les marchands peuvent communément augmenter d'emblée les prix de leurs produits de manière à compenser la baisse actuelle et même à se couvrir du risque éventuel de baisse de l'étalon, en revanche la masse qui vit au jour le jour du produit de son travail le peut rarement, et elle subit de ce chef un dommage d'autant plus grand, et des privations d'autant plus rudes que sa position est plus dépendante et son salaire plus rapproché du *minimum* des subsistances.

On voit donc, par ce court aperçu, que nous compléterons dans les leçons suivantes, combien il importe, au double point de vue de la justice et de l'utilité générale, que l'étalon ou la mesure des valeurs soit aussi peu variable que possible. D'où il suit que si l'or et l'argent, qui sont devenus les étalons universels, devaient subir une nouvelle baisse analogue à celle qu'ils ont éprouvée lors de la découverte de l'Amérique, il y aurait lieu certainement de les remplacer par un étalon se rapprochant davantage de l'invariabilité.

Mais cet heureux phénix est encore à trouver.

En attendant, on se demande lequel des deux métaux employés généralement comme étalon, l'or ou l'argent, possède au plus haut degré la qualité essentielle de la stabilité de la valeur, lequel des deux est le moins exposé à une dépréciation ou à une hausse, lequel des deux il convient, en conséquence, d'adopter de préférence comme étalon? Les esprits sont fort partagés sur ce point. L'argent a ses partisans déterminés, au nombre desquels il faut placer en première ligne M. Michel Chevalier, dont on connaît les beaux travaux sur la monnaie. Mais l'or a aussi ses défenseurs ardents et convaincus, et ceux-ci paraissent même devoir l'emporter sur leurs adversaires. La question est certainement fort difficile à résoudre. Nous inclinons à croire, pour notre part, que l'or est actuellement plus exposé que l'argent au risque d'une dépréciation, et cette opinion s'appuie sur l'énorme accroissement de la production de l'or, depuis une vingtaine d'années. On nous objecte, à la vérité, d'une part, que si la production de l'or s'est accrue depuis vingt ans, en revanche la demande s'en est accrue aussi; d'une autre part, que cette dépréciation si souvent prédite n'a pas encore eu lieu. La première de ces deux objections a une valeur incontestable, quoique, en admettant que la production de l'or se poursuive sur le pied actuel, c'est à dire sur le pied d'un milliard environ par an au lieu d'une centaine de millions de francs seulement, comme il y a vingt ans, on conçoive difficilement que la demande puisse continuer indéfiniment à faire équilibre à l'offre, au niveau de la valeur actuelle. La seconde objection nous paraît avoir moins de poids. Si l'augmentation considérable qu'à subie la production de l'or n'a pas exercé une influence immédiate sur la valeur de ce métal, cela tient, comme l'a fort bien observé M. de Humboldt, à ce que l'or étant un produit essentiellement durable, il en existe dans le monde un approvisionnement vingt ou trente fois supérieur au montant de la récolte annuelle la plus abondante. Sous l'influence de cette qualité particulière, la valeur des métaux précieux n'est descendue que fort lentement après la découverte de l'Amérique; elle devra descendre plus lentement encore après la découverte des gisements aurifères de la Sibérie, de la Californie et de l'Australie, car le *stock* d'or existant au xixe siècle dépasse de beaucoup le stock existant au xvie; d'où il suit que le rapport entre l'augmentation d'une année et la masse de l'approvisionnement des années antérieures est actuellement plus faible qu'il ne l'était après la découverte de l'Amérique. Mais de ce que la dépréciation doit, sous l'influence de ces causes, être lente, plus lente même qu'elle ne l'a été il y a trois siècles, il ne s'ensuit pas qu'elle ne doive point avoir lieu.

Quoi qu'il en soit, cette question n'est pas, à proprement parler, du ressort de l'économie politique, pas plus que ne l'est l'appréciation des causes diverses qui peuvent faire hausser ou baisser dans un délai plus ou moins rapproché, le fer, le cuivre, l'étain ou tout autre métal. C'est une question qui appartient plutôt à la technologie et au commerce qu'à l'économie politique.

On s'est demandé encore s'il faut choisir un seul étalon pour mesurer les valeurs, l'or ou l'argent, par exemple, ou s'il convient d'en adopter deux. C'est à peu près comme si l'on se demandait si l'on doit se servir de l'aune ou du mètre pour mesurer la longueur des étoffes ou si l'on peut se servir à la fois de l'aune et du mètre. En admettant même que ces deux mesures fussent parfaitement invariables, il serait évidemment plus simple et plus commode de s'en tenir à une seule que d'employer l'une et l'autre. Mais si elles étaient sujettes à varier, si, pendant que le mètre, par exemple, ne change pas ou ne change que d'une quantité insensible, l'aune venait à perdre une quantité sensible de sa longueur, le régime du double étalon de longueur pourrait engendrer des complications et des embarras sérieux. Ces embarras croîtraient encore si, en prescrivant l'usage d'un double étalon de longueur, des législateurs avaient décrété qu'il existe un rapport légal invariable entre l'aune et le mètre, tandis que le rapport réel serait sujet à varier. En effet, supposons que l'aune fût légalement estimée à 70 centimètres, et qu'il fût en conséquence permis à tout marchand ayant à livrer 1,000 mètres d'étoffes, de mesurer ces 1,000 mètres avec une aune sur le pied de 70 centimètres, alors qu'elle n'en contiendrait plus en réalité que 69, qu'en résulterait-il? Que tous ceux qui auraient des marchés à exécuter en mètres, s'empresseraient de fournir des aunes sur le pied du rapport légal, et que les acheteurs perdraient la différence, jusqu'à ce que chacun s'avisât de contracter dans la mesure qui lui inspirerait le plus de confiance, sans avoir égard au rapport légal. Que chacun soit libre de choisir la mesure qu'il préfère, aune ou mètre, or ou argent, voilà le principe. Qu'il se serve même, tour à tour, à sa convenance, de l'un ou de l'autre étalon, rien de mieux. Mais si ces étalons ne sont pas invariables, c'est commettre une aberration déplorable que d'en prescrire l'usage comme s'ils l'étaient; c'est autoriser et légaliser sinon légitimer, dans une foule de cas, la fraude sur les mesures de longueur ou de valeur, en permettant à qui a stipulé en mètres de fournir des aunes rétrécies, à qui a stipulé en argent de payer en or déprécié; c'est en un mot, quand le choix existe entre deux étalons, faire prévaloir d'autorité l'étalon affaibli sur celui qui a conservé relativement l'invariabilité de son type.

Enfin, une dernière question beaucoup plus importante encore nous reste à examiner. Il s'agit des variations artificielles des étalons de la valeur. Si nous jetons en effet nos regards en arrière, nous serons frappés d'un fait remarquable, et jusqu'à présent fort mal expliqué, savoir que les variations de l'étalon de la valeur ont été partout et de tous temps, beaucoup plus nombreuses et plus intenses que celles des métaux dont ils étaient formés; autrement dit que les peuples n'ont pas seulement souffert des *variations naturelles* de la valeur des métaux servant d'étalons, mais encore de *variations artificielles* complétement indépendantes des premières.

D'où provenaient ces variations artificielles de l'étalon dont est remplie l'histoire de la monnaie, et qui n'ont point cessé entièrement de nos jours? Elles provenaient de ce que l'on a fréquemment substitué aux étalons réels consistant dans la valeur d'un certain poids déterminé de métal, or, argent ou cuivre, des étalons nominaux consistant soit dans une certaine quantité de métal monnayé, dont la valeur n'était point déterminée par celle du métal non monnayé, soit même encore dans une certaine valeur investie dans du papier monnaie.

Mais l'explication de ces phénomènes, demeurés jusqu'à présent fort obscurs, ne peut sortir que d'une connaissance approfondie de la monnaie de circulation et des fondements de sa valeur.

TROISIÈME LEÇON

LA MONNAIE

Nécessité de décomposer l'échange en deux parties, la vente et l'achat. — Avantages de cette décomposition économique de l'échange. — De l'instrument nécessaire pour l'opérer. — Ce que doit être cet instrument intermédiaire des échanges. — Qualités qu'il doit réunir. — Des matières premières dont on se sert pour le fabriquer. — Pourquoi l'or, l'argent et le cuivre ont été affectés de préférence à cet usage. — De la façon qui doit leur être donnée pour en faire un bon instrument des échanges. — De l'étalonnage des monnaies. — Des lois qui gouvernent la valeur de la monnaie. — Que ces lois sont les mêmes pour la monnaie que pour les autres marchandises. — Comment elles agissent. — Du monopole du monnayage et de l'influence de ce régime sur les lois qui gouvernent la valeur des monnaies. — De l'étalonnage de la monnaie en Angleterre. — De la quantité de monnaie nécessaire pour effectuer les échanges d'un pays.

La nécessité de mesurer les valeurs se présente chaque fois que l'on a besoin de se rendre exactement compte de la valeur d'une ou de plusieurs choses. Ce cas se présente dans un inventaire, dans un partage, dans un prêt, dans un échange, etc.

S'il s'agit, par exemple, d'un héritage, comme le partage devra s'effectuer en raison de la valeur des choses à partager, il faudra bien les évaluer, c'est à dire déterminer la quantité précise de valeur qu'elles contiennent. Pour faire cette opération, il faut, ainsi que nous l'avons vu, choisir comme étalon une valeur bien connue des parties, et comparer à cette valeur celle de chacune des choses qu'il s'agit d'évaluer. Cette valeur-étalon sera chez un peuple pasteur, celle d'un bœuf ou d'un mouton; chez un peuple chasseur, celle d'une peau de bête; chez un peuple agriculteur, d'une quantité usuelle de blé. Ce sera enfin, dans un état de société plus avancé, la valeur d'un certain poids d'or ou d'argent. L'évaluation faite, on exprimera la valeur de chaque chose, au moyen de l'étalon, de ses fractions ou de ses multiples, comme on exprime la grandeur de ces mêmes choses, au moyen du mètre, du centimètre, du kilomètre, ou toute autre mesure appropriée à leur nature.

Cependant, s'il suffit de posséder une mesure commune de la valeur pour opérer un partage ou un troc, un autre agent devient bientôt nécessaire pour faciliter les échanges dans l'espace et dans le temps. Dès que les occupations commencent à se spécialiser et les échanges à se multiplier, on éprouve le besoin de décomposer l'échange en deux parties, la *vente* et l'*achat*, et cette décomposition ne peut s'opérer qu'au moyen d'une valeur intermédiaire servant d'*équivalent universel*.

Qu'il soit nécessaire de décomposer l'échange en deux opérations, pour le faciliter, cela n'a pas besoin d'une longue démonstration.

L'échange simple ou le troc direct de produit contre produit peut suffire à des peuplades barbares, au sein desquelles chaque famille produit elle-même toutes les choses qu'elle consomme, à l'exception de deux ou trois articles qu'elle retire du dehors, et contre lesquels elle fournit, à son tour, un ou deux articles qu'elle produit en vue de les échanger. Telle est encore, de nos jours, la situation de la plupart des peuplades de l'intérieur de l'Afrique. Mais dès que la production a réalisé quelques progrès, dès que les produits à échanger se multiplient et se diversifient, le troc simple cesse de suffire; peu à peu même il cesse d'être possible.

Dans notre société, par exemple, il est devenu complétement impossible de *troquer,* c'est à dire d'échanger directement les choses que l'on produit contre toutes celles dont on a besoin. Prenons un exemple. Je suis tailleur, je produis des habits. J'ai besoin de souliers, je vais offrir un habit à un cordonnier. Mais le cordonnier n'a pas besoin de cet habit, et quant même il en aurait besoin, comme la valeur du vêtement que je lui offre dépasse celle de la paire de souliers que je lui demande, l'échange ne pourrait s'ajuster. Il est, en conséquence, nécessaire de le décomposer, de manière à me permettre de fournir des habits à qui en a besoin, et de me procurer avec la marchandise qui me sera donnée en échange, des souliers ou tout autre objet dont j'ai besoin à mon tour.

Cette marchandise intermédiaire servant d'*équivalent universel* et permanent dans les échanges a pris le nom de monnaie.

Cet équivalent trouvé, comment les choses se passent-elles?

Tous ceux qui possèdent des produits échangeables, en d'autres termes, des marchandises dont ils veulent se défaire, offrent ces marchandises en demandant de la monnaie en échange. Ceux qui en ont besoin les demandent, en offrant, en échange, de la monnaie.

Si les deux parties s'accordent sur le prix, c'est à dire sur la quantité de marchandise, d'une part, sur la quantité de monnaie, de l'autre, dont les valeurs doivent se mettre en équilibre pour que l'échange ait lieu, le marché se conclut, et l'on dit du détenteur de la marchandise qu'il l'a vendue, du détenteur de la monnaie, qu'il a acheté la marchandise. Pour celui-là, c'est une vente, pour celui-ci un achat.

Poursuivons l'examen de l'opération. L'homme qui a échangé contre de la monnaie ses produits ou ses services, n'a fait, en réalité, qu'une demi-opération. Que veut-il, en effet? Il veut obtenir, en échange de ses produits ou de ses services, d'autres produits ou d'autres services propres à la satisfaction présente ou future de ses besoins. Or, la monnaie ne peut *ipso facto* satisfaire aucun besoin matériel ou immatériel, elle ne le peut qu'en s'échangeant contre des choses qui ont cette propriété. On ne vend donc que pour acheter. On n'échange ses marchandises contre de la monnaie qu'en vue d'échanger, tôt ou tard, dans tel lieu ou dans tel autre, sa monnaie contre des marchandises. Lorsque cette éventualité se réalise, on fait un achat et l'échange est alors complet. On n'a plus sa marchandise, on n'a plus sa monnaie, mais on a la marchandise dont on avait besoin et en vue de laquelle on avait produit la sienne.

Quand donc on envisage séparément chaque partie contractante, on s'aperçoit qu'elle fait un échange incomplet, un demi-échange. Le vendeur en fait la première moitié, l'acheteur la seconde. La monnaie facilite l'échange en permettant d'en combiner indéfiniment les deux facteurs, tandis que le troc n'admet qu'une combinaison simple. En d'autres termes encore, la monnaie permet de disjoindre la vente de la marchandise que l'on produit de l'achat de la marchandise dont on a besoin, tandis que ces deux opérations se trouvent connexes dans le troc ou l'échange simple.

Essayons de formuler d'une manière plus précise encore les avantages résultant de cette décomposition des échanges, au moyen de l'instrument monétaire.

Soit :

A, la marchandise produite en vue de l'échange.

B, la monnaie.

C, *D*, *E*, *F*, *G*, *H*, etc., les marchandises dont a besoin le détenteur de *A*.

Que *B* fasse défaut, et l'échange devient aussitôt extrêmement difficile sinon impossible à opérer. *A* demande *C* par exemple, mais il se peut que *C* n'ait pas besoin de *A*, qu'il ait besoin de *D*. Si *A* veut se procurer *C*, il devra donc s'échanger préalablement contre *D*. Mais *D* à son tour demande *E* et non pas *A*. En conséquence *A* devra demander *E*, et si *E* n'a pas besoin de *A*, il sera obligé de poursuivre ce circuit en *F*, *G*, *H*, etc. Supposons toutefois qu'*E* ait besoin de *A*, l'échange pourra avoir lieu, à la condition cependant que la valeur de *A* et la valeur de *E* puissent s'équilibrer; mais *A* sera obligé ensuite d'échanger *E* contre *D*, et *D* contre *C*, pour se procurer la marchandise dont il a besoin. C'est un circuit qu'il est obligé de faire et qui rend l'échange impraticable souvent, laborieux et coûteux toujours.

Mais *B* intervient, *B*, c'est à dire la monnaie. *A* commence par s'échanger contre *B*, et avec *B*, il peut se procurer à volonté *C*, *D*, *E*, *F*, *G*, *H*, car s'il échange *B* contre *C* avec *B*, *C* peut se procurer *D*, et ainsi de suite.

D'où il résulte que :

L'intervention de la monnaie épargne aux échangistes tout le montant des frais et des difficultés de la série des échanges qu'ils devraient effectuer jusqu'à ce qu'ils fussent parvenus à se procurer à l'aide de la marchandise qu'ils produisent, celle dont ils ont besoin.

Ces frais et ces difficultés seraient tels dans la plupart des cas qu'ils dépasseraient beaucoup l'économie résultant de la division du travail, qu'ils opposeraient en conséquence un obstacle insurmontable à tout progrès en empêchant les industries de se spécialiser.

Il y a toutefois, sous ce rapport, une distinction à établir entre les échanges. Les échanges qui s'effectuent dans le même lieu et dans le même moment demeureraient, à la rigueur, possibles sans l'intermédiaire de la monnaie, tandis que ceux qui s'effectuent à distance et à un intervalle de temps considérable deviendraient impossibles. Pour les premiers, le crédit pourrait en effet suppléer à la monnaie. Je suppose qu'un tailleur ait besoin d'une paire de souliers. Il l'achète, mais l'équivalent qu'il peut offrir, en l'absence de monnaie, ne convenant pas au cordonnier, celui-ci lui fait crédit pour le montant de la paire de souliers, sauf à demander crédit au tailleur pour les habits dont il aura besoin, en mesurant ces deux crédits de telle façon qu'ils finissent par se balancer. Mais pour que le crédit supplée ainsi à la monnaie, il faut que les contractants se connaissent bien, qu'ils aient confiance l'un dans l'autre, et cette condition ne pourra, sauf de rares exceptions, être remplie lorsqu'il s'agira d'échanges à distance. Les échanges *à temps* seraient plus difficiles encore à effectuer sans l'intermédiaire de la monnaie. Je fabrique des souliers, et je les échange contre toutes les choses dont j'ai besoin. Mais, parmi ces choses, il en est qui sont destinées à ma consommation immédiate, d'autres qui sont destinées à ma consommation future ou même à celle de mes enfants. Il est possible que l'échange direct ou le troc avec ou sans l'auxiliaire du crédit suffise pour me procurer les premières. Mais il n'en sera pas de même pour les dernières. Si je veux me procurer, à l'aide de la vente de mes souliers, les denrées nécessaires pour me nourrir aujourd'hui, demain, pendant une semaine, l'échange direct de mes souliers contre du pain, de la viande, etc., suffira pour y pourvoir. Mais il en sera autrement si, en vendant mes souliers, je veux me procurer les aliments qui me seront nécessaires dans vingt ou trente ans. Si je veux éloigner ainsi les deux termes de la vente et de l'achat, il me faudra recourir de toute nécessité à un intermédiaire. Il me faudra, à l'aide de mes souliers, me procurer un produit dont je puisse toujours et en tous temps me défaire sans perte pour obtenir, en échange, toutes les choses nécessaires à ma consommation future en quelque lieu que je la fasse, c'est à dire une chose qui ait le caractère d'un équivalent universel et permanent. Dira-t-on que je puis retarder l'échange de mes produits, et par conséquent les accumuler jusqu'à ce que le moment de ma consommation future soit venu? Mais, s'il s'agit de souliers, puis-je les accumuler indéfiniment sans m'exposer à des pertes de toutes sortes? Il faut évidemment que je les échange contre une marchandise plus propre à être conservée, accumulée et échangée *dans le temps*. Cette nécessité sera plus sensible encore si je produis des choses qui ne soient point susceptibles de conservation et d'accumulation; si je suis boulanger, boucher ou bien encore musicien, professeur, etc.

On doit maintenant se rendre compte suffisamment de la nécessité d'un instrument intermédiaire, d'un *medium circulans*, qui, en séparant les échanges en deux parties, indépendantes

l'une de l'autre, leur permette de se multiplier à travers l'espace
et le temps; c'est à dire un instrument qui remplisse autant que
possible les fonctions d'un *équivalent universel et permanent*.

Cela posé, il s'agit de savoir quel ensemble de qualités doit
posséder un bon intermédiaire des échanges. Il doit d'abord
réunir, au moins à un certain degré, l'uniformité et la stabilité
de la valeur. Si j'échange mes produits ou mes services contre
un *medium circulans* que je me propose d'échanger, à son tour,
dans l'espace et dans le temps, contre d'autres produits ou
d'autres services, je serai intéressé, avant tout, à ce que cet
instrument demeure intact aussi longtemps qu'il sera entre mes
mains, qu'il ne subisse aucune diminution de valeur, soit par le
fait d'une détérioration physique ou autrement. Qu'il possède
une valeur aussi uniforme et aussi stable que possible, que je
puisse l'échanger sans perte, dans quelque lieu que j'aille ou à
quelque époque que je juge à propos de m'en défaire, voilà mon
principal *desideratum*. Est-ce tout? Non! il faudra encore que
l'instrument des échanges soit facile à manier et à transporter,
au besoin même à cacher; qu'il se compose de parties aussi
appropriées que possible à la dimension des échanges qu'il
s'agit d'accomplir, que les unes soient grandes, les autres
moyennes, les autres encore petites; que la valeur de chaque
pièce soit mesurée sur l'étalon et ne varie qu'avec l'étalon lui-
même, afin d'épargner aux échangistes la difficulté ou l'embarras
d'une double évaluation : celle de la marchandise et celle de la
monnaie; et non seulement il faudra que chaque pièce constitue
une valeur étalonnée, mais encore que cette valeur soit recon-
naissable à la première vue, qu'elle soit en conséquence exprimée sur la pièce; il faudra enfin que la valeur de chaque pièce
s'exprime autant que possible par un chiffre rond formant avec

les autres pièces un rapport régulier facile à reconnaître et à calculer. Telles seront les principales qualités que devra réunir une bonne monnaie.

Ces qualités, toutes les monnaies sont loin de les posséder à un degré égal, aucune même ne les réunit d'une manière complète ; le progrès consiste à en approcher le plus possible.

Comme tous les instruments, celui-ci a commencé par être grossier et imparfait ; on a tâtonné longtemps avant de trouver les matières premières les plus propres à sa confection, et, après les avoir trouvées, on les a rarement mises en œuvre d'une manière pleinement satisfaisante. Si nous considérons l'état actuel de l'ensemble des branches de l'industrie humaine, nous trouverons que celle qui concerne la production de l'instrument des échanges est l'une des plus arriérées ; ce qui tient certainement à ce qu'elle est demeurée jusqu'à présent un monopole gouvernemental au lieu d'être une industrie libre.

Quoi qu'il en soit, après avoir reconnu à quel besoin pourvoit le véhicule intermédiaire des échanges, après nous être rendu compte d'une manière sommaire et générale de ce qu'il doit être et des qualités essentielles qu'il doit réunir pour remplir son office, analysons-le ; examinons d'abord de quels matériaux il est composé et quelle façon est donnée à ces matériaux.

Dans la plupart des pays civilisés, l'instrument monétaire est composé : 1° de trois métaux, or, argent, cuivre ou bien encore bronze ou nickel ; 2° de papier.

Laissant de côté pour le moment la monnaie de papier, à laquelle nous consacrerons un chapitre à part, nous avons donc à constater ce fait important : qu'ayant à choisir entre une multitude de substances pour servir de matières premières à la monnaie, on a fini par adopter généralement trois métaux, l'or, l'argent et le cuivre. Pourquoi? Évidemment parce que l'expérience a démontré qu'ils réunissent à un plus haut degré que les autres matériaux les qualités requises pour la confection de l'instrument monétaire; parce qu'ils sont essentiellement propres à constituer l'étoffe de la monnaie, comme l'acier est essentiellement propre à constituer l'étoffe des couteaux, des socs de charrue, etc.

Ces qualités qui ont valu, surtout à l'or et à l'argent, la préférence comme étoffes monétaires, sont la transportabilité, la durabilité, l'uniformité de la qualité et la divisibilité. L'or et l'argent peuvent se transporter à peu de frais, car ils renferment une grande valeur sous un petit volume; ils se manient avec facilité; ils peuvent se conserver indéfiniment; ils peuvent encore, qualité essentielle pour un équivalent, se diviser en fractions très petites sans rien perdre de leur valeur.

Telles sont les qualités principales qui rendent l'or et l'argent et, à un moindre degré, le cuivre, plus propres qu'aucun autre produit à servir d'étoffes monétaires.

Mais ces étoffes doivent être fabriquées; elles doivent recevoir une certaine façon appropriée à leur destination. A l'état de lingots, les métaux monétaires ne constitueraient qu'une monnaie fort imparfaite. Supposons, par exemple, que nous soyons obligés, chaque fois que nous faisons un échange, de détacher un morceau d'or, d'argent ou de cuivre d'un lingot, de le peser, d'en constater le degré de pureté, d'en mesurer la valeur, ne sera-t-il pas à peu près aussi difficile d'opérer des échanges au moyen de cette matière première non façonnée que de labourer la terre avec une barre d'acier ou de naviguer sur un tronc d'arbre? Il faut donc donner aux métaux monétaires une certaine façon spéciale pour les rendre propres à servir d'instruments des échanges comme il faut donner au fer une façon spéciale pour le transformer en un instrument de labour, au bois une autre façon spéciale pour en faire un véhicule de transport maritime.

Quelle façon donne-t-on aux matières premières monétaires pour les transformer en monnaie? En quoi consiste, en d'autres termes, le monnayage?

Le monnayage implique deux sortes d'opérations : celles qui concernent la fabrication proprement dite, c'est à dire le degré de pureté, le poids, la forme et la marque des effigies des pièces; celles qui concernent la fixation de la valeur de ces mêmes pièces.

Les premières sont du domaine de la technologie monétaire, et nous ne nous y arrêterons point. Les matières premières monétaires sont d'abord affinées, c'est à dire amenées à un degré de pureté uniforme, et l'on y ajoute une certaine proportion d'alliage afin d'augmenter la solidité du produit; elles sont ensuite coupées ou taillées en différentes pièces, dont chaque catégorie est également d'un poids uniforme, sauf une certaine tolérance de fabrication; on donne à ces pièces la forme que l'expérience a démontrée être la plus résistante et la plus commode; on les frappe à l'effigie de l'entrepreneur du monnayage (savoir du souverain investi du monopole de cette fabrication), avec l'indication de l'année de la fabrication, et, ordinairement aussi, de la valeur de la pièce, mesurée sur l'étalon en usage.

Les opérations qui concernent la fixation de la valeur des pièces ou l'étalonnage ont, au contraire, un caractère purement économique.

Si l'on veut s'en rendre exactement compte, il faut d'abord savoir quelles lois gouvernent la valeur de la monnaie.

Ces lois sont les mêmes que celles qui gouvernent la valeur de tous les autres produits ou services. Ce sont : la loi de l'offre et de la demande et celle des frais de production.

La valeur de la monnaie, comme celle de toute autre marchandise, est déterminée immédiatement par la loi de l'offre et de la demande.

Comme celle de toute autre marchandise encore, la valeur de la monnaie tend incessamment à s'établir au niveau de ses frais de production.

De quoi se composent les frais de production d'une monnaie? D'abord, et pour la plus forte part, de la somme nécessaire pour se procurer la matière première dont elle se compose, autrement dit de la valeur de la matière première; ensuite, des frais de fabrication, en y comprenant le bénéfice nécessaire pour rémunérer l'entreprise du monnayage.

De cette double loi il résulte que la valeur de la monnaie est déterminée immédiatement, d'un côté, par son *émission*, c'est à dire par la quantité qui en est offerte ou mise au marché; d'un autre côté, par la quantité qui en est demandée.

Lorsqu'une monnaie est émise en quantité croissante, la valeur de cette monnaie doit baisser, et de plus, cette baisse doit s'opérer en progression géométrique, — à moins, toutefois, que la demande ne croisse dans la même proportion.

Lorsqu'une monnaie, au contraire, est émise en quantité décroissante, elle doit hausser, — et la hausse doit s'opérer de même en progression géométrique, — à moins que la quantité demandée ne décroisse dans la même proportion.

Tels sont les *effets immédiats* de la loi de l'offre et de la demande sur la monnaie comme sur toute autre marchandise.

Voyons maintenant comment agit la loi des frais de production sur cette espèce particulière de marchandise.

Lorsqu'une monnaie est émise en quantité croissante, le moment arrive promptement où sa valeur ne couvre plus les frais de sa fabrication qui sont peu considérables; et où elle tend à descendre au dessous même de la valeur de la matière première. A ce moment, on trouve avantage soit à la fondre, soit à la retirer de la circulation, à mesure qu'elle est produite, l'*offre* diminue et la baisse s'arrête.

La valeur de l'étoffe métallique dont elle est faite apparaît ainsi comme le point au dessous duquel la valeur de la monnaie ne peut descendre, au moins d'une manière régulière et permanente.

Lorsque la monnaie est émise en quantité décroissante, la demande demeurant la même, sa valeur hausse de manière à dépasser bientôt le montant de ses frais de production. Alors, en supposant qu'aucun obstacle, aucune prohibition, par exemple, ne s'y oppose, on trouve avantage à en faire frapper un supplément, dont la mise au marché arrête la hausse, en ramenant toujours, comme à un niveau supérieur, la valeur de la monnaie à la limite de ses frais de production.

Telles sont les lois qui gouvernent la valeur de la monnaie, en admettant qu'elle soit soumise à un régime de pleine concurrence. Mais elle n'est point soumise à ce régime et ne paraît l'avoir été en aucun temps. Tandis que la production et la vente des objets en or, en argent ou en cuivre sont libres, la fabrication et l'émission de l'outil monétaire font l'objet d'un monopole gouvernemental. Le gouvernement fabrique ou fait fabriquer seul la monnaie, et il peut empêcher toute autre monnaie que la sienne de circuler dans les pays soumis à sa domination. Qu'en résulte-t-il? C'est que le gouvernement investi de ce monopole devient le maître de l'un des deux éléments constitutifs de la valeur de la monnaie, savoir de l'*offre*, et que l'influence régulatrice de la loi des frais de production se trouve par là même paralysée.

Ce n'est pas à dire, toutefois, que le monopole ait le pouvoir de modifier ou d'altérer, d'une façon quelconque, les lois qui régissent la valeur des choses. Non! Sous un régime de monopole comme sous un régime de concurrence, la valeur des choses ne cesse point d'être déterminée immédiatement par les quantités offertes, d'une part, demandées, d'une autre. Mais quand on est le maître de l'un de ces deux éléments de la valeur, quand on peut augmenter à sa guise la quantité offerte, il est évident que le prix de la chose monopolisée n'a plus d'autre régulateur que la volonté arbitraire du monopoleur, ou, ce qui revient au même, son intérêt bien ou mal entendu. Tandis que sous un régime de libre concurrence, ce régulateur se trouve dans la somme des frais de production ou dans le prix naturel autour duquel gravite le prix courant, sous un régime de monopole ce régulateur disparaît. Le prix peut s'élever comme il peut descendre d'une manière indéfinie. Il peut descendre jusqu'à la gratuité complète, au moins en apparence, si le monopoleur est un gouvernement et s'il lui plaît de faire supporter par les contribuables, les frais de production d'un article dont il monopolise la fabrication et le débit. Le prix peut s'élever de même d'une manière indéfinie jusqu'à ce qu'il ait atteint un niveau tel, qu'aucun consommateur n'y puisse plus arriver. Qu'un gouvernement monopolise la production et la vente des subsis-

tances, par exemple, il pourra évidemment fixer à 1,000 francs
ou 10,000 francs le prix d'un pain; mais les monopoleurs usent
rarement de tout leur pouvoir à cet égard. Guidés par leur
intérêt, ils s'attachent à fixer le prix de la chose monopolisée
au taux qui leur procure la plus grande somme possible de bénéfices. Ce taux n'est pas le même pour toutes les marchandises.
Il peut être, proportion gardée, plus élevé pour les articles de
première nécessité, tels que les grains, le sel, la sécurité, etc.,
que pour ceux dont on peut se passer à la rigueur. Supposons,
en effet, que le prix de ces derniers fût surélevé d'une manière
excessive, comme la chose arriva pour les épices à l'époque où
les Hollandais en avaient monopolisé la vente, la demande dimi-
nuerait dans une proportion telle, que l'exhaussement artificiel du
prix réduirait les bénéfices du monopole au lieu de les accroître.

La production de la monnaie a donc été de tous temps un
monopole, mais ce monopole a subi, surtout depuis un siècle,
de profondes modifications. Tandis qu'il était jadis organisé de
manière à former une branche importante du revenu des souverains, il a perdu aujourd'hui presque toute importance au
point de vue fiscal. Pour le dire en passant, on peut trouver
dans ce changement l'explication de la divergence d'opinions
qui existe entre les anciens écrivains qui se sont occupés de la
monnaie et les nouveaux. Les uns affirment que le souverain
est le maître de fixer à sa guise la valeur de la monnaie, et leur
affirmation s'accorde assez bien avec les faits dont ils étaient
témoins. Les autres, au contraire, prétendent que la valeur de
la monnaie est réglée par celle de la matière dont les espèces
sont fabriquées, et leur affirmation est de même assez conforme,
— quoiqu'elle ne le soit point entièrement, — aux faits qu'ils
ont sous les yeux.

Ces observations préliminaires faites, voyons de quelle façon s'opère aujourd'hui l'étalonnage de la monnaie.

Le problème à résoudre consiste à fixer aussi complétement que possible la valeur de la monnaie sur celle de l'étalon. De telle sorte que les pièces de monnaie étalonnées possèdent toujours exactement la même valeur que l'étalon, ou, si l'étalon est trop fort ou trop faible pour servir de monnaie, la même valeur qu'une de ses fractions ou l'un de ses multiples. En supposant que l'étalon soit invariable, une monnaie bien étalonnée aura donc une valeur invariable; en supposant, au contraire, que l'étalon soit variable, la monnaie subira exactement les mêmes variations que l'étalon sur lequel elle se trouve fixée.

La nécessité de fixer la monnaie sur l'étalon est facile à comprendre. Qu'est-ce que l'étalon? C'est la chose la plus propre à servir de mesure, c'est à dire la chose dont la valeur est reconnue la plus stable. Supposons que la monnaie ne fût pas dans toutes ses parties la reproduction exacte de l'étalon, qu'arriverait-il? C'est qu'à chaque échange, il faudrait se livrer à une double évaluation : il faudrait d'abord évaluer la monnaie, en rapportant la valeur de chaque pièce à celle de l'étalon; il faudrait ensuite évaluer la marchandise. Lorsque la monnaie est étalonnée, c'est à dire exactement fixée dans toutes ses parties, pièces d'or, d'argent, de cuivre ou morceaux de papier, sur l'étalon quel qu'il soit, bétail, grain, métal précieux, on économise la première de ces deux opérations, souvent la plus difficile, et l'on simplifie ainsi considérablement l'échange.

Supposons que l'étalon de la valeur consiste dans une tête de bétail ou dans une mesure de blé, et tel était le cas dans les temps primitifs, comment pourra s'opérer l'étalonnage de la monnaie? Et d'abord que sera la monnaie lorsque le bétail ou le blé, c'est à dire un produit impropre à servir de monnaie, sera l'étalon de la valeur? La monnaie devra se composer de parties ayant chacune une valeur exactement égale à une tête de bétail ou à une mesure de blé, à ses fractions ou à ses multiples. Comment cette équivalence pourra-t-elle être obtenue? Rappelons-nous qu'il n'existe pas au monde une seule chose ayant une valeur absolument stable; rappelons-nous aussi que la valeur de chaque chose a ses variations propres. Cela étant, on ne pourra établir une monnaie qui soit toujours équivalente à l'étalon, à ses fractions ou à ses multiples, que moyennant l'une de ces deux conditions : 1° que la monnaie soit composée de la même substance que l'étalon; qu'elle soit l'étalon même façonné en monnaie; 2° si, par sa nature, l'étalon est impropre à servir de monnaie, qu'elle soit composée de choses toujours échangeables contre lui. Ainsi, une tête de bétail sert d'étalon de la valeur. En quoi peut consister la monnaie? En têtes de bétail semblables à celle-là, ou en choses qui s'échangent toujours contre une tête de bétail, ni plus ni moins. Mais peut-on trouver de ces choses? Existe-t-il des choses qui soient toujours exactement de la même valeur qu'une tête de bétail? Non, il n'en existe point. Prenons pour exemple une certaine quantité d'or ou d'argent. Aujourd'hui, la valeur de cette quantité répond exactement à celle d'une tête de bétail; demain, elle sera plus grande ou plus petite : la valeur du bétail ou celle de l'or ou de l'argent, toutes deux peut-être, auront changé.

Cependant, s'il n'existe point d'équivalents naturels de l'étalon, on peut en créer d'artificiels. On peut faire en sorte qu'une pièce d'or ou d'argent ou même un simple morceau de papier ait toujours la même valeur qu'une tête de bétail ou une mesure de blé. Il suffit pour cela de se souvenir que la valeur des

choses est déterminée par la loi de l'offre et de la demande, et
de régler l'*offre* de ces pièces d'or ou d'argent ou de ces morceaux
de papier, de telle sorte qu'ils s'échangent toujours contre une
tête de bétail, ni plus ni moins. Le moyen le plus assuré d'obtenir cette équivalence, c'est d'échanger toujours soi-même,
sur demande, chaque pièce d'or, d'argent ou de papier contre
une tête de bétail. L'expérience démontre toutefois que cela
n'est point indispensable. Il suffit, dès que la monnaie d'or,
d'argent ou de papier émise pour la valeur d'une tête de bétail
commence à dépasser cette valeur, d'en émettre, autrement
dit, d'en *offrir* un supplément jusqu'à ce que l'équivalence soit
rétablie; et, dans le cas contraire, d'en retirer de la circulation
ou d'en diminuer l'*offre* jusqu'à ce que l'équivalence soit de
nouveau obtenue.

Telles sont les conditions auxquelles l'équivalence peut s'établir et se maintenir entre la monnaie et l'étalon, lorsque celle-là
est autre que celui-ci. Ajoutons que ces conditions, tirées des
lois constitutives de la valeur, sont toujours rigoureuses, abso-
lues comme ces lois mêmes. Supposons, par exemple, qu'après
avoir émis le nombre de pièces d'or, d'argent ou de papier
nécessaire pour que ces pièces soient l'équivalent d'une tête
de bétail, vous en émettiez davantage, leur valeur tombera au
dessous de celle de la tête de bétail, et cette chute de valeur
ou cette dépréciation sera d'autant plus forte que la surémission aura été plus considérable. Si vous persistez néanmoins
à affirmer que votre monnaie continue à valoir une tête de
bétail, ni plus ni moins, et si vous possédez le pouvoir nécessaire pour autoriser les débiteurs à acquitter sur ce pied les
dettes qu'ils ont contractées en têtes de bétail, qu'en résultera-
t-il? C'est que l'étalon de la valeur sera changé; c'est qu'il ne

consistera plus en têtes de bétail *réelles*, mais en pièces de monnaie qui ne posséderont plus qu'une partie de la valeur de la tête de bétail; c'est que l'étalon ne sera plus qu'une valeur arbitraire, sans base fixe, dépendant de la quantité des émissions monétaires qu'il vous conviendra de faire, si vous pouvez régler à votre guise l'offre de la monnaie.

Il y a apparence que les choses se sont passées ainsi à l'origine. Les peuples pasteurs avaient pour étalon de la valeur le bétail. Mais le bétail ne possédait qu'imparfaitement les qualités requises pour servir de monnaie (1). Lorsque les métaux qui possédaient ces qualités vinrent à être découverts, que fit-on? On fabriqua des pièces ayant la valeur d'une tête de bétail et portant même cette effigie, d'où le nom de *pecunia* donné à la

---

(I) Il paraît néanmoins que le bétail a rempli quelquefois l'office de monnaie.

« Les historiens de l'époque saxonne en Angleterre, dit M. Blanqui, parlent souvent d'une monnaie vivante *(living money)* qui était autorisée par la loi et qui consistait à payer en *esclaves* et en *bétail (Catle)* toute espèce de marchandises, mises en circulation. Plus tard, à mesure que la monnaie reparut on n'admit plus la monnaie vivante que pour solder les appoints; et dans ce cas les chevaux, les bœufs, les vaches, les moutons et les esclaves ne pouvaient être donnés en paiement que d'après une estimation convenue. Les amendes imposées par l'État ou par l'Église furent seules exceptées et payables à volonté, soit en écus soit en *êtres vivants*. Il faut rendre néanmoins cette justice à l'Église, que pour décourager le commerce des esclaves, elle finit par refuser d'en accepter aucun en paiement. Le docteur Henry nous a laissé une histoire d'Angleterre dans laquelle se trouvent plusieurs évaluations curieuses du prix correspondant de la monnaie vivante à la monnaie de nos jours. D'après ses calculs, le prix du tarif pour un esclave était, en 997, d'environ 70 fr.; d'un cheval 45 fr.; d'une vache 8 fr.; d'un mouton 1 fr 50. (BLANQUI, *Histoire de l'Économie politique*. T. Ier, p. 400.)

monnaie. Comme il n'était pas nécessaire que ces pièces continssent en métal une valeur égale à celle du bétail, tant que leur émission demeurait limitée, la fabrication de la monnaie dut rapporter de gros bénéfices. Mais les émissions venant à s'accroître en raison même des bénéfices qu'elles procuraient, la valeur de la monnaie ne pouvait manquer de tomber au dessous de celle de l'étalon. Autrement dit, les têtes de bétail monnayées devinrent plus petites que les têtes de bétail réelles, et comme on s'était accoutumé à évaluer toutes choses en têtes de bétail monnayées, l'étalon primitif se trouva perdu, et la mesure de la valeur devint purement arbitraire.

Mais l'incertitude de l'étalon de la valeur engendre, comme nous l'avons vu, des perturbations telles, qu'aucune société ne pourrait les supporter longtemps. On dut donc chercher un remède au mal dont on souffrait, soit en rétablissant l'ancien étalon, soit en en adoptant un nouveau. Or, dans l'intervalle, le monde avait marché, le travail s'était divisé, les industries s'étaient multipliées et perfectionnées : dans ce nouvel état de la société, la tête de bétail avait cessé d'être à la fois la valeur la plus généralement connue et la plus stable. Les métaux précieux qui, à l'origine, ne possédaient ni l'une ni l'autre de ces qualités, les avaient peu à peu acquises. A mesure, par exemple, que le *stock* provenant de la production des années antérieures s'accumula et se grossit, les fluctuations résultant de la découverte des nouvelles mines, etc., devinrent moins sensibles. On fut amené, en conséquence, à choisir pour étalon la valeur d'un certain poids d'or, d'argent ou de cuivre, soit la valeur d'un talent, d'un sicle ou d'une livre pesant de l'un ou de l'autre de ces métaux. L'adoption de ce nouvel étalon n'empêcha point toutefois le retour des perturbations occasionnées par les surémissions, et la livre monétaire comme la tête de bétail monnayée devint de plus en plus petite, au point de ne plus équivaloir à la longue qu'à une fraction très faible de la livre métal.

Nous examinerons dans les leçons suivantes comment ces perturbations et cette dégradation de l'étalon se sont accomplies. Nous devons nous borner pour le moment à rechercher quels procédés on a employés pour en empêcher le retour. D'une part, on en est revenu partout aux étalons métalliques, soit que l'on ait adopté pour étalon un certain poids d'or ou un certain poids d'argent fin. D'un autre part, on s'est appliqué à faire de la monnaie, dans toutes ses parties, or, argent, cuivre ou papier, « un étalon circulant, » en ajustant exactement sa valeur sur celle du métal choisi pour étalon. C'est en Angleterre que ce résultat a été atteint de la manière la plus complète. Voyons donc comment on s'y est pris pour l'atteindre; comment s'opère actuellement en Angleterre l'étalonnage de la monnaie.

C'est l'or qui sert aujourd'hui en Angleterre d'étalon ou de mesure commune des valeurs. Toutes choses, y compris la monnaie elle-même, ont pour mesure commune la valeur d'une certaine quantité d'or exprimée par la livre sterling. Cette quantité qui était autrefois une livre pesant d'argent, n'est aujourd'hui qu'un peu plus du quart d'une once d'or. Car avec une once d'or on fabrique 5 liv. 17 shill. 10 1/2 d., ce qui donne pour la valeur de la livre sterling : $\frac{\text{une once d'or}}{3 \text{ liv. } 17 \text{ sh. } 10 \text{ } 1/2}$ ou les $\frac{1000}{3894}$ d'une once d'or. Comment la livre sterling est descendue de la valeur d'une livre pesant d'argent à celle d'un peu plus d'un quart d'once d'or, c'est ce que l'exemple analogue de la dépréciation de la livre française nous servira à expliquer plus loin (1). Contentons-nous de constater, en attendant, de quelle manière on la maintient à ce dernier niveau depuis qu'elle y est descendue, comment on empêche qu'elle ne descende plus bas ou qu'elle ne remonte plus haut. Le gouvernement est tenu de fournir toujours, sur demande, à qui lui apporte de l'or en lingot, poids pour poids d'or monnayé, sans rien garder pour ses frais de monnayage. D'où il résulte qu'il ne peut exister aucune différence sensible entre la valeur de l'or en lingot et

---

(1) La livre sterling est cependant de tous les étalons monétaires celui qui s'est le moins déprécié.

" Les monnaies anglaises, dit M. Michel Chevalier, n'ont éprouvé d'altération forte que pendant un espace de trois siècles, surtout dans l'intervalle occupé par le règne de Henri VIII, prince dissipateur et sans frein, et la première partie de celui de son fils Édouard IV.

" La monnaie anglaise resta pendant près de deux siècles et demi, telle que l'avait instituée Guillaume le Conquérant : la livre pesant d'argent à un titre assez élevé était l'unité monétaire. L'an 1300, le roi Édouard Ier l'affaiblit légèrement. Édouard III, de 1344 à 1363, lui fit subir trois diminutions successives qui cependant lui laissèrent encore plus des quatre cinquièmes de sa teneur première. Henri IV, en 1412, et Édouard IV, en 1464, lui portèrent de nouvelles atteintes, et à l'avénement d'Henri VIII, qui eut lieu au commencement du seizième siècle, elle avait perdu près de la moitié de son poids de fin. Ce prince, qui était violent et sans scrupules, faussa quatre fois la monnaie dans un intervalle de dix-neuf ans, de 1527 à 1546. La livre sterling, telle qu'il l'avait trouvée ferait une livre et onze shellings en monnaie actuelle ou plutôt en monnaie de 1816. En 1546, elle se trouva réduite par ce prince à 9 shell. environ. Son fils Édouard VI l'abaissa encore de moitié, la troisième année de son règne. Mais deux ans après il la releva; sa sœur Marie, qui lui succéda, persévéra dans les mêmes errements, et Élisabeth, par une proclamation solennelle, qui date de la deuxième année de son règne (1560), qualifia l'habitude de la fausse monnaie comme un *monstre dévorant*

celle de l'or monnayé. Supposons, en effet, qu'une telle différence vînt à se produire, qu'une once d'or monnayé vînt à valoir plus d'une once d'or en lingot, on s'empresserait d'apporter un supplément de lingots à la monnaie; supposons qu'elle valût moins, on s'empresserait ou de fondre une partie de la monnaie ou de la réserver pour l'usage auquel sont affectés les lingots jusqu'à ce que l'équivalence fût rétablie (1).

---

qu'elle mettait son honneur à vaincre, ce qui ne l'empêcha pas cependant, quarante et un ans plus tard, de diminuer la livre quelque peu, d'un trente et unième. A partir de ce moment, la monnaie anglaise n'a plus subi d'altération. Elle a été ainsi diminuée de près des deux tiers. Quelque grand que soit l'abaissement en termes absolus, il est très faible en comparaison de tout ce qui a été fait ailleurs. A côté de l'Angleterre, l'Écosse, de 1296 à 1601, a réduit la livre d'argent au trente sixième de son poids.

C'est pour cette cause que la livre anglaise, primitivement fixée par Guillaume le Conquérant à une livre pesant d'argent, de même que Charlemagne l'avait fait en France, a conservé une valeur bien supérieure à la livre des autres contrées.

... C'est en 1816 que se fit la substitution de l'or à l'argent comme étalon reconnu par la loi. (MICHEL CHEVALIER. *De la baisse probable de l'or*, p. 136.)

(1) Nous citerons comme témoignage à l'appui, non seulement de cette vérité particulière mais de la théorie générale que nous exposons, l'autorité de Ricardo.

" Tant que le gouvernement fait frapper des monnaies sans retenir les frais de monnayage, les pièces de monnaie ont une valeur égale à celle de tout autre morceau du même métal d'un poids et d'une finesse pareils. Mais si le gouvernement retient un droit de monnayage ou de seigneuriage, la pièce de métal frappée excédera en général la valeur de la pièce non frappée de tout le montant de ce droit.

" Quand l'État seul bat monnaie, il ne peut pas y avoir de limites à ce

Ponr rendre cette équivalence plus sensible encore, on a
monnayé, dans son tout comme dans ses divisions et ses subdivisions, la valeur servant d'étalon. Cette valeur qui est celle
d'un poids d'or de $\frac{1000}{3894}$ d'once est divisée en 12 shellings et
chaque shelling en 12 deniers. On a donc fabriqué des souverains d'or, ayant exactement le poids de la livre sterling, des
shellings d'argent et des pence de cuivre, étalonnés sur les divisions de la livre sterling.

---

droit de monnayage; car, en restreignant la quantité du numéraire, on peut
en élever la valeur indéfiniment.

« C'est en vertu de ce principe que circule le papier-monnaie. Toute sa
valeur peut être regardée comme représentant un seigneuriage. Quoique ce
papier n'ait point de valeur intrinsèque, cependant si l'on en borne la quantité, sa valeur échangeable peut égaler la valeur d'une monnaie métallique de
la même dénomination ou de lingots estimés en espèces. C'est encore par le
même principe, c'est à dire en bornant la quantité de la monnaie que des
pièces d'un bas titre peuvent circuler pour la valeur qu'elles auraient eue si
leur poids et leur titre étaient ceux fixés par la loi et non pour la valeur
intrinsèque du métal pur qu'elles contiennent. Voilà pourquoi, dans
l'histoire des monnaies anglaises, nous trouvons que notre numéraire n'a
jamais été déprécié aussi fortement qu'il a été altéré. La raison en est
qu'il n'a jamais été multiplié en proportion de sa dépréciation. (RICARDO.
Principes de l'Économie politique, chap. XXVII. *De la monnaie et des
banques.*)

Il existe toutefois en Angleterre une légère différence entre la valeur
du métal monnayé et celle du métal en lingots. Storch, l'un des écrivains qui
ont le mieux entendu les questions monétaires, explique fort bien la cause de
cette différence.

« Quand, dit-il, le gouvernement se charge des frais de fabrication de la
monnaie, il est clair qu'il empêche que la valeur du métal-monnaie ne
s'accroisse de la valeur de sa façon... Ainsi, dans les pays où tout le monde

Le système monétaire de l'Angleterre se présente ainsi de la manière suivante :

ÉTALON. La livre sterl. divisée en 20 shellings et 240 deniers, ayant une valeur de : $\dfrac{\text{une once d'or}}{3 \text{ liv. } 17 \text{ sh. } 10 \text{ 1/2 d.}}$ ou $\dfrac{1000}{3894\text{e.}}$ d'une once d'or.

MONNAIE.

		SH.	DEN.
Or. { Souverain pesant $\dfrac{1000}{3894\text{e.}}$ d'once et valant 1 liv. ou	.	20	
Demi-souverain.	.	10	.

---

peut échanger de l'or ou de l'argent, poids pour poids, contre de la monnaie, a façon de la monnaie n'a point de valeur, et le métal monnayé ne vaut pas plus que le métal en lingots.

« Si quelquefois le contraire paraît arriver, c'est toujours l'effet d'une circonstance accessoire. En Angleterre, par exemple, l'or monnayé se paie environ 2/5 p. c. plus cher que l'or en lingot ; mais pour changer son lingot en guinées à l'hôtel des Monnaies de Londres, le seul qu'il y ait en Angleterre, il faut attendre son tour : ainsi c'est une perte de temps que vous évite celui qui vous paie comptant, et cette légère prime de 2/5 p. c. est une sorte d'escompte qu'il retient pour l'avance qu'il a faite... Les frais de fabrication de la monnaie d'or reviennent à 7/10 p. c.. Ainsi cette prime de 2/5 fait un peu plus de la moitié des frais. Si l'on pouvait se procurer plus facilement cette monnaie, la prime ne serait plus que d'un tiers ou d'un quart des frais de fabrication.

La loi qui rendit la fabrication des monnaies gratuite fut d'abord portée sous le règne de Charles II, pour un temps limité ; ensuite, par différentes prorogations, elle fut continuée jusqu'en 1769, époque à laquelle elle fut rendue perpétuelle. (H. STORCH. *Cours d'économie politique*, t. VI, liv. V, ch. IX.)

Cette méthode (la gratuité du monnayage) a encore été adoptée deux fois en France mais sans s'y maintenir longtemps. La fabrication des monnaies y a été gratuite, d'abord sous le ministère de Colbert, pendant dix ans (de 1679 à 1689), et ensuite pendant la Révolution depuis le 9 frimaire jusqu'au 26 germinal an IV. (J.-B. SAY. *Traité d'économie politique*, t. 1er, p. 442.)

		SH.	DEN.
Argent.	Couronne	5	
	Demi-couronne.	2	6
	Shelling	"	12
	Demi-shelling	"	6
Cuivre.	Penny	"	1
	Demi-penny.	"	$^1/_2$
	Farthing.	"	$^1/_4$

Dans ce système, il y a, comme on voit, et il ne peut y avoir aucune différence entre la valeur du métal servant d'étalon et celle de ce même métal façonné en monnaie, puisque tout le monde peut porter des lingots à l'hôtel des monnaies et obtenir, en échange de chaque once, 5 souverains 17 shellings et 10 1/2 pence monnayés qui pèseraient précisément une once en admettant que les shellings et les pence fussent en or. La monnaie britannique se trouve ainsi fixée aussi exactement que possible sur l'étalon d'or, et elle ne peut subir d'autres fluctuations de valeur que celles que subit l'or lui-même. Si l'or avait une valeur invariable, ce système serait parfait. Malheureusement il n'en est pas ainsi. La valeur de l'or est sujette à varier, et, par suite de la gratuité du monnayage, toutes les variations de la valeur du métal doivent se répercuter immédiatement dans la monnaie. S'il y avait, au contraire, des frais de monnayage à payer, les variations partielles de la valeur du métal se feraient moins sentir dans l'instrument monétaire. Ces frais formeraient comme une espèce de bourrelet qui amortirait les variations soit en hausse, soit en baisse. Quand le métal hausserait, il faudrait que la hausse excédât les frais du monnayage pour qu'on prît le parti de réduire la monnaie à l'état de lingot; quand le métal baisserait, il faudrait de même que la baisse atteignît une partie des frais de monnayage pour que l'on trouvât bénéfice à faire frapper un supplément de monnaie.

Quoi qu'il en soit, dans ce système, la valeur de la monnaie est entièrement gouvernée par celle du métal : la monnaie est comme si elle se trouvait encore sous forme de lingots.

La valeur de l'or monnayé étant ajustée, par ce procédé, sur celle du métal non monnayé qui sert d'étalon, il s'agit d'établir un rapport fixe et permanent entre la monnaie d'or et les coupures inférieures de l'instrument monétaire en argent ou en cuivre. Autrement dit, il s'agit, après avoir étalonné la monnaie d'or sur le métal, d'étalonner la monnaie d'argent et de cuivre sur la monnaie d'or, de telle façon que l'instrument monétaire soit *un* dans toutes ses parties. Comment peut-on obtenir ce résultat? Comment faut-il s'y prendre, par exemple, pour que quatre couronnes d'argent de cinq shellings soient toujours l'équivalent d'un souverain d'or? Pour que douze pièces de cuivre d'un penny soient toujours l'équivalent d'un shelling d'argent?

Supposons que l'on tienne pour vrai ce principe de l'école métallique que la valeur de la monnaie est nécessairement gouvernée par celle du métal dont elle est composée, ce résultat ne pourra être obtenu ; il sera impossible d'obtenir un rapport de valeur invariable entre la monnaie d'or et la monnaie d'argent, entre la monnaie d'argent et la monnaie de cuivre. Supposons, en effet, qu'à un moment donné, l'or vaille 15 1/2 fois l'argent, il faudra pour fabriquer des couronnes, dont quatre soient l'équivalent d'un souverain ou d'une livre sterling, un poids d'argent de $\frac{1/4 \text{ once}}{3.\ 17.\ 10\ 1/2} \times 15\ 1/2$. La couronne fabriquée avec ce poids d'argent, le monnayage étant gratuit, équivaudra exactement à un quart de liv. st. Mais que l'argent vienne à hausser ou à baisser de valeur relativement à l'or, — et l'expérience atteste que la valeur relative de l'or et de l'argent est sujette à d'incessantes variations, quoique ces variations soient ordinairement peu appréciables, — il faudra diminuer ou augmenter chaque fois en proportion de la hausse ou de la baisse le poids des couronnes, si l'on veut que le rapport de valeur entre la monnaie d'argent et la monnaie d'or demeure invariable. Or cette augmentation et cette diminution incessantes du poids des pièces est chose impossible dans la pratique. Ou donc il faut se résigner à laisser varier le rapport de valeur des espèces d'or avec les espèces d'argent et de cuivre, ou il faut fixer ce rapport d'une manière immuable, sans tenir compte du soi-disant principe de l'école métallique : « Que la valeur de la monnaie est nécessairement gouvernée par celle du métal dont elle est composée. » C'est, en effet, à ce dernier parti qu'on s'est arrêté en Angleterre pour l'argent et le cuivre, dans les autres pays pour le cuivre seulement.

Mais avant d'examiner comment se pratique cet étalonnage des monnaies inférieures dites divisionnaires, de billon ou d'appoint, résolvons encore deux questions préalables, savoir : 1° pourquoi l'instrument monétaire doit être composé de plusieurs métaux, sans parler du papier; 2° pourquoi l'instrument monétaire, quoique composé de plusieurs métaux doit être *un* dans toutes ses parties, comme s'il était composé d'un seul métal.

L'instrument monétaire doit être composé de plusieurs métaux, d'abord à cause de la nature des échanges, ensuite à cause de la nature des matières premières monétaires. On échange des valeurs de toutes dimensions, grandes, moyennes et petites; il faut, en conséquence, des pièces de monnaie qui correspondent à ces différentes catégories de valeurs qui se présentent à l'échange, c'est à dire des coupures supérieures, moyennes et inférieures. Mais le même métal n'est pas également propre à la fabrication de ces coupures inégales. Supposons, par exemple, qu'on voulût s'en tenir à l'emploi de l'or, on pourrait à la rigueur fabriquer des couronnes, des demi-couronnes, ou même de simples shellings avec ce métal, mais ces pièces seraient tellement petites et légères qu'on les trouverait fort incommodes dans l'usage. Quant à fabriquer en or des pièces d'un penny ou d'un farthing, ce serait matériellement impossible. Supposons qu'on voulût s'en tenir à l'argent, la pièce de 20 shellings d'argent serait trop massive et celle d'un penny trop menue; supposons qu'on voulût s'en tenir au cuivre, il faudrait des pièces énormes pour les échanges moyens et supérieurs. La nature des échanges, d'une part, la nature des matières premières monétaires, de l'autre, exigent, comme on voit, absolument, l'emploi des trois métaux dans la fabrication de la monnaie.

Arrivons maintenant au second point. Pourquoi faut-il que l'instrument monétaire confectionné avec plusieurs métaux soit un comme s'il était fait d'un seul métal? En d'autres termes, pourquoi faut-il que les 20 shellings d'argent valent toujours un souverain d'or et les douze pences de cuivre toujours un shelling d'argent? La réponse à cette question est facile. Faisons une simple hypothèse. Si les rapports de valeur entre les différentes catégories de pièces qui constituent l'instrument monétaire n'étaient point invariables, s'il fallait, par exemple, tantôt 19 shellings, tantôt 21 pour équivaloir à un souverain, il en résulterait de graves inconvénients dans la pratique. En premier lieu, chaque fois que l'on emploierait de la monnaie auxiliaire d'argent ou de cuivre, il faudrait l'évaluer, c'est à dire déterminer le rapport de valeur existant, au moment de l'échange, entre la monnaie auxiliaire et l'étalon, constater combien il faut de shellings et de pences pour faire une livre, chose embarrassante et compliquée. En second lieu, tous les contrats, dans lesquels la monnaie auxiliaire entrerait pour une part, contiendraient un élément aléatoire. Ainsi, un homme qui aurait contracté une dette de 15 shellings, lorsque 20 shellings valaient une livre, et qui devrait la rembourser lorsque 20 shellings vaudraient plus d'une livre, se trouverait lésé de la différence. Enfin, ces variations de la monnaie auxiliaire deviendraient la source d'embarras inextricables dans la tenue et le réglement des comptes. Car lorsque 19 shellings d'argent vaudraient une livre, ou bien il faudrait établir la division de la livre par dix-neuvièmes, ou bien, si l'on conservait l'ancienne division par moitié, par quarts et par vingtièmes, ces appoints seraient fort difficiles à former à l'aide d'une monnaie divisionnaire dont chaque pièce vaudrait 1/19° de livre. Il faudrait recourir pour les ajuster à des appoints en cuivre qui étant eux-mêmes variables rendraient chaque échange plus que laborieux. Il est donc indispensable, — et nous croyons inutile d'insister davantage sur ce point, — que la proportion entre les différentes catégories de pièces qui composent l'instrument des échanges demeure invariable, que 20 shellings valent toujours 1 livre, et 12 pences toujours un shelling.

En résumé, il est nécessaire : 1° que l'instrument monétaire soit fabriqué avec plusieurs métaux ; 2° qu'il soit un dans toutes ses parties, ou, ce qui revient au même, que ses différentes coupures d'or, d'argent ou de cuivre aient entre elles un rapport de valeur invariable.

Comment peut-on obtenir cette invariabilité du rapport de valeur entre des pièces confectionnées avec des métaux dont la valeur relative est sujette à des variations incessantes? Comment l'obtient-on en Angleterre?

On l'obtient en Angleterre à l'aide des procédés suivants : 1° en confectionnant les pièces d'argent et de cuivre avec une quantité de métal dont la valeur est inférieure à celle de la pièce fabriquée; 2° en élevant artificiellement la valeur de la pièce fabriquée par la restriction des émissions; en réglant l'émission des shellings de telle façon que 20 shellings d'argent valent toujours un souverain d'or, et 12 pences de cuivre toujours un shelling d'argent.

C'est ainsi qu'alors que la valeur de la monnaie d'or est toujours égale à celle du métal dont cette monnaie est faite, la valeur de la monnaie d'argent dépasse de 1/14ᵉ environ et celle de la monnaie de cuivre de plus de moitié, la valeur de l'étoffe métallique qu'elles contiennent. D'où il résulte qu'à moins d'une révolution qui abaisse la valeur de l'or de plus de 1/14ᵉ relativement à l'argent, et la valeur de l'argent de plus de moitié relativement au cuivre, le shelling ne peut jamais valoir plus de 1/20ᵉ de liv. sterl. et le penny plus de 1/12ᵉ de shell. ou de 1/240ᵉ de liv. sterl.

Ils ne peuvent valoir moins non plus parce que le gouvernement, investi du monopole du monnayage, ne délivre de la monnaie d'argent qu'à ceux qui la lui paient à raison d'un souverain pour 20 shell., et la monnaie de cuivre à raison d'un shell. pour 12 pences. De là l'invariabilité du rapport. Il peut

arriver cependant que la *demande* de la monnaie divisionnaire
diminue et qu'elle ait alors une tendance à baisser, mais, en ce
cas aussi, la demande qui en est faite au gouvernement se
ralentit, la fabrication et l'émission deviennent moindres et la
valeur se rétablit. Il peut arriver encore que la *demande* s'accroisse et que la valeur de la monnaie divisionnaire tende à
hausser; mais on en demande alors au gouvernement une quantité
supplémentaire, la fabrication et l'émission s'augmentent, et la
valeur demeure au niveau du rapport établi. Seulement, on le
conçoit, il ne faut pas que la valeur métallique de la monnaie
divisionnaire dépasse jamais le niveau de sa valeur monétaire,
sinon elle serait incessamment demandée pour être fondue et
les frais de monnayage seraient faits en pure perte.

Tel est l'étalonnage du système monétaire anglais. La monnaie d'or est étalonnée sur le métal; la monnaie divisionnaire
d'argent et de cuivre sur la monnaie d'or, et l'instrument
monétaire est invariable dans toutes ses parties. Il le serait
aussi dans sa base, si la valeur de l'or était immuable. Mais
comme il n'en est pas ainsi, le système monétaire anglais subit
incessamment, jusque dans ses dernières ramifications, l'influence des fluctuations du métal étalon, si légères qu'elles
soient. C'est comme un édifice solidement construit, dont
toutes les parties seraient liées par un ciment indestructible,
mais dont les fondations seraient assises sur un terrain mou-
vant.

Que si maintenant nous jetons un regard d'ensemble sur les
monnaies des différents États, nous y remarquerons une
extrême diversité, quant à la composition, la façon et l'étalonnage. Si les matières premières monétaires sont à peu près les
mêmes partout, on s'en sert dans des proportions fort diverses,

et chacun les met en œuvre à sa manière. Sous le rapport de l'étalonnage, les États monnayeurs peuvent être partagés en deux grandes catégories : ceux qui ont adopté l'étalon d'or et ceux qui s'en tiennent encore à l'étalon d'argent. Mais dans chaque catégorie, l'étalon diffère de pays à pays, quant à la coupure. En Angleterre, l'étalon est un poids d'or de $\frac{1000}{3894^{es}}$ d'once nommé livre sterling; aux États-Unis, c'est un poids de 0,05375^{es} d'once d'or, poids de troy nommé dollard. En France, l'étalon est un poids d'argent de 5 grammes à 9/10es de fin, nommé franc; en Hollande, c'est un poids d'argent de 10 grammes à $\frac{945}{1000^{es}}$ de fin, nommé florin. Les monnaies fixées sur ces étalons sont de même essentiellement diverses dans leurs façons et leurs coupures. Elles ne sont pas non plus étalonnées partout de la même manière, et nous aurons à constater, en France par exemple, combien est imparfait et vicieux le mode d'étalonnage adopté pour la monnaie d'or. Enfin les conditions auxquelles les monnaies sont mises au service du public ne diffèrent pas moins d'époque à époque et de pays à pays. Si partout, — et ce fait ne comporte encore aucune exception, du moins en ce qui concerne la monnaie métallique, — la production de la monnaie est un monopole gouvernemental, la pratique de ce monopole n'a pas été uniforme en tous lieux et en tous temps. Tandis que le prix de façon de la monnaie atteignait parfois un taux exorbitant, — aux époques où le monopole du monnayage constituait une des principales branches du revenu du souverain, — il est actuellement insignifiant pour les monnaies supérieures; dans quelques pays même, comme en Angleterre, le monnayage est gratuit, et le gouvernement ne bénéficie plus, en temps ordinaire, que sur les monnaies inférieures.

Pour bien nous rendre compte des changements qui se sont

opérés successivement dans l'exploitation du monopole du monnayage, nous donnerons, dans les leçons suivantes, un aperçu historique du système monétaire de la France. Cet aperçu nous permettra à la fois d'achever d'éclaircir la notion de la monnaie et de mettre en relief ce qu'il y a encore d'imparfait dans les systèmes monétaires actuellement en vigueur. En attendant, il nous reste une dernière question générale à examiner, celle de la quantité de monnaie qui est nécessaire à un pays. Cette quantité est-elle illimitée comme on le croyait jadis, ou, si elle ne l'est point, quelles sont ses limites?

La monnaie sert de véhicule intermédiaire dans les échanges : suivant une expression ingénieuse d'Adam Smith, elle sert à voiturer les valeurs. Combien donc faut-il à un pays de ces voitures monétaires pour effectuer le service des échanges? Il est évident que ce nombre doit subir l'influence de plusieurs causes. Il doit être subordonné : 1° à la somme de valeurs qu'il s'agit de voiturer ; 2° à la longueur des voyages ; 3° à la rapidité du mouvement imprimé aux voitures ; 4° aux procédés et véhicules similaires que l'on peut employer soit pour économiser les transports, soit pour les effectuer sans recourir à la monnaie.

Ce voiturage des valeurs s'opère, comme nous l'avons remarqué, *dans l'espace* et *dans le temps*. Une partie de la monnaie est employée aux échanges qui s'accomplissent en vue d'une consommation actuelle ; une autre partie à ceux qui s'accomplissent en vue d'une consommation future. Je suis fabricant de drap, par exemple. J'échange mon drap contre de la monnaie. Que fais-je de cette monnaie? J'en emploie immédiatement une partie à acheter des matières premières, à payer mes ouvriers, à me procurer les produits ou services nécessaires à ma consommation

et à celle de ma famille. J'en réserve une autre partie pour un
emploi ultérieur, soit qu'il s'agisse de renouveler ou d'augmenter mes éléments de production, soit simplement de la satisfaction de mes besoins futurs. Dans le premier cas, la monnaie
circule; dans le second cas, elle s'accumule, ou, si l'on veut
encore, elle circule dans le temps. La quantité requise pour la
circulation actuelle dépend de la somme des transactions à
effectuer et de la rapidité avec laquelle la même pièce de monnaie peut passer d'un échange à un autre. Dans les pays où la
population est faible et disséminée sur de vastes espaces, où les
échanges se font entre des populations très éparses, où en même
temps le crédit est rare, la quantité de monnaie nécessaire à la
circulation est, proportion gardée, considérable. Il en est de
même pour l'accumulation ou la circulation dans le temps :
dans les pays où l'on est obligé de conserver longtemps, sous
forme de monnaie, le capital que l'on a accumulé, faute de
pouvoir employer ce capital ou l'échanger contre d'autres valeurs capitalisables, la quantité de monnaie nécessaire aux accumulations est également considérable.

On conçoit donc que la quantité de monnaie nécessaire pour
effectuer les échanges varie de pays à pays et d'époque à époque;
qu'elle augmente ou diminue, tantôt lentement, tantôt rapidement sous l'empire d'une foule de circonstances; qu'elle augmente
brusquement, lorsque le crédit qui en tient lieu, en partie, vient
à faire défaut, comme dans les moments de crise; qu'elle diminue lorsque les échanges deviennent plus rapides et que le crédit s'étend, etc., etc.; qu'il faille, en conséquence, tantôt
accroître l'émission ou l'*offre* de la monnaie, et tantôt la restreindre, pour subvenir aux besoins essentiellement mobiles
du marché.

Mais, en tous cas, l'intérêt de la société exige que l'on fasse, soit dans l'espace, soit dans le temps, la plus grande somme possible d'échanges ou d'accumulations avec la même somme de monnaie, comme il importe que l'on fasse la plus grande quantité possible de transports avec le même matériel de voitures ou de wagons, de manière à ne jamais laisser chômer le capital incorporé en monnaie non plus que celui que l'on emploie sous forme de voitures. En effet, ni l'un ni l'autre ne sont mis gratis au service du public. On loue l'usage du véhicule monétaire, comme on loue l'usage des wagons d'un chemin de fer, et l'intérêt payé pour la monnaie comme le prix de loyer payé pour le wagon, rentrent dans les frais généraux de la production des choses qui ont été échangées par l'une ou transportées par l'autre.

QUATRIÈME LEÇON

LA MONNAIE SOUS L'ANCIEN RÉGIME

Le monopole du monnayage. — Influence du monopole sur la formation des prix. — Comparaison avec le monopole du sel. — Pourquoi les seigneurs attachaient une importance particulière au monopole du monnayage. — Comment les rois le leur enlevèrent. — Des étalons de poids et de qualité dont on se servait pour la monnaie. — De l'étalon originaire de la valeur. — Ce qu'était la livre monétaire. — Pourquoi la valeur de la monnaie différait de celle du métal dont elle était faite. — De la traite, du brassage et du seigneuriage. — De la dégradation de l'étalon monétaire. — Comment elle se manifestait. — Dans quelle mesure elle s'est opérée sous l'ancien régime.

Si nous nous reportons au moyen âge et si nous recherchons de quels éléments se composaient les revenus des seigneurs féodaux, nous trouverons qu'outre les corvées et les redevances en nature qu'ils exigeaient de leurs serfs ou de leurs vassaux, ils s'étaient réservé le privilége exclusif d'approvisionner de certaines denrées les habitants de leurs domaines ou de leur rendre certains services. C'est ainsi que, dans beaucoup d'endroits, ils s'étaient attribué le monopole de la vente du sel.

Ailleurs, les habitants étaient tenus de faire moudre leur farine au moulin et cuire leur pain au four seigneuriaux. Enfin, partout, le seigneur s'était attribué le droit exclusif de battre monnaie, autrement dit le monopole du monnayage.

Nous nous rendons parfaitement compte du mécanisme et des effets des monopoles qui grevaient les denrées alimentaires. Nous savons, par exemple, que le seigneur se procurait le sel à bas prix et qu'il le revendait le plus cher possible aux habitants de son domaine, en leur défendant, sous des peines rigoureuses, d'en acheter ailleurs que chez lui. Nous savons encore qu'à mesure que le pouvoir royal se fortifia et s'étendit, les rois dépouillèrent les seigneurs du monopole du sel pour se l'attribuer; qu'afin d'en rendre l'exploitation plus économique et plus profitable, ils le donnèrent en location à des fermiers; qu'ils déléguèrent à ces fermiers, dits des gabelles, le droit exclusif de vendre du sel, à des prix déterminés, dans toute l'étendue de la monarchie, à l'exception des provinces qui s'étaient rachetées de cet impôt. Nous nous expliquons sans peine comment cette exploitation du monopole d'une denrée nécessaire à la vie pouvait procurer de gros bénéfices au gouvernement et aux fermiers, surtout lorsqu'on l'eut renforcée par l'obligation imposée à chaque famille de consommer annuellement au moins une certaine quantité de sel. Nous nous expliquons de même comment le seigneur pouvait retirer des profits usuraires de la mouture du grain et de la cuisson du pain. On conçoit que le seigneur put dire, par exemple, aux habitants de son domaine : Vous ne ferez cuire votre pain nulle part ailleurs que dans mon four, et sur chaque fournée de 12 pains que vous y apporterez, j'en retiendrai deux pour ma part : l'un pour couvrir les frais d'établissement et d'entretien du four, de

combustible et de main-d'œuvre, l'autre pour mon bénéfice.
Nous nous expliquons enfin non seulement les bénéfices que
ces monopoles établis sur des choses nécessaires à la vie procuraient aux seigneurs, mais encore les dommages qu'ils infli-
geaient aux populations, obligées de payer à des prix artificiellement surélevés le sel, la farine et le pain, comme aussi de se
contenter de mauvais sel, de farine mal moulue et mélangée de
matières étrangères et de pain mal cuit.

Mais si nous nous rendons clairement compte du mécanisme
et des effets du monopole du sel, de la mouture du grain, de la
cuisson du pain et de tant d'autres analogues qui florissaient
autrefois et qui n'ont pas encore, hélas! entièrement disparu de
nos jours, il n'en est pas ainsi du monopole du monnayage.
Nous savons bien que les seigneurs et, après eux, les rois réali-
sèrent de gros bénéfices sur le monnayage; que ce monopole
constitua même, à l'origine, une des branches les plus importantes, sinon la plus importante de leurs revenus; nous savons
encore qu'aucun monopole ne causa plus de dommages et de
souffrances aux populations, mais nous n'avons que des notions
confuses et obscures sur son mécanisme et sur ses effets.

Pourquoi cette différence? Pourquoi nous expliquons-nous
clairement le mécanisme et les effets du monopole du sel, de la
mouture, etc., tandis que nous ne nous expliquons pas aussi
bien ceux du monopole du monnayage?

Cela tient à plusieurs causes : d'abord à ce que nous avons
encore sous les yeux dans plusieurs pays le monopole du sel, à
peu près tel qu'il fonctionnait sous l'ancien régime, tandis que
le monnayage a subi des modifications importantes. Cela tient
ensuite et surtout à l'imperfection des théories monétaires.

Comment nous expliquons-nous, par exemple, les bénéfices

extraordinaires qu'il est dans la nature du monopole du sel de procurer? Par l'action même des lois qui président à la formation des prix, c'est à dire de l'offre et de la demande d'une part, des frais de production de l'autre.

Mettez du sel au marché, comment le prix en sera-t-il déterminé? Par le rapport des quantités offertes avec les quantités demandées. Si la quantité offerte est considérable relativement à la quantité demandée, le sel sera à bon marché, et plus on augmentera l'offre, — en admettant que la demande ne s'accroisse point d'une manière correspondante, — plus le prix du sel baissera. Jusqu'à quel point baissera-t-il? Il pourra baisser jusqu'à zéro, si la quantité offerte s'augmente d'une manière illimitée. Mais, dans la pratique, l'offre demeure toujours plus ou moins limitée. Pourquoi? Parce que le sel exige toujours une certaine quantité de travail pour être produit et mis à la portée des consommateurs, dans l'endroit et au moment où ils en ont besoin, c'est à dire *dans l'espace et dans le temps.* Cette quantité de travail constituant les frais de production du sel forme la limite au dessous de laquelle le prix de cette denrée ne peut descendre d'une manière normale, et à laquelle il est incessamment ramené sous un régime de libre concurrence. En effet, lorsque le prix du sel tombe au dessous de la limite des frais de production, le travail employé à cette production ne recevant plus une rémunération qui suffise pour l'entretenir et le renouveler, la quantité produite doit nécessairement diminuer. Cette quantité diminuant, l'offre devient moindre et le prix se relève. S'il monte de manière à dépasser le niveau des frais de production, qu'arrive-t-il encore? C'est que le travail employé à la production du sel recevant au delà de sa rémunération nécessaire et qu'une prime croissante venant s'ajouter à

cette rémunération, le travail appliqué à d'autres industries ou simplement le travail disponible qui cherche un emploi est attiré dans cette direction, la production s'accroît en conséquence, l'offre devient plus forte et le prix baisse. Comme l'a admirablement observé Adam Smith, le montant des frais de production, ou, pour nous servir de son expression favorite, le *prix naturel* devient ainsi le point central autour duquel gravite incessamment, sous un régime de concurrence, le *prix courant* de toutes choses.

Comme nous l'avons remarqué dans la leçon précédente, la loi qui préside à la formation des prix demeure la même sous un régime de monopole, mais avec la différence essentielle, quant au mode d'opération de cette loi, que le détenteur du monopole règle à sa guise l'*offre* de sa denrée, puisque personne ne peut en offrir concurremment avec lui. Cela étant, il s'efforce naturellement de maintenir le plus grand écart possible entre l'offre et la demande. Remarquons toutefois que ce résultat ne peut être obtenu au même degré avec toutes les denrées. Lorsqu'il s'agit d'une denrée qui n'est point nécessaire à la vie, quel est l'effet d'une diminution de l'offre et de l'augmentation du prix qui en est la conséquence immédiate? C'est de provoquer aussitôt une diminution de la demande. Supposons, par exemple, que la vente des oranges vienne à être monopolisée, et que le prix des oranges soit porté de 10 centimes à 1 franc, qu'en résultera-t-il? C'est que la demande diminuera dans des proportions telles que le monopoleur ne pourra vendre à raison de fr. 1 qu'un petit nombre d'oranges, et que s'il réalise un bénéfice considérable sur chacune, la somme de ses profits n'en sera pas moins très faible. Il en sera autrement s'il s'agit d'une denrée de première nécessité, telle que le sel. Supposons que la vente du sel vienne à être monopolisée; le prix pourra en être élevé dans la proportion de 1 à 10, sans que la demande diminue de plus d'un tiers ou de la moitié. Sous ce rapport, chaque monopole donne des résultats différents, selon qu'il porte sur une denrée plus ou moins nécessaire à la vie, selon, en conséquence, qu'une augmentation du prix agit plus ou moins sur la demande. C'est l'affaire du monopoleur de chercher à quel point il doit fixer l'écart entre l'offre et la demande pour réaliser un maximum de profits.

Quoi qu'il en soit, le monopoleur est le maître de régler l'offre de la denrée monopolisée. Dans la pratique, comment agit-il? Il fixe son prix et il offre toute la quantité qui est demandée à ce prix. Supposons qu'il en offrît moins, qu'arriverait-il? C'est que la denrée hausserait de prix entre les mains des premiers acheteurs; c'est qu'elle ferait prime, exactement dans la proportion de la diminution de l'offre (en tenant compte, bien entendu, de l'influence que la diminution de l'offre et l'augmentation du prix auraient exercée sur la demande). Supposons, au contraire, qu'après avoir fixé son prix, le monopoleur offrît au delà de la quantité qui est demandée à ce taux, comment pourrait-il placer l'excédant? A moins qu'il ne fût en son pouvoir d'imposer une augmentation de la demande, en fixant, par exemple, la quantité que chacun serait tenu de consommer, comme dans le cas du sel sous le régime de la gabelle, il serait obligé d'abaisser son prix, jusqu'à ce que l'accroissement naturel de la demande, provoqué par cette baisse, eût absorbé l'excédant de l'offre.

Précisons davantage encore la manière dont les prix se forment sous un régime de concurrence et sous un régime de monopole.

Sous un régime de concurrence, chacun commence par offrir sa marchandise au prix le plus élevé possible. Mais il n'y a de demandes que pour les offres faites au taux le plus bas. Les autres demeurent comme non avenues. En conséquence, qu'arrive-t-il? C'est que ceux qui ont offert leur marchandise au taux le plus bas, élèvent leur prix, et que ceux qui l'ont offerte au taux le plus élevé abaissent le leur, de telle sorte qu'il se forme un cours moyen ou prix du marché, au niveau duquel l'offre se met en équilibre avec la demande. Si la demande augmente, sans que l'offre s'élève d'une manière proportionnelle, chacun fixe son prix plus haut, si la demande diminue, l'offre demeurant la même, chacun fixe son prix plus bas. Le prix dépend donc de la proportion des quantités offertes et demandées et celles-ci dépendent, à leur tour, des quantités produites, lesquelles augmentent ou diminuent selon qu'elles peuvent ou non être réalisées à un taux rémunérateur.

Sous un régime de monopole, les lois qui règlent le prix des choses demeurent les mêmes, mais leur mode d'opération se trouve profondément modifié. Comme le monopoleur est le maître de fixer à sa guise la quantité offerte, il se trouve par la même aussi, maître du prix. Il commence par fixer ce prix au taux qui lui paraît le plus avantageux. Trois cas peuvent alors se présenter : 1° que la demande se balance avec l'offre, et dans ce cas, le monopoleur maintient purement et simplement son offre et son prix; 2° que la demande dépasse l'offre, ce qui permet au monopoleur ou d'augmenter son offre sans élever son prix, ou d'élever son prix sans augmenter son offre; 3° que la demande demeure au dessous de l'offre, et dans ce dernier cas, le monopoleur peut à son gré diminuer son offre ou abaisser son prix. Dans tous les cas, il demeure, comme on le

voit, le maître de fixer à son gré le prix de la denrée monopolisée, en admettant bien entendu, qu'aucune concurrence ne
soit possible. Mais il n'en est pas moins hors du pouvoir du
monopoleur de modifier les lois qui président à la formation
des prix. En vain, voudrait-il, par exemple, élever son prix
tout en augmentant son offre, il n'y réussirait point. Il se heur-
terait à une puissance plus grande que la sienne : celle de la
nature des choses.

Si l'on conserve ces observations présentes à la mémoire,
on s'expliquera le mécanisme du monopole de la monnaie,
tout aussi aisément que l'on s'explique le mécanisme du monopole du sel, du tabac ou de toute autre denrée.

Lors de l'établissement du régime féodal, les seigneurs
s'attribuèrent à l'envi le monopole du monnayage, et ils consi-
dérèrent même le droit de battre monnaie comme l'un des
attributs les plus précieux de la souveraineté. L'importance
particulière qu'ils attribuaient à l'exercice de ce droit provenait non seulement de ce que le monopole du monnayage leur
rapportait de beaux bénéfices, mais encore de ce que ces bénéfices se réalisaient sous la forme de métaux précieux, c'est à
dire d'un produit investi d'un pouvoir d'échange presque illimité dans l'espace et dans le temps. Quand on faisait cuire du
pain au four seigneurial, on payait au seigneur une redevance
en pains, et l'on acquittait de la même manière la plupart des
autres impôts ou redevances. C'était en nature qu'on les fournissait, en blé, en bétail, en vin, etc., et comme les débouchés
manquaient pour échanger ces denrées, il fallait bien les
consommer sur place et dans un délai assez court. Le seigneur
avait donc en abondance toutes les choses produites sur son
domaine, mais il pouvait difficilement se procurer celles qui

étaient produites au dehors. Il ne lui était pas moins difficile d'accumuler, de capitaliser en vue d'un échange à venir des redevances fournies sous forme de produits agricoles. Les redevances provenant du monopole du monnayage étaient, sous ce double rapport, bien préférables. Comme elles étaient, en vertu de leur nature particulière, pourvues à un plus haut degré qu'aucun autre produit, du pouvoir de s'échanger dans l'espace et dans le temps, on pouvait s'en servir soit pour se procurer les produits de luxe qui provenaient des contrées lointaines, soit pour constituer des capitaux faciles à mobiliser et à dérober aux atteintes des pillards de toute condition. On conçoit donc qu'à cette époque les métaux précieux fussent considérés comme la richesse par excellence et que les souverains, grands et petits, regardassent le monopole au moyen duquel ils se les procuraient (et, sauf le pillage, c'était à peu près l'unique moyen qu'ils eussent de se les procurer) comme le plus enviable de tous.

Ce monopole si avantageux devait naturellement tenter plus vivement qu'aucun autre la cupidité des membres les plus puissants de la corporation féodale. Aussi fut-il le premier que les rois de France s'efforcèrent d'enlever aux seigneurs, leurs vassaux. Les procédés qu'ils employèrent pour atteindre ce but sont curieux à étudier. Ils commencèrent par intervenir, aussi souvent qu'ils le purent, dans la fabrication des monnaies seigneuriales, sous le prétexte de sauvegarder les intérêts des populations ou leurs propres intérêts. C'est ainsi qu'ils déléguèrent auprès des seigneurs investis du droit de battre monnaie des *juges-gardes* dont les fonctions, dit M. de Bettange, « étaient de veiller à ce que les seigneurs fissent battre bonne monnaie et qu'ils n'en fondissent point de celle du roi. » Mais le pouvoir royal ne s'en tint pas là. Il absorba peu à peu les monnaies seigneuriales soit en les confisquant, soit, — et ceci paraît avoir été le cas le plus fréquent, — en les rachetant. Nous lisons, par exemple, dans les *Lettres sur l'histoire monétaire de la Normandie et du Perche*, de M. Lecointre Dupont, que le sire Robert de Meun vendit son droit de monnayage à Charles le Bel, le 22 avril 1522, moyennant six mille livres. D'après Bettange, les comtes de Toulouse furent les derniers qui vendirent le leur. Sous la troisième race, dit le même écrivain, il n'y avait plus que les ducs de Bretagne, de Bourgogne, de Berry, de Normandie, d'Anjou, de Lorraine, d'Orange, le duc d'Austrasie et quelques petits seigneurs qui eussent le droit de battre monnaie. Ce nombre se réduisit successivement et les rois finirent par posséder seuls le droit de monnayage dans toute l'étendue de la monarchie (1).

---

(1) « Si anciennement divers seigneurs, dit Abot de Bazinghem, barons et évêques avaient droit de battre monnaie, c'est que sans doute ce droit leur avait été cédé avec la jouissance du fief ou qu'ils le possédaient à titre de souveraineté, ce qui sous les deux premières races fut souffert dans le temps faible de l'autorité royale, temps où s'établit le genre d'autorité nommé suzeraineté, espèce de seigneurie que le bon droit eut tant de peine à détruire, après que le mauvais droit l'eut usurpée si facilement.

« En 1262, l'ordonnance sur le fait des monnaies porte » que, dans les terres où les barons n'avaient pas de monnaie, il n'y aura que celle du roi qui y aura cours et que, dans les terres où les barons auraient une monnaie, celle du roi aura cours pour le même prix qu'elle aurait dans ses domaines. »

« Philippe le Bel força le premier les hauts seigneurs à vendre leur droit de battre monnaie, et l'édit de 1313 gêna si fort la fabrication qu'ils y renoncèrent.

« Philippe le Long voulait quand il mourut, dit le président Hénault, faire en sorte que dans la France on se servît de la même monnaie et à rendre

Ce serait une question assez intéressante à examiner que celle de savoir si cette « unification » du monnayage, pour nous

---

les poids et les mesures uniformes. Louis XI eut depuis le même désir. » (Abot de Bazinghem, *Traité des monnaies*, t. Ier, p. 403, art. *Espèces*.)

L'ordonnance de 1262, relative aux monnaies des seigneurs, se résumait dans les injonctions suivantes :

« 1° Que les monnaies des seigneurs seraient dorénavant fabriquées des deux côtés, différentes de celles du roi ;

« 2° Que, dans les lieux où il n'y avait point de monnaie particulière, nulle autre n'aurait cours que celle du roi, à commencer à la fête de saint Jean 1263, et que, dans les lieux où il y avait des monnaies particulières, celle du roi aurait aussi cours ;

« 3° Que les parisis et les tournois, quoique usés, ne laisseraient pas d'avoir cours, pourvu néanmoins qu'on pût les connaître, tant du côté de croix que de pile, que le roi les prendrait en paiement et qu'ils auraient cours dans ses monnaies ;

« 4° Que celui qui rognera les monnaies du roi sera puni corporellement et ses biens confisqués. »

Voici quelques renseignements complémentaires sur le même sujet empruntés au *Traité des monnaies* de Bettange :

« A l'égard du droit que plusieurs princes ou seigneurs de France avaient de battre monnaie, l'ordonnance de Philippe le Bel du 15 juin 1313 porte qu'à cause des abus qui se commettent dans les monnaies des seigneurs par leurs officiers, qu'il ne courrait plus dans leurs terres que la monnaie du roi et la leur : *item*, il est défendu aux prélats, barons et autres d'allégier ou empirer leurs monnaies, du prix de loi, du point de l'état ancien, et, s'ils font le contraire, ils auront dorénavant leurs monnaies forfaites à toujours ; que chacune des monnaies de ces seigneurs aurait un garde de pour le roi à ses frais, afin qu'il veille à ce qu'il ne se commette ni abus ni malversation.

« Louis le Hutin, successeur de Philippe le Bel, fit une ordonnance le 17 novembre 1315, par laquelle il voulait priver de ce droit tous les seigneurs qui en jouissaient, mais il n'en put venir à bout tant à cause des remontrances

servir d'une expression aujourd'hui à la mode, a été avantageuse ou non aux populations. Certains seigneurs battaient, à la

---

et difficultés qui lui furent faites par ces seigneurs que du peu de durée de son règne qui ne fut que de 19 mois et quelques jours.

« Philippe le Long, qui lui succéda, commença à exécuter ce dessein en 1319 par les monnaies de Chartres et d'Anjou, qui appartenaient à Charles de Valois, son oncle, qui lui furent ôtées moyennant la somme de cinquante mille livres qui lui furent payées comptant par ordre de ce roi. » (DE BETTANGE, *Traité des monnaies*, t. Ier, p. 71.)

Sous Louis XI, la ligue du Bien public fut provoquée par une défense que ce roi, grand monopoleur comme on sait, fit au duc de Bretagne de battre de la monnaie d'or.

« Le roi Louis XI, dit Abot de Bazinghem, ne voulant plus souffrir ce que la nécessité et les circonstances du temps avaient fait tolérer à ses prédécesseurs au préjudice des droits de la couronne, envoya son chancelier au duc de Bretagne lui signifier entre autres choses *que s'il continuait à faire battre la monnaie d'or il lui déclarerait la guerre.* Cette déclaration ou d'autres causes qu'on peut voir dans l'histoire de ce temps furent l'occasion d'une guerre à laquelle les ennemis du roi donnèrent le nom spécieux de *Bien public.* Elle fut terminée par le traité fait au bois de Vincennes le 1er octobre 1465. Une des conditions du traité fut que le duc de Bretagne pourrait faire battre monnaie d'or à son coin. Le roi lui en fit expédier lettres le même mois, lesquelles furent registrées au parlement et à la chambre des monnaies. Dans ces lettres le roi reconnaît que les prédécesseurs du duc de Bretagne ont joui du droit de faire fabriquer monnaie d'or, blanche et noire. Le roi permettait par ces mêmes lettres le cours de ces monnaies par tout le royaume, en gardant quant à l'or le poids et le titre selon les ordonnances royaux. Sans doute, la nécessité de séparer ses ennemis arracha au roi cette permission. » (ABOT DE BAZINGHEM, t. II, p. 177.)

Citons enfin quelques réflexions caractéristiques du même écrivain sur le pouvoir de battre monnaie :

« Le pouvoir de battre monnaie appartient de droit aux rois, aux princes

vérité, de fort mauvaise monnaie, et comme cette monnaie
n'avait point cours en dehors de leurs domaines, il en résultait
pour les transactions de seigneurie à seigneurie des embarras
analogues à ceux qu'occasionne actuellement la diversité des
monnaies, et le mauvais état de quelques-unes, dans les transactions d'État à État. Mais, d'un autre côté, lorsque les rois
furent investis, sans partage, du monopole du monnayage, ils
trouvèrent plus de profit qu'auparavant à fabriquer de mauvaise monnaie, et ils cessèrent, en même temps, d'avoir intérêt
à la faire bonne, pour provoquer dans l'esprit des populations

---

souverains et aux républiques. Une invention si nécessaire et si utile eût été
facilement corrompue si chaque particulier eût eu la liberté de s'en servir. Il
est vraisemblable qu'au commencement ce pouvoir fut déféré aux anciens et
aux chefs des familles qui avaient les autres prérogatives; que les familles
étant accrues et les communautés qui en étaient composées se soumettant à la
conduite d'un chef, lui attribuèrent aussi ce droit, joignant le pouvoir de
battre et de régler la monnaie à celui de commander, étant très juste que ce
qui était la base du commerce et le prix de toute chose reçût sa valeur et son
autorité de celui qui devait être le dépositaire et le protecteur de l'intérêt
public : c'est pourquoi ce droit est estimé de sa nature incommunicable.
D'autres cependant en ont joui sans être souverains, mais ils avaient quelque
dignité attachée à leur personne, tels que les prélats, ducs, comtes, barons,
les communautés et les villes, soit par usurpation, usage, possession immé-
moriale ou par concession des souverains, qui ont toujours conservé, en l'accordant, des marques de dépendance, soit en donnant le titre, le poids et la
forme des espèces, soit en se réservant le jugement de leur bonté ou obligeant
d'y faire graver leurs effigies, leurs armes ou d'autres preuves de concession
qui n'a jamais été générale pour toutes sortes de métaux. L'or a presque toujours été excepté comme le plus précieux : la permission de l'employer n'a
été accordée que très rarement, et l'on punit rigoureusement ceux qui le font
sans autorité. » (ABOT DE BAZINGHEM, art. *Argent*, t. Ier, p. 58.)

qui souffraient de la mauvaise monnaie des seigneurs, des comparaisons favorables à la monnaie royale. Le progrès eût consisté à laisser subsister les monnaies seigneuriales, en permettant aux populations de se servir, à leur choix, des espèces qui leur auraient paru les meilleures. Mais à une époque où le monopole était la loi universelle, personne n'aurait pu évidemment s'aviser d'une telle solution. Les monopoles se faisaient la guerre en vertu de leur nature, et les gros finissaient nécessairement par engloutir les petits. Sous ce rapport, il en devait être du monnayage comme de tout le reste.

Examinons maintenant comment était établi et comment fonctionnait le monopole du monnayage exercé par les rois de France; quel était le mécanisme de ce monopole, et quels en furent les résultats, tant pour le souverain qui l'exploitait que pour les populations qui le subissaient.

Comment s'effectuait le monnayage? Ceux qui avaient besoin de monnaie pour opérer des échanges, faire des prêts, payer des employés, etc., portaient des métaux précieux à l'atelier monétaire (1), absolument comme ceux qui avaient besoin de

---

(1) Les villes capitales des provinces et les villes les plus considérables, comme Paris, Rouen, Rheims, Lyon, Soissons, Marseille et autres avaient des fabriques de monnaies fixes et ordinaires : s'il y avait dans les provinces des lieux avantageux par leur situation, ou pour le commerce, comme des châteaux, *castra*, des maisons publiques, *villæ publicæ regiæ*, des ports de mer comme Quentovic, Dorestat aujourd'hui Utrecht et autres, on y établissait de même des fabriques de monnaies qui étaient sous la direction des ducs ou des comtes des villes : la tête du roi était gravée d'un côté avec son nom ou celui du duc ou du comte, ou celui du monétaire seulement. Sur le revers on gravait une croix et autour le nom de la ville, ou du château ou de la maison publique. Il y avait encore une monnaie dans le palais où le roi faisait

farine portaient leur grain au moulin seigneurial, et on rendait aux uns les métaux précieux convertis en monnaie comme aux autres le blé converti en farine, en retenant aux premiers la quantité de métal nécessaire pour couvrir les frais du monnayage et le bénéfice du monétaire, aux seconds, la quantité de grain nécessaire pour couvrir les frais de la mouture et le bénéfice du meunier.

De même qu'il fallait mesurer le blé qui était apporté au moulin et la farine qui en était tirée, il fallait mesurer aussi les métaux précieux apportés au monnayage et la monnaie qui en était fabriquée. Ce dernier mesurage exigeait l'emploi de deux sortes d'étalons, l'un pour la *quantité*, l'autre pour la *qualité* ou le degré de pureté.

On se servait pour peser les métaux précieux et les monnaies

---

sa principale résidence et les espèces qui y étaient fabriquées avaient pour légende : *moneta palatina*. Le monétaire ou l'intendant de cette monnaie l'était ordinairement de celle de la ville capitale où était situé le palais. La preuve en est sur les pièces de monnaie de Dagobert, dont quelques-unes ont la même légende, *moneta palatina* et pour nom du monétaire *Eligius*. D'autres ont pour légende : *parisina civitate* et pour monétaire le même mot *Eligius*. Cette monnaie suivait le roi dans tous ses voyages, et lorsqu'il résidait en quelque lieu où l'on avait la commodité de fabriquer, les espèces n'avaient plus pour légende : *moneta palatina*, mais le nom du palais ou maison où le roi était alors, comme *Carisiaco*, *Banniaciaco*, *Catoiaco*, *Viriliaco* et ces palais ou maisons royales étaient des séjours ordinaires, où les ouvriers portaient des coins préparés, auxquels il ne fallait ajouter que la légende ; la tête et le revers y étaient déjà gravés. Les ouvriers et les officiers de cette monnaie étaient commensaux de la maison royale. La cour des monnaies de Paris a conservé ce privilége. (ABOT DE BAZINGHEM, *Traité des monnaies*, t. II, p. 91, art. *monnaie*.)

du même étalon qui était employé pour peser toutes choses,
c'est à dire de la livre. Seulement, la division adoptée pour les
métaux précieux était plus étendue que celle dont on se servait
pour le commerce des autres marchandises, à cause de la supériorité de leur valeur (1).

Quant à la qualité ou au degré de fìnesse du métal, on
l'évaluait en prenant pour type le métal lui-même dans son état
d'entière pureté. On établit 12 degrés de fìnesse ou de pureté
pour l'argent, auxquels on donnait le nom de *deniers de fin* ou
simplement de deniers. L'argent fin était à 12 deniers, avec
1/12ᵉ d'alliage à 11 deniers, etc. L'or ayant une valeur beaucoup
plus grande, on estimait sa pureté au moyen d'une échelle de

---

(1) La livre de poids avait deux divisions, selon qu'elle était employée à
peser les métaux et les autres marchandises de grande valeur, ou les marchandises communes.

Dans le premier cas, elle était divisée en deux marcs, chaque marc en huit
onces, chaque once en huit gros, chaque gros en trois deniers, chaque denier
en vingt-quatre grains. Soit en totalité 9,216 grains, lesquels représentaient
environ le poids d'un grain de blé, unité qui paraît avoir servi originairement
à constituer l'étalon de poids.

Dans le second cas, les divisions n'avaient pas besoin d'être poussées si
loin : chaque livre se divisait en deux demi-livres, chaque demi-livre en deux
quarterons, le quarteron en deux demi-quarterons, le demi-quarteron, en deux
onces, et l'once en deux demi-onces.

On pouvait ainsi peser les matières précieuses, avec des poids allant jusqu'à
la 9,216ᵉ partie d'une livre, et les marchandises communes avec un poids
allant seulement jusqu'au 32ᵉ, soit la demi-once.

Les poids dits de marc, dont on se servait sous l'ancien régime étaient ordinairement fabriqués en cuivre; les autres en fer ou en plomb. (Abot de
Bazinghem. *Dict. des monnaies*, art., *livre*.)

24 degrés, nommés carats, lesquels étaient subdivisés en 32ᵉˢ. L'or pur était dit à 24 carats.

On pesait donc les métaux précieux qui étaient apportés aux ateliers de monnayage pour connaître leur quantité, et on les essayait pour s'assurer de leur qualité ou de leur degré de pureté. On les taillait ensuite en pièces de monnaie dont le poids et le degré de pureté étaient déterminés par des ordonnances, et l'on délivrait ces pièces à qui de droit, en retenant une certaine partie du métal ou des pièces frappées pour le prix de la façon ou la *traite*. On comprenait sous cette dénomination de *traite* les frais de fabrication ou le *brassage* et le bénéfice du monétaire ou le *seigneuriage*. On avait fini par compter en marcs ou demi-livres, le poids des métaux précieux à l'état de lingots ou façonnés en monnaie, parce que, selon toute apparence, la demi-livre ou le marc s'accommodait mieux à l'usage que la livre elle-même. Le marc contenait 8 onces et se subdivisait en 4,608 grains.

Cependant, il ne suffisait point de mesurer la quantité et la qualité des métaux précieux et des monnaies, il fallait encore mesurer leur valeur en fixant la monnaie sur un étalon aussi peu variable que possible. Cet étalon que les Romains léguèrent à leurs successeurs consista au commencement du moyen âge dans *la valeur d'une livre d'argent pur*. On n'est pas d'accord sur le poids de cette livre. Cependant, il paraît bien établi qu'elle était la même que la livre servant au pesage, laquelle consistait, sous la domination romaine, en un poids de 6,144 grains équivalant à 326 grammes. Un écrivain spécial M. Guerard affirme que cette livre monétaire fut augmentée vers l'an 779 et portée à 7,680 grains ou 407 grammes 92/100. D'après M. Guerard, la livre servant d'étalon monétaire aurait donc consisté, à dater de 779, dans la valeur d'un poids d'argent pur de 7,680 grains ou 407 grammes 92/100. On la divisait en sols vingt et chaque sol en 12 deniers.

Une livre d'argent pur, divisée en vingt parties, nommées sols et subdivisée en 240 autres parties ou deniers, tel était, en résumé, l'étalon monétaire primitif de l'ancien régime. Cet étalon qui portait le nom de *monnaie de compte*, parce qu'il servait à mesurer ou à compter la valeur de toutes choses, y compris celle des métaux précieux et de la monnaie elle-même, était parfaitement distinct de la monnaie réelle. On ne frappait point, en effet, comme paraissent l'avoir cru certains écrivains, des monnaies d'une livre, d'un vingtième ou d'un deux cent quarantième de livre. A la fin de la domination romaine, par exemple, on fabriquait des espèces d'argent, dont on taillait 60 dans une livre pesant d'argent pur, et des pièces d'or, dont on taillait 72 dans une livre d'or pur. Comme les Romains avaient fini par adopter le système du monnayage gratuit, après avoir abusé de l'autre, le monétaire rendait à qui lui apportait une livre d'argent, 60 pièces d'argent pesant une livre. Cela étant, quelle devait être la valeur de chacune de ces pièces? Elle ne pouvait évidemment dépasser celle du métal dont la pièce était fabriquée ni tomber au dessous. Si elle l'avait dépassée, on aurait, en effet, apporté du métal aux hôtels des monnaies jusqu'à ce que la valeur du métal monnayé fût tombé au niveau de celle du métal non monnayé; si elle était tombée au dessous, on aurait cessé d'apporter du métal au monnayage, on aurait même fondu la monnaie jusqu'à ce que l'équivalence se fût encore rétablie. C'est ainsi qu'aujourd'hui, en Angleterre, la valeur de la livre sterling monnayée sous forme de souverain ne peut jamais différer de celle de la livre sterling en métal, servant d'étalon monétaire.

Des espèces taillées à raison de 60 dans la livre d'argent devaient donc valoir $\frac{\text{une livre}}{60}$ ou 1/3 de sol ou 4 deniers, ni plus ni moins. Quant aux espèces d'or taillées à raison de 72 dans la livre d'or, elles valaient, au témoignage des historiens, 12 pièces d'argent ou 4 sols; mais l'or n'ayant point avec l'argent un rapport de valeur invariable, il y a apparence qu'elles valaient tantôt un peu plus, tantôt un peu moins. Quoi qu'il en soit, si une pièce d'or, taillée à raison de 72 à la livre valait 12 pièces d'argent taillées à raison de 60, cela établissait le rapport de valeur entre l'or et l'argent de 14 2/3 à 1, autrement dit, cela signifiait qu'une livre pesant d'or valait 14 2/3 livres pesant d'argent.

Si la monnaie avait continué d'être ainsi étalonnée sur le métal, si, en échange d'une livre d'argent apportée au monnayage, on avait toujours délivré une livre d'espèces monnayées, il est évident, d'une part, que la valeur des espèces n'aurait jamais pu différer de celle du métal dont elles étaient faites, d'une autre part, que l'étalon monétaire n'aurait point subi d'autres variations que celles de la valeur du métal, et qu'en 1789 la livre monétaire aurait, en conséquence, consisté encore dans la valeur d'une livre pesant d'argent pur comme à la fin de la domination romaine.

Or, si nous étudions l'histoire des monnaies françaises, nous nous convaincrons, en premier lieu, qu'à partir de la fin de la domination romaine, la valeur des espèces a toujours différé d'une manière plus ou moins sensible de celle du métal qui leur servait d'étoffe, et que cette différence était parfois énorme; en second lieu que la valeur de l'étalon monétaire s'est écartée davantage de siècle en siècle de celle de la livre d'argent fin; que si la livre d'argent métal a baissé de valeur à certaines

époques, notamment lors de la découverte de l'Amérique, la
livre monétaire qui en était, à l'origine, la reproduction, a
baissé dans une proportion infiniment plus considérable; bref,
que ces deux livres qui se confondaient à l'origine ont fini par
n'avoir plus ensemble de commun que le nom.

Étudions successivement ces deux phénomènes qui ont, entre
eux, comme nous le verrons, les relations de cause et d'effet.
Recherchons d'abord sous l'influence de quelle cause la valeur
des espèces pouvait différer de celle du métal qui leur servait
d'étoffe.

Nous avons dit que les Romains, comme aujourd'hui les
Anglais, avaient fini par adopter le régime du monnayage gratuit,
autrement dit par reporter sur l'impôt les frais du monnayage,
d'où cette conséquence qu'il ne pouvait exister aucune différence
entre la valeur du métal monnayé et celle du métal non monnayé. Mais ce système ne tarda pas à être abandonné, et les
souverains ou les seigneurs barbares qui s'étaient attribué le
monopole du monnayage s'efforcèrent d'en tirer les profits les
plus élevés possibles. De quelle manière pouvaient-ils bénéficier
sur ce monopole? Évidemment, en se faisant payer un prix de
façon pour la monnaie au lieu de monnayer gratis, en établissant
une *traite* sur les monnaies, ce qu'ils firent. Or, quelle était la
conséquence de l'établissement de cette traite destinée à couvrir
les frais de fabrication de la monnaie ou le *brassage* et de procurer un bénéfice au monétaire ou un *seigneuriage?* C'était de
créer une différence entre la valeur du métal monnayé et celle
du métal non monnayé, différence qui devait aller croissant à
mesure que la traite s'élevait davantage. Supposons que l'on
apportât à la monnaie une livre d'argent fin et que le monétaire
après avoir fabriqué avec cette quantité de matière première

60 pièces d'argent, en retint pour le prix de façon ou la traite
5 pièces, il est évident que les 57 pièces qu'il délivrait devaient
valoir une livre d'argent fin. En effet, si elles avaient valu *moins*
d'une livre, on aurait cessé d'apporter du métal au monnayage,
si elles avaient valu *plus* d'une livre, on en aurait apporté au
contraire jusqu'à ce que la différence ou la prime sur la monnaie
eût disparu. Ainsi donc, sauf l'action de certaines causes perturbatrices que nous examinerons, la valeur de la monnaie devait
différer de celle de l'étoffe métallique dont elle était fabriquée,
du montant de la *traite* ou prix de façon que le souverain, investi
du monopole du monnayage, était le maître de fixer à sa guise (1).

---

(1) Voici la définition que donne Abot de Bazinghem du mot *traite* :

« TRAITE, en terme de monnaie, se dit de tout ce qui s'ajoute au prix naturel
des métaux qu'on emploie à la fabrication des espèces, soit pour les remèdes
de poids et de loi, soit pour les droits de seigneuriage et de brassage ; il signifie
plus que le rendage qui ne comprend que le seigneuriage et le brassage.

« On se sert encore de ce terme quand on fait fabriquer une si grande
quantité de billon et de cuivre, qu'on le fait entrer dans le commerce au lieu de
bonnes espèces.

« Traite se dit encore de la quantité de matières qu'on retient en nature
dans les hôtels des monnaies à ceux qui y portent des matières destinées à être
converties en monnaies ; c'est sur quoi se prennent les frais de fabrication qu'on
appelle *brassage* et le bénéfice du prince qu'on nomme *seigneuriage*.

« On entend aussi par ce mot la différence du prix à la valeur ou entre ce
que les matières converties en monnaie produisent et ce qu'elles ont été payées. »
(ABOT DE BAZINGHEM, *Traité des monnaies*.)

Voici encore un ensemble de renseignements que nous empruntons au même
écrivain sur le seigneuriage :

« SEIGNEURIAGE, en terme de monnaie, s'entend du droit qui appartient au
prince pour la fabrique des monnaies. On l'appelle quelquefois *monnoiage* du
mot de la basse latinité *monetagium* et quelquefois aussi rendage et traite ; c'est

Comment s'exprimait ou se traduisait cette différence? Nous la trouvons traduite dans les tables monétaires de l'ancien

---

pour le paiement de ce droit que l'on a en partie inventé l'alliage, c'est à dire le mélange des autres métaux avec l'or et l'argent dans la fabrique des monnaies.

« Ce droit que tous les princes de l'Europe lèvent sur les monnaies qu'ils font faire était non seulement inconnu aux anciens, mais même aux Romains. On ne prenait pas sur leurs monnaies les frais de la fabrication; l'État les payait, de façon qu'un particulier qui portait une livre d'or fin à la monnaie recevait 72 sols d'or fin qui pesaient une livre. Ainsi l'or et l'argent en masse ou convertis en monnaie étaient de la même valeur.

« Il est difficile de marquer quand les rois ont commencé à lever ce droit; nous n'avons trouvé sur cet objet rien de plus ancien que l'ordonnance de Pépin de l'an 755, lors du parlement tenu à Verneuil, par laquelle il ordonna que les sols d'argent ne seraient plus taillés que de vingt-deux à la livre de poids, et que de ces vingt-deux pièces le maître de la monnaie en retiendrait une et rendrait les autres à celui qui avait fourni l'argent. *De monetâ constituimus similiter ut amplius non habeat in librâ pesante nisi 22 solidos, et de ipsis 22 solidis, monetarius habeat solidum unum, et illos alios domino cujus sunt reddat.*

« Il est à croire que les rois de la première race en avaient usé de même, n'étant pas vraisemblable que Pépin eût osé, dans le commencement de son règne, imposer un nouveau tribut sur les Français qui venaient de lui donner la couronne.

« Dans ce qui nous reste d'ordonnances des rois de la seconde race pour les monnaies, il n'est fait aucune mention de ce droit; cependant la donation que Louis le Débonnaire fit à saint Medard de Soissons du pouvoir de battre monnaie fait voir que l'on en tirait quelque profit; il y est dit qu'il leur accorde ce droit pour être employé au service qui se faisait chez eux en l'honneur de saint Sébastien. *Monetam publicam cum incudibus et trapezetam perpetuo famulatu sacris ipsius sancti Sebastini deservituram subdidit.*

« Charles le Chauve accorda le même privilége aux évêques de Langres. Il paraît par les termes de cette concession que la monnaie produisait quelque

régime par la différence constante quoique fort inégale selon les
.époques que ces tables indiquent entre le prix du marc d'argent

---

utilité à ceux qui avaient droit de la faire battre, *ad utilitatem jam prædicta-*
rum Ecclesiarum earumque rectoris provisionem volumus pertinere.

« Enfin ce droit de seigneuriage est clairement marqué dans une donation
que Charles le Simple fit à la chapelle de Saint-Clément de la dixième et neuvième partie du revenu qu'on appelle *monéage*, de la monnaie qui se fabriquait
dans le palais de Compiègne, *de monetâ ejusdem palatii decimam et nonam partem.*

« Sous la troisième race, Henri Ier donna à saint Magloire la dixième partie
de tous les revenus qu'il tirait *de marino portu masteriali castri*, excepté la
·dixième de la monnaie *qu'il avait déjà accordée à quelque autre.*

« Ce droit qui, comme nous l'avons dit, s'appelait quelquefois *monetagium*,
est encore prouvé dans un bail que Philippe-Auguste fit l'an 1202 de la monnaie de Tournai. *Nos habebimus tertiam partem monetagii quod inde exiet.*

« Les seigneurs particuliers qui jouissaient du droit de faire battre monnaie
en France levaient aussi cette taxe sur leurs monnaies.

« Nous ne pouvons établir bien précisément en quoi elle consistait.

« Depuis Pépin, qui prenait la vingt-deuxième partie de douze onces, nous
ne trouvons point ce que ses successeurs jusqu'à saint Louis prirent sur les
monnaies pour leurs droits de seigneuriage et pour les frais de la fabrication.

« Ces droits ont tant varié dans tous les règnes, même sous ceux où les
monnaies n'ont point été affaiblies et où elles ont été bien réglées, qu'il est
difficile de dire à quoi ils montaient.

« Sous Philippe-Auguste il était du tiers de tout le profit que l'on tirait de
la monnaie.

« Saint Louis régla le seigneuriage et le brassage à la seizième partie du prix
du marc d'argent et l'or à proportion.

« Ce que saint Louis leva sur les monnaies peut servir en quelque façon de
règle, puisque toutes les fois qu'elles tombèrent dans le désordre sous ses successeurs, les peuples demandèrent toujours qu'on les remît au même état
qu'elles étaient de son temps.

« Ce prince avait fixé le prix du marc d'argent à cinquante-quatre sols,

non monnayé et celui du marc d'argent monnayé. On recevait aux hôtels des monnaies un marc d'argent fin à un prix déter-

---

sept deniers tournois et le faisait valoir cinquante-huit sols, étant converti en monnaie, de sorte qu'il prenait sur chaque marc d'argent, tant pour son droit de seigneuriage que pour les frais de la fabrication, trois sols cinq deniers, c'est à dire quatre gros d'argent ou la seizième partie du marc. On prenait aussi à proportion un droit de seigneuriage sur les monnaies d'or. Le roi Jean prenait trois livres pour le seigneuriage et les frais de fabrication de chaque marc d'argent.

« Les rois se sont quelquefois départis du droit de seigneuriage, retenant seulement quelque chose pour les frais de fabrication, ainsi que fit le roi Philippe de Valois au commencement de son règne. « Toutes sortes de personnes, dit-il, porteront le tiers de leur vaisselle d'argent à la monnaie et seront payées sans que nous y prenions nul profit, mais tant seulement ce que la monnaie coûtera à faire. »

« Il paraît, par une autre ordonnance du roi Jean, qu'il fit la même chose sur la fin de son règne ; il s'explique ainsi en parlant des monnaies qu'il venait de fabriquer : « Lesquelles avaient été mises à si convenable et si juste prix que le roi n'y prenait aucun profit, lequel il pouvait prendre, s'il lui plaisait, mais voulait qu'il demeurât au peuple. »

« Ce que les rois prenaient sur la fabrication des monnaies était l'un des principaux revenus de leurs domaines, ce qui a duré jusqu'à Charles VII. Le roi pouvait encore, lorsque le besoin de l'Etat le demandait, non seulement augmenter ce droit et lever de plus grosses sommes sur la fabrication des monnaies, mais même les affaiblir, c'est à dire en diminuer la bonté ; on en trouve la preuve dans un plaidoyer fait en 1304 par le procureur de Philippe le Bel contre le comte de Nevers qui avait affaibli sa monnaie :

« *Item.* Abaisser et amenuiser la monnoie est privilége especial au roi de son droit royal, si que à lui appartient et non à d'autres, et encore en un seul cas, c'est à sçavoir en nécessité et lors ne vient pas le ganage ne convertit en son profit especial, mais au profit et en la defense d'au commun. »

« Sous la troisième race, dès que les rois manquaient d'argent, ils affaiblis-

miné et on rendait ce même marc taillé et façonné en pièces
de monnaie à un prix plus élevé de tout le montant de la traite

---

saient leurs monnaies pour subvenir à leurs besoins et à ceux de l'Etat, n'y
ayant encore ni aides ni tailles. Charles VI, dans une de ses ordonnances,
déclare qu'il est obligé d'affaiblir ses monnaies « pour résister à notre adversaire d'Angleterre et obvier à sa damnable entreprise..., attendu que de présent nous n'avons aucun autre revenu de notre domaine dont nous nous puissions aider. »

« Les grandes guerres que les successeurs de saint Louis eurent à soutenir
contre les Anglais les obligèrent souvent de pratiquer ce dangereux moyen
pour avoir de l'argent. Charles VII, dans la grande nécessité de ses affaires,
poussa l'affaiblissement si loin et leva un si gros droit sur les monnaies qu'il
retenait les trois quarts d'un marc d'argent pour son droit de seigneuriage et
pour les frais de la fabrication; il prenait encore une plus grosse traite sur le
marc d'or; ce prince ayant chassé les Anglais du royaume, rétablit l'ordre
dans ses monnaies. On lit dans un ancien manuscrit de ce temps que le peuple
se ressouvenant de l'incommodité et des dommages infinis qu'il avait reçus de
l'affaiblissement des monnaies et du fréquent changement du prix du marc
d'or et d'argent, pria le roi d'abandonner ce droit, consentant qu'il imposât
les tailles et les aides, ce qui lui fut accordé. Le roi se réserva seulement un
droit de seigneuriage fort petit qui fut destiné au paiement des officiers de la
monnaie et aux frais de la fabrication.

« Dans un autre manuscrit sur la monnaie, qui paraît avoir été fait sous le
règne de Charles VII, nous lisons *oncque puisque le roi maist les tailles, des
possessions des monnoies ne lui chault plus* (ne se soucie plus). D'où nous infé-
rons que l'imposition fixe des tailles et des aides fut substituée à la place d'un
ancien tribut infiniment plus incommode que n'étaient alors ces deux nouvelles
impositions.

« Sous Louis XIII, le droit de seigneuriage était de 6 livres par marc d'or
et de 10 sols 1 obole par marc d'argent; dans la suite ce droit fut fixé à 7 livres
10 sols par marc d'or. » (ABOT DE BAZINGHEM, *Traité des monnaies*, art.
Seigneuriage.)

qu'il convenait au souverain de prélever. La valeur de chaque
pièce contenait donc : 1° la valeur intrinsèque du métal ; 2° le
prix de façon, prix de monopole, porté quelquefois à un taux
excessif, et qui formait la différence existant entre la valeur de
l'étoffe métallique de la pièce et la valeur pour laquelle cette
pièce était émise (1).

Le second phénomène que nous avons à étudier, c'est la
dégradation successive de l'étalon monétaire. Constatons d'abord
dans quelle mesure cette dégradation s'est opérée.

---

(1) « VALEUR, dit encore Abot de Bazinghem, en terme de monnaie, comprend trois choses, savoir le prix de la matière, le droit qui appartient au
roi, appelé seigneuriage, et les frais de fabrication qu'on nomme brassage.

« Le prix de la matière n'est pas fixe ni égal partout. Il dépend de la proportion qui se trouve entre l'or et l'argent qui est plus haute ou plus basse
selon leur rareté ; en quelques endroits, il faut plus d'argent pour payer l'or,
il en faut moins en d'autres.

« La valeur des monnaies peut bien augmenter ou baisser suivant la volonté
du prince ; mais leur véritable valeur, la valeur intrinsèque ne dépend que de
leur poids et du titre du métal. C'est ordinairement sur cette valeur intrinsèque des espèces qu'elles sont reçues dans les pays étrangers, quoique dans
les lieux où elles ont été fabriquées et où l'autorité souveraine leur donne cours
elles soient exposées dans le commerce sur un prix beaucoup plus fort.

« C'est en partie de la différence de ces deux valeurs, dont l'une est comme
arbitraire et l'autre en quelque sorte naturelle, que dépend l'inégalité des
changes qui haussent ou qui baissent suivant le prix pour lequel une espèce a
cours, s'approche ou s'éloigne du juste prix du métal dont elle est faite.

« Les monnaies ont donc deux sortes de valeurs, l'une fixée par l'autorité
publique du législateur qui leur donne cours dans ses États sur un certain pied,
l'autre fondée sur l'estimation qu'en font les négociants étrangers, en comparant la quantité de fin qu'elles contiennent par rapport aux espèces de leur
propre pays. » (ABOT DE BAZINGHEM, *Traité des monnaies*, t. II, p. 703.)

Si l'étalon monétaire était demeuré invariable, s'il avait continué d'être, dans le cours des siècles, la valeur d'une livre pesant d'argent fin, il est évident que la valeur de l'argent fin exprimée en livres n'aurait pas varié non plus. Ainsi, l'argent se vendant par marcs de 8 onces ou 4,608 grains, le prix du marc évalué en livres aurait dû être et demeurer invariablement de 4608/7680 (en admettant pour le poids de la livre monétaire l'estimation de M. Guerard qui la porte à 7,680 grains, à partir de l'an 779) soit de 6/10 de livre, c'est à dire de 12 sous, la livre monétaire étant, comme on sait, divisée en 20 sous. Or, si nous consultons les tables des prix du marc d'argent fin depuis l'an 1258, époque où l'on a commencé à les relever, nous trouvons qu'à cette époque déjà, le marc d'argent fin valait liv. 2. 14ˢ. 7ᵈ. ce qui signifie que depuis l'an 779, dans l'espace de 500 ans environ, il avait haussé relativement à la livre monétaire dans la proportion approximative de 9 à 2, ou, ce qui revient au même, que la livre monétaire s'était dépréciée dans la proportion de 9 à 2 relativement à l'argent fin ; qu'une livre monétaire en 1258 ne représentait plus que les 2/9ᵉˢ de la valeur d'argent fin qu'elle possédait en 779. A dater de 1258 jusqu'en 1789, la livre monétaire se déprécie dans une proportion bien plus considérable encore. Elle s'abaisse de siècle en siècle de telle façon que le marc d'argent qui, d'après l'estimation de M. Guerard, aurait dû valoir 12ˢ en 779, qui valait liv. 2. 14. 7 en 1258 s'était élevé à liv. 54. 10 en 1789 et que le marc d'or avait monté en proportion.

A quoi il faut ajouter que la valeur de l'or et de l'argent dans le même intervalle, et, en particulier, dans les trois derniers siècles, n'étant pas demeurée stationnaire ; que cette valeur ayant baissé considérablement à la suite de la découverte de l'Amérique, la valeur de la livre, étalon monétaire, ne s'était point amoindrie seulement dans la proportion de liv. 2. 14. 7 à 54. 10 pour un marc, de 1258 à 1789, mais encore, en sus, de tout le montant de la dépréciation que le métal avait subie dans cet intervalle.

L'extrait suivant des *tables* annexées à l'*Essai sur les monnaies* de Dupré de Saint-Maur nous montrera, d'une part, à combien s'élevèrent à différentes époques les *traites* sur les monnaies; d'une autre part, dans quelle mesure se dégrada successivement, à travers une longue série de fluctuations, les unes en hausse, les autres en baisse, la livre servant d'étalon monétaire.

Prix du marc d'argent fin, reçu aux monnaies comme matière.				*Valeur du marc d'argent fin monnayé.*			
ANNÉES.	liv.	sous	den.	ANNÉES.	liv.	sous	den.
1295	2	18	"	1295	3	8	3
1304	6	12	"	1304	8	7	1 $^1/_3$
1327	5	"	"	1327	6	"	"
1330	2	15	6	1330	3	"	"
1338	4	12	"	1338	6	"	"
1339	5	10	"	1339	7	10	"
—	6	5	"	—	7	10	"
1340	8	4	"	1340	10	10	"
—	9	4	"	—	12	"	"
1342	11	"	"	1442	15	"	"
1343	3	4	"	1343	3	15	"
1348	6	"	"	1348	9	"	"
1350	4	15	"	1350	6	"	"
—	6	18	"	—	9	"	"

ANNÉES.	liv.	sous	den.	ANNÉES.	liv.	sous	den.	
1351	7	8	"	1351	12	"	"	
—	8	10	"	—	13	10	"	
1352	5	12	"	1352	10	"	"	
1355	12	10	"	1355	20	"	"	
1358	6	15	"	1358	8	"	"	
1359	9	"	"	1359	15	"	"	
—	16	4	"	—	24	"	"	
—	29	8	"	—	45	"	"	
—	53	17	6	—	"	"	"	
—	72	16	"	—	"	"	"	
—	102	"	"	—	"	"	"	
—	11	"	"	—	12	"	"	
1360	11	"	"	1360	16	"	"	
—	4	18	"	—	6	"	"	
1389	6	"	"	1389	6	15	"	
1413	7	"	"	1413	11	14	"	
1417	9	"	"	1417	15	"	"	
1418	16	10	"	1418	24	"	"	
1420	26	"	"	1420	40	"	"	
1423	6	18	"	1423	7	10	"	
1447	8	10	"	1447	9	"	"	
1467	9	5	"	1467	11	5	"	
1483	10	"	"	1483	22	"	"	
1502	11	"	"	1502	11	10	"	
1519	12	15	"	1519	13	"	"	
1563	15	15	"	1563	16	13	4	
1602	20	5	4	1602	22	"	"	
1636	23	10	"	1636	27	10	"	
1692	30	"	"	1692	31	12	3	$^3/_{11}$
1701	32	16	"	1701	32	16	7	$^7/_{11}$
—	"	"	"	—	36	19	3	$^3/_{11}$

ANNÉES.	liv.	sous	den.	ANNÉES.	liv.	sous	den.
1703	34	"	"	1703	34	0	10 $^{10}/_{11}$
1712	42	10	10 $^{10}/_{11}$	1712	43	12	8 $^{8}/_{11}$
1715	34	18	2 $^{2}/_{11}$	1715	43	12	3
1718	"	"	"	1718	65	9	1 $^{1}/_{11}$
1719	50	12	4 $^{4}/_{11}$	1719	63	5	5 $^{5}/_{11}$
1720 1er janvier	"	"	"	1720 1er janvier	61	1	9 $^{9}/_{11}$
— 22 "	"	"	"	— 22 "	65	9	1 $^{1}/_{11}$
— 3 février	"	60	"	— 3 février	65	9	1 $^{1}/_{11}$
— mars	"	80	"	—	"	"	"
— 5 "	"	"	"	— 5 mars	87	5	5 $^{5}/_{11}$
—	"	"	"	— "	98	3	7 $^{7}/_{11}$
— 1er avril	"	"	"	— 1er avril	76	7	3 $^{3}/_{11}$
— 1er mai	"	"	"	— 1er mai	70	18	2 $^{2}/_{11}$
— 29 "	"	"	"	— 29 "	90	"	"
— 1er juillet	"	"	"	— 1er juillet	81	16	4 $^{4}/_{11}$
— 16 "	"	"	"	— 16 "	73	12	8 $^{8}/_{11}$
— 30 "	"	"	"	— 30 "	130	18	2 $^{2}/_{11}$
— 1er septembre	"	"	"	— 1er sept.	114	11	9 $^{9}/_{11}$
— 16 "	"	"	"	— 16 "	98	3	7 $^{7}/_{11}$
— 24 octobre	"	"	"	— 24 octobre	85	1	9 $^{9}/_{11}$
1720 1er décembre	"	"	"	1720 1er déc.	68	14	6 $^{6}/_{11}$
1723 août	74	3	7 $^{7}/_{11}$	1723 août	75	5	5 $^{5}/_{11}$
1724 4 février	"	"	"	1724 4 février	67	1	9 $^{9}/_{11}$
— 27 mars	52	9	1 $^{1}/_{11}$	— 27 mars	54	10	10 $^{10}/_{11}$
— sept.	44	8	"	— sept.	43	12	8 $^{8}/_{11}$
1726 janvier	37	1	9 $^{9}/_{11}$		45	5	5
Du 26 mai 1726	"	"	"	Du 26 mai 1726			
Jusqu'en mars 1746	51	3	3 $^{3}/_{11}$	Jusqu'en mars 1746	54	6	6 $^{6}/_{11}$

Cette table qui résume les variations monétaires de l'ancien régime accuse deux faits essentiels.

C'est en premier lieu une différence qui s'élève parfois jusqu'à près de moitié entre la valeur du marc d'argent fin non monnayé et celle de l'argent fin monnayé.

C'est, en second lieu, une dégradation successive quoique non continue et fort irrégulière dans la valeur de l'étalon monétaire. On voit, en effet, le prix du marc d'argent fin monter jusqu'à 102 liv. comme en 1355, puis descendre jusqu'à 4 liv. 18, puis monter de nouveau et descendre encore ; mais, à travers ces fluctuations, l'abaissement de la valeur de l'étalon ne se manifeste pas moins d'une manière progressive (1).

---

(1) Nous complétons ces données sur la dépréciation de la livre monétaire en France par un nouvel emprunt au *Traité* d'Abot de Bazinghem. Nous citons de préférence cet écrivain, parce que son traité est une compilation bien faite des écrits fort estimables, mais un peu prolixes des Boutcroue, Leblanc, Henry Poullain et autres anciens écrivains. Pour le dire en passant, ces écrivains ont déployé souvent beaucoup de sagacité et de science en traitant la question des monnaies, et les modernes, qui étaient pour la plupart moins versés dans cette matière difficile, ne leur ont pas assez rendu justice.

« La livre de compte ou numéraire de France est composée de vingt sols qui se divisent chacun par douze deniers, mais nous n'avons pas d'espèce qui soit précisément de cette valeur.

« Il y a eu cependant des monnaies d'or et d'argent réelles qui ont valu justement une livre ou vingt sols, comme les francs d'or des rois Jean Ier et de Charles V, et les francs d'argent de Henri III, mais cette valeur n'a été que momentanée. Dans la suite leur prix a considérablement augmenté, ce qui n'arrive point à la livre numéraire qui ne change jamais de valeur, et qui depuis le temps de Charlemagne que nous nous en servons a toujours valu vingt sols et le sol douze deniers, et, quoique le prix des autres monnaies réelles ait changé souvent, on peut dire que la livre de compte et même le sol et le denier, qui en sont les parties, sont des monnaies imaginaires, puisque nous n'avons jamais eu d'espèces qui aient valu constamment vingt sols ou

Comment le premier de ces deux phénomènes a engendré le second, voilà ce que nous avons encore à examiner.

---

douze deniers. Cependant, en remontant au temps où l'on a commencé en France à compter par livres, on trouve que cette monnaie imaginaire doit son origine à une chose réelle ; car sur la fin de la première race on se servait déjà du sol qui valait douze deniers; sous Charlemagne, on commença à se servir de la livre de compte valant vingt de ces sols de douze deniers.

« Pour bien entendre ceci, il faut savoir que pendant la première et la seconde race de nos rois, on ne se servait point pour peser l'or et l'argent du poids de marc composé de huit onces, mais de la livre romaine qui en pesait douze.

« ... La livre de Charlemagne a conservé sa valeur intrinsèque jusqu'à la fin du règne de Louis VI, mais petit à petit les rois, dans leurs besoins, tantôt chargèrent les sols d'alliage, tantôt en diminuèrent le poids, de sorte que ce sol, qui était autrefois ce qu'est à peu près un écu d'argent, n'est plus qu'une légère pièce de cuivre avec une onzième d'argent tout au plus, et la livre qui était le signe représentatif de douze onces d'argent n'est plus en France que le signe représentatif de vingt de nos sols de cuivre. Le denier, qui était la cent vingt-quatrième partie d'une livre d'argent, n'est plus que le tiers de cette monnaie qu'on appelle un liard. En supposant donc qu'une ville de France dût à une autre cent vingt livres de rente, c'est à dire 1,440 onces d'argent du temps de Charlemagne, elle s'acquitterait aujourd'hui de sa dette en payant un écu de six livres.

« La livre de compte des Anglais et celle des Hollandais ont moins varié. Une livre sterl. d'Angleterre vaut environ vingt-deux livres de France et une livre de compte hollandaise vaut environ douze livres de France; ainsi les Hollandais se sont écartés moins que les Français de la loi primitive, et les Anglais encore moins.

Table des réductions que la livre de Charlemagne a souffertes jusqu'à présent, extraite de la table de M. Dernis.

					Liv.	Sols.	Deniers.
Charlemagne depuis l'an.	768	jusqu'en	1113		66	8	»
Louis VI et VII.	1113	»	1158		18	13	6
Philippe-Auguste	1158	»	1222		19	18	4 1/5

			Liv.	Sols.	Deniers.
Saint Louis et Philippe le Hardi. . . .	1222 jusqu'au	1226	18	4	11
Philippe le Bel	1226 »	1285	17	19	»
Louis le Hutin et Philippe le Long. . .	1285 »	1313	18	8	10
Charles le Bel.	1313 »	1321	17	3	7
Philippe de Valois.	1321 »	1344	14	11	10
Le roi Jean	1344 »	1364	9	19	2 2/5
Charles V.	1364 »	1380	9	9	8
Charles VI.	1380 »	1422	7	2	3
Charles VII	1422 »	1461	5	13	9
Louis XI	1461 »	1483	4	19	7
Charles VIII	1483 »	1497	4	10	7
Louis XII	1497 »	1514	3	19	8
François 1er	1514 »	1543	3	11	2
Henri II et François II	1543 »	1559	3	6	4 4/5
Charles IX.	1559 »	1574	2	18	7
Henri III	1574 »	1589	2	12	11
Henri IV.	1589 »	1611	2 .	8	»
Louis XIII.	1611 »	1642	1	15	3
Louis XIV.	1642 »	1715	1	4	11
Louis XV	1715 »	1720	»	8	»
Depuis	1720 »	1764	1	»	»

« On voit par cette table : 1° qu'en calculant d'après le prix actuel du marc d'argent de huit onces porté à 49 liv. 10 s., la livre de Charlemagne vaudrait aujourd'hui poids pour poids, titre pour titre, 66 liv. 8 s.

« Que notre livre d'aujourd'hui est en rapport avec 3 deniers 3/4 du temps de Charlemagne, et qu'un million du temps de cet empereur vaudrait 66,200,000 livres de la monnaie actuelle. » (Abot de Bazinghem, art. *Livre*.)

CINQUIÈME LEÇON

LA MONNAIE SOUS L'ANCIEN RÉGIME (*suite*)

Comment la valeur de la monnaie pouvait différer de celle du métal. — Exemple de la monnaie de billon. — Que cette différence, sans engendrer nécessairement la dépréciation de l'étalon, le rendait possible. — Des causes de la limitation naturelle des profits du monnayage. — Limitation du débouché. — Longévité des monnaies. — Des opérations sur les monnaies. — Que ces opérations se résumaient dans la levée d'un impôt extraordinaire sur la circulation. — Procédés employés pour la levée de cet impôt. — Décri des anciennes monnaies; monnayage forcé des nouvelles. — Réquisition des métaux précieux, de la vaisselle, etc. — Défense de billonner les anciennes espèces; prohibition à la sortie des métaux précieux, lois somptuaires. — Pourquoi la levée d'un impôt sur la circulation avait pour conséquence ordinaire l'affaiblissement de l'étalon. — Conséquences de cet affaiblissement. — Comment les populations essayaient de s'y soustraire. — Refus d'accepter la nouvelle monnaie. — Adoption de l'étalon métal. — Concession d'un autre impôt, le *fouage* ou les *aides*. — Comment on rétablissait l'étalon monétaire après une période d'affaiblissement. — Époques des grandes perturbations monétaires, occasionnées par la levée de l'impôt extraordinaire sur la circulation. — Comment le monopole du monnayage était géré dans les temps ordinaires. — L'affermage. — La régie. — Causes perturbatrices qui agissaient alors pour affaiblir l'étalon. — La contrefaçon des monnaies et le faux monnayage. — Les espèces étrangères. — La mauvaise proportion établie entre l'or et l'argent. — L'excès de la monnaie de billon. — Les pièces usées ou rognées. — Progrès de la pratique du monnayage. — Supériorité de la monnaie française au xviiie siècle, d'après Jacques Steuart. — Montant de l'affaiblissement de l'étalon depuis la domination romaine. — Résumé.

Achevons d'abord d'éclaircir, au moyen d'une comparaison avec le système monétaire moderne, un point essentiel, savoir comment la valeur de la monnaie pouvait dépasser quelquefois, dans une proportion considérable, celle du métal dont les espèces étaient faites.

Si, en Angleterre, le monnayage est gratuit au moins pour la monnaie d'or, il en est autrement en France et dans la plupart des autres pays. En France, il en coûte fr. 1,50 pour faire monnayer un kil. d'argent. Avec ce kil. de métal à 9/10 de fin, on fabrique 40 pièces de 5 fr. pesant chacune 25 grammes et valant 200 fr. Mais sur cette somme, on retient fr. 1,50 pour le monnayage, soit 75 c. par 100 fr. ou 3/4 p. c. D'où il résulte que la valeur du franc monnayé est supérieure de 3/4 p. c. à celle de l'étoffe métallique dont il est fabriqué. Ce qui établit ainsi le prix de l'argent non monnayé, exprimé en francs :

Un kilogramme d'argent $+$ 7 1/2 gr. (étoffe métallique de fr. 1,50) $+$ 0,0075 (prix de façon de fr. 1,50) $=$ 200 fr.

Ou ce qui revient au même :

Un kilogramme d'argent $=$ fr. 200 $-$ fr. 1,50 $=$ fr. 198,50.

Autrement dit encore, on reçoit le kil. d'argent non monnayé pour fr. 198,50 et on le rend monnayé pour fr. 200, en gardant pour le prix de façon ou la « traite » fr. 1,50, comme sous l'ancien régime, en 1527, par exemple, on recevait le marc d'argent non monnayé pour 5 liv. et on le rendait monnayé pour 6 liv., en gardant à titre de traite ou prix de façon, la différence soit 1 liv. — Sous le régime nouveau, le prix de façon ou la traite est extrêmement faible, mais il pourrait être évidemment beaucoup plus fort. Supposons, par exemple, qu'on le porte de fr. 1,50 par kil. à fr. 15, qu'en résultera-t-il? C'est que le prix du kil. d'argent non monnayé s'abaissera à fr. 185, tandis que celui de l'argent monnayé demeurera à fr. 200; car on ne rendra plus que fr. 185 au lieu de fr. 198,50 à qui apportera un kil. d'argent au monnayage. Mais ces fr. 185 n'en auront pas moins exactement la même valeur que les fr. 198,50, et le franc monnayé, au lieu de valoir seulement 0,75 c. pour 100 fr. ou 0,0075 en sus de son étoffe métallique vaudra 7 1/2 p. c. de plus. Pour ne rien changer à la valeur du franc, tout en augmentant son prix de façon, on pourrait indifféremment diminuer la quantité de l'étoffe métallique des pièces (affaiblissement du poids) jusqu'à concurrence de l'augmentation du prix du monnayage ou en altérer la qualité (affaiblissement du titre) en augmentant la proportion de l'alliage de cuivre.

En admettant donc que les gouvernements modernes voulussent augmenter le produit du monopole du monnayage, en élevant le prix de fabrication de la monnaie, il pourrait arriver de nouveau, comme sous l'ancien régime, que le kil. d'argent monnayé valût un quart ou la moitié de plus que le kil. d'argent non monnayé. Cependant, nous avons quelque peine à accepter une telle hypothèse. Nous sommes si accoutumés à regarder le franc d'argent comme l'équivalent de son étoffe métallique que nous ne concevons pas qu'il puisse valoir davantage, et l'école métallique enseigne comme un article de foi qu'il serait impossible au gouvernement d'attribuer à une pièce de 50 c. la valeur de 1 fr. Il en serait ainsi, sans doute, si le gouvernement, en déclarant qu'à l'avenir 50 c. vaudront 1 fr., c'est à dire qu'ils seront l'équivalent de 5 gr. d'argent à 9/10es de fin, quoiqu'ils n'en contiennent que 2 1/2, se mettait à monnayer gratis pour tout venant de ces francs nouveaux. Alors, en effet, on ne manquerait pas d'en faire monnayer jusqu'à ce que leur valeur monétaire fût tombée au niveau de leur valeur métallique ; mais, en admettant que le gouvernement, comme cela se pratiquait sous l'ancien régime, après avoir déclaré qu'à l'avenir la pièce de 50 c. vaudrait 1 fr. retînt, pour son prix de façon, 1/2 kil. à tous ceux qui lui apporteraient un kil. d'argent à monnayer, et fabriquât avec le 1/2 kil. restant 200 pièces d'un franc pesant 2 1/2 grammes au lieu de 5, il est clair que ces nouveaux francs continueraient à valoir autant que les anciens, quoique pesant moitié moins, et qu'alors que le kil. d'argent non monnayé se payerait fr. 200 aux hôtels des monnaies, le kil. d'argent monnayé en vaudrait 400.

Veut-on un fait patent à l'appui de cette hypothèse, que l'on considère la monnaie de cuivre ou de billon. Les pièces de cuivre ou de billon ont une valeur monétaire double environ de leur valeur métallique, ce qui signifie qu'un kil. de cuivre s'achète aux hôtels des monnaies moitié moins cher qu'il ne se revend monnayé. Comment cela se peut-il ? Cela se peut, parce que le gouvernement investi à la fois du monopole de la fabrication et de l'émission du billon, en règle l'émission de manière à faire accepter pour 5 centimes des pièces qui contiennent seulement une valeur de 2 c. de métal. Mieux encore. Il y a quelque temps, on a substitué en France à l'ancienne monnaie de cuivre une monnaie de bronze plus légère, contenant une valeur moindre en étoffe métallique. Qu'est-il arrivé? Le nouveau billon a-t-il valu moins que l'ancien, de toute la différence existant entre la valeur de chacune des deux étoffes métalliques? En aucune façon. Il a valu, au contraire, un peu plus, et voici pourquoi. C'est que l'ancien billon ayant été émis en quantité surabondante subissait, en beaucoup d'endroits, une perte relativement à la monnaie d'argent. L'émission du nouveau billon, ayant été mieux proportionnée à l'état de la demande, ne subit point cette perte, ensorte qu'il se trouva posséder une valeur monétaire supérieure à celle de l'ancien, bien que sa valeur métallique fût moindre (1).

En résumé, l'établissement d'une traite ou prix de façon de la monnaie avait pour première conséquence de faire naître une différence égale au montant de la traite entre la valeur du métal non monnayé et celle du métal monnayé, et cette différence se manifestait par l'excédant du prix du marc monnayé sur le prix du marc de métal fin. Il suffisait, comme on l'a vu, de soustraire du prix du marc monnayé celui du marc non monnayé pour connaître le montant de la traite ou prix de façon de la monnaie, comme il suffit encore aujourd'hui de déduire de la valeur d'un kil. de cuivre ou de bronze monnayé, par exemple, celle du cuivre métal pour connaître le prix auquel le gouvernement se fait payer la façon de sa monnaie de billon.

Nous voilà donc pleinement édifiés sur la possibilité d'établir une différence entre la valeur de la monnaie et celle de

---

(1) Voir nos *Questions d'économie politique et de droit public.* — *De la dépré-ciation de l'or,* t. Ier, p. 305.

l'étoffe métallique dont la monnaie est faite. Sous l'ancien régime, à partir de la fin de la domination romaine, cette différence existait, tantôt faible, tantôt forte, sur toutes les monnaies, comme, au surplus, elle existe encore de nos jours, faible sur les monnaies d'or et d'argent, forte sur la monnaie de billon.

Cette différence entre la valeur monétaire des espèces et leur valeur métallique a engendré, comme nous allons le démontrer, la dépréciation de l'étalon monétaire. Cependant, peut-on dire que la dépréciation de l'étalon ait été *une conséquence nécessaire* de l'établissement d'une traite sur les monnaies? En aucune façon. Si, d'une part, les souverains étaient demeurés maîtres absolus du marché monétaire; si, d'une autre part, ils s'étaient bornés à monnayer pour le compte du public, en ayant soin toutefois de retirer de la circulation leurs espèces à mesure qu'elles s'usaient, ils auraient pu porter leurs traites à un taux considérable, sans qu'il en résultât aucun amoindrissement dans la valeur de la livre, servant d'étalon monétaire, comme aujourd'hui on pourrait, dans les mêmes conditions, augmenter le prix de façon des pièces de 5 francs en réduisant d'autant leur poids ou leur titre, ou bien encore le prix de façon des pièces de 5 centimes de cuivre, de bronze ou de nickel, sans diminuer en rien la valeur du franc. Il suffirait pour cela que le gouvernement se bornât à percevoir en métal le montant des frais de fabrication de la monnaie, en évitant d'ajouter, par le monnayage et la mise en circulation de cette quantité de métal, à l'approvisionnement monétaire; qu'en admettant par exemple qu'on lui apportât un kil. d'argent à monnayer, et qu'il en prît la moitié pour ses frais de fabrication, il revendît cette moitié sous forme de métal. Dans ce cas, les francs de 2 1/2 grammes

fabriqués avec l'autre 1/2 kil. vaudraient tout autant que s'ils
pesaient, comme aujourd'hui, 5 grammes. Car s'ils valaient
moins, on se garderait bien de continuer à apporter du métal
au monnayage.

Mais si l'existence d'une différence entre la valeur monétaire
et la valeur métallique des espèces n'engendre point *nécessaire-*
ment une dépréciation artificielle de l'étalon (et par dépréciation artificielle nous entendons celle qui ne provient point du
fait de la baisse de la valeur du métal dont l'étalon est tiré), elle
la rend possible, et, trop souvent aussi, inévitable.

Les souverains étant investis du monopole du monnayage
devaient, surtout aux époques où ils étaient pressés par des
besoins d'argent, s'efforcer d'en tirer un maximum de revenu.
Or, l'importance de ce revenu dépendait de l'étendue du débouché ouvert à l'instrument de la circulation, et ce débouché
était naturellement limité, à la fois dans l'espace et dans le
temps.

Dans 'espace. Le débouché de la monnaie se réduisait, sauf
quelques rares exceptions, au marché intérieur, que chaque
souverain s'efforçait de réserver aux produits de son monnayage.
Or les besoins de ce marché limité étaient limités aussi : ils
consistaient dans la quantité de monnaie nécessaire au service
des échanges et au service des épargnes.

Aussi longtemps que subsista le régime du servage, les redevances agricoles se payèrent en travail ou en denrées, c'est à
dire sans l'intermédiaire de la monnaie. Une foule d'autres
prestations auxquelles il faut ajouter la plupart des impôts se
payaient également en nature, ce qui restreignait d'autant le
débouché monétaire. En revanche, l'absence presque complète
des procédés et des instruments de crédit rendait l'intervention

de la monnaie indispensable dans une foule de transactions pour lesquelles on peut aujourd'hui s'en passer (1).

Quant aux épargnes, elles auraient pu en exiger une quantité relativement plus considérable que de nos jours, car le défaut de placements sûrs et avantageux obligeait les gens économes à thésauriser; mais toutes les monnaies n'étaient pas également propres à cet usage : on ne thésaurisait volontiers de la monnaie que lorsqu'elle renfermait la presque totalité de sa valeur en métal et ne courait, en conséquence, qu'un faible risque de dépréciation, c'est à dire lorsqu'on se trouvait sous le régime de la monnaie forte. Quand il n'y avait pas de monnaie forte, on préférait thésauriser de la vaisselle, des bijoux, des pierres précieuses, etc.

---

(1) « Dans chaque État, lisons-nous dans le remarquable *Traité des monnaies* de Henry Poullain, conseiller à la cour des monnaies sous le règne de Louis XIII, dans chaque État, selon son étendue et fertilité, il doit y avoir certaine quantité de monnaie usuelle pour entretenir le trafic, lequel aucuns subdivisent en plusieurs façons; je n'en ferai ici que de deux sortes, afin d'en faciliter l'intelligence.

» L'un et premier est celui qui se fait chez l'étranger par les nôtres qui vont acheter de leurs marchandises et pour le payement desquelles ils leur portent nos bonnes espèces d'or et d'argent, principalement celles d'or, comme les plus estimées à présent par tous nos voisins. A celui-ci on peut ajouter le payement qui se fait des pensions étrangères, celles des ambassadeurs et autres semblables dépenses; comme pensions et voyages d'aucuns particuliers, pour lesquels nos dites espèces d'or et d'argent sont semblablement transportées hors de l'État.

» L'autre sorte de trafic est celui qui se fait dans l'État par les régnicoles mêmes et de marchand à marchand. A celui-ci, l'on doit comprendre le revenu ordinaire en argent de tous les particuliers y résidant, de quelle qualité ou

La monnaie n'était donc un instrument indispensable que pour un nombre assez limité d'échanges, accomplis ceux-là principalement d'un lieu à un autre, ceux-ci d'un temps à un autre, et cette somme d'échanges ne s'accroissait que fort lentement.

A quoi il convient d'ajouter que le débouché de l'entrepreneur de monnayage se trouve encore et principalement borné par la *durabilité* de l'instrument qu'il fournit à la circulation. La monnaie s'use peu surtout lorsque la circulation en est lente, et l'on n'a, en conséquence, besoin de la renouveler qu'à des intervalles fort éloignés. D'où il résulte que si l'on peut réaliser de gros bénéfices en approvisionnant de monnaie un marché qui en est dépourvu, il en est autrement lorsque ce

---

condition qu'ils soient, comme baux de maisons, de fermes, arrérages de rentes, gages, pensions, appointements et autres revenus qui consistent en recettes et en dépenses.

" Pour entretenir ces deux sortes de trafic, faut que ledit État soit rempli, savoir pour celui qui se fait en dehors avec l'étranger de bonnes espèces d'or et d'argent, l'étranger ne faisant aucune estime de celles de billon ou cuivre, et pour celui qui se fait au dedans dudit État et entre les régnicoles, l'on se sert de la monnaie courante, pour bonne ou mauvaise qu'elle soit.

" Ainsi donc, en tout État, selon qu'il est grand, fertile et plein de denrées et marchandises nécessaires et utiles à la vie humaine, il doit aussi y avoir proportionnément certaine quantité d'espèces de monnaie, limitée, pour l'entretien du trafic et commerce qui se fait en icelui. Autrement les habitants y demeurant ne pourraient vendre aux leurs mêmes, ce qui leur serait utile, ni pareillement ne pourraient acheter de l'étranger ce qui leur serait nécessaire.

" Cette quantité d'espèces, autrefois, a été estimée en France de sept à huit millions de livres. " (HENRY POULLAIN, *Traité des monnaies*, p. 63, 66).

marché est saturé, lorsque la population possède toute la quantité de monnaie nécessaire au service ordinaire des échanges
et des épargnes. Alors, en effet, on ne peut plus frapper,
d'année en année, que les quantités supplémentaires réquises :
1° pour subvenir à l'accroissement annuel de la quantité des
échanges et des épargnes ; 2° pour remplacer les pièces usées
par des pièces neuves. En vertu de sa nature même, le monopole du monnayage est donc assez peu productif. Il l'est moins,
par exemple, que celui du sel ou du tabac. Car l'approvisionnement du sel ou du tabac doit être incessamment renouvelé,
au grand profit du monopoleur, tandis que celui de la monnaie
ne doit l'être qu'à de longs intervalles [1].

Mais si, par sa nature, le monopole du monnayage est peu

---

(1) « La diminution de l'approvisionnement monétaire par le *frai* ou l'usure
des pièces est fort lente. Consultons à ce sujet un des hommes qui ont le mieux
étudié la question des monnaies, M. Michel Chevalier.

« Des expériences fort soignées, faites en France sous la direction
de MM. Dumas et de Colmont, sur un très grand nombre de pièces de 5 francs
(400,000 pièces), interprétées ensuite, à l'aide des formules du calcul des probabilités, par M. Libri, ont conduit à cette conclusion que « la loi du frai
paraît être uniforme, ou à fort peu de chose près, pendant toute la durée de la
circulation des monnaies, et que l'on peut l'évaluer, pour les pièces de 5 fr.
à 4 milligrammes par an et par pièce. » C'est 16 parties sur 100,000 ou 1
sur 6,250.

« Les expériences anglaises de la fin du dernier siècle faisaient ressortir le
frai à peu près au même chiffre que celles de MM. Dumas et de Colmont,
pour les couronnes dont les dimensions diffèrent peu de celles de nos pièces
de 5 fr., mais à une fraction beaucoup plus forte pour les moindres pièces.
Ainsi, pendant un intervalle de onze ans (de 1787 à 1798), les pièces anglaises
d'argent de divers calibres, déjà usées au point de ne plus offrir d'empreinte,

productif, on peut en augmenter artificiellement la productivité. De quelle manière?

S'il ne dépend pas, — ainsi que nous venons de nous en convaincre, — des détenteurs du monopole du monnayage, d'augmenter à volonté l'étendue du débouché ouvert à la monnaie, ils peuvent en revanche, hâter le terme naturel de la mortalité des espèces, en les démonétisant pour les remplacer par d'autres, et augmenter ainsi leurs profits d'autant plus qu'ils renouvellent plus fréquemment l'approvisionnement monétaire. En admettant que la vie moyenne des monnaies fût de vingt ans, on pourrait, en la réduisant à deux ans, par des démonétisations successives, décupler les profits du monnayage. Aussi est-ce dans l'emploi de ce procédé que se résument les

---

et par conséquent un peu moins exposées à souffrir du passage de main en main, avaient perdu comme il suit, en moyenne, chaque année :

Couronnes,	18 parties sur 100,000 ou	1 sur	5,643
Demi-couronnes,	173	—	1 —	577
Schellings,	456	—	1 —	219
Six pences,	286	—	1 —	350 (*)

« M. Jacob a tiré des expériences de 1826 la conclusion que la monnaie d'or perd annuellement un huit centième de son poids, et celle d'argent deux centièmes. Les expériences de 1807, d'après l'interprétation qu'il y donna, accuseraient un frai annuel d'un sur 1050, pour les pièces d'une guinée, et d'un sur 460 pour les demi-guinées.

« Quant à l'argent, prenant pour base le schelling, qui est la pièce la plus

---

(*) La faiblesse du déchet des demi-schellings, comparée à celui des schellings, est ici une anomalie. Toutes les autres expériences autorisent à penser que plus les pièces sont petites et plus elles perdent.

opérations que faisaient les souverains sur les monnaies, quand
des besoins urgents les obligeaient à demander au monopole
du monnayage un supplément extraordinaire de ressources. Ils
vidaient alors, aussi complétement et aussi rapidement que
possible, le marché monétaire pour le remplir de nouveau avec
une monnaie plus faible de poids ou d'un titre inférieur.

---

multipliée et la plus courante, il adopte la proportion de 1 sur 200 en nombre
rond.

« Quant à l'or, la masse des demi-guinées n'étant que le dixième de celle
des guinées, il adopte pour moyenne générale du frai, 1 sur 950.

« La monnaie éprouve d'autres pertes que le frai. Il s'en enfouit une certaine quantité ; il s'en égare des pièces qui ne retombent plus entre les mains
des hommes ; la mer en absorbe, par les naufrages, de petites quantités.
M. Mac Culloch a émis l'opinion que la quantité de métal précieux qu'une
nation avait sous la forme de monnaie, était réduite d'un centième tous les
ans. M. Jacob, dans ses recherches sur les quantités d'or et d'argent que
chaque siècle avait léguées au suivant, depuis l'empire romain, sous Vespasien,
jusques aux temps modernes, a admis une déperdition annuelle de 1 sur 360.

« ... A ce compte, en écartant toute autre cause de disparition, un milliard serait réduit après un siècle, à 755 millions, après 500 ans à 140, après
mille ans à 60 millions ; ainsi une masse de monnaie qui aurait été de 5 milliards sous Constantin, et que le produit des mines eût absolument cessé d'entretenir, n'aurait plus été que de 300 millions sous le règne de Philippe le Bel.

« Si pour avoir égard à toutes les causes de disparition, l'on adoptait la loi
de déperdition soutenue par M. Mac Culloch, de 1 p. c. par an, le phénomène
serait encore plus tranché. Un milliard frappé à l'ouverture d'un siècle ne présenterait plus que 366 millions à la fin, et après 500 ans ce ne serait plus
que la somme insignifiante de 6,600,000 fr.; cinq milliards qui auraient
existé, comme je viens de le supposer, sous Constantin, n'auraient plus fait,
sous Philippe le Bel, qu'une somme du genre de celle qu'une banque de
second ordre a dans ses caisses en espèces. » (MICHEL CHEVALLIER, *Cours
d'économie politique*, t. III, *la Monnaie*, p. 129 et 332.)

Ces opérations sur les monnaies ont été parfaitement décrites par les anciens écrivains, notamment par Henry Poullain, et elles n'étaient point, pour le dire en passant, aussi absurdes que le prétendent les modernes. Elles consistaient dans un ensemble de mesures convergeant toutes vers un même but, savoir *la levée d'un impôt extraordinaire sur les consommateurs de monnaie*, et elles attestent bien plus l'habileté fiscale sinon l'honnêteté scrupuleuse de ceux qui les mettaient en œuvre que leur ignorance. Le problème à résoudre consistait à rendre cet impôt extraordinaire aussi productif, et à le faire rentrer aussi promptement que possible. Pour obtenir le premier résultat, il fallait expulser du marché l'ancien approvisionnement ou mieux encore le racheter à vil prix et vendre cher le nouveau. Pour obtenir le second résultat, de manière à pourvoir en temps utile aux besoins du trésor aux abois, il fallait obliger les détenteurs de l'ancienne monnaie à l'échanger, à bref délai, contre la nouvelle, si dommageable, si désastreux même que pût être pour eux cet échange.

Comment s'y prenaient les financiers de l'ancien régime pour arriver à cette double fin?

Ils émettaient une nouvelle monnaie dont la valeur intrinsèque était diminuée par l'affaiblissement du poids ou du titre des espèces, tandis que sa valeur monétaire était maintenue au niveau de l'ancienne, ou bien dont la valeur monétaire était augmentée, tandis que sa valeur intrinsèque demeurait la même. En admettant qu'ils parvinssent à substituer dans la circulation cette monnaie affaiblie à la monnaie existante, il devait en résulter pour le souverain un gain égal à la différence de la valeur intrinsèque des deux monnaies, moins les frais de remonétisation. Plus cette différence était forte, plus le bénéfice était grand.

Mais comment obliger le public à se dessaisir de l'ancienne monnaie pour la remplacer par une nouvelle, dont la valeu intrinsèque était plus faible, qui se trouvait par là même exposée à un risque de dépréciation plus intense, sans compter encore qu'elle était moins propre à certains usages, tels que la capitalisation et les échanges avec l'étranger?

On débutait par prohiber les anciennes espèces, tout en donnant cours forcé aux nouvelles.

On prohibait les anciennes espèces, en défendant aux particuliers d'en faire usage ou même de les garder, en défendant encore aux changeurs de les exposer en vente; en ordonnant enfin à tous ceux qui en étaient détenteurs de les porter, dans un certain délai, aux hôtels des monnaies pour les échanger contre les nouvelles espèces. Cela s'appelait *décrier* la monnaie.

D'un autre côté, on enjoignait à tous les particuliers, changeurs, etc., de recevoir la nouvelle monnaie au taux fixé par l'ordonnance; on édictait des peines sévères contre ceux qui refusaient de l'accepter à ce taux, et qui établissaient ainsi une différence entre la valeur de la monnaie ancienne et celle de la nouvelle.

Cependant, cette prohibition de l'ancienne monnaie, ce cours forcé donné à la nouvelle ne suffisaient point encore. Lorsque l'ancienne monnaie possédait une forte proportion de valeur intrinsèque, lorsque c'était une *monnaie forte*, que faisaient les détenteurs? Ils la gardaient malgré la prohibition, plutôt que d'aller l'échanger aux hôtels des monnaies, contre des espèces de moins bonne qualité, ou bien encore plutôt que de s'en servir pour les usages ordinaires. Il se créait ainsi un vide sur le marché monétaire. Ce vide, on se pressait d'autant moins de le combler que le risque de dépréciation attaché à la nouvelle monnaie était plus considérable, c'est à dire qu'il existait une différence plus grande entre la valeur intrinsèque ou métallique de cette monnaie et sa valeur monétaire. Les détenteurs de matières propres au monnayage ne se décidaient à les porter aux hôtels des monnaies, où on leur en retenait maintenant une proportion plus forte pour la *traite*, qu'à la condition de pouvoir se défaire du métal monnayé, assez promptement et avantageusement pour se couvrir de l'augmentation du risque de dépréciation ; autrement dit, qu'à la condition de pouvoir le louer moyennant un intérêt plus élevé ou l'échanger contre des produits abaissés de prix. En attendant, le public souffrait de la rareté du numéraire, l'ancienne monnaie se retirant, la nouvelle n'arrivant qu'avec lenteur pour prendre sa place.

Le gouvernement intervenait alors pour activer l'opération, en forçant le monnayage. Il obligeait les particuliers et les changeurs de porter à la monnaie ce qu'ils avaient de métaux précieux soit en barres, soit même en vaisselle ou en bijoux, et le monarque en donnait l'exemple lui-même ; en d'autres termes, le gouvernement frappait les métaux précieux de réquisition pour le service de la monnaie (1).

---

(1) En général, les souverains investis du monopole du monnayage s'appliquaient à attirer les métaux précieux vers leurs hôtels des monnaies, et ils employaient dans ce but les procédés les plus variés. Tantôt ils frappaient de réquisition les métaux précieux, tantôt ils entravaient l'industrie des orfévres, qui en absorbait des quantités notables au détriment, pensaient-ils, du monnayage ; tantôt ils prohibaient la sortie de l'or et de l'argent, et ils s'efforçaient d'en encourager l'importation.

Citons d'abord, d'après Bettange, quelques exemples de mise en réquisition

Quel était le résultat de ce monnayage forcé? C'était évi-demment de faire baisser dans une progression rapide, confor-

---

des métaux précieux, et de limitation de la concurrence de l'orfévrerie pour la consommation de ces métaux.

" Henri Ier, dit Bettange, rendit une ordonnance en 1053 par laquelle tout particulier devait porter à la monnaie la vaisselle qui lui était superflue, laquelle lui serait payée sur le pied du prix courant, proportion gardée du titre qu'elle tiendrait.

" Philippe-Auguste confirma la même ordonnance en 1204, en défendant en outre aux orfévres de battre vaisselle qui pesât plus de 12 marcs.

" Philippe IV, dit le Bel, manquant de matière rendit une ordonnance le jeudi de devant Pâques fleurie en 1314, qui portait que ceux qui n'auraient pas 6,000 livres de rentes, fissent porter la troisième partie de leur argenterie à l'hôtel de la monnaie le plus prochain, qui leur serait payée selon le titre auquel elle se trouverait suivant l'évaluation du prix du marc d'argent fin, sous peine de perdre la moitié de celle qu'ils auraient cachée.

" Une autre ordonnance rendue en l'année 1310, le 20 janvier, interdit la fabrication de vaisselles d'or et d'argent excédant un marc. Le 12 juin 1313, il ordonna que nul orfévre ne travaillerait aucune vaisselle jusqu'à un an. Celle du 1er octobre 1314 porte qu'il soit pris la quatrième partie des vais-selles d'or et d'argent du royaume, qui sera payée à prix raisonnable et défend aux orfévres de travailler pendant deux ans.

" Le même roi rendit aussi une ordonnance qui enjoignait à tous ses sujets qui n'auraient 2,000 livres parisis de rente, de faire porter à la monnaie la plus prochaine les pièces de vaisselle qui pèseraient plus de quatre marcs.

" Et, pour donner l'exemple, ce monarque envoya à la monnaie plusieurs gros effets en or massif, de même qu'une table d'argent, lesquels effets furent convertis en bonne monnaie à ses coins et armes.

" Philippe V, dit le Long, par son édit du 15 janvier 1315, défend aux orfévres de faire vaisselles jusqu'à deux ans sous peine de corps.

" Charles le Bel, par ordonnance du 11 mai 1322, défend à tous orfévres de faire des vaisselles d'argent excédant un marc, sinon pour le roi, sanctuaire,

mément à la loi des quantités et des prix, la masse du numéraire
en circulation ; c'était en même temps de faire hausser sa

église, sous peine de confiscation des vaisselles et du corps à la volonté
du roi.

« Philippe de Valois en 1330, 17 février, permet à Michel de Rams,
orfévre de Paris, de travailler en vaisselle d'argent pour l'abb. de Saint-Denis
en France, et de faire quatre douzaines d'écuelles de 12 plats pour le seigneur
de Roye.

« Le même roi, le 25 mai 1332, défend à tous les orfévres de faire des
vaisselles ni grands vaisseaux d'argent, ni hanaps d'or, si ce n'est pour calices
ou vaisseaux à sanctuaire. *Item* que ceux qui auront au dessus de 12 marcs
de vaisselle, porteront à la monnaie la troisième partie d'icelle, qui sera payée
proportion gardée du titre qu'elle tiendra.

« Le comte de Saint-Paul obtint un mandement du roi en date du 23 août
1335, pour faire forger vaisselles d'argent jusqu'à 15 marcs.

« L'ordonnance du 23 août 1343, défend la fabrication de la vaisselle ou
joyaux d'or ou d'argent, si ce n'est pour église, et par un autre du 21 juillet
1347, il est dit que nul orfévre ne pourra faire vaisselle d'argent que d'un
marc et au dessous, sinon pour église.

« Le roi Jean Iᵉʳ, dit le Bon, confirma l'ordonnance de son père Philippe de
Valois du 21 juillet 1347, par celle du 25 novembre 1356, qui porte que nul
n'ait à vendre aucune vaisselle d'or ou d'argent à aucun orfévre, mais au
maître de la monnaie la plus prochaine.

« Cette ordonnance fut confirmée par celle du 10 avril 1361 du même roi,
qui porte que nul orfévre ne pourra travailler aucune vaisselle sans un congé
de nous ou de nos généraux maîtres des monnaies ni faire aucune ceinture
d'or ni d'argent ni joyaux pesant plus d'un marc.

« Charles V, dit le Sage, par son ordonnance du 15 mai 1365, fait les
mêmes défenses que celles du roi Jean, et en outre de ne vendre aucune
matière d'or ou d'argent ni même vaisselle à aucun orfévre.

« Louis XII, surnommé le père du peuple, par son ordonnance du 22 novembre 1506, défend à tous orfévres de faire aucune vaisselle de cuisine, comme

matière première métallique, dont l'approvisionnement se trouvait diminué de toute la quantité que l'on avait ainsi

---

bassins, pots à vin, flacons et autres grosses vaisselles, sinon du poids de 3 marcs et au dessous sans sa permission vérifiée par les généraux maîtres des monnaies, ni de faire aucun ouvrage en or pesant plus d'un marc sans ses lettres patentes.

» Par lettres patentes du même roi en date du 25 janvier 1506, il fut permis à messire Levi, évêque de Mirepoix, de faire battre deux cents marcs de vaisselle d'argent.

» Du même jour il fut aussi permis à la comtesse de Dunois, cousine du roi, de faire travailler 50 marcs d'argent pour son usage.

» Le 15 février de la même année, pareilles lettres furent accordées au grand maître de Rhodes, de faire battre 72 marcs d'argent en vaisselle, et le même jour pareille permission fut donnée au seigneur de Threvolh, conseiller du grand conseil, de faire travailler 60 marcs d'argent ; au sieur de la Chambre il fut permis d'en faire battre 80 marcs ; au cardinal de la Trimouille il fut permis d'en faire battre 100 marcs en argent et 16 en or.

» François Ier, le 5 juin 1521, ordonna qu'il fût fait monnaie des emprunts qu'il avait faits de vaisselles d'argent de plusieurs notables de son royaume pour subvenir à ses guerres.

» Du 10 septembre 1521, défenses furent faites de faire vaisselle d'or et d'argent et autres ouvrages d'orfévrerie pendant six mois.

» Charles IX défendit au mois d'avril 1571 aux orfévres du royaume de faire de trois ans aucune vaisselle d'or ni d'argent excédant un marc et demi, et celle d'octobre de la même année défend de faire aucun ouvrage en or de quel poids que ce soit, ni vaisselle d'argent excédant deux marcs la pièce, sans une permission du roi enregistrée en la cour des monnaies.

» Louis XIII, par son édit du 20 décembre 1636, défend aux orfévres du royaume de faire à l'avenir aucun ouvrage en argent pour qui que ce soit, pendant un an au dessus du poids de 4 marcs, et en or au dessus de 4 onces, sans en avoir, pour ceux qui commanderont ces ouvrages, la permission spéciale du roi, par lettres patentes scellées du grand sceau, registrées en la cour des

frappée de réquisition pour la transformer en monnaie ; c'était
enfin de faire hausser, d'une manière générale, toutes les choses

monnaies, sous peine de confiscation des ouvrages, de 500 livres d'amende et
clôture de la boutique pour la première fois.

" Louis XIV a réitéré les mêmes défenses par son édit de 1645 ; mais à
l'égard des ouvrages d'argent, il permet d'en faire jusqu'à 6 marcs.

" Par l'ordonnance du mois d'avril 1672, Sa Majesté défend toute sorte
de travail d'or pour table de quel poids que ce soit. En argent, le poids est
permis jusqu'à 12 marcs pour les bassins, pour les plats et toute vaisselle de
table. Les grands ouvrages sont défendus, sous peine de confiscation,
de 1,500 livres d'amende et de punition corporelle en cas de récidive.

" Sa Majesté a confirmé cette ordonnance par celle du mois de février 1687
qui défend à tous orfévres, marchands, ouvriers, etc., de fabriquer, vendre,
exposer en vente, des sceaux, cuvettes, ni autres vases d'argent servant pour
l'ornement des buffets, feux d'argent, brasiers, etc., à peine de 3,000 livres
d'amende.

" Enfin, par édit du mois d'octobre 1689, il défend à tous orfévres, ouvriers
et marchands de fabriquer, vendre, exposer en vente aucun ouvrage d'or excédant une once, à la réserve des croix d'archevêques, évêques, abbés et
chevaliers ; de ne vendre ni exposer en vente des effets d'argent comme brasiers, foyers, cuvettes, etc., sous peine de confiscation, de 6,000 livres
d'amende pour la première fois et de punitions corporelles en cas de récidive,
et enjoint Sa Majesté à ceux qui ont chez eux des effets en argent ci-dessus
détaillés, de les faire porter à la monnaie la plus prochaine pendant le cours
du même mois, sous pareilles peines, pour lesdits effets être convertis en
espèces aux coins et effigies de Sa Majesté, et la valeur en être payée à raison
de 29 livres 10 sols pour chaque marc de vaisselle plate et 29 pour chaque
marc de vaisselle montée et marquée du poinçon de Paris. A l'égard de celles
qui ne sont point marquées dudit poinçon, elles seront fondues, essayées et
payées suivant le rapport de l'essayeur.

" Il est aussi défendu, sous peine de confiscation et de 6,000 livres d'amende,
à tous orfévres, ouvriers et marchands de travailler, exposer en vente ou

qui s'échangeaient contre de la monnaie, y compris encore les métaux précieux. Sous l'influence de ces phénomènes, un

---

débiter aucun ouvrage doré, si ce n'est pour ciboires et autres vases d'églises, ni argenter aucun ouvrage en bois ou en métal. Le roi a bien voulu faire porter à la monnaie les ouvrages qui servaient d'ornements à ses palais, pour les faire convertir en espèces à ses coins et armes. » (DE BETTANGE, *Traité des monnaies*, t. Ier, p. 171-183.)

On pourra s'étonner du poids considérable des pièces de vaisselle et de bijouterie que les orfévres fabriquaient, au témoignage de ces ordonnances ; mais il est bon de remarquer qu'autrefois les placements étant difficiles et peu sûrs, chacun avait l'habitude de garder son épargne sous une forme durable. On bâtissait des maisons capables de résister à l'effort des siècles, on accumulait les provisions de linge, enfin on thésaurisait des métaux précieux sous toutes les formes. Comme les monnaies étaient faites trop souvent à bas titre, et qu'il était défendu de garder les espèces *décriées*, c'est à dire démonétisées, on thésaurisait de la vaisselle et des bijoux, ce qui permettait, en outre, de faire, dans certaines occasions, étalage d'un grand luxe.

Quel devait être le résultat des mesures prises pour empêcher les particuliers d'accumuler au delà d'une certaine quantité de métaux précieux sous forme de vaisselle ou de bijoux comme aussi pour les obliger, dans certaines circonstances, à les échanger contre une monnaie dépréciable ? C'était de décourager l'épargne et de pousser précisément à ces dépenses de luxe que l'on semblait vouloir empêcher. Car nul ne gardait volontiers une monnaie à laquelle était attaché un risque intense de dépréciation. On se hâtait de s'en défaire, d'une manière ou d'une autre, et le capital de la société se trouvait diminué d'autant.

Cela n'empêche pas M. de Bettange de s'indigner fort de voir des gens de condition vile accumuler » au détriment du souverain et du public « vaisselle et bijoux.

» N'est-il pas affreux, s'écrie-t-il, dans un accès d'indignation, de voir de l'argenterie à un cordonnier qui devrait se ressouvenir que son corps venant de terre et devant s'y pourrir, il doit prendre sa nourriture dans des vases de

moment venait où la valeur du métal contenu dans les anciennes espèces dépassait la valeur monétaire de ces espèces,

---

terre. Et quelque chose de plus fort, c'est qu'on le voit, avec ses mains
pleines de poix, tirer de dessous son tablier puant une montre d'or. "
(*Id.*, p. 188.)

Enfin, la défense de conserver plus d'une certaine quantité de vaisselle et de
bijoux, les interdictions temporaires jetées sur le travail des orfévres, etc.,
avaient encore pour résultat de diminuer le débouché des métaux précieux,
d'en rendre le commerce moins actif et plus chanceux, et par conséquent l'approvisionnement moins abondant et plus précaire.

Quoi qu'il en soit, ces mesures restrictives ou prohibitives auxquelles on
recourait d'ordinaire pour assurer la levée des impôts extraordinaires sur la
circulation jettent un jour nouveau non seulement sur les causes réelles de
l'établissement de certaines lois somptuaires, mais encore sur l'origine du
système protecteur. Nous nous moquons avec raison aujourd'hui de cette
théorie des vieux écrivains de l'école mercantile qui attribuent à l'or et à l'argent le privilége de constituer seuls des richesses, et qui enseignent qu'un État
doit pour s'enrichir attirer autant que possible les métaux précieux et augmenter la quantité de sa monnaie en circulation. Il est clair cependant qu'à
une époque où le monopole du monnayage constituait la principale ressource
du souverain, son intérêt devait consister à attirer les métaux précieux pour
les transformer en monnaie, et il était naturel que les écrivains qui s'occupaient spécialement des moyens d'augmenter les ressources de l'État (et par
ce mot on entendait le gouvernement) s'attachassent, avant tout, à ceux qui
pouvaient rendre plus productif le monopole, d'où le souverain tirait la plus
grande partie de ses ressources.

Le moyen qui devait sembler le plus efficace pour atteindre ce but, c'était
la prohibition de la sortie des métaux précieux, et l'on ne manqua pas d'y
recourir. Cependant, cet expédient devait, à la longue, aller à l'opposé du but
que l'on se proposait d'atteindre, en détournant les métaux précieux d'un
marché où ils étaient pris comme dans une souricière. On était donc conduit
à chercher les moyens les plus propres à les forcer à y entrer. Quels étaient

dépréciées d'ailleurs dans une certaine mesure par la prohibition dont elles étaient frappées, et où l'on avait intérêt à les
fondre soit pour les transformer en espèces nouvelles, soit pour
les livrer au commerce sous forme de métal.

---

ces moyens ? En suivant la logique du système, il fallait interdire l'entrée des
autres marchandises, en accordant au contraire toutes facilités à l'importation des métaux précieux. Cela fait, ceux qui exportaient des produits du
pays, ne pouvant en échange y importer des marchandises ordinaires, étaient
bien obligés de se rabattre sur les métaux précieux, et le résultat se trouvait
obtenu. Ce raisonnement était fondé, mais tous les gouvernements l'ayant fait
de leur côté, et ayant en conséquence opposé des prohibitions à l'importation
des marchandises ordinaires, il en était résulté que : 1° chacun s'attachant
à décourager l'importation des marchandises ordinaires pour encourager celle
des métaux précieux, l'exportation des marchandises ordinaires se trouvait,
par là même, empêchée ; 2° qu'alors que les prohibitions extérieures n'auraient
pas entravé l'exportation des marchandises ordinaires, l'interdiction d'importer des contre-valeurs autres que les métaux précieux aurait produit un
effet analogue. En effet, les articles d'exportation avaient beau trouver des
débouchés au dehors, comme le nombre des articles qu'on pouvait prendre en
retour était artificiellement limité, comme, d'une autre part, les matières
d'or et d'argent, le seul de ces articles *de retour* qu'on pût importer librement,
se trouvaient sur le marché en présence d'un monopole d'achat qui en
abaissait artificiellement le prix, l'exportation ne pouvait avoir lieu qu'à la
condition que les marchandises exportées fussent à un prix excessivement bas
dans le pays, excessivement élevé au contraire à l'étranger, de manière à
compenser la perte sur les *retours*. Les droits et les prohibitions sur les articles
d'importation n'atteignaient pas seulement, comme on voit, les consommateurs de ces articles, mais ils équivalaient encore à une taxe sur les marchandises d'exportation.

Quels qu'aient été, du reste, les résultats de ce système, on en peut trouver, au moins pour une bonne part, les racines dans le monopole du monnayage.

Pour rendre ceci plus clair, supposons que le gouvernement veuille faire aujourd'hui une opération de ce genre, qu'à partir du 1er janvier 1864, les pièces de 5 fr. actuelles soient démonétisées, et qu'il soit enjoint à leurs détenteurs de les apporter à l'hôtel des monnaies pour les remplacer par des pièces de 10 p. c. inférieures en titre ou en poids, ou bien égales en poids et en titre, mais côtées à 10 p. c. de plus, soit à fr. 5-50. Quelle que pût être la rigueur des pénalités comminées contre ceux qui persisteraient à se servir de la monnaie prohibée, peu de gens se présenteraient pour effectuer cet échange, surtout s'il était à craindre que la nouvelle monnaie ne vînt promptement à se déprécier. Mais supposons que le gouvernement mette en réquisition le métal chez les changeurs, les orfévres, les particuliers mêmes qui en possèdent des quantités plus ou moins considérables sous forme d'argenterie, de bijoux ou de vaisselle, et qu'il fasse frapper avec le métal obtenu par ce procédé un supplément d'espèces nouvelles, qu'arrivera-t-il? C'est qu'on verra baisser la valeur du métal monnayé dont l'approvisionnement sera augmenté et hausser celle du métal non monnayé dont l'approvisionnement sera diminué. Supposons que la baisse du métal monnayé soit de 1 p. c., et la hausse du métal non monnayé également de 1 p. c., l'étoffe métallique des anciennes pièces de 5 fr. montera de fr. 198,50 par kil. à fr. 202,47. Il y aura donc avantage à les fondre et à les exporter plutôt qu'à s'en servir comme de monnaie, ou, à défaut de pouvoir les fondre et les exporter librement, à les porter aux hôtels des monnaies, en admettant que le gouvernement veuille les payer à un prix convenable. Or, le gouvernement trouverait avantage à payer les 2 p. c. de hausse et au delà, car, avec une quantité de métal provenant de ces anciennes pièces, qui lui coûterait fr. 202,47, il fabriquerait une quantité de monnaie qui lui rapporterait fr. 200 + 10 p. c., soit fr, 220.

C'était donc en provoquant, par une émission forcée de monnaie, une dépréciation de la masse du numéraire en circulation, bien plus encore qu'en prohibant les anciennes espèces et en donnant un cours obligatoire aux nouvelles, que l'on parvenait à expulser les unes de la circulation pour faire place aux autres.

Mais pour porter au maximum les bénéfices de l'opération, comme aussi pour effectuer cette opération aussi rapidement que possible, il ne suffisait pas d'expulser purement et simplement les anciennes espèces; il fallait les obliger à venir se convertir à bref délai en espèces nouvelles. Pour obtenir ce résultat, qu'y avait-il à faire? Il fallait boucher hermétiquement toutes les issues par lesquelles elles auraient pu s'échapper, à l'exception des hôtels des monnaies. Dans ce but, on prenait un ensemble de mesures vexatoires et barbares sans doute, comme le sont au surplus la plupart des mesures fiscales, mais dont l'efficacité était attestée par l'expérience : on défendait de *billonner*, c'est à dire de fondre ou de déformer les espèces; on prohibait l'exportation de ces mêmes espèces, ainsi que celle des métaux précieux; on défendait aux orfévres d'acheter du métal au dessus du cours des hôtels des monnaies, parfois même d'en acheter; on limitait encore par des lois somptuaires l'emploi des métaux précieux sous forme de vaisselle, d'argenterie ou de bijoux. Lorsque, toutes ces issues étant bouchées autant qu'elles pouvaient l'être, on avait soin de payer pour le marc des anciennes espèces un prix proportionné à la hausse du métal dont elles étaient faites, leurs détenteurs s'empressaient de les porter aux hôtels des monnaies dans les délais fixés par l'ordonnance, et l'opération réussissait.

Il suffisait, comme on l'a vu plus haut, d'une baisse assez faible dans la valeur monétaire des espèces, pour faire sortir le métal de l'ancienne monnaie et l'obliger à entrer dans la nouvelle. Cette baisse aurait pu même n'être que temporaire si l'on avait cessé de forcer le monnayage ; si, l'opération de la rentrée de l'ancienne monnaie effectuée, on avait laissé aux particuliers seuls, changeurs, prêteurs, etc., le soin de pourvoir librement à l'approvisionnement du marché. Alors, en effet, malgré l'affaiblissement de la valeur intrinsèque de l'espèce nouvelle, sa valeur monétaire aurait pu se relever au niveau de celle de l'ancienne, puisque la différence était comblée par une augmentation du prix de façon et qu'aucun particulier ne se serait avisé de faire monnayer pour son propre compte, à moins que la valeur monétaire des espèces ne fût assez élevée pour couvrir pleinement et la valeur du métal et le prix de façon.

Les opérations qui avaient pour objet la levée d'un impôt extraordinaire sur la circulation, tout en occasionnant une série de fluctuations dans la valeur des espèces, n'impliquaient donc pas *nécessairement* la dégradation progressive de l'étalon monétaire qui en a été cependant le résultat, pas plus que la substitution du papier-monnaie à la monnaie métallique n'implique nécessairement cette même dégradation. Il aurait pu se faire que les souverains altérassent leur monnaie jusqu'à lui enlever la presque totalité de sa valeur intrinsèque, sans diminuer d'une manière permanente sa valeur monétaire, sans altérer, en conséquence, l'étalon des valeurs. Mais, une fois lancés sur la pente du monnayage forcé, les souverains pouvaient difficilement s'arrêter, surtout si l'on songe qu'ils avaient recours à ces opérations sur les monnaies dans des moments de besoins urgents. Ils étaient excités à continuer à monnayer pour leur propre

compte, sans avoir égard aux besoins du marché, par l'appât
de bénéfices d'autant plus grands, que la différence entre la
valeur métallique et la valeur monétaire de la nouvelle monnaie était plus considérable; et ces bénéfices, ils pouvaient les
réaliser sans difficulté aucune, la substitution de la nouvelle
monnaie à l'ancienne mettant à leur disposition une masse de
métal égale pour chaque pièce à la diminution de son poids ou
de son titre, ou bien encore à l'augmentation de sa valeur
monétaire. Ils auraient pu, sans doute, se borner à revendre ce
métal. Mais ils trouvaient un bien plus grand avantage à le
transformer en monnaie, puisque, dans ce cas, ils ajoutaient à
leur premier profit consistant dans la quantité de métal qu'ils
avaient recueillie, un second profit consistant dans le montant
de la *traite* ou prix de façon que le monnayage leur procurait.
Ils monnayaient donc cet excédant de métal ordinairement
sous forme de petites coupures, dont la circulation était infes-
tée. Qu'arrivait-il alors? C'est que la quantité de monnaie
allant croissant sans proportion avec la demande, la valeur
monétaire des nouvelles espèces s'abaissait d'une manière progressive. Elle aurait bientôt atteint le niveau de la valeur intrinsèque des espèces, si en monnayant lui-même, le souverain
n'avait arrêté le monnayage pour compte des particuliers. Ce
monnayage, en effet, ne pouvait plus se faire qu'à perte, puisque
la concurrence du souverain abaissait la valeur monétaire des
espèces au dessous de la valeur de la matière première augmentée du prix de façon exigé des particuliers. Cependant, lorsque
le souverain, débarrassé de la concurrence des particuliers et
chargé seul désormais de pourvoir aux besoins du marché, continuait indéfiniment à monnayer, les espèces devaient continuer
aussi à baisser. Jusqu'où pouvait aller la baisse? Jusqu'à ce que

la valeur monétaire des espèces tombât au niveau de leur valeur
métallique augmentée des frais de monnayage, c'est à dire
jusqu'à ce que le souverain ne trouvât plus aucun profit à
monnayer. Or, comme la *traite* s'élevait parfois à 25 p. c.
et au delà, il y avait de la marge pour la dépréciation de la
monnaie.

Les conséquences de cette dépréciation, nous les avons précédemment décrites. A mesure que la monnaie baissait de
valeur, on voyait hausser les prix de toutes les marchandises et
de tous les services qui s'échangeaient contre elle. Il en résultait
que tous ceux qui avaient, antérieurement, prêté ou loué des
produits ou des services, perdaient le montant de cette hausse
aussi longtemps que durait leur contrat. Telle était la situation
des propriétaires de terres, à la vérité assez peu nombreux, qui
avaient stipulé leurs fermages en argent, telle était encore celle
des propriétaires de maisons et des prêteurs à intérêt, dont la
perte était d'autant plus grande, qu'ils avaient loué ou prêté à
de plus longs termes. Telle était enfin la situation des classes
dont les produits ou les services se trouvaient plus offerts que
demandés, et qui ne pouvaient, en conséquence, en exhausser
immédiatement les prix en proportion de la dépréciation de la
monnaie. D'un autre côté, le *risque de dépréciation* que susci-
tait l'affaiblissement de la valeur intrinsèque des monnaies avait
pour résultat d'entraver par la hausse de l'intérêt (lequel s'augmentait naturellement de la prime nécessaire pour couvrir ce
risque) sinon d'empêcher complétement la conclusion de toute
opération à terme. L'affaiblissement de la monnaie occasionnait ainsi des dommages sensibles et de vives souffrances à des
classes nombreuses de la population. Quelquefois, on essayait
d'égaliser ces dommages et ces souffrances qui accablaient

certaines classes en effleurant seulement les autres, et l'on employait pour cela le procédé du *maximum* (1). On défendait aux détenteurs des choses les plus nécessaires à la vie de les vendre au dessus d'un prix déterminé, et, en obligeant ainsi la classe qui pouvait le plus aisément se soustraire à la taxe monétaire à supporter sa part de cette taxe, on la rendait moins lourde pour la masse du peuple. Mais le maximum, lorsqu'il était fixé trop bas ou lorsque la dépréciation continuait, amenait la ruine de ceux à qui on l'imposait; les plaintes n'en devenaient alors que plus générales, et l'affaiblissement de la valeur intrinsèque des monnaies, ou ce qui revient au même l'augmentation de leur valeur monétaire (d'où ces deux expres-

---

(1) C'est ainsi que l'ordonnance de Philippe le Bel de mars 1304 défendit de vendre le setier du meilleur froment, mesure de Paris, plus de 40 s. parisis. Le setier des meilleures fèves et du meilleur orge plus de 30 s. parisis. Le setier de la meilleure avoine plus de 20 s. parisis. Le setier du meilleur son plus de 10 s. parisis.

« En 1418, le 15 mars, le blé fut si cher que le setier valut 8 francs, et environ huit jours à l'issue dudit mois fut crié par les carrefours de Paris que nul ne fût si hardi qu'il vendît blé *seigle* plus de 4 francs le setier, le meilleur setier de *méteil* plus de 60 s. parisis, le meilleur froment plus de 72 s. parisis et que nul moulnier ne prinst point de la mouture que *argent*, c'est à savoir 8 blancs pour setier et chacun bourgeois fit bon pain blanc, pain bourgeois et pain festiz à toute sa fleur et de certain dit ou cri. Quand les marchands qui alloient aux blés et les boulangers ouirent le cri si cessèrent de cuire et les marchands d'aller hors. » (DUPRÉ DE SAINT-MAUR, *Essai sur les monnaies*, p. 6 et 35.)

On pourrait citer encore de nombreuses ordonnances établissant le maximum, aux époques d'affaiblissements monétaires. Sous ce rapport donc comme sous bien d'autres, la révolution française s'est bornée à suivre les plus mauvaises traditions des plus mauvais jours de l'ancien régime.

sions, en réalité synonymes quoique en apparence fort différentes, *affaiblissement des monnaies* et *augmentation des monnaies*) était le plus redouté des impôts.

Les populations ne manquaient pas d'essayer de se soustraire à cet impôt onéreux et barbare. Quelquefois, elles refusaient d'accepter la nouvelle monnaie; mais pour que ce moyen réussît, il aurait fallu une entente générale des consommateurs de monnaie, et cette entente était impossible à établir. Comme la nouvelle monnaie avait cours légal et obligatoire, on s'exposait en la refusant à des pénalités que des individus isolés ne se souciaient pas d'encourir. Or, ceux qui l'avaient acceptée cherchaient aussitôt à s'en défaire, surtout dans les moments où elle subissait une dépréciation rapide. D'ailleurs, grâce au mystère dont on enveloppait à dessein les opérations monétaires et aux moyens que l'on employait pour dissimuler les affaiblissements, la nouvelle monnaie s'insinuait d'une manière sournoise dans la circulation, et sa présence n'y était révélée que lorsqu'il était trop tard pour arrêter son envahissement (1).

---

(1) On se servait, par exemple, pour exprimer le nombre de pièces taillées dans un marc d'argent, ou pour être plus clair, fabriquées avec un marc d'argent fin, d'expressions techniques, qui demeuraient inintelligibles pour la masse du public.

« Au lieu de marquer simplement le nombre de pièces qu'il devait y avoir au marc, on le désignait par un compte de sols et deniers, et pour connaître ce nombre de pièces, il fallait réduire ces sols en deniers. Cette réduction faite, il y avait autant de pièces de monnaie au marc qu'il se trouvait de deniers. Ainsi dans le mandement du 23 novembre 1356, il est dit que les gros deniers blancs seront fabriqués à 6 sols 8 deniers de poids au marc, c'est à dire qu'il y aura 80 pièces au marc, parce que 6 sols valent 72 deniers,

Un autre moyen plus efficace de l'empêcher de se répandre
consistait à changer l'étalon monétaire. A l'origine, cet étalon
avait été, comme on sait, la valeur d'une livre pesant en monnaie d'argent, laquelle, le monnayage étant alors gratuit, équivalait à une livre d'argent non monnayé. Mais par le fait de
l'établissement du seigneuriage et de l'affaiblissement successif
de la valeur intrinsèque des espèces, bientôt suivi de l'affaiblissement de leur valeur monétaire, la livre étalon était devenue
une valeur arbitraire, sujette à diminuer à chaque surémission
des espèces affaiblies. Supposons maintenant qu'on eût substitué à l'étalon monnayé l'étalon métallique, qu'au lieu de stipuler en livres représentant une certaine quantité de monnaie que
des affaiblissements de poids ou de titre diminuaient, et que
des surémissions dépréciaient incessamment, on eût stipulé en
marcs d'argent, que serait-il arrivé? C'est qu'on n'aurait plus
été exposé, dans toutes les opérations à terme, à subir d'autre
perte que celle provenant de la dépréciation ordinairement fort
lente et peu sensible du métal; c'est qu'à mesure que la monnaie en circulation aurait baissé de valeur, sous l'influence

---

auxquels si on ajoute 8 deniers, il s'en trouvera 80. On ne sait quelle a été
l'origine de cette manière de compter, qui est si ancienne que dans une charte
d'Alphonse, comte de Toulouse, frère de saint Louis, il y est parlé d'une
monnaie du poids de 14 sols et demi. » (ABOT DE BAZINGHEM, t. II, p. 149,
art. *Monnaie.*)

Depuis le règne de Philippe le Bel jusqu'en 1467, on se servit encore des
termes de *monnaie première, seconde,* etc., que Dupré de Saint-Maur explique
de la manière suivante :

« Pour bien entendre ce que signifiaient les termes de monnaie *première,
seconde, troisième, quatrième,* etc., il est à remarquer que le marc d'argent fin
était toujours fictivement divisé en soixante pièces. Chacune des soixante

combinée d'un affaiblissement et d'une surémission, les propriétaires de terres, de maisons, les prêteurs à intérêts, les ouvriers, les marchands ne la recevant plus qu'à son prix actuel et variable, mesuré sur un étalon fixe, en auraient exigé une quantité plus considérable, et que la perte résultant de la dépréciation eût été ainsi supportée infailliblement par ceux qui auraient commis l'imprudence d'accepter cet instrument de circulation sujet à se déprécier. Cela étant, il eût été beaucoup plus difficile au souverain d'émettre une monnaie dont la valeur intrinsèque se serait écartée notablement de sa valeur monétaire; car on aurait répugné bien davantage à assumer, en l'acceptant, le risque d'une dépréciation que l'on n'aurait pu désormais faire retomber sur d'autres, que la classe nombreuse des débiteurs, en particulier, n'aurait pu rejeter sur celle des créanciers. Avant d'accepter une nouvelle monnaie, on se serait enquis avec soin du risque de dépréciation, et si ce risque avait été considérable, on aurait, malgré toutes les défenses, continué de se servir des anciennes monnaies, plutôt que de recourir à la nouvelle. Faute de demande, celle-ci se serait alors promp-

---

pièces valait autant de deniers que le nombre donné pour la monnaie exprimait d'unités. Par exemple, lorsque la monnaie était vingt-quatrième, chacune des soixante pièces valait vingt-quatre deniers ou deux sols et les soixante ensemble faisaient six livres qui répondaient à la valeur du marc d'argent fin. Lorsque la monnaie était vingt-troisième, chacune des soixante pièces valait vingt-trois deniers ou un sol onze deniers, et les soixante ensemble formaient cent quinze sols pour la valeur du marc d'argent fin. Ainsi du reste.

« Ce qui signifiait en multipliant le nombre donné par cinq sols (60 deniers fictifs) que le marc d'argent fin produisait tant. » (DUPRÉ DE SAINT-MAUR, *Essai sur les monnaies*, p. 121.)

tement dépréciée, et l'opération eût été manquée. Aussi, chaque
fois que les populations essayèrent de recourir à ce moyen de
faire échouer l'impôt monétaire, les souverains ne manquèrent-
ils pas de le leur interdire, en prohibant sévèrement le « compte
en marcs (1). »

Enfin, les populations essayèrent de se soustraire aux maux
de la taxe perçue sous forme d'un affaiblissement de la monnaie,

---

(1) « La variation des monnaies, dit à ce sujet Abot de Bazinghem, causait
de grands dérangements dans les paiements. A mesure qu'elles baissaient
ou qu'elles haussaient, ceux qui avaient fait des marchés, ceux qui avaient
prêté de l'argent, ceux qui en devaient, etc., souffraient des pertes ou faisaient des gains, à proportion de ce que l'argent valait lorsqu'ils avaient
contracté et du prix qu'il avait à l'échéance du terme des paiements. Ainsi un
homme qui, pour prêter 6 livres, avait donné un marc d'argent qui valait alors
ce prix, perdait la moitié de ce qu'il avait donné si on le payait lorsque l'argent valait 12 livres, car on ne lui rendait qu'un demi-marc d'argent ; mais
aussi il gagnait le double s'il avait fait ce prêt lorsque l'argent était
à 12 livres et qu'on le payait lorsqu'il ne valait plus que 6 livres : c'était la
même chose pour les débiteurs.

« Pour remédier à ces inconvénients, le public s'était accoutumé à ne plus
contracter à livres et à sols ; mais à marcs d'or ou d'argent, à florins ou
autres espèces, c'est à dire, on ne disait pas : je vous prête cinquante livres
en monnaies courantes et vous me rendrez dans un certain temps cinquante
livres en monnaies qui auront cours alors ; mais je vous prête tant de marcs
d'or et d'argent, et vous m'en rendrez autant ; je vous prête une certaine
quantité de florins ou de bons gros tournois, et vous m'en rendrez le même
nombre en nature. Ces sortes de contrats étaient une des raisons pour lesquelles le public conservait dans le commerce les monnaies décriées ; on en
avait besoin pour remplir les engagements que l'on avait pris, lorsque, en
empruntant une certaine quantité d'espèces courantes, on s'était obligé de
les rendre en nature. Ce fut apparemment pour lever l'obstacle que ces con-
ventions apportaient à l'observation des mandements qui décriaient certaines

en offrant de la remplacer par un autre impôt. Les souverains consentirent à cette substitution, ou, pour mieux dire, ils acceptèrent le nouvel impôt qu'on leur proposait en échange de la taxe monétaire, et ils prirent, en conséquence, l'engagement de ne plus affaiblir leurs monnaies. Telle fut l'origine de l'impôt du *fouage* et des *aides* (1). Mais cet engagement, il était rare que les souverains persistassent à le tenir : chaque fois

---

espèces, qu'il fut défendu par l'art. III de l'ordonnance du 12 mars 1356 de faire des marchés et des contrats *au denier d'or, au mouton ni à d'autres monnaies d'or et d'argent ; mais seulement à sols et à livres, payables en monnaies qui auront cours, si ce n'est dans le cas des prêts sérieux et véritables et des dépôts.* Les parties qui passaient de ces actes prohibés et les notaires qui les recevaient devaient être mis à l'amende. » (ABOT DE BAZINGHEM, art. *Monnaie*.)

(1) « Si les altérations successives, que se permettaient à l'envi tous les princes qui jouissaient du droit de monnayage, étaient pour eux la source de grands profits, elles étaient d'un autre côté fort dommageables à leurs sujets. Aussi, en Normandie, voulut-on arrêter le mal avant qu'il n'empirât encore, voulut-on empêcher que de nouveaux affaiblissements ne vinssent avilir davantage la monnaie. A cet effet, les États consentirent la levée d'un impôt triennal de douze deniers sur chaque feu, et moyennant cet impôt qu'on appela *fouage* ou *monnéage*, le duc promit de ne plus altérer ses monnaies. » (LECOINTRE DUPONT. *Lettres sur l'histoire monétaire de la Normandie et du Perche*).

Cet impôt fut, comme on le verra dans les notes suivantes, établi dans toute l'étendue de la monarchie.

M. Lecointre Dupont, signale au sujet de cet impôt et du droit qu'avaient les souverains de le lever, une dissertation curieuse de Nicolas Oresme, ancien précepteur de Charles V, et l'un des plus célèbres théologiens de l'université de Paris. Monté en 1377 sur le siége épiscopal de Lisieux, qu'il occupa jusqu'à sa mort, arrivée en 1382, il composa, dans cet intervalle, un traité philosophique fort remarquable sur les changements du cours des monnaies, pour

qu'ils étaient pressés par des besoins extraordinaires, ils ne manquaient pas de recourir, de nouveau, à l'affaiblissement de la monnaie, comme de nos jours ils recourent à l'émission du papier-monnaie, ce qui est, comme nous pourrons nous en assurer, le *nec plus ultra* de l'affaiblissement monétaire. Alors, les populations poussées à bout, recouraient parfois à l'émeute, c'est à dire à la force qui est la dernière raison des peuples comme celle des rois, et ce procédé leur réussissait quand les souverains n'étaient pas les plus forts.

Ce n'était toutefois, le plus souvent, que lorsque les besoins extraordinaires auxquels la taxe monétaire était destinée à pourvoir avaient cessé, que les affaiblissements cessaient à leur tour, ou bien encore lorsque la monnaie était affaiblie de telle sorte qu'il n'y avait plus que peu de profit à l'affaiblir davantage. On en revenait alors au régime de la monnaie forte, ou, pour nous

---

démontrer qu'un prince ne peut, de son autorité privée, changer arbitrairement les monnaies ayant cours dans ses États, en régler la valeur à son gré et retirer de leur fabrication un bénéfice illimité (*).

« Le prince, dit-il dans le XXIe chapitre de ce traité, ne pouvant faire tous ces changements, n'a droit à aucune indemnité pour s'abstenir de ces exactions illégitimes. Supposons néanmoins en fait, mais sans l'admettre en droit, qu'un prince eut le privilége de prélever un impôt pour faire la monnaie forte et la maintenir toujours au même titre, nous disons qu'il devrait perdre un pareil privilége au cas où il en abuserait en changeant et falsifiant sa monnaie, pour augmenter ses profits par une cupidité aussi basse que déloyale. »

(*) Ce MS. se trouve à la Bibl. de Poitiers. — *Tractatus de mutationibus monetarum, editus à mag. Nicholao Oresme, sacræ theologiæ professore.*

On trouvera sur Nicolas Oresme de plus amples détails dans un savant mémoire de M. L. Wolowski, lu dans la séance publique annuelle des cinq académies du 14 août 1862 et publié dans le *Journal des Économistes*, sous ce titre : *Un grand Économiste français du XIVe siècle*, t. XXXV, p. 355.

servir de l'expression du temps, on *enforcissait la monnaie*, en démonétisant les espèces affaiblies et en les remplaçant par d'autres qui contenaient une forte proportion de valeur intrinsèque et ne laissaient, par conséquent, au souverain qu'un faible seigneuriage (1). Cependant, on ne rétablissait point l'étalon

---

(1) ENFORCIR la monnaie, c'est augmenter le fin de poids d'or ou d'argent, qui est en l'espèce.

La différence qui est entre les affaiblissements et les enforcissements est qu'aux affaiblissements la perte se continue et se répète toutes les fois que l'on fait un paiement, et aux enforcissements, au contraire, s'il y a perte, ce n'est que pour une fois, après laquelle l'augmentation de fin de poids d'or ou d'argent se continue et se répète autant de fois que l'on fait un paiement.

Il y a six sortes d'enforcissements de monnaies, de même qu'il y a six sortes d'affaiblissements. (HENRY POULLAIN, *Réponse à M. Godefroy*.)

1° En augmentant le poids de l'espèce ;

2° En augmentant leur bonté intérieure ;

3° En rabaissant également le cours des bonnes espèces ;

4° En les diminuant également ou ne les chargeant d'aucune traite ;

5° En s'approchant de la plus haute ou de la plus basse proportion reçue par les voisins ou revenant à la commune de la plupart des États voisins ;

6° En défendant le cours ou du moins interdisant la fabrication des espèces de billon ou de cuivre quand le royaume en est suffisamment rempli.

Aux enforcissements des monnaies, toutes denrées et marchandises baissent et diminuent de leur prix, de même qu'aux affaiblissements elles augmentent et enchérissent.

Lorsque le prince enforcit les espèces, on ne ressent point aussi vite le rabais des denrées et marchandises, que l'on a ressenti leur enchérissement quand les espèces ont été affaiblies.

Le marchand prompt à enchérir sa marchandise lors d'un affaiblissement de monnaie est lent à la rabaisser, quand les enforcissements sont ordonnés.

Le rabais du prix des marchandises ne se fait guère ressentir qu'après que

monétaire au point de départ de l'affaiblissement. Car on aurait ainsi provoqué une série de perturbations en sens inverse de celles que l'affaiblissement avait produites; on aurait spolié les débiteurs au profit des créanciers après avoir spolié les créanciers au profit des débiteurs, et fait succéder à une hausse excessive de toutes choses une baisse non moins excessive. Ordinairement on émettait la nouvelle monnaie pour une valeur un peu plus élevée que celle à laquelle avait fini par tomber l'ancienne, et l'étalon monétaire se trouvait ainsi dégradé de la plus grande partie de la dépréciation qu'il avait subie pendant l'affaiblissement; mais l'augmentation de la valeur intrinsèque des pièces assurait du moins les populations contre une dépréciation éventuelle aussi longtemps que durait ce régime de *monnaie forte*.

Les époques auxquelles les monnaies ont été affaiblies sont nombreuses. On doit signaler surtout, comme les plus désastreuses, celles de Philippe le Bel, du roi Jean et de Charles VI; c'est à ces époques que se rapportent les principales chutes de valeur de l'étalon (1). En temps ordinaire, c'est à dire lorsque

les marchands se sont défaits des vieilles, et qu'ils commencent à vendre les nouvelles achetées depuis l'enforcissement.

Souvent, afin que l'on profite de cet enforcissement pour le rabais des denrées et marchandises, il faut qu'il arrive quelque abondance qui soit sensible et qui rende les denrées très communes.

Souvent aussi pour profiter d'un tel rabais, il faut que le magistrat interpose son autorité et tienne la main à ce que les marchandises et denrées soient vendues à bas prix. (ABOT DE BAZINGHEN. *Enforcir.*)

(1) L'affaiblissement des monnaies fut très fréquent, particulièrement sous les rois de la troisième race : dès que ces rois manquaient d'argent, ils

des besoins urgents n'obligeaient point les souverains à recourir

affaiblissaient leurs monnaies pour subvenir à leurs besoins et à ceux de l'État. Il n'y avait alors ni aides ni tailles.

Charles VI, dans une de ses ordonnances, déclare qu'il est obligé d'affaiblir ses monnaies *pour résister à notre adversaire d'Angleterre et obvier à sa damnable entreprise..., attendu qu'à présent nous n'avons aucun autre revenu de notre domaine dont nous nous puissions aider.*

On lit dans l'*Abrégé de l'Histoire de Charles VI*, ensuite de celle de Juvénal des Ursins, un portrait très fidèle des maux que causa l'affaiblissement des monnaies sous Charles VI : nous le rapporterons ici mot à mot pour donner une idée de ces maux, toujours inséparables de l'affaiblissement des monnaies.

« Depuis l'an 1415, que la bataille d'Azincourt se donna, il y eut en France de grandes tribulations et pertes pour le sujet des *monnaies* et *couronnes*, qui ayant au commencement été forgées pour dix-huit sols seulement, commencèrent insensiblement à monter à dix-neuf et vingt sols, depuis toujours montant petit à petit jusques à neuf francs, avant que cette excessive valeur fût réglée. Pareillement toute autre monnaie monta au *prorata*, chacune à sa quantité. Il courait lors une monnaie qu'on nommait fleurettes ou flourettes, qui valait dix-huit deniers; mais enfin, elles furent remises à deux deniers, puis on les défendit tout à fait, tellement qu'elles n'eurent plus de cours. Pour ce, il y eut plusieurs riches marchands qui y perdirent grandement. Aussi du temps qu'icelles monnaies avaient cours pour si grand prix, cela était fort au préjudice des seigneurs, car les censiers qui leur devaient argent, vendaient un septier de blé dix ou douze francs et pouvaient ainsi payer une grande cense par le moyen et la vente de huit ou dix septiers de blé seulement : de quoi plusieurs seigneurs et pauvres gentilshommes reçurent de grands dommages et pertes. Cette tribulation dura depuis l'an 1415 jusqu'à l'an 1421, que les choses se remirent à un plus haut point, touchant les monnaies, car un écu fut remis à vingt-quatre sols : puis on fit des blancs doubles de la valeur de huit deniers, et toute autre monnaie fut à l'équipollent remise chacune à sa juste valeur et quantité. Or, en icelle année que les monnaies furent de la sorte remises à leur règle et légitime valeur, cela fit naître

aux affaiblissements, le monopole du monnayage était mieux

---

quantité de procès et de grandes dissentions entre plusieurs habitants du royaume, à cause des marchés qui avaient été faits dès le temps de la susdite faible monnaie. En quoi il y avait grande décevance, tromperie et confusion pour les acheteurs. »

Charles VII, dans le grand besoin d'argent où la longueur des guerres qu'il eut à soutenir l'avait réduit, poussa l'affaiblissement des monnaies si loin et leva sur elles un si gros droit, qu'il retenait les trois quarts d'un marc d'argent pour son droit de seigneuriage et pour les frais de la fabrication ; il prenait encore une plus grosse traite sur le marc d'or. Ce prince ayant chassé les Anglais du royaume, commença à rétablir l'ordre par le règlement des monnaies. On lit dans un ancien manuscrit, environ de ce temps là, que le peuple se ressouvenant de l'incommodité et des dommages infinis qu'il avait reçus de l'affaiblissement des monnaies et du fréquent changement du prix du marc d'or et d'argent, pria le roi d'abandonner ce droit, consentant qu'il imposât les tailles et les aides, ce qui leur fut accordé. Le roi se réserva seulement un droit de seigneuriage fort petit, qui fut destiné au paiement des officiers de la monnaie et aux frais de la fabrication.

Un ancien registre des monnaies, qui paraît avoir été fait sous le règne de Charles VII, dit que *onques puis que le roi meit les tailles des possessions, des monnaies ne lui chalut plus.* (ABOT DE BAZINGHEN, t. Ier, p. 39. art. *Affaiblissement des monnaies.*)

Comme ces fréquentes variations dans les monnaies, dit le même écrivain, dérangeaient extrêmement le commerce et causaient beaucoup d'autres inconvénients, le peuple obtenait quelquefois du roi que les monnaies resteraient quelque temps dans un état fixe, moyennant les aides que le peuple lui octroyait pour le dédommager de l'émolument qu'il aurait tiré du changement des monnaies.

Le dauphin Charles le marque précisément dans le mandement du 25 mai 1359, dans lequel il déclare qu'à la prière et à la requête du peuple, il avait fait faire une monnaie forte » en espérance d'avoir les plus grans et bonnes finances que l'on pourroit bonnement par fouaiges, impositions, subsides ou autrement pour subvenir aux dépenses de la guerre, mais qu'il n'a

géré qu'on ne le suppose d'habitude. Tantôt ce monopole était

pu maintenir cette monnoie forte pendant longtemps, parce que ces impositions n'ont pas produit des sommes assez considérables. « En sorte, que pour y
suppléer, il a été obligé d'avoir recours « à la revenue du prouffit et émolument des monnoies, par quoi il a convenu... le fait et gouvernement desdites monnoies, de mener et mettre en tel état, qu'elles sont tellement
affeboyées, que le peuple en a eu indignation et moult contre cœur. »

Dans l'ordonnance du 14 mai 1358, par laquelle fut établie une aide qui
devait durer un an, le dauphin ordonna que l'on ferait une monnaie forte, et
il promit de la maintenir dans le même état et sur le même pied pendant un
an, sans la muer, croître ou abaisser en quelque manière.

L'ordonnance du 28 décembre 1355, qui établit une aide, annonce en
même temps une fabrication de monnaie forte, qui devait être stable à perpétuité; mais le roi déclare que si la guerre continue, et que les Etats ne lui
octroyent pas des subsides pour la soutenir, il retournera à son *domaine* des
monnaies, c'est à dire qu'il rentrera dans le droit d'augmenter et diminuer
les monnaies à sa volonté, afin de tirer du profit des variations; et en effet, le
produit du subside qui lui fut accordé n'ayant pas été assez considérable, il
ordonna une fabrication de monnaie faible, par un mandement du 26 juillet
suivant.

Le roi Jean de retour d'Angleterre, après avoir remis les monnaies en bon
état, demanda une aide; *mesmement* dit l'ordonnance du 5 décembre 1360,
« que à notre dite forte monnaie aurons nul ou moult petit acquest et gain,
lequel, nous peut être très garant, si comme chacun peut scavoir et aussi pour
charger le moins que nous pourrons notre dit peuple. »

Sur la fin du règne du roi Jean, le prince de Galles, à qui Édouard III, roi
d'Angleterre, dont il était le fils aîné, avait cédé l'Aquitaine, et qui la gouvernait à peu près sur les principes établis en France, ayant assemblé les Etats
de cette province pour leur demander un *fouage* pendant cinq ans, Froissart
rapporte que quelques communautés y consentirent, à condition qu'il tiendrait
ses monnaies stables pendant sept ans.

Le chapitre XV de l'ancienne coutume de Normandie, peut servir encore
à confirmer ceci; en voici les termes : « Le monnayage est une aide de

affermé, ce qui était le mode d'exploitation le plus écono-

deniers, qui est due au duc du Normandie de trois ans en trois ans, afin qu'il ne fasse changer la monnaie qui court en Normandie. Ce monnayage se nommait aussi fouage.

Les besoins de l'État obligèrent très souvent le roi Jean et le Dauphin à tirer des profits considérables des monnaies; ils le faisaient en deux façons : 1° En augmentant le prix des monnaies qui avaient cours. (Ils se sont servi rarement de ce premier moyen.) 2° En ordonnant des fabrications de nouvelles monnaies et en ôtant du commerce celles qui avaient cours auparavant. Dans les mandements qui étaient donnés à cet effet, on fixait le prix du marc mis en œuvre en nouvelles espèces et le prix que l'on devait donner aux hôtels des monnaies du marc en espèces décriées; l'excédant de ce premier prix au second tournait au profit du roi. Par exemple, par le mandement du 30 août 1360, le marc en nouvelles espèces fut fixé à 8 liv. 5 sols, et le marc des espèces décriées à 7 liv.... Ce gain si considérable en lui-même se renouvelait très souvent; pendant l'année 1360, il y eut au moins onze mandements pour des fabrications de nouvelles espèces. Ainsi en supposant que le gain ait été de 20 sols, par marc de chaque fabrication, le roi aura tiré pendant une année 11 liv. de chaque marc.

Ces changements étaient quelquefois plus fréquents et si soudains que, *à grand'peine étoit homme qui en juste payement des monnoies de jour en jour se pût connoître.*

Pour empêcher que les monnaies décriées ne fussent mises dans le commerce, on établissait des coupeurs de monnaies, c'est à dire des gens chargés de couper ou de percer celles qui étaient décriées, afin qu'on ne pût plus s'en servir dans le commerce; on leur payait pour leurs peines un droit qui augmentait encore la perte que l'on faisait sur ces monnaies. Lorsqu'elles étaient ainsi coupées, elles ne pouvaient plus être d'aucun usage, on les portait aux hôtels des monnaies ou on les vendait à des changeurs, qui les achetaient moyennant une certaine remise qui faisait encore une nouvelle perte et qui les portaient aux hôtels des monnaies.

Indépendamment de la fréquente mutation des espèces, il y avait encore bien des désordres dans les monnaies. On en fabriquait à différents titres dans

mique (1), tantôt il demeurait en régie ; mais quel que fût le

---

les provinces du royaume : Ces différentes espèces que l'on fabriquait dans la même monnaie n'étaient point proportionnées et équipollées entre elles, en sorte qu'il y avait du profit à donner en paiement les unes plutôt que les autres.

Nous ne détaillerons point tous les inconvénients qui naissaient du désordre des monnaies, comme la cherté des denrées et des marchandises, la difficulté des paiements, le dérangement du commerce, etc.; nous nous bornerons aux plus considérables.

Le gain que le roi faisait sur les fabrications des nouvelles espèces, présentait un appât trop considérable pour ne pas tenter ses sujets et principalement les étrangers à le tourner à leur profit, en contrefaisant les espèces. On transportait hors du royaume une partie des espèces décriées et on les convertissait en monnaies qui avaient cours en France, où on les rapportait. Quelquefois même, on en altérait le titre qui était déjà très bas, en sorte que le royaume était rempli de monnaies contrefaites ou fausses.

Lorsqu'on fabriquait de nouvelles espèces, on les faisait quelquefois semblables à celles qui avaient cours auparavant par le poids, par la forme et par l'empreinte. On n'en affaiblissait que le titre. Alors on mettait sur ces nouvelles espèces une marque que l'on nommait *différence* et qui servait à distinguer ces espèces des anciennes, auxquelles elles étaient semblables, à l'extérieur ; mais on jugeait quelquefois à propos de ne pas faire connaître au public que l'on faisait une nouvelle fabrication d'espèces, et de le mettre hors d'état de distinguer les nouvelles monnaies dont le titre était affaibli, des anciennes auxquelles, à cela près, elles ressemblaient entièrement. Dans ce cas, il était porté, dans le mandement par lequel la nouvelle fabrication avait été ordonnée, de mettre sur ces nouvelles monnaies la *différence la moins appercevante que l'on pourra*, ou même de n'en pas mettre du tout. Tel est le mandement du 27 juin 1360 où il est dit *sans y mettre aucune différence à ceux du présent et pour cause*. Dans celui du 2 mai de la même année, il y a : « sans y mettre ni faire aucune différence, car ainsi l'avons-nous ordonné, afin de tenir la chose plus secrète. » Et dans celui du 2 décembre 1359, « sans mettre ou faire mettre en iceux point de différence pour ce que

mode d'exploitation, le souverain se contentait d'en tirer un profit ou seigneuriage modéré. Toutefois, même en temps ordinaire, l'instrument monétaire était soumis à l'influence de plusieurs causes de dégradation, dont on ne réussissait pas toujours à le préserver, malgré les mesures qui étaient prises pour atteindre ce but. Nous en donnerons un court aperçu.

---

nous voulons cette chose, pour certaine cause, être tenue la plus secrète que l'on pourra. «

Quelquefois le public, fatigué des fréquentes mutations des monnaies, refusait de recevoir les nouvelles. Le 23 novembre 1356, le roi ordonna de faire fabriquer une monnaie blanche et noire sur le pied des monnaies 48es. Cette nouvelle monnaie ne fut publiée à Paris, c'est à dire ne fut distribuée et répandue dans le public que le 10 décembre suivant. Le peuple de Paris, animé par Marcel, prévôt des marchands, et par ceux de sa faction, en fut très mécontent, ainsi que d'une diminution d'espèces qui avait été ordonnée par lettre du 25 novembre 1356. Le prévôt des marchands, accompagné d'un grand nombre d'habitants, alla trouver le comte d'Anjou, second fils du roi, que le duc de Normandie, qui était allé à Metz, avait laissé son lieutenant à Paris, et lui dit que le peuple ne souffrirait pas que cette nouvelle monnaie eût cours. Le comte d'Anjou promit d'en faire cesser la fabrication jusqu'à ce qu'il eût reçu les ordres de son frère. Ainsi cette monnaie n'eut plus de cours, et l'on ne garda pas les ordonnances sur le cours des autres monnaies, qui continuèrent d'être prises sur l'ancien pied. Le duc de Normandie, revenu à Paris, consentit que la nouvelle monnaie n'eût point cours.

Le peuple continuait aussi quelquefois à se servir, au mépris des ordonnances, des monnaies décriées, et il les conservait dans le commerce pour un prix plus fort que celui que l'on en donnait à la monnaie; quelquefois aussi il faisait monter le prix de celles qui avaient cours, au delà du prix porté par les ordonnances.

On se conformait quelquefois dans les recettes royales à la volonté du public en cela et sans avoir égard aux prix fixés par les mandements, on y recevait ces espèces pour celui qu'elles avaient communément dans le com-

La concurrence des monnaies contrefaites, de la fausse monnaie et des monnaies étrangères, figurait au nombre des principales causes de dégradation de l'instrument monétaire. Lorsque la *traite* sur les monnaies était considérable, lorsqu'il existait, en conséquence, une grande différence entre la valeur métallique et la valeur monétaire des espèces, la contrefaçon de la

---

merce. Les monnaies étrangères étaient aussi reçues dans le commerce, malgré les défenses du roi, et le public seul en déterminait le prix.

Ainsi, indépendamment des monnaies fausses, la France était remplie d'une très grande quantité d'espèces de titre différent et dont le prix dépendait uniquement de la volonté et du caprice du public et peut-être encore plus des manœuvres secrètes de ceux qui étaient plus intelligents et plus fins que les autres dans le commerce de l'argent.

Ce fut inutilement que le Dauphin et le roi Jean tâchèrent de réprimer ces abus par leurs ordonnances. La preuve qu'elles furent mal observées, c'est qu'ils les renouvelèrent très souvent. (ABOT DE BAZINGHEM, t. II, p. 143.)

(Note de la page 167). A l'égard des baux des monnaies, le premier fut fait par Charles VII, fils du roi de France, régent du royaume, dauphin de Viennois, duc de Berry et de Touraine, comte de Poitou, par mandement donné au château de Loches le 18 octobre 1419, par lequel les monnaies de Tours, Chinon, Angers, Poitiers, La Rochelle, Limoges, Saint-Pourçain, Lyon, Bourge, Guise, Saint-André, Beaucaire, Montpellier, Toulouse, Saint-Esprit, Cremieux, Romans, Mirabel, Loches, Sens, Mouron, et Villefranche en Rouergue furent données à bail à Marots de Béton pour lui et ses compagnons moyennant deux millions soixante mille livres chaque année.

Charles VI fit un autre bail par mandement donné à Corbeil le 10 août 1420 par lequel les monnaies qui étaient alors affermées savoir : Paris, Tournay, Saint-Quentin, Châlon, Troye, Macon, Nevers et Auxerre furent affermées à Guillaume Sanguin pour six mois, moyennant la somme de cinq cent mille livres, non compris cent mille livres qu'il donna encore au roi de lui-même sans y être obligé. (DE BETTANGE, *Traité des monnaies*, t. Ier, p. 69. Paris, 1760.)

monnaie devenait une industrie fort avantageuse, comme pourrait l'être encore aujourd'hui celle de la monnaie de billon, puisque cette monnaie ne contient guère que le tiers ou la moitié de sa valeur en métal. On pratiquait donc la contrefaçon sur une grande échelle, surtout aux époques où l'imperfection des procédés de fabrication des espèces en rendait l'imitation facile. Tantôt on faisait de la contrefaçon pure et simple; tantôt les contrefacteurs augmentaient encore leurs bénéfices en accroissant la proportion de l'alliage, ce qui constituait, à proprement parler, le faux monnayage. La contrefaçon pure et simple se pratiquait surtout lorsque la monnaie était faible; et elle donnait d'autant plus de bénéfice qu'il y avait plus de différence entre la valeur métallique des espèces et leur valeur monétaire. Le faux monnayage se pratiquait davantage sous le régime de la monnaie forte, parce que la contrefaçon pure et simple des espèces fortes n'aurait donné qu'un profit insuffisant pour couvrir les risques de cette fabrication interlope (1).

---

(1) Le crime de fausse monnaie, lisons-nous dans le *Traité des monnaies* d'Abot de Bazinghem, est un crime public que l'on commet en abusant de la monnaie en quelque manière que ce puisse être contre la prohibition de la loi.

Ce crime de faux est de toutes les espèces de faux le plus punissable, parce que le souverain ayant seul le droit de faire fabriquer les monnaies, ceux qui les fabriquent sans sa permission expresse commettent un crime de lèse-majesté au second chef qui est puni de mort.

Ce crime peut être puni de plusieurs manières :

Premièrement quand on fabrique de la monnaie sans la permission du souverain, quoiqu'elle soit du poids et du titre ordonnés ;

2° Quand la monnaie est fausse par la matière ;

A la concurrence des espèces contrefaites ou fausses, venait

3° Quand on fabrique la monnaie en d'autres lieux que ceux établis pour sa fabrication;

4° Quand on falsifie l'image du prince ou l'inscription qui y doit être;

5° Quand on se charge sciemment de fausse monnaie pour l'exposer et qu'on participe avec les faux monnayeurs;

6° Quand on rogne ou que l'on altère la monnaie qui a été faite et marquée légitimement, pour affaiblir le juste poids qu'elle doit avoir, ou quand on en achète les rognures sciemment et qu'on participe avec les altérateurs;

7° Quand ceux qui fabriquent la monnaie avec la permission du souverain la font plus faible ou de moindre titre qu'il n'est porté par les ordonnances;

8° Quand on refond les monnaies en fraude et pour son compte particulier;

9° Enfin quand on fond la monnaie ou que l'on difforme les espèces pour les employer en d'autres ouvrages.

Le crime de fausse monnaie a toujours été estimé de telle conséquence que Constance, ne trouvant pas les peines ordonnées par les lois précédentes assez rigoureuses pour l'arrêter, ordonna que ceux qui en seraient convaincus seraient punis par le feu et promit une récompense aux dénonciateurs.

Les rois de France ont suivi cet exemple et ont mis le crime de fausse monnaie au nombre de ceux de lèse-majesté et ont ordonné qu'il n'y aurait que les officiers royaux qui en pourraient connaître.

Louis Iᵉʳ dit le Débonnaire, par le règlement que ce roi fit sur les monnaies en 819, ordonna une peine contre les faux monnayeurs; c'est la première qui se trouve dans les ordonnances des rois de France; *de falsâ monetâ jubemus ut qui eam percussisse comprobatus fuerit, manus ei amputetur et qui hoc consenserit, si liber est, 60 solidos componat, si servus, 60 ictus accipiat.*

Quant à la peine du feu ordonnée par la loi, elle a été en usage en France conformément à l'ordonnance de Charles le Chauve et aux coutumes de Bretagne et de Loudun.

L'ordonnance de Charles le Chauve, donnée à Pisté le 7 des kalendes de juillet en l'année 864, porte « que le faux monnayeur qui sera convaincu sera puni selon la loi romaine dans les lieux où elle était observée ou bien qu'il

encore se joindre celle des espèces étrangères qui s'infiltraient

---

perdra la main, ainsi qu'il est prescrit dans le quatrième livre des Capitulaires. »

La coutume de Bretagne porte en termes exprès : *Les faux monnayeurs seront bouillis, puis pendus.*

Celle de Loudun (chap. Ier art. 39) porte : *Qui fait ou forge fausse monnaie doit être traîné, bouilli ou pendu.*

Les rois ont aussi obtenu des papes des bulles contre les faux monnayeurs, rogneurs et expositeurs : savoir, Philippe le Bel, une bulle de Clément V, en 1308 ; Charles le Bel, une bulle de Jean XXII en 1320 ; Philippe de Valois, une bulle de Clément VI en 1349, et Henri III, de Grégoire XIII en 1533.

Les pénalités édictées par les rois, les excommunications fulminées par les papes s'appliquaient aussi bien aux simples contrefacteurs qui se bornaient à imiter la monnaie du roi sans l'altérer, qu'à ceux qui l'altéraient en l'imitant. Les bulles des papes étaient surtout dirigées contre les princes voisins, qui contrefaisaient la monnaie du roi, et qui se trouvaient hors des atteintes de la loi.

« Les petits princes voisins de la France, dit à ce sujet l'abbé Le Blanc, contrefaisaient les monnaies du roi, ce qui causait un grand désordre dans l'État, en le remplissant de mauvaises espèces et en tirant toutes les bonnes que l'on fondait ensuite pour faire ces monnaies altérées et contrefaites. Le roi eut recours à un remède, dont ses prédécesseurs s'étaient souvent servis. Il obtint du pape une bulle d'excommunication contre tous ceux qui contrefaisaient ses monnaies; et dont ils ne pouvaient être absous que par le pape, si ce n'est à l'article de la mort.

« Beaucoup de rapports dignes de foi l'ont appris à nos oreilles apostoliques, disait Clément V dans la première de ces bulles, plusieurs personnes qui n'ont aucune autorité pour faire monnaie, en fabriquent de fausse dans le royaume de France et lieux circonvoisins ; d'autres s'appliquent à altérer, en lui ôtant son poids réel, la monnaie fabriquée au véritable type de notre cher fils en Jésus-Christ, Philippe, illustre roi de France : un plus grand nombre encore, qui dans les terres voisines de celles de ce prince, ont autorité

dans la circulation, tantôt par suite de la tolérance ou plutôt

---

pour frapper monnaie en vertu d'un droit, de la coutume ou d'une concession, cherchent à revêtir les espèces qu'ils fabriquent de l'empreinte particulière de la monnaie royale de France, et en leur donnant même poids, même modèle, même module, même forme de lettres, imitent, rendent et contrefont, aussi exactement qu'ils peuvent, la ressemblance et le type de la monnaie du roi, etc. etc. «

Le crime de fausse monnaie ou même de simple contrefaçon de la monnaie était qualifié de crime de lèse-majesté, parce qu'il causait dommage au roi. Ce crime était, par conséquent, poursuivi avec infiniment plus de diligence et puni avec plus de sévérité que les sévices qui causaient seulement dommage aux sujets. Quoique les gouvernements aient cessé généralement de retirer un revenu du monnayage, les lois pénales ont conservé l'empreinte des sévérités du temps passé, en ce qui concerne la contrefaçon et l'altération des monnaies. Pendant la révolution les contrefacteurs de la monnaie nationale ont été punis de mort, plus tard ils sont devenus passibles des travaux forcés à perpétuité ou à temps. Nous rappellerons les dispositions du code pénal français à cet égard.

132. Quiconque aura contrefait ou altéré les monnaies d'or ou d'argent ayant cours légal en France, ou participé à l'émission ou exposition desdites monnaies contrefaites ou altérées ou à leur introduction sur le territoire français, sera puni des travaux forcés à perpétuité.

133. Celui qui aura contrefait ou altéré des monnaies de billon ou de cuivre ayant cours légal en France, ou participé à l'émission ou exposition desdites monnaies contrefaites ou altérées ou à leur introduction sur le territoire, sera puni des travaux forcés à temps.

134. Tout individu qui aura, en France, contrefait ou altéré des monnaies étrangères, ou participé à l'émission, exposition ou introduction en France de monnaies étrangères contrefaites ou altérées, sera puni des travaux forcés à temps.

Il est assez curieux de remarquer 1° que la « simple contrefaçon » reste assimilée à la fabrication des monnaies altérées; 2° que la contrefaçon du billon soit punie de moindres peines que celle des monnaies d'or et d'argent,

de la nonchalance de l'administration, tantôt malgré les prohibitions dont elles étaient frappées (1). Ces monnaies étaient, à

---

quoique sous le régime monétaire actuel on puisse trouver de beaux profits à altérer la monnaie de cuivre émise pour une valeur supérieure à sa valeur métallique, tandis qu'on n'en peut plus trouver aucun à contrefaire la monnaie principale, dont la valeur monétaire ne peut plus dépasser la valeur métallique.

D'un autre côté, tandis que la contrefaçon ou l'altération de la monnaie demeure soumise à des pénalités d'une rigueur extrême, la contrefaçon des marques de fabrique et même l'adultération des denrées à l'aide de substances nuisibles à la santé ne sont passibles que de pénalités comparativement légères. Cependant, le mal que peut causer une adultération des denrées alimentaires, par exemple, est certainement plus grand que celui que cause une contrefaçon ou même une adultération de la monnaie. Sur ce point, comme sur bien d'autres, la législation moderne continue les traditions de l'ancien régime qui considérait les crimes et délits qui portaient dommage au souverain comme bien autrement répréhensibles et punissables que ceux qui portaient simplement dommage aux particuliers.

(1) Dans chaque pays la monnaie nationale est reçue pour sa valeur numérique, mais les monnaies étrangères ne sont comptées que pour leur valeur réelle. Les monnaies étrangères ne pouvaient autrefois circuler en France. Cette prohibition, déjà fort ancienne, avait été renouvelée par deux arrêtés de la cour des monnaies du 17 février 1777 et du 14 octobre 1780, qui interdisaient de faire entrer en France des espèces de billon et de cuivre de fabrique étrangère, à peine de confiscation et de 3,000 livres d'amende contre chacun des contrevenants. Les mêmes arrêts défendaient de les donner ou recevoir en paiement, à peine de 500 livres d'amende contre tous les contrevenants. Le décret du 11 mai 1807 maintient cette défense, mais en modifie la pénalité, etc. La déclaration du 7 octobre 1755 permet à tous marchands, banquiers, négociants, de faire librement, et sans aucune espèce de restrictions, le commerce de toutes les matières d'or et d'argent, même des espèces étrangères. Ces pièces étrangères ne peuvent néanmoins avoir aucun cours en France ni être données, reçues ou exposées à la pièce. (*Répertoire de législation*, de Dalloz, art. *Monnaie*).

la vérité, affectées le plus souvent à des emplois auxquels la monnaie indigène n'était pas propre. Ainsi, par exemple, elle servait pour l'épargne. On ne thésaurisait guère que des monnaies fortes, et quand il n'en existait pas assez dans le pays, on y suppléait au moyen de celles de l'étranger. Les piastres fortes d'Espagne, en particulier, furent longtemps affectées à cette destination (1). Mais ces monnaies faisaient aussi une concurrence plus directe aux monnaies indigènes, en entrant dans la circulation et en grossissant ainsi l'offre de la monnaie, la demande demeurant la même. En admettant toutefois que cette concurrence fût demeurée toujours parfaitement libre, elle eût été salutaire au lieu d'être perturbatrice. En effet, si les espèces étrangères avaient pu circuler d'une manière permanente, à leur cours naturel, on n'aurait pas manqué de se servir des meilleures, et cette concurrence aurait obligé le souverain à

---

(1) Telle avait été aussi, longtemps auparavant, la destination des célèbres monnaies fortes frappées sous le règne de saint Louis.

« Saint Louis fit fabriquer des deniers d'or sous le nom de deniers d'or à l'agnel qu'on nomma dans la suite moutons d'or. Le denier d'or à l'agnel fut ainsi nommé de ce qu'il avait pour effigie un agneau portant une longue croix ornée d'une bannière, avec cette légende : *Agnus Dei qui tollis peccata mundi, miserere nobis*. Au revers une grande croix fleurdelisée et fleuronnée avec cette légende *Christus regnat, vincit, imperat*. Cette monnaie fut nommée dans la suite moutons à la grande laine, moutons à la petite laine. Rien de si fréquent dans les anciens titres que cette monnaie sous le nom de *mutones* ou *multones ;* elle dura en France jusqu'au règne de Charles VII, et tous les successeurs de saint Louis, excepté Philippe de Valois, en firent fabriquer. Ils furent toujours d'or fin, hors sous le règne de Charles VII, et eurent grand cours dans toute l'Europe à cause de leur bonté; plusieurs souverains même dans la suite firent fabriquer des espèces pareilles auxquelles ils donnèrent le même nom de moutons. » (ABOT DE BAZINGHEM, t. 1er, p. 107.)

fournir désormais de bonne monnaie à ses consommateurs, sous peine de perdre tout ou partie de son débouché monétaire. Mais les choses ne se passaient pas ainsi. Tantôt les espèces étrangères étaient admises ou tolérées sur le marché, et alors elles affluaient en faisant baisser la masse du numéraire en circulation. Tantôt, elles en étaient expulsées, et leur expulsion faisait hausser le numéraire restant. On ajoutait encore au désordre en les taxant. Lorsque, comme il arrivait quelquefois, le prix auquel on les taxait était supérieur à celui de la monnaie indigène, lorsque les particuliers avaient en conséquence plus d'avantage à exporter des métaux précieux pour importer en échange des monnaies étrangères que de transformer ces métaux en monnaies indigènes, les espèces étrangères affluaient et les espèces indigènes disparaissaient. On remédiait alors au mal en les taxant trop bas, ce qui provoquait leur expulsion après une série de perturbations en sens inverse.

A ces causes extérieures de perturbation, venaient s'en joindre d'autres qui provenaient de la mauvaise gestion intérieure du monopole du monnayage, de l'ignorance ou de la méconnaissance des conditions naturelles et nécessaires qu'il fallait observer pour maintenir en bon état l'instrument monétaire. Les perturbations les plus ordinaires provenaient de l'étalonnage vicieux de la monnaie d'or ou de l'émission excessive de la monnaie de billon. A quoi on peut ajouter encore la négligence à retirer les espèces usées ou rognées.

Lorsqu'on établissait une mauvaise proportion entre l'or et l'argent; lorsque, par exemple, la proportion naturelle étant de 1 à 12, on la fixait de 1 à 13, c'est à dire lorsqu'on admettait au monnayage 1 marc d'or comme valant 13 marcs d'argent, tandis qu'il n'en valait en réalité que 12, que devait-il arriver?

C'est que ceux qui faisaient monnayer un marc d'or obtenant
une valeur égale à celle qu'ils auraient obtenue en faisant monnayer 13 marcs d'argent, tandis qu'ils pouvaient se procurer
dans le commerce un marc d'or en échange de 12 marcs
d'argent, chacun devait faire frapper de préférence de la monnaie d'or, et même, lorsque le prix de façon n'était pas compris
pour une part trop forte dans la valeur de la monnaie d'argent,
on avait intérêt à fondre celle-ci pour en échanger le métal
contre de l'or qui produisait, monnayé, une valeur plus grande.
La monnaie d'argent disparaissait en conséquence, la monnaie
d'or prenait sa place et l'étalon monétaire se dégradait de la
différence. Lorsque c'était au contraire l'argent qui était suré-
valué, la monnaie d'or était expulsée et l'étalon se dégradait
encore.

Enfin, lorsque la monnaie de billon, que le souverain émettait pour son propre compte, était frappée avec ou sans dessein, en quantité surabondante, on ne manquait jamais de voir
se produire les phénomènes que nous avons décrits plus haut,
savoir : l'expulsion des monnaies supérieures et la dégradation
de l'étalon, jusqu'à ce qu'on eût retiré l'excédant qui provoquait
ces perturbations, et, d'après Henry Poullain, c'était là de
toutes les causes du désordre des monnaies la plus fréquente et
la plus dangereuse (1).

---

(1) Henry Poullain a analysé avec une sagacité vraiment merveilleuse, —
eu égard à l'époque où il écrivait, — les différentes causes du désordre des
monnaies.

« Il y a, lisons-nous dans son traité, six diverses sortes d'affaiblissements
que les princes peuvent faire sur leurs monnaies : la première, en diminuant
le poids de l'espèce; la deuxième, leur bonté intérieure; la troisième, en

La négligence à retirer de la circulation les pièces usées ou rognées doit encore être citée parmi les causes des perturba-

surhaussant également le cours de l'une et l'autre des bonnes espèces ; la quatrième, en chargeant de traites excessives ses espèces d'or ou ses espèces d'argent ou les unes et les autres tout ensemble ; la cinquième, en s'éloignant beaucoup de la proportion reçue entre tous ses voisins ou en la changeant souvent de peu par le surhaussement de prix de l'une des bonnes espèces sans toucher à l'autre ; et la sixième, en faisant fabriquer par excès une si grande quantité d'espèces de bas billon ou de cuivre ou peu de grand prix et cours, qu'elles entrent au commerce et se reçoivent en sommes notables au lieu de bonnes pièces d'or et d'argent.

« *Explication*. La première a lieu en diminuant le poids de l'espèce sans toucher au cours ni à sa bonté intérieure ; comme prenant l'exemple sur nos pièces de seize sols, qui doivent peser sept deniers douze grains trébuchants pièce, si le roi les diminuait de douze grains de poids, en sorte qu'elles ne pesassent plus que sept deniers de poids la pièce et néanmoins qu'elles eussent cours pour seize sols tournois, et demeurassent à onze deniers de loi argent fin, cette première façon d'affaiblir s'appellerait *affaiblissement sur le poids*.

« La deuxième, en diminuant la bonté intérieure de l'espèce sans toucher au poids ni au cours, comme, continuant l'exemple, sur les pièces de seize sols qui doivent être à onze deniers de loi argent fin, si le roi les diminuait d'un denier de fin de bonté, en sorte qu'elles ne fussent plus qu'à dix deniers de loi argent fin, et néanmoins qu'elles pesassent sept deniers douze grains et eussent cours pour seize sols tournois pièce, cette deuxième façon d'affaiblir s'appellerait *affaiblissement sur la loi ou bonté intérieure*.

« La troisième, en surhaussant proportionnellement le cours des espèces d'or et d'argent tout ensemble, sans toucher au poids ni à la bonté intérieure de l'une ni de l'autre. Comme par l'ordonnance de 1577, l'écu d'or du poids de deux deniers quinze grains et à vingt-trois karats d'or fin avait cours pour soixante sols et le quart d'écu d'argent du poids de sept deniers douze grains et à onze deniers de loi argent fin, avait cours pour quinze sols tournois, le

tions monétaires. Aussi longtemps que ces monnaies avaient
cours, chacun s'efforçait de les faire passer, ne se souciant pas

---

roi, par ordonnance de l'année 1602, leur donna cours, savoir à l'écu pour
soixante-cinq sols et au quart d'écu d'argent pour seize sols, surhaussant, en
le faisant, le cours de l'écu et de la pièce de seize sols presque en égale proportion de l'une à l'autre, savoir l'écu de cinq sols et les quatre pièces de
seize sols d'argent, de quatre sols, sans toucher à leur poids ni bonté intérieure, et cette troisième façon d'affaiblir était et se peut appeler *affaiblissement sur le cours*.

« La quatrième, en chargeant de traites excessives l'espèce d'or ou l'espèce
d'argent, ou l'une et l'autre tout ensemble. Comme si le roi, sans toucher au
poids, bonté intérieure et cours de l'écu, qui est, suivant la dernière ordonnance de 1602, à 65 sols, le chargeait de 5 sols de traite, en sorte que le
poids de l'or de l'écu difformé ne valut que 60 sols. Ou bien s'il chargeait
la pièce de seize sols de deux sols six deniers de traite, en sorte que le poids
de l'argent de cette pièce de seize sols ainsi difformée ne valut que treize sols
six deniers. Ou encore si le roi chargeait l'écu et la pièce de seize sols tout
ensemble de ces traites excessives, savoir l'écu de cinq sols et la pièce de
seize sols de deux sols six deniers, sans toucher à leur poids, bonté intérieure et cours. Cette quatrième façon d'affaiblir s'appellerait *affaiblissement
sur la traite*.

« La cinquième, en s'éloignant beaucoup de la proportion de l'or à
l'argent reçue entre tous ses voisins, ou en la changeant souvent de peu,
pensant attirer et se remplir davantage de l'une de ces matières. Comme à
présent que le roi observe par ordonnance au cours de ses espèces d'or et
d'argent une proportion onzième et quelque peu plus, s'il venait à observer
par nouvelle ordonnance une proportion neuvième et moins, donnant cours
à la pièce de seize sols pour dix-huit sols tournois, et aux autres espèces
d'argent à l'équipolent, sans toucher au poids et bonté intérieure de l'écu
d'or. Ou bien s'il observait par ordonnance une proportion douzième et plus,
donnant cours à l'écu pour 72 sols, sans toucher au poids et bonté intérieure
de la pièce de seize sols. Ou encore s'il changeait souvent, comme d'année en

de supporter, surtout lorsque la *traite* était élevée, la perte de la différence existant entre leur valeur intrinsèque et leur valeur monétaire. Mais alors qu'arrivait-il? C'est que les pièces usées ayant cours comme celles qui étaient en bon état, on rognait les pièces neuves et la circulation n'était bientôt plus remplie que de mauvaises pièces. On avait beau en frapper de nouvelles, elles subissaient le même sort, malgré les pénalités comminées contre les rogneurs de monnaie. Le seul remède à ce mal, qui se fit d'ailleurs plus sentir en Angleterre qu'en France, où l'on ne laissait guère aux monnaies le temps de vieillir, consistait à

---

année, la proportion, surhaussant peu à peu le cours de son espèce d'or, sans toucher à celle d'argent ou le cours de son espèce d'argent sans toucher à celle d'or ni à leur poids et bonté intérieure ; cette cinquième façon d'affaiblir s'appellerait *affaiblissement sur la proportion*.

« Et la sixième et dernière, en faisant fabriquer par excès une grande quantité de petites espèces de bas billon ou de cuivre,, ou si peu de grosses de grand prix et cours, que les petites espèces se reçoivent en sommes notables, qu'elles entrent en trafic et commerce, et par la continuation de leur fabrication, qu'elles apportent une rareté des bonnes espèces d'or et d'argent entre ses sujets. Comme si le roi faisait fabriquer une si grande quantité de petits liards, doubles ou deniers de cuivre ou de billon, à un ou à deux deniers de loi argent fin, ou peu de grosses espèces de cuivre ou billon qui eussent cours pour un sol ou pour dix-huit deniers tournois pièce ; en sorte que par l'excès de leur fabrication il s'en fit des payements notables entre ses sujets, causant une rareté et chassant les bonnes espèces d'or et d'argent hors la province. Cette sixième façon d'affaiblir s'appellerait *affaiblissement sur l'excès de fabrication des espèces de billon ou de cuivre*, à laquelle, quand les princes y ajoutent une grande traite, comme ils font ordinairement, je la tiens, comme elle est, la plus dangereuse de toutes les six. » (HENRY POULLAIN, *Traité des Monnaies*, p. 33-41.)

retirer les anciennes espèces, à mesure qu'elles venaient à s'user (1).

Mais ceci soulevait une question fort intéressante et fort débattue, savoir qui devait supporter le *frai* ou l'usure des espèces. Il est juste que ceux qui se servent de la monnaie en supportent l'usure, cela ne saurait guère être contesté. Cependant, dans la pratique, il serait impossible d'obliger chacun de ceux qui ont contribué à user une pièce de monnaie à payer sa part de l'usure, et il serait injuste d'obliger le dernier consommateur qui a accepté une pièce arrivée, peu à peu, au point presque insaisissable où elle cesse d'être propre à la circulation, à payer pour tous, en mettant à sa charge le montant total de l'usure. Que faire donc? La combinaison la plus équitable consisterait à ajouter au prix de façon du monnayage un tantième pour l'amortissement du *frai*, en tant du moins que ce frai proviendrait de l'usure naturelle des pièces, et, à stipuler, en conséquence, au bout d'un certain délai calculé d'après la longévité naturelle des différentes sortes de monnaies, le retrait par l'établissement monétaire des espèces vieillies et impropres à circuler davantage. C'était ainsi, du reste, que les choses se pratiquaient d'ordinaire. Mais on en tirait une conséquence fausse, savoir que la monnaie ne cessait point d'appartenir au souverain, qu'il la prêtait seulement au public; d'où l'on faisait découler son droit de défendre non seulement de la rogner, mais encore de la fondre. Que l'on sévît contre les rogneurs de monnaie, comme enfreignant les conditions du contrat passé entre le monétaire et

---

(1) Consulter, au sujet des maux causés par les rogneurs de monnaie en Angleterre, *l'Histoire de Macaulay*. Les rogneurs de monnaie.

le public, comme aggravant d'une manière artificielle et frauduleuse l'usure des espèces, rien de plus juste. Mais que l'on défendît de les fondre, comme si elles n'avaient pas cessé d'appartenir au souverain, c'était commettre un abus de pouvoir. Sans doute, les consommateurs de monnaie n'avaient pas le droit de contrefaire l'effigie monétaire, pas plus que toute autre marque de fabrique : en revanche, ils avaient le droit d'user à leur guise de la marchandise portant cette effigie, puisqu'ils l'avaient acquise. Du reste, le *billonnage* ou fonte de la monnaie ne devenait avantageux au consommateur et dommageable au producteur que dans des circonstances exceptionnelles : 1° lorsque le souverain frappait de la monnaie tellement forte qu'il ne couvrait pas même ses frais de monnayage. Alors il arrivait fréquemment que l'on trouvât avantage à fondre cette monnaie forte, pour transporter le métal dans un pays où la même quantité d'étoffe métallique produisait une valeur monétaire plus grande (1) ; 2° lorsque le souverain, en émettant une monnaie

---

(1) Voici à cet égard un fait assez curieux. Lorsque les Anglais furent maîtres de la France, ils firent frapper d'excellentes monnaies (1422-36) notamment les angelots, espérant par ce moyen, dit un ancien écrivain, aliéner l'amitié des Français de Charles VII qui avait été contraint d'empirer beaucoup sa monnaie. Ces bonnes monnaies anglaises, Charles VII les faisait fondre et il s'en servait pour fabriquer, à gros bénéfice, des monnaies d'une valeur intrinsèque fort inférieure.

« Dans tout le cours des xive et xve siècles, dit M. Lecointre Dupont, la France n'eut point d'aussi belles monnaies que les saluts, les angelots et les blancs de Henri VI, de système monétaire aussi bien entendu et aussi stable que celui qui fut établi pendant l'occupation anglaise. » (*Lettres sur l'histoire monétaire de la Normandie et du Perche*, par Lecointre Dupont; p. 72.)

affaiblie, voulait reprendre la monnaie forte à un taux inférieur à sa valeur métallique ; il avait encore intérêt à empêcher qu'on ne la fondît. Ces cas exceptés, le billonnage lui procurait un accroissement de bénéfices, puisque chaque pièce fondue devait être remplacée, et qu'il était investi du monopole du monnayage (1).

Quoi qu'il en soit, grâce à une longue pratique et à de nombreuses *écoles,* on avait fini par bien connaître les conditions qu'il fallait remplir et observer pour mettre au service du public un bon instrument monétaire, et l'on avait réalisé, sous ce rapport, des progrès notables. Dans la seconde moitié du xviiie siècle, par exemple, le régime monétaire français était, au témoignage

---

(1) Cependant le billonnage continua, comme on va le voir, de demeurer interdit pendant toute la durée de l'ancien régime.

« L'ordonnance de Louis XII du 25 novembre 1506 ; l'édit de François Ier du 27 septembre 1543 ; les lettres patentes d'Henri II du 14 janvier 1549 ; la déclaration de Louis XIV du 14 décembre 1689, prononcent des peines rigoureuses contre les fondeurs de monnaie. — « Défendons à tous orfévres ou ouvriers, portait ce dernier acte, qui emploient de l'argent, de fondre ou difformer aucune espèce de monnaie pour employer à leur ouvrage, *à peine des galères à perpétuité.* » Et pour qu'aucun ne contrevînt à cette interdiction, l'article 18 du règlement du 30 décembre 1679 avait pris des précautions sévères. Les orfévres étaient tenus de ne travailler qu'en public, d'avoir leur forge dans leur boutique sur rue et vue du public avec défense de travailler ailleurs et qu'aux heures portées par les ordonnances. Un arrêt notable, rendu par la Cour des comptes le 3 décembre 1759, réunit toutes ces dispositions en vigueur et renouvelle toutes les prohibitions portées par les édits, tant contre la fonte des monnaies que contre l'accaparement et l'emploi des matières d'or et d'argent. Cependant un arrêt du parlement de Dijon permettait la fonte des monnaies aux alchimistes, « à ceux qui changeraient l'étain en argent et le cuivre en or. » (*Répertoire de Dalloz.*)

de Jacques Steuart, le plus parfait qui existât (1). La meilleure preuve de sa supériorité, c'est que certaines monnaies fran-

---

(1) Cette attestation, Jacq. Steuart la donne en exposant avec une admirable lucidité, le régime monétaire de la France, tel qu'il existait au XVIIIᵉ siècle.

« Dans les hôtels des monnaies de France, le *marc* est l'unité de poids ; il est composé de 8 onces, et chaque once contient 576 grains ; de sorte que le marc contient 4,608 grains, poids de Paris, appelé *poids de marc*.

« C'est d'après ce poids que l'hôtel des monnaies remet le métal brut aux ouvriers, et qu'il le reprend d'eux lorsqu'il est converti en espèces : le roi leur alloue 36 grains sur chaque marc qu'ils rendent en espèces monnayées ; c'est ce qu'on appelle le *remède de poids*.

« Un marc d'espèces françaises d'argent ne doit donc pas être calculé sur le pied de 4,608 grains, mais seulement 4,572 grains effectifs.

« Le *titre* des espèces d'argent de France consiste dans 11 parties de fin et 1 partie d'aloi (*alliage*). Ainsi un marc d'espèces monnayées consistant en 4,572 grains d'argent au titre, contient donc 4,191 grains d'argent fin et 381 grains d'aloi.

« Mais on alloue encore aux ouvriers 3 grains sur la finesse ; ce qui donne lieu à une nouvelle proportion entre le nombre de grains d'argent fin et le nombre de grains d'aloi.

« Une masse d'argent (quant à la finesse) est supposée, dans les hôtels des monnaies de France, divisée en 12 deniers, et chaque denier en 24 grains, qui, dans ce sens, sont l'un et l'autre des dénominations de proportion et non de poids.

« Toute masse quelconque d'argent, quel que en soit d'ailleurs le poids, peut être supposée contenir $12 \times 24 = 288$ grains de proportion ; par conséquent, si le titre était exactement de 11 deniers de fin, la proportion serait ainsi exprimée : 264 grains de fin sur 24 d'aloi. Mais la remise de 3 grains de proportion, dite *remède d'aloi*, rend la proportion comme 261 à 27. Tel est le titre exact des monnaies d'argent de France qui répond à 10 deniers et 21 grains de fin, expression employée dans les hôtels des monnaies.

« Pour trouver le nombre de grains d'argent fin contenus dans un marc

çaises, telles que les louis d'or, circulaient non seulement en
France, mais encore dans toute l'Europe pour leur entière

---

d'argent monnayé de France, il faut établir cette proportion, $288 : 261 ::$
$4,572 : x = 4,143,38.$

" Le marc d'argent monnayé, toutes déductions faites pour l'aloi et le
remède de poids contient donc 4,143,38 grains poids de marc d'argent fin.

" De ce marc on tire 8 3/10 écus de 6 livres, qui valent 49 livres
16 sous.

" Si donc 4,143,38 grains d'argent fin valent 49 livres 16 sous, 4,608 grains
(ou un marc d'argent fin) vaudront 55 livres 6 sous 9 deniers.

" Mais le prix que donne l'hôtel des monnaies de l'argent fin n'est que de
51 livres 3 sous 3 deniers.

" La différence entre ce prix de l'hôtel et le prix de l'argent fin monnayé
est donc le montant exact des frais du monnayage. On retient donc pour ces
frais et le droit de seigneuriage (déduction et imposition qu'on appelle *la traite
des monnaies*) 4 livres 3 sous 6 deniers sur chaque marc d'argent fin. Pour
connaître combien pour cent, cela produit, faisons la proportion suivante :

" $51,162 : 55,38 :: 100 : x = 108,2$; d'où il résulte qu'en France on
déduit 8.2 pour cent, pour le monnayage de l'argent.

" Examinons maintenant les règlements semblables relatifs à l'or.

" Le marc est encore ici l'unité de poids et contient toujours 4,608 grains,
dont 15 sont alloués aux ouvriers pour le *remède de poids*. Il reste donc
4,593 grains d'or au titre dans un marc.

" La finesse de l'or est comptée en carats (ce qui n'est pas un poids, mais
une simple dénomination de proportion) comme celle de l'argent, par deniers.
L'or fin est dit de 24 carats de même qu'en Angleterre. Le carat est divisé en
32 parties, de sorte que $32 \times 24 = 768$ est le nombre de parties dans lesquelles toute masse donnée d'or est supposée divisée, lorsqu'il est question
de son degré de finesse.

" Le titre de l'or de France est, comme celui de l'argent, de 11/12 ou de
22 carats ; sur quoi on accorde aux ouvriers 12/32 parties d'un carat pour le
remède d'aloi ; ce qui réduit le titre à 21 20/32 carats de fin, sur 2 12/32 d'aloi.

valeur monétaire, bien que le prix de façon (brassage et seigneuriage) fût compris dans cette valeur pour environ 8 p. c.

Ceci exprimé dans les divisions mentionnées ci-dessus devient 692 parties de fin sur 76 parties d'aloi.

« On trouvera donc le nombre de grains d'or fin contenus dans un marc d'or monnayé par la proportion suivante :

« 768 : 692 :: 4,593 : $x = 4,138,48$; d'où il suit que, toutes déductions faites, il y a 4,138,48 grains d'or fin dans un marc d'or monnayé.

« De ce marc on tire 30 louis d'or de 24 livres, valant ensemble 720 livres.

« Si donc 4,138,48 gains d'or fin valent 720 livres dans les espèces monnayées, 4,608 grains ou un marc d'or fin vaudra 801 livres 12 sous.

« Mais l'hôtel des monnaies ne donne que 740 livres 9 sous 1 denier du marc d'or fin.

« C'est dans la différence entre ce prix du métal fin selon l'hôtel, et celui qu'il a réellement étant monnayé (savoir 61 livres 3 sous 2 deniers), que consiste exactement le prix du monnayage.

« Pour découvrir combien pour cent cela produit, on n'a qu'à faire cette proportion :

« 740,409 : 801,68 :: 100 : $x = 108,2$; de sorte qu'en France, il y a 8.2 pour cent de déduction sur le monnayage de l'or.

« Les calculs ci-dessus nous font voir que le roi prend au delà de 8 p. c. sur le monnayage de l'or et de l'argent.

« Depuis plusieurs années on n'a fait usage d'aucuns moyens violents pour faire porter les métaux bruts à l'hôtel des monnaies, et cependant nous voyons par les dates des espèces françaises qu'on en a frappé une grande quantité de l'un et de l'autre métal. Ceci prouve, selon moi, de la manière la plus convaincante, que l'imposition du monnayage, convenablement établie, n'interrompt en aucune façon la fabrication des monnaies, et le fait, bien attesté par l'expérience, sert à confirmer ce principe.

« Passons actuellement à l'examen du rapport qui existe, soit entre les

Mais, on n'en était pas revenu à ce bon règlement des monnaies, après un *ricorso* de 1200 ans, occasionné par l'invasion

---

valeurs des métaux monnayés, soit entre les prix que l'hôtel des monnaies donne des métaux bruts.

« Pour cela nous mettrons les prix de l'hôtel en une équation, et les valeurs relatives de l'or et de l'argent dans une autre.

« L'hôtel des monnaies paye 51,162 livres du marc d'argent fin et 740,409 livres du marc d'or fin; par conséquent, la première proportion est 51,162 : 740,409 :: 1 : $x = 14,47$.

« Un marc d'argent fin en espèces vaut 55,38 livres, et un marc d'or fin en espèces vaut 801,68 livres. Ainsi la seconde proportion sera 55,38 : 801,68 :: 1 : $x = 14,47$.

« Les deux proportions donnent donc également le rapport de 1 à 14,47, rapport très rapproché de celui adopté par les écrivains français, qui est comme 1 à 14 9/19. Le premier est cependant plus exact, et revient, à très peu de chose près, à celui de 1 à 14,5.

« Ces calculs nous conduisent à découvrir la quantité d'or fin contenu dans un louis, et celle d'argent fin contenu dans un écu de 6 livres.

« Dans un louis d'or il y a 137.94 grains d'or fin, et 153.1 d'or au titre.

« Dans l'écu de 6 livres il y a 499.22 grains d'argent fin, et 550.843 grains d'argent au titre.

« De plus, après avoir comparé le rapport adopté par les écrivains français entre le grain poids de Troye et le grain poids de marc, avec le rapport adopté par les écrivains anglais entre le grain de France et le grain de Troye et après avoir soumis ces divers rapports aux épreuves les plus exactes, par des expériences sur les poids mêmes des deux nations, et par des résultats moyens pris sur d'autres en grand nombre, j'ai trouvé qu'un grain *poids de marc* est à un grain *poids de Troye* comme 100 : 121,78.

« La proportion suivante nous donnera donc le nombre de grains Troye d'or fin contenus dans un louis.

« 121,78 : 100 :: 137,94 : $x = 113,27$.

« Or, une guinée contient 118,651 grains Troye d'or fin, et cependant,

des barbares, sans traverser de nombreuses périodes de désordres monétaires qu'accusaient les fluctuations et l'affaiblissement successif de l'étalon. On doit maintenant comprendre de
quelle façon ces fluctuations et cet affaiblissement s'étaient produits. A l'origine, l'étalon monétaire, légué par les Romains à
leurs successeurs barbares, consistait dans la valeur d'une livre
romaine de 12 onces ou 6144 grains équivalant à 326 grammes
d'argent fin, ou, pour être plus exact, d'une livre pesant
d'argent monnayé équivalant à une livre d'argent fin non monnayé, le monnayage étant gratuit. Mais bientôt, les souverains
barbares recommencèrent à faire payer un prix de façon pour
la monnaie. Que devait-il arriver alors? Évidemment que la
livre pesant d'argent monnayé devait valoir une livre d'argent
métal plus le montant des frais de monnayage. La livre monétaire devait hausser, en conséquence, et c'est probablement cette
hausse qui a fait croire à M. Guerard que le poids de la livre avait
été augmenté sous Pépin, chose tout à fait inexplicable et invrai-
semblable, tandis que sa valeur seule s'était accrue par l'imposition du seigneuriage. Mais lorsque après avoir rétabli le seigneuriage que les Romains avaient abandonné, on eut recours aux
affaiblissements, pour augmenter les bénéfices du monétaire,
et surtout pour lui créer des ressources extraordinaires dans les
moments de besoins urgents, la dépréciation de la livre devint,

---

dans presque tous les pays de l'Europe, le louis, en temps de paix, passe au
même taux que la guinée, dans la supposition où l'une et l'autre pièces ont
leur poids légal. Ceci est un fait connu, et qui sert à confirmer un autre principe, savoir *que l'imposition du monnayage renforce la valeur des espèces d'une
nation, même dans les pays étrangers.* » (JACQUES STEUART, *Recherche des
principes de l'économie politique,* liv. III, ch. VII.)

comme nous l'avons vu, la conséquence inévitable de cette
pratique. L'affaiblissement se pratiquait, en effet, de deux
façons : 1° par la diminution du poids ou du titre des espèces,
autrement dit de leur valeur intrinsèque en métal, leur valeur
monétaire demeurant la même ; 2° par l'augmentation de leur
valeur monétaire, leur valeur intrinsèque demeurant la même.
Mais, dans les deux cas, il fallait employer le procédé de l'émission forcée pour substituer les espèces affaiblies aux espèces fortes.
L'emploi de ce procédé amenait des surémissions qui faisaient
tomber communément la valeur monétaire des nouvelles espèces
de toute la quantité de l'affaiblissement opéré dans la valeur
intrinsèque. D'abord, on fabriquait une quantité de monnaie
pesant et valant une livre avec une livre d'argent métal ; ensuite,
le seigneuriage étant imposé, on fabriqua avec une livre d'argent
métal une quantité de monnaie pesant encore une livre, mais
valant davantage de tout le montant du seigneuriage. La livre
d'argent monnayé, servant d'étalon monétaire, cessa dès lors et
pour toujours d'être l'équivalent de la livre d'argent métal pour
devenir une valeur artificielle, que la diminution progressive
de l'étoffe métallique dont on se servait pour la produire devait
incessamment affaiblir. Après l'avoir produite, en mettant en
œuvre une livre pesant d'argent métal, on n'employa plus qu'une
fraction de plus en plus faible de ce poids primitif, en bénéficiant chaque fois de la différence, et comme par le fait des
surémissions, la chute de la valeur monétaire des espèces manquait rarement de suivre celle de leur valeur intrinsèque, la
livre étalon finit par ne plus représenter que la valeur d'une
fraction minime de la livre originaire. En 1295, par exemple,
le marc d'argent fin de 8 onces ou 4608 grains vaut déjà 2 livres
18 s., ce qui donne pour équivalent de la livre monétaire à cette

époque, non plus la valeur d'une livre pesant d'argent de 6144 grains ou 326 grammes, mais celle de : $\frac{\text{un marc d'argent fin de 4608 grains}}{2 \text{ liv. 18 s.}}$ ou, ce qui revient au même, la valeur d'un poids d'argent fin de 1589 grains ou 84. 50 grammes. Enfin, de chute en chute, la livre monétaire finit par n'être plus que la représentation de la valeur d'un poids de : $\frac{\text{un marc d'argent, fin}}{54 \text{ liv. 10 s.}}$, c'est à dire de 84 1/2 grains ou 4. 48 grammes.

Essayons encore, au moyen d'une simple hypothèse fondée sur l'état actuel des choses, de rendre tout à fait sensible la cause de cette dégradation successive de la livre monétaire. Notre étalon est actuellement le franc d'argent, c'est à dire un poids d'argent monnayé de 5 grammes à 9/10ᵉˢ de fin. Le monnnayage coutant fr. 1,50 par kil., et le gouvernement fabricant avec un kil. d'argent à 9/10ᵐᵉˢ de fin 40 pièces de 5 fr. soit fr. 200, la valeur du franc, étalon monétaire, peut s'exprimer ainsi : $\frac{\text{un kil. d'argent à } 9/10^{es}, \text{ de fin} + 1,50}{200}$. Outre les espèces d'argent et d'or que le gouvernement fait fabriquer à bas prix pour le compte des particuliers, il fabrique aussi, comme on sait, de la monnaie de cuivre, de bronze ou de nickel qui ne contient qu'environ la moitié ou même le tiers de sa valeur intrinsèque en métal et sur laquelle il réalise par conséquent un bénéfice considérable.

Supposons maintenant que le gouvernement soit pressé par des besoins d'argent extraordinaires et qu'il n'ait plus d'autre ressource que son monopole monétaire, comment devra-t-il s'y prendre pour augmenter le produit actuellement insignifiant de ce monopole? Il pourra d'abord élever son prix de monnayage, le porter par exemple de fr. 1,50 par kil. à fr. 15 et même davantage. Cependant il ne pourra se procurer un supplément notable de ressources, au moyen de cet exhaussement du prix du monnayage, qu'à une condition, savoir d'expulser du marché l'ancien approvisionnement monnayé à raison de fr. 1,50 pour le remplacer par le nouveau, à monnayer à raison de fr. 15. Supposons que l'instrument monétaire se compose de 10 millions de kil. d'argent monnayé, constituant une valeur de 2 milliards, le gouvernement pourra, en remplaçant cet approvisionnement, réaliser, à raison de fr. 15 par kil., un bénéfice brut de 150 millions, dont il y aura à déduire seulement les frais peu élevés de la façon.

Cette nécessité de vider le marché monétaire étant bien comprise, le gouvernement décrétera d'abord l'augmentation du prix de façon des espèces, et pour éviter de rien changer à leur valeur, il prendra cette augmentation sur le métal apporté au monnayage, dont il retranchera l'équivalent de fr. 15 ou 75 gr. à 9/10mes de fin par kil. Les nouvelles espèces seront donc affaiblies relativement aux anciennes de fr. 15—1,50 ou fr. 15,50 par kil., soit sur le poids ou sur le titre. Mais, en admettant que le public consente à les accepter, qu'elles trouvent un débouché régulier, leur valeur monétaire ne pourra tomber au dessous de celle des anciennes, sinon il y aurait perte à les faire monnayer. Seulement, il s'agit de leur procurer ce débouché, en déterminant, chose qui paraît impossible au premier abord, les consommateurs à se dessaisir de leurs espèces fortes pour les remplacer par des espèces affaiblies. Pour obtenir ce résultat, duquel dépend la réussite de l'opération, que fera le gouvernement? Il annoncera qu'il reçoit la nouvelle monnaie sur le même pied que l'ancienne et il autorisera les débiteurs à s'acquitter également sur ce pied; il établira même des pénalités contre ceux qui feraient une différence entre les deux monnaies; enfin il déclarera qu'au bout d'un certain délai

l'ancienne monnaie cessera d'avoir cours, et que ceux qui con-
tinueront à l'offrir et à la faire circuler seront mis à l'amende
ou même pis; en revanche, qu'il la recevra au pair ou même
avec une légère prime à l'hôtel des monnaies. Que si, comme
il y a apparence, ces mesures de compulsion ne suffisent pas
encore, si le public persiste à se servir de la monnaie forte
malgré le *risque* d'amende ou de prison attaché désormais à
l'emploi de cette monnaie prohibée, si, en conséquence, on
n'apporte point à l'hôtel des monnaies de matière à transformer
en espèces nouvelles faute d'une demande suffisante pour ces
espèces, le gouvernement devra recourir à l'expédient extrême
du monnayage forcé. Il obligera, en invoquant la nécessité
publique, les détenteurs de la matière première à en faire monnayer une certaine quantité de manière à augmenter l'offre du
numéraire tout en diminuant celle du métal (et il suffit comme
on sait d'une variation extrêmement faible de l'offre pour en
déterminer une beaucoup plus considérable dans le prix (1).
Le monnayage forcé engendrera la baisse du numéraire et
la hausse du métal. Celui-ci tendra à sortir du numéraire en
baisse pour rentrer dans le stock métallique en hausse. On
commencera à fondre les espèces qui contiennent la plus
grande quantité d'étoffe métallique, c'est à dire les anciennes
espèces. Mais le gouvernement intervient alors de nouveau :
il prohibe la fonte des espèces; il prohibe aussi l'exportation
du métal, de manière à ne laisser aux anciennes espèces,
dont la valeur métallique tend maintenant à dépasser la valeur
monétaire, d'autre issue que l'hôtel des monnaies, où il les

---

(1) Voir l'*Exposé de la loi fondamentale des quantités et des prix*, t. 1ᵉʳ,
p. 90.

reçoit avec prime. On a donc intérêt à les y porter, et les nouvelles espèces prennent la place des anciennes. Le gouvernement réalise sur la masse composant l'instrument démonétisé un bénéfice brut de fr. 15 par kil., dont il faut déduire : 1° les frais de monnayage; 2° le montant de la prime allouée pour hâter l'apport des anciennes espèces; 3° la dépréciation que le monnayage forcé a occasionnée dans la masse du numéraire; mais, si l'opération est bien conduite (au point de vue fiscal, cela s'entend), ces déductions n'auront qu'une faible importance. La dépréciation du numéraire, par exemple, ne sera que temporaire; elle cessera dès que le gouvernement n'aura plus besoin de recourir au monnayage forcé, et l'étalon monétaire, un moment altéré, pourra en conséquence se trouver rétabli tel qu'il était auparavant.

Jusque-là l'altération de la qualité de l'instrument monétaire n'aura pas causé de grands maux aux consommateurs de monnaie; et ils ne s'en ressentiraient que faiblement si le gouvernement évitait d'en augmenter l'offre sans avoir égard à l'état de la demande. Mais pour transformer cet instrument que nous avons supposé d'un poids de 10 millions de kil., il a retenu fr. 15 ou 75 gr. par kil.; ce qui lui a rendu, en totalité, 75,000 kil. Que va-t-il faire de cette quantité de métal? Le parti le plus sage serait de la vendre comme métal; mais ce ne serait pas le parti le plus lucratif. Car en la monnayant pour son propre compte, ou mieux encore en l'échangeant contre de l'étoffe du billon, sur lequel il obtient un prix de façon de 50 ou même de 75 p. c., il pourra faire produire à ces 75,000 kil. de métal une valeur bien plus considérable que s'il se bornait à les exposer en vente à l'état de matière première. Si les besoins continuent à être urgents, il ne manquera pas de recourir à ce nouvel expédient; mais alors aussi commenceront les grandes perturbations du marché monétaire et l'affaiblissement décisif de l'étalon.

Supposons qu'il transforme le rendement métallique de l'opération en monnaie d'argent, en pièces de 5 fr. par exemple, qu'arrivera-t-il? C'est que l'offre se trouvant accrue, au delà de la proportion où elle fait équilibre à la demande au niveau de 5 fr., la valeur des espèces baissera. Jusqu'où baissera-t-elle? Elle pourra baisser jusqu'au niveau de la valeur métallique de la monnaie affaiblie, et alors l'étalon subira une diminution de valeur égale au montant de l'affaiblissement. Cette dégradation de la mesure des valeurs se manifestera par une hausse du prix de toutes choses et, en particulier, de l'argent métal. Au lieu de fr. 198,50 le kil., l'argent vaudra fr. 215,50 mais la chute de la valeur de l'étalon sera bien plus considérable encore si, après avoir employé une partie du métal résultant de l'opération à fabriquer des pièces de 5 francs jusqu'à ce qu'il n'y trouve plus de profit, le gouvernement se sert du restant pour acheter du cuivre ou du nickel, et s'il multiplie à l'excès sa monnaie de billon sur laquelle il réalise non pas 15 p. c., mais 50 p. c. ou même 75 p. c. de bénéfice.

Supposons donc que, reduit aux abois, il ait recours à ce dernier expédient, si bien décrit par Henry Poullain, et qu'il multiplie indéfiniment sa monnaie de billon, que se passera-t-il? D'abord, le gouvernement devra étendre autant que possible le débouché de cette monnaie inférieure en autorisant les débiteurs à s'en servir pour toute sorte de paiements. Ensuite, il lui suffira de continuer d'en émettre pour chasser de la circulation les monnaies d'or et d'argent, dont la valeur métallique haussera à mesure que le billon se multipliera, mais qui per-

dront par là-même leur débouché monétaire, car tout débiteur
préférera s'acquitter avec du cuivre plutôt que de payer une
prime pour s'acquitter avec de l'or ou de l'argent. Les monnaies
d'or ou d'argent seront donc fondues ou réservées comme
instruments d'épargne ; en tous cas, elles disparaîtront de la
circulation, et le débouché ouvert au billon se trouvera, en
conséquence, bientôt porté à son maximum. L'accroissement
de ce débouché empêchera la baisse du billon, et s'il a baissé,
elle le fera remonter. Les choses iront ainsi, sans que le billon
subisse une baisse appréciable, jusqu'à ce que le vide laissé par
le retrait de l'or et de l'argent soit comblé. Seulement les
transactions seront gênées par la substitution d'un instrument
de circulation lourd, incommode et chargé d'un gros risque de
dépréciation à un instrument plus commode et moins dépréciable. Mais si les besoins du gouvernement persistent, il continuera ses émissions, et alors commencera sur une large
échelle la dépréciation du billon. Comment se manifestera-t-elle ?
Par la hausse de tous les produits ou services qui s'échangent
contre de la monnaie, y compris bien entendu les métaux précieux. Le kilogramme d'argent montera successivement de
fr. 198,50 à fr. 250, 300, 400, à mesure que la dépréciation
deviendra plus forte, et tous les autres produits ou services
suivront la même progression, à l'exception de ceux qui ont
été antérieurement vendus ou loués à terme ou qui se trouvent
en présence d'une demande insuffisante. Peut-être le souverain
aura-t-il alors recours au maximum pour repartir plus équitablement, entre les différentes classes de la population, le dommage
spécialement infligé à quelques-unes par la dépréciation de l'instrument des échanges. Mais si les surémissions continuent, le
maximum ne fera que substituer un injustice à une autre : à

moins qu'on ne l'élève à mesure que la monnaie se déprécie, il accablera d'un poids de plus en plus lourd ceux qui y auront été soumis, il agira comme une confiscation progressive. Cependant, les émissions pourront-elles continuer toujours? Non! Un moment arrivera où l'accroissement de la quantité du billon en fera baisser la valeur monétaire à peu près au niveau de la valeur métallique, et à ce moment, le gouvernement ne trouvera plus aucun profit à en frapper. Que s'il persistait néanmoins, la valeur du billon tomberait au dessous de celle de sa matière première, il le frapperait à perte, et, de plus, on s'empresserait de le fondre à mesure qu'il le frapperait. Arrivé à ce point, il sera donc obligé de renoncer à émettre du billon; mais déjà auparavant, c'est à dire au moment où ses bénéfices sur le monnayage du billon commençaient à tomber au dessous des fr. 15 par kil. qu'il réalisait sur le monnayage de l'argent, il aura eu intérêt à abandonner le billon pour revenir à l'argent. Ce retour à la monnaie forte sera pour lui une nouvelle source de profits : 1° si l'argent reprend la place qu'a usurpée le billon; 2° si le retrait du billon s'opère à un taux assez bas, pour que les frais de ce retrait n'atteignent pas les bénéfices à réaliser sur l'émission de l'argent. Or, ceci dépendra du niveau auquel on rétablira l'étalon monétaire.

Pendant le cours des opérations que nous venons d'esquisser, qu'est devenu cet étalon? C'est toujours le franc, mais ce franc ne consiste plus, comme à l'origine, en un poids d'argent monnayé de 5 grammes à 9/10 de fin. Il consiste dans une quantité de 20 pièces de 5 centimes, ou de cent pièces d'un centime de cuivre lesquelles, après avoir été au début réellement l'équivalent d'un poids d'argent monnayé de 5 grammes à 9/10 de fin ont fini par n'en plus valoir que la moitié ou même le tiers.

Les personnes qui payent ou qui contractent alors en francs ne fournissent ou ne promettent de fournir, en réalité, que la moitié ou même le tiers de la valeur du franc primitif. De là, de nouvelles perturbations lorsqu'il s'agit de revenir au régime de la monnaie forte. Peut-on rétablir l'ancien franc et obliger ainsi tous ceux qui ont contracté sous le régime du franc déprécié à fournir à leurs créanciers une valeur double ou triple de celle qu'ils se sont engagés à livrer? Ce serait provoquer de nouveaux désastres, spolier les débiteurs après avoir spolié les créanciers, et susciter, après une hausse successive, une baisse soudaine de toutes choses. L'intérêt général des consommateurs de monnaie ne commande donc pas d'en revenir à l'ancien étalon, et, d'un autre côté, le gouvernement est intéressé à consolider l'étalon déprécié au niveau où la dépréciation l'a amené, afin de réduire au minimum les frais du retrait du billon démonétisé. Que si, par exemple, le franc de cuivre n'est plus que l'équivalent de 2 gr. d'argent au lieu de 5, le gouvernement est intéressé à fabriquer des francs de 2 gr., car il ne subira à ce taux aucune perte sur le billon démonétisé qui sera rapporté à l'hôtel des monnaies. Il y a apparence donc qu'il consolidera l'étalon au taux qui sera le plus avantageux pour lui, c'est à dire au taux le plus bas, et, en admettant que des opérations de ce genre se renouvellent fréquemment, l'étalon subira des affaiblissements successifs : de même que la livre monétaire, qui au temps de la domination romaine consistait dans la valeur d'une livre pesant d'argent, était descendue, dans les dernières années du xviiie siècle, à la valeur de 4 1/2 grammes environ, le franc pourra descendre jusqu'à la valeur actuelle du centime.

Si nous nous sommes étendu, d'une manière peut-être surabondante sur ces explications, c'est à cause des erreurs graves qui n'ont point cessé d'obscurcir les questions monétaires. S'il est vrai, comme l'affirment les métallistes, que la valeur de la monnaie réside tout entière dans la matière première métallique dont elle est composée, et qu'il soit par conséquent impossible d'attribuer à une pièce de monnaie une valeur supérieure à celle du métal qu'elle contient, les opérations monétaires des anciens souverains deviennent tout à fait absurdes et inexplicables, car ils n'auraient jamais pu, dans ce système, tirer le moindre profit de l'affaiblissement de la valeur intrinsèque de leurs espèces. Dans ce système encore, la circulation du billon, c'est à dire d'une monnaie qui ne contient guère plus de la moitié de sa valeur en métal, présente un problème complétement insoluble. D'un autre côté, s'il est vrai, comme l'ont prétendu quelques écrivains de l'école mercantile, que la valeur des monnaies dépende uniquement de la volonté du souverain, quelle que soit la quantité des émissions, on peut en émettre sans limite aucune, en réduisant, d'une manière illimitée aussi, la quantité de l'étoffe métallique dont on les fabrique. Il est certain que la vérité n'est ni dans l'un ni dans l'autre de ces deux systèmes et qu'il faut la chercher dans une observation plus complète des faits.

Que nous enseigne donc l'observation des faits? Que la valeur de la monnaie se forme comme celle de toutes les marchandises par l'action de la double loi de l'offre et de la demande et des frais de production. En vertu de cette double loi, la valeur des choses finit toujours, comme on sait, par tomber au niveau de leurs frais de production, ce qui semblerait, au premier abord, donner raison aux métallistes, les frais de production de la monnaie résidant en presque totalité dans la valeur du métal dont elle est faite. Mais ce à quoi les métallistes n'ont pas pris

garde : c'est que la production de la monnaie a été de tous
temps un monopole, d'où il résulte qu'en étudiant les phénomènes monétaires, il faut avoir égard aux perturbations que le
monopole a le pouvoir d'apporter dans le règlement du prix des
choses. Ainsi, le monopoleur, étant le maître de l'un des deux
termes de la loi de l'offre et de la demande, peut empêcher et
empêche en effet communément l'*offre* du produit monopolisé
de faire équilibre à la demande au niveau des frais de production : il peut maintenir et il maintient le prix courant de ce produit fort au dessus de son prix naturel. S'il s'agit de monnaie,
le souverain investi du monopole du monnayage peut, en conséquence, comme tout autre monopoleur, élever la valeur monétaire des espèces bien au dessus de leur valeur métallique ou
intrinsèque.

Quel rôle joue donc la valeur métallique ou intrinsèque des
espèces dans ce régime? Elle n'est point, comme l'affirment les
métallistes, le fondement de la valeur de la monnaie; elle est
simplement *une garantie* contre l'abaissement artificiel de sa
valeur. Quand une monnaie renferme, comme en Angleterre,
la totalité, ou, comme actuellement en France, la presque
totalité de sa valeur en étoffe métallique, on est assuré qu'elle
ne pourra subir d'autre dépréciation que celle même de l'étoffe
dont elle est faite. Quand, au contraire, une monnaie ne renferme qu'une partie de sa valeur en métal, les 9/10, les 2/3, la
1/2 ou le 1/3, elle est soumise, en cas de surémission, à un
risque de dépréciation égal à la différence existant entre sa
valeur intrinsèque et sa valeur monétaire. Voilà tout.

L'esquisse historique que nous venons de tracer de l'ancien
régime monétaire renferme, croyons-nous, la preuve irréfutable
de la vérité de cette théorie. Que si nous avions maintenant à

porter un jugement sur ce régime, nous n'oserions point, en vérité, nous montrer trop sévère. Sans doute, les souverains de l'ancien régime ont abusé du monopole du monnayage, et les expédients dont ils se sont servi pour élever artificiellement le produit de ce monopole aux dépens des consommateurs de monnaie peuvent être à bon droit condamnés; mais y a-t-on renoncé de nos jours? Si l'on a cessé d'affaiblir les monnaies de métal, ce n'est point, hélas! parce que les gouvernements sont devenus moins besoigneux ou plus honnêtes, c'est tout simplement parce qu'ils ont découvert un procédé d'affaiblissement infiniment plus économique et plus productif, en substituant le papier au métal. Grâce à ce « progrès », le monopole du monnayage est devenu de nos jours, comme il nous sera facile de nous en assurer, beaucoup plus funeste aux consommateurs qu'il n'avait pu l'être à aucune époque de l'ancien régime.

SIXIÈME LEÇON

LE NOUVEAU RÉGIME MONÉTAIRE

Esquisse du nouveau régime monétaire français. — Ressemblance de ce régime avec l'ancien. — Le billon. — Défectuosité de l'étalonnage de la monnaie d'or. — Conséquences de cette défectuosité. — Retrait et affluence de l'or. — Inconvénients de la substitution de l'or à l'argent. — Moyens de la prévenir. — La refonte, la tarification et le billonnage de l'or. — Ce qu'il faut penser du système dit du double étalon. — Anachronisme de ce système. — L'opinion des économistes sur le choix de l'étalon engage-t-il la science? — Rôle de la science économique dans le règlement des questions monétaires. — Nécessité actuelle d'un progrès de l'instrument des échanges.

Il y a beaucoup moins de différence qu'on n'a l'habitude de le supposer entre le système monétaire actuel de la France et celui de l'ancien régime.

D'abord l'étalon est demeuré à très peu de chose près ce qu'il était à partir des premiers temps du xviiie siècle. En 1726, après les fluctuations occasionnées par le système de Law, la valeur de la livre se trouva ainsi établie : $\frac{\text{un marc d'argent}}{\text{liv. 54.10}}$, et elle ne changea plus jusqu'en 1789. Traduite en monnaie

actuelle, c'est une valeur de 99 c. environ. En prenant donc
pour étalon le franc, soit un poids d'argent monnayé de 5 gr.
à 9/10es de fin, on n'apporta qu'une modification insignifiante à
l'ancien système. Seulement, d'une part, on substitua l'échelle
décimale à l'échelle duodécimale, et, d'une autre part, on fit
frapper des espèces ayant exactement la valeur de l'étalon, c'est
à dire des francs, tandis que sous l'ancien régime on n'avait
point fait frapper de livres.

Le prix de façon du monnayage ne fut, de même, que très
légèrement modifié. A l'époque où écrivait James Steuart, il
s'élevait à 8 p. c., en sorte qu'il donnait encore un assez beau
bénéfice. Mais, dans les années qui précédèrent la révolution,
il avait été diminué, et il ne représentait plus qu'une fraction
tout à fait insignifiante de la valeur de la monnaie (1). On le
rétablit à peu près au même taux lors de la reconstitution du
système monétaire. Il est actuellement de fr. 1,50 par kil. soit
de 5/4 p. c. pour l'argent, et de 6 francs par kil. soit de 2 mil-
lièmes environ pour l'or.

Le régime de la monnaie d'appoint ou de billon n'a pas été
modifié davantage. Le billon a continué d'être émis pour le
compte du gouvernement, et, comme sous l'ancien régime, les
populations ont eu pendant longtemps à se plaindre du mauvais
règlement de cette émission. Jusqu'à l'époque du retrait du
vieux billon et de son remplacement par la monnaie de bronze

---

(1) Le seigneuriage alla toujours en décroissant, et au moment de la révolution, en vertu du dernier tarif, celui de 1771, il n'était, d'après Necker,
que de 1 192/1000 pour cent sur l'argent, 1 107/1000 sur l'or. Le brassage était,
pour l'argent, de 14 6/10 sur mille, pour l'or de 2 8/10 sur mille. (*Michel Chevalier. Cours d'Économie politique. La monnaie*, sect. III, chap. Ier, p. 104.)

de Napoléon III, elle dépassa la demande, en sorte que le billon subissait une perte. Pour remédier à cet inconvénient, on n'avait rien trouvé de mieux que de limiter à 5 francs la somme de billon que chacun serait tenu de recevoir dans un paiement. Mais si les classes moyennes et supérieures étaient ainsi, en grande partie, affranchies du dommage de la dépréciation, ce dommage retombait en revanche d'un poids d'autant plus lourd sur la masse du peuple, qui recevait la plus grosse part de ses salaires en monnaie de billon, et qui, en tous cas, se servait principalement, dans ses transactions journalières, de cette monnaie inférieure (1). Les différents gouvernements qui se sont succédé en France, à partir de la révolution jusqu'au second empire, méritent à cet égard les plus graves reproches. Le remplacement du vieux billon par la monnaie de bronze actuelle a été un bienfait signalé pour la masse du peuple, en même temps qu'une opération avantageuse à l'État (2) ; mais le

---

(1) Voir les *Questions d'économie politique et de droit public : De la dépréciation de l'or*, t. Ier, p. 305.

(2) La plus vaste opération à laquelle ait donné lieu le billon est celle à laquelle s'est livré le gouvernement français à partir de 1852 et qui vient d'être heureusement terminée. Il s'agissait de retirer la masse entière des anciennes pièces en cuivre et en métal de cloche qui était lourdes et mal frappées, et de les remplacer par un billon d'une exécution supérieure et relativement léger, fait d'un bronze très riche en cuivre. On a adopté pour le décime le poids de 10 grammes, qui était au dessous du poids de la plupart des billons de cuivre connus jusqu'à ce jour. De cette manière, avec un kilogramme de cuivre on fait des pièces pour une valeur courante de 10 fr. Ce qui est bien supérieur à la valeur réelle du métal. Les sept hôtels des monnaies de France ont concouru à cette fabrication qui a été close en 1858. On a retiré près de 10 millions de kilogr. (exactement 9,939,292 kil.) de sous en cuivre

danger d'une émission surabondante continue à subsister ; il s'est même aggravé, car la proportion de la valeur en métal de la nouvelle monnaie de bronze est moindre que ne l'était celle de l'ancien billon. Le procédé le plus efficace que l'on puisse employer pour écarter ce danger consiste à rendre le billon toujours échangeable, à bureau ouvert, chez les percepteurs des contributions et dans les hôtels des monnaies contre de la monnaie étalon. Ce procédé a été mis en vigueur par le gouvernement suisse et imité par le gouvernement belge. Il rend impossible la baisse ou la hausse du billon relativement à

---

ou en métal de cloche, représentant une valeur nominale de fr. 48,512,598, et on a livré à la circulation, en pièces neuves, une valeur nominale de fr. 48,500,000, formant un poids total de 4,850,434 kilogr., et répartis ainsi :

Pièces de 10 centimes. . . . . fr.	25,965,839 70
Id. 5 »	20,702,905 15
Id. 2 »	4,162,665 64
Id. 1 »	668,589 51
	Total. . . fr.	48,500,000 00

Les frais de fabrication ont été de fr. 7,762,077 ; l'excédant du métal, qu'on a vendu, a produit fr. 10,834,977 ; l'opération a ainsi donné un bénéfice net d'un peu plus de 3 millions de francs.

La quantité de billon livrée ainsi à la circulation s'est trouvée insuffisante, et cette année (1860) une loi a pourvu à la fabrication de 12 millions de plus. (MICHEL CHEVALIER, Dictionnaire du commerce et de la navigation, art. Monnaie.)

L'insuffisance du nouveau billon tient surtout à ce que ce billon a pénétré dans la circulation de quelques pays voisins, notamment dans celle de la Belgique. S'il vient, quelque jour, à en être expulsé, il se trouvera de nouveau en France à l'état d'excédant et il se dépréciera, au grand dommage de la foule des petits consommateurs de billon, à moins que cet excédant ne soit retiré de la circulation.

la monnaie étalon, absolument comme le fait pour le papier la convertibilité des billets de banque ou des assignats (1).

---

(1) Dans aucun pays le mauvais étalonnage de la monnaie de billon n'a causé plus de désordres qu'en Russie. On trouve à cet égard des renseignements fort curieux dans le *Cours d'économie politique* de STORCH.

« Les annales de notre patrie, dit cet économiste trop peu apprécié, dans une des remarquables leçons qu'il a consacrées à la monnaie, nous fournissent un fait curieux, savoir l'existence d'une monnaie de confiance représentant non pas de l'or et de l'argent, mais des peaux et des fourrures. Dans le temps où les peaux servaient de numéraire en Russie, l'incommodité attachée à la circulation d'un numéraire si volumineux et si périssable, donna lieu à l'idée de les remplacer par de petits morceaux de cuir timbrés, qui par là devinrent des signes payables en peaux et fourrures. — Dans la suite, et lorsqu'on commença à battre de la petite monnaie, ces signes représentèrent les fractions des copeks d'argent. Ils conservèrent cet emploi jusqu'en 1700, du moins dans la ville de Kalouga et dans ses environs, comme on le voit par un édit de Pierre Ier. du 8 mars de cette année, par lequel ce prince ordonna de les délivrer contre de la petite monnaie de cuivre, qu'il venait de faire frapper pour cela.

« Dans des temps plus récents, le cuivre, comme représentant de l'argent, a joué un rôle moins singulier mais plus important dans notre histoire monétaire. Déjà sous le tzar Alexis, on eut l'idée de le substituer à l'argent, de manière à rendre ce dernier métal absolument inutile dans la circulation. Ce prince fit frapper, en 1655, des copeks de cuivre du même volume que ceux d'argent, qui étaient alors la principale monnaie courante, et il ordonna de les recevoir les uns et les autres pour la même valeur. Comme le souverain lui-même les accepta à ce taux dans ses caisses, les copeks de cuivre se maintinrent au niveau de ceux d'argent jusqu'en 1658 ; mais dès lors ils commencèrent à se déprécier (*). En 1659, cent copeks d'argent valaient 104 copeks de cuivre ; en 1661, ils en valaient déjà 200 ; au commencement de 1662, de 300 à 900 ; au mois de juin de l'année suivante, jusqu'à 1,500. A cette

(*) Évidemment, par suite de l'excès des émissions.   (Note de G. de M.)

Enfin, on reprit, purement et simplement, pour la monnaie
d'or, le système imparfait d'étalonnage, qui était en vigueur

---

époque, une révolte ayant éclaté parmi le peuple de Moscou à cause de cette
monnaie, elle fut supprimée.

« Quoique dans les temps postérieurs à cette époque, l'abus de la monnaie
de cuivre n'ait jamais été porté aussi loin, cependant, il n'a pas laissé de
causer de grands désordres dans notre système monétaire et d'entraîner des
suites très pernicieuses.

« En mettant de côté la monnaie de cuivre du tzar Alexis qui ne fut que
de courte durée, les pièces de cuivre qui eurent cours en Russie avant le règne
de Pierre Ier n'étaient que des fractions du copek d'argent, qui constituait
alors l'unité monétaire et la principale monnaie courante. Ce prince, après
avoir réduit le rouble d'argent à la moitié de sa valeur, fit battre cinq espèces
différentes de monnaie de cuivre, depuis la valeur d'un huitième de copek
(*polpolouchka*) jusqu'à celle de cinq copeks. Le taux légal de cette monnaie
a beaucoup varié dans les différentes périodes de son règne. En 1704, il fut
fixé à 20 roubles au poud, c'est à dire qu'il fut ordonné de frapper 20 roubles
d'un poud de cuivre : or, comme le prix courant du cuivre en barres était
alors de 5 roubles le poud de cuivre, vous voyez que l'empereur attribuait à
sa monnaie de cuivre une valeur trois fois plus grande ou qu'elle était surévaluée de 300 pour cent. Un rouble en cuivre n'avait de valeur intrinsèque que
25 copeks, et cependant le gouvernement le faisait circuler pour un rouble, et
il devait légalement s'échanger contre un rouble d'argent.

« Ce taux de la monnaie de cuivre était beaucoup plus haut qu'il ne l'avait
été jusque-là; néanmoins, dans la suite de son règne, Pierre Ier l'éleva
encore : depuis 1718 il fit battre 40 roubles d'un poud de cuivre, taux qui a
subsisté pendant les règnes de Catherine Ire et de Pierre II. Alors la monnaie
de cuivre se trouva surévaluée de 566 2/3 pour cent; et un rouble en cuivre ne
valait effectivement que 15 copeks.

« Tout exorbitante qu'était cette surévaluation, la monnaie de cuivre
aurait peut-être conservé sa valeur nominale, si on lui avait conservé son
caractère de petite monnaie. Mais non seulement on la frappa en coupures

sous l'ancien régime. Comme on avait reconnu que l'argent ne pouvait être employé à la fabrication des pièces de plus de 5 fr.

---

trop fortes, mais encore on en émit des quantités si prodigieuses, qu'elle chassa bientôt de la circulation une partie de la monnaie d'argent. Dans un temps où la valeur de dix copeks en argent suffisait à un homme pour acheter sa nourriture journalière, des pièces de 5 copeks en cuivre ne pouvaient guère circuler comme monnaie de billon. Aussi n'était-ce pas l'intention du gouvernement de leur donner cette destination; ces espèces viles et pesantes devaient remplacer l'or et l'argent dont le gouvernement avait besoin pour autre chose. Mais s'il eût été possible de les substituer aux métaux précieux, une surévaluation plus que quintuple n'était certainement pas le moyen d'atteindre ce but.

« Les suites d'un pareil système ne pouvaient qu'être que désastreuses. Tant que la monnaie de cuivre conserva sa valeur nominale, la circulation fut inondée de monnaie contrefaite dans les pays voisins. On voit par les mémoires du comte Munich qu'outre les quatre millions de monnaie de cuivre frappés dans l'empire, il s'y trouvait encore pour plus de six millions de cette monnaie importée de l'étranger. Pour cette quantité de monnaie contrefaite, les étrangers avaient acheté de la monnaie d'argent et des marchandises russes avec un profit de 560 pour cent : la Russie se trouvait appauvrie de toute cette valeur, et dénuée d'espèces d'argent. Ces circonstances ne pouvaient manquer de faire baisser la valeur nominale de la monnaie de cuivre; mais à mesure qu'elle se rapprocha de sa valeur intrinsèque, toutes les menues denrées renchérirent en proportion, le peuple en souffrit; et le gouvernement, obligé de recevoir cette monnaie à sa valeur nominale, et ne pouvant plus l'employer dans ses achats que pour sa valeur intrinsèque, en éprouva une diminution sensible dans ses revenus.

« Tant de calamités dessillèrent enfin les yeux des administrateurs : en 1735, l'impératrice Anne fit émettre de la nouvelle monnaie au taux de 10 roubles au poud. Cette monnaie n'était surévaluée que de 53 4/5 pour cent; la valeur intrinsèque du rouble en cuivre était 65 copeks. Cependant, comme l'ancienne monnaie subsistait toujours dans la circulation, elle fut employée à

à cause de sa lourdeur, et qu'il était indispensable d'avoir pour
les transactions supérieures une monnaie d'or auxiliaire, en

---

acheter les bonnes espèces, qui disparaissaient ainsi à mesure qu'elles sortaient
du balancier. Après bien des tentatives infructueuses qu'on avait faites depuis
dix ans pour se débarrasser de la mauvaise monnaie, on prit enfin le parti de
la démonétiser à trois reprises, en 1744, 45 et 46, de sorte que les pièces
de 5 copeks furent successivement réduites à la valeur nominale de 4, de 3
et de 2 copeks. Cette opération ordonnée par l'impératrice Élisabeth se fit
aux dépens du gouvernement et lui causa une perte de 78 1/2 pour cent sur
toute la valeur de cette monnaie.

« La démonétisation du cuivre fit naître de nouveaux embarras. Quatre
millions de cette monnaie venaient d'être réduits à un million et demi; les
pièces d'argent avaient disparu; le défaut de petite monnaie se faisait sentir
dans tout l'empire, et le poids de la nouvelle monnaie la rendait plus incommode pour la circulation que ne l'avait été l'ancienne. Quoique ces inconvénients fussent très sensibles au gouvernement lui-même, et qu'il trouvât les
plus grandes difficultés à se procurer la quantité de cuivre nécessaire pour la
nouvelle monnaie, l'idée de la remplacer par des pièces d'argent ne lui vint
point; au contraire, il s'obstina à vouloir réduire la valeur monétaire du cuivre
à sa valeur courante. En 1755, les pièces de 2 copeks furent mises hors de
cours, et l'on entreprit de frapper de la nouvelle monnaie au taux de 8 roubles
au poud. Cette monnaie était trop bonne; car le prix courant du cuivre en
barre étant alors le même que le taux de la monnaie, vous voyez que les frais
de fabrication retombaient sur le gouvernement, ce qui lui causait une perte
considérable et même fort inutile, vu la fonction de la monnaie de cuivre qui
ne consiste qu'à représenter l'argent dans les achats où ce dernier ne peut être
employé. Aussi cette bonne monnaie ne fut-elle pas de longue durée : la guerre
de Prusse étant survenue, on revint au projet du comte Munich qui avait
conseillé de donner à la monnaie de cuivre une valeur nominale double de sa
valeur intrinsèque. En conséquence, dès l'année 1757 la monnaie de cuivre fut
frappée au taux de 16 roubles au poud.

« ... Le taux de 16 roubles au poud a été maintenue depuis 1757 jusqu'en

coupures appropriées aux besoins de la circulation, on recommença à fabriquer sous le nom de napoléons des louis et des

---

1810, pendant un espace de 53 ans. Durant toute cette période, le rapport de la *valeur monétaire* du cuivre à celle de l'argent n'a changé qu'une fois, en 1763, par la diminution de la monnaie d'argent. Le rouble en cuivre ayant conservé son poids, dans le temps où le poids de l'argent fin contenu dans un rouble d'argent fut diminué, il en résulta une proportion différente entre la valeur monétaire de ces deux métaux : du temps d'Élisabeth cette proportion avait été comme 1 à 49,3 ; depuis elle a constamment été comme 1 à 57. Les mêmes pièces de cuivre valaient une moindre quantité d'argent fin sous Catherine qu'elles n'avaient valu sous Élisabeth.

« Mais si la valeur monétaire du cuivre a peu varié durant cette période, sa *valeur courante*, au contraire, a essuyé les plus grandes altérations. En 1757, la proportion entre le cuivre et l'argent avait été comme 1 à 135. En 1765, nous la trouvons déjà comme 1 à 114 ; et depuis cette époque le prix du cuivre monte d'année en année, de sorte qu'en 1803 une livre d'argent ne peut acheter que 50 liv. de cuivre. Or, comme la proportion monétaire entre ces deux métaux ne fut point changée, il en arriva que le profit du monnayage sur la monnaie de cuivre diminua d'année en année, et qu'à la fin il se changea en perte. Le gouvernement continua toujours à donner dans ses monnaies 57 livres de cuivre contre une livre d'argent, tandis que dans le commerce une livre d'argent ne pouvait plus acheter que 50 livres de cuivre. Cette disproportion entre le prix monétaire et le prix courant du cuivre devait naturellement encourager la fonte et l'exportation de la monnaie de cuivre, puisqu'elle était bien meilleur marché que le cuivre en barres. Nul doute que ces deux opérations ne se soient pratiquées pendant tout le temps qu'elles ont présenté un profit suffisant pour couvrir les risques et les frais de transport qui y étaient attachés.

« Ainsi, la première faute qu'on peut reprocher au système de cette période, c'est d'avoir conservé le même taux pour la monnaie de cuivre malgré la hausse prodigieuse qu'avait subi le prix courant de ce métal. Mais une erreur bien plus grave dont on doit l'accuser, c'est d'avoir augmenté la monnaie de cuivre hors de toute proportion avec la monnaie d'argent. Par cette mesure

doubles louis de 20 et de 40 francs, en se réglant sur la proportion de la valeur des deux métaux, laquelle était de 1 à 15 1/2 environ, à l'époque de la reconstitution de l'appareil monétaire, et en supposant cette proportion invariable. C'est ainsi que l'on employa pour fabriquer les pièces de 20 francs un poids d'or de 6,451 gr. à 9/10es de fin, équivalant exactement, d'après la proportion de 1 à 15 1/2, à 100 gr. d'argent à 9/10es de fin, étoffe métallique de 4 pièces de 5 francs. Si le rapport entre la

---

la première avait entièrement perdu son caractère de petite monnaie; les espèces les plus courantes, celles qui reparaissaient à tout moment dans les échanges, c'étaient les pièces de 5 copeks, pièces informes et pesantes, dont la circulation ne pouvait s'opérer que d'une manière excessivement incommode. Le gouvernement était si loin d'en sentir les inconvénients, qu'il paraissait vouloir réduire la nation à ce seul numéraire, du moins les quantités énormes qu'il en émettait chaque année eurent l'effet de chasser entièrement de la circulation les petites espèces d'argent que les assignats y avaient encore laissées. La somme des monnaies d'or et d'argent frappées depuis 1762 jusqu'en 1811 est de 137 millions de roubles, et celle des monnaies de cuivre émises dans le même espace de temps va au delà de 90 millions : donc l'émission de la monnaie de cuivre était à celle des monnaies d'or et d'argent dans la proportion de 1 à 1 1/2. Aucun pays de l'Europe n'offre, que je sache, l'exemple d'un pareil rapport entre le véritable numéraire et la petite monnaie.

« Le système monétaire de 1810 prouve que l'administration actuelle a reconnu les erreurs du temps passé et qu'elle est occupée à en réparer les suites. Les principales mesures par rapport à la monnaie de cuivre consistent : 1o à la réduire à sa véritable destination de petite monnaie, en ne faisant frapper que des pièces de 2 copeks, de 1 copek et d'un 1/2 copek; 2o à régler le taux légal de cette monnaie sur le prix courant du cuivre en barres.

« ... L'édit monétaire veut que le taux légal de la monnaie de cuivre soit changé de temps à autre suivant le prix courant du cuivre en barres, calculé en monnaie d'argent sur un certain nombre d'années. Lorsque cet édit fut

valeur de l'or et celle de l'argent avait été, en effet, invariable, ce procédé d'étalonnage n'aurait rien laissé à désirer : les espèces d'or n'auraient pas plus varié relativement aux espèces d'argent que si les unes et les autres avaient été fabriquées avec le même métal. Malheureusement, cette invariabilité du rapport de valeur des deux métaux était une pure fiction. Sans doute, l'or et l'argent varient rarement d'une manière sensible dans un court intervalle. Cela tient à des particularités que nous

---

donné, le taux subsistant de 16 roubles au poud paraissait trop bas; car dans les six années de 1800 à 1806, le prix courant du cuivre avait été au delà de 16 roubles et même jusqu'à 18 roubles et 40 copeks; de sorte que le rouble en cuivre avait eu la valeur intrinsèque de 100 1/2 jusqu'à 115 copeks d'argent, et qu'il avait causé une perte de 2/5 jusqu'à 13 1/20 p. c. sur la matière sans compter les frais de fabrication. En prenant en somme les dix années de 1800 à 1809, on trouve que le prix moyen du cuivre en barres a été 15 roubles 38 cop. L'exemple d'Élisabeth et de Catherine, celui de la plupart des pays de l'Europe autorisaient à évaluer le cuivre dans les monnaies au double de son prix courant comme marchandise : ainsi le taux aurait pu être fixé à 30 roubles; on se contenta de le fixer à 24.

« Cependant toute modérée que paraissait être cette évaluation, elle n'en est pas moins devenue par hasard beaucoup plus forte que l'administration ne semble avoir eu l'intention de la faire; car le prix du cuivre ayant subitement baissé dans les années suivantes, il en est résulté qu'en 1811 la valeur intrinsèque du rouble en cuivre s'est vue réduite à 38 4/5 copeks, et l'année suivante à 37 6/11 de 83 1/2 copeks qu'elle était en 1810. Cette diminution tout excessive qu'elle est aurait peu d'inconvénients si la monnaie de cuivre était chez nous ce qu'elle est dans la plupart des pays, savoir de la petite monnaie; mais en Russie elle a une tout autre importance : elle entre plus ou moins dans tous les marchés, et les denrées les plus communes et les plus indispensables pour tout le monde ne s'achètent guère qu'avec cette monnaie. (HENRI STORCH. *Cours d'économie politique*, t. IV, note XIII.)

avons signalées dans une leçon précédente, savoir à ce qu'ils ont une grande durée et à ce qu'ils ne sont point des articles de première nécessité; mais ils varient, l'expérience l'atteste, lorsque la production de l'un augmente ou diminue pendant une période de quelque étendue, sans que celle de l'autre subisse une augmentation ou une diminution correspondante. Ce phénomène s'est produit maintes fois. Ainsi il paraît bien avéré que l'or était, dans l'antiquité, plus abondant qu'il ne l'est aujourd'hui relativement à l'argent; d'où il résultait que le rapport de valeur des deux métaux n'était que de 1 à 10, autrement dit qu'avec 1 kil. d'or on n'achetait que 10 kil. d'argent, tandis qu'on en achète aujourd'hui 15. Au moyen âge, ce rapport a commencé à se modifier à l'avantage de l'or, et il paraît avoir été, en moyenne, de 1 à 12. La découverte de l'Amérique eut pour résultat de faire baisser à la fois l'or et l'argent dans une proportion considérable. Mais cette baisse (laquelle s'effectua, comme on sait, avec une grande lenteur, dans une période de 50 à 70 ans) affecta l'argent plus que l'or, l'exploitation s'étant portée de préférence sur les riches gisements d'argent du Mexique et du Pérou. La proportion monta, en conséquence, successivement de 1 à 12 à 1 à 15 1/2 environ, et telle était la situation lorsque la France reconstitua son régime monétaire. Comme il y avait assez longtemps que les deux métaux n'eussent subi de variations sensibles, on crut pouvoir considérer comme invariable le rapport de valeur existant entre eux.

Mais l'expérience ne tarda pas à démontrer que l'on se trompait. D'abord, soit que le rapport adopté ne fût point l'expression exacte du rapport réel, soit que la production de l'or eût diminué dans une proportion plus forte que celle de l'argent, par le fait des révolutions de l'Amérique espagnole, la quantité d'or contenue dans une pièce de 20 francs se trouva bientôt valoir plus que la quantité d'argent contenue dans 4 pièces de 5 francs. Cela étant, comme les paiements pouvaient s'effectuer indifféremment en argent ou en or, on fit frapper de préférence les espèces qui coûtaient le moins cher et l'or disparut peu à peu de la circulation. Les espèces d'or ne furent plus demandées que par exception, pour certains usages auxquels elles étaient spécialement propres, pour les voyages par exemple ; car à leur valeur légale s'ajoutait une prime proportionnée à la différence existant entre le rapport réel de valeur des deux métaux et leur rapport légal. Cette prime, qui portait la valeur vénale de la pièce de fr. 20 à fr. 20,10 , fr. 20,20 , constituait, le plus souvent, une perte pour l'acheteur. En effet, ceux auxquels il offrait ses espèces d'or n'ayant, pour la plupart, aucune raison particulière de préférer un paiement en or à un paiement en argent, refusaient naturellement de payer la prime. Alors même, du reste, que le remboursement de la prime sur l'or serait devenu général, l'adjonction de cette prime et sa variabilité auraient diminué la circulation des espèces d'or en les rendant moins propres à l'usage. Pendant trente ans, la monnaie d'or disparut donc presque complétement de la circulation française.

Mais, par suite des découvertes successives des gisements aurifères de la Sibérie, de la Californie et de l'Australie, la situation changea. La production annuelle de l'or qui ne dépassait pas le chiffre de cent millions, au commencement du siècle, atteignit régulièrement celui d'un milliard. Bien qu'en vertu de sa nature particulière, l'or ne subisse qu'à la longue l'influence d'une augmentation ou d'une diminution de sa production, il commença dès lors à baisser. Après avoir valu pendant trente ans 15 3/4 kil. d'argent environ , le kil. d'or ne valut plus que

15 1/2 kil. d'argent, puis 15 1/3 à 15 1/4. Il en est là aujour-
d'hui. Le résultat immédiat de cette baisse de l'or fut de le faire
reparaître dans la circulation. Comme on pouvait payer indifféremment avec de l'or ou de l'argent, et comme le métal nécessaire pour fabriquer 20 fr. en or coûtait moins désormais que
le métal nécessaire pour fabriquer 20 fr. en argent, on cessa de
monnayer de l'argent et l'on recommença à monnayer de l'or.
A mesure que l'or pénétrait dans la circulation, l'argent s'en
retirait, car on pouvait l'exporter avec profit. Tandis qu'en
France 15 1/2 kil. d'argent et 1 kil. d'or portés au monnayage
produisaient exactement la même valeur en monnaie, à Londres, il suffisait de 15 1/4 kil. d'argent pour acheter 1 kil. d'or.
Exporter de l'argent à Londres pour importer en échange de
l'or en France devint donc une opération profitable, et cette
opération ne manqua pas de se faire jusqu'à ce que l'on eût
presque entièrement remplacé l'argent dans la circulation française. Le gouvernement activa encore cette substitution, qui
avait le mérite à ses yeux de remplacer les vieilles effigies
royales par l'effigie impériale, en faisant frapper des pièces
de 5 fr. d'or pour tenir lieu de celles d'argent qui s'en allaient.
Les monnaies d'appoint seules demeurèrent; encore devinrent-
elles rares, et celles qui contenaient tout leur poids d'argent
furent-elles triées et exportées. Aujourd'hui c'est l'or qui est
devenu, en France comme en Angleterre, la monnaie principale : l'argent n'est plus, dans l'usage, qu'une monnaie d'appoint supérieure au billon (1).

---

(1) On trouvera les détails statistiques les plus complets sur cette révolution monétaire dans le savant ouvrage de M. Michel Chevalier : DE LA BAISSE

Cette substitution a engendré une situation précisément inverse à celle qui existait auparavant. On manquait alors de la

---

PROBABLE DE L'OR, *des conséquences commerciales et sociales qu'elle peut avoir et des mesures qu'elle provoque.*

« Au commencement du siècle, y lisons-nous, la quantité d'or versée par les différents pays producteurs sur le marché général où puisent les États de la civilisation occidentale ou chrétienne, était d'environ 24,000 kilogr. de métal fin.

» Mais pour arriver à cette quantité, il faut compter la production de diverses contrées qui, alors, n'avaient que peu de relations commerciales avec les grandes nations chrétiennes, et, par exemple, l'île de Bornéo et diverses autres localités du grand archipel. En se bornant à l'extraction du continent américain, de l'Europe et de la Russie asiatique, M. de Humboldt a calculé que c'était alors 15,800 kil. C'est à peine si l'or que les peuples de la civilisation chrétienne puisaient à d'autres sources et particulièrement en Afrique ajoutait à cet approvisionnement un poids de 2,000 kilog. On pourrait ainsi estimer à 18,000 kil. la masse d'or qui, au commencement du siècle, venait grossir tous les ans la richesse métallique des États chrétiens. Elle s'éleva peu au dessus jusqu'à l'époque où l'exploitation des mines d'or de l'Oural et plus tard de celles de la Sibérie vint, avec le concours d'autres ressources secondaires, la porter assez brusquement à plus du triple. On en était là, au commencement de 1848, lorsque eut lieu la découverte des riches gisements de la Californie qui devait être suivie de si près d'un événement semblable dans l'Australie. En ce moment, on peut évaluer en nombres ronds la masse d'or fournie aux peuples chrétiens à 275,000 kil., sinon davantage. L'augmentation est donc dans le rapport de 1 à 15 depuis une quarantaine d'années, et presque dans le rapport de 1 à 5 depuis 1848. Pour l'argent, au contraire, le changement est peu notable : la production, au commencement du siècle, était de 900,000 kil., on estime que présentement elle excède peu un million de kil.

» On peut exprimer autrement la véritable révolution qui s'est opérée dans la production de l'or. La contrée qui, jusqu'à l'exploitation des mines de la

monnaie la mieux appropriée aux transactions supérieures; on manque maintenant de celle qui est la mieux appropriée aux

---

Sibérie, en était, pour les peuples de l'Europe, le principal foyer, l'Amérique tout entière, depuis le premier voyage de Christophe Colomb jusqu'à la découverte des mines de la Californie, c'est à dire pendant 356 ans (de 1492 à 1848), et en comptant l'or retiré des lingots d'argent aussi bien que celui des mines d'or proprement dites, n'a donné que 2,910,000 kil. de métal fin soit 10 milliards 126 millions de francs, en prenant pour un franc, d'après la loi française du 7 germinal an XI, 29 centigrammes d'or (0,32 à 9/10ᵉˢ de fin). Aujourd'hui la production de l'or approchant de 300,000 kil., en une seule année les peuples civilisés reçoivent de ce métal le dixième environ du total qui en avait été fourni par l'Amérique depuis le premier départ de Christophe Colomb jusqu'à 1848. » (DE LA BAISSE PROBABLE DE L'OR, sect. III, chap. Iᵉʳ. p. 48.)

L'accroissement du monnayage, principal débouché des métaux précieux, a été la conséquence naturelle de cette augmentation si rapide et si considérable de la production de l'or. Le *Dictionnaire du commerce et de la navigation* nous fournit sur cet accroissement du monnayage de l'or dans les principaux pays consommateurs, en Angleterre, aux États-Unis et en France, des renseignements statistiques complets et significatifs.

« Voici en millions de francs, la valeur des métaux monnayés en Angleterre de 1848 à 1857 inclusivement : or, fr. 1,377,000,000; argent, fr. 62,200,000; total, fr. 1,439,200,000.

« La moyenne annuelle est de 143 1/2 millions, dont 137 pour l'or et 6 1/12 pour l'argent; de 1840 à 1843, elle était seulement de 115 millions.

« Aux États-Unis, de 1848 à 1859, on a fabriqué 2,427 millions de monnaie d'or et 241 millions de monnaie d'argent : total, 2,668 millions. La moyenne annuelle est de 242 millions, dont 220 pour l'or et 22 pour l'argent. Le monnayage de l'argent est d'un tiers plus considérable qu'avant 1844 celui de l'or l'est seize fois plus.

« En France, sous l'ancien régime, la fabrication des monnaies, de 1726, époque de la refonte générale jusqu'en 1789 s'est élevée à 2,914,237,989 li-

transactions moyennes, car la pièce de 5 fr. d'or n'est pas, à beaucoup près, d'un usage aussi commode que la pièce de 5 fr. d'argent.

---

vres auxquelles il faut ajouter 23 1/2 millions en bas argent, ce qui donne une moyenne annuelle de 45 millions.

« Depuis ce temps, le monnayage a toujours augmenté. De 1795 à 1848, on a frappé en France :

	OR.	ARGENT.	TOTAUX.
Première république (depuis le décret du 15 août 1795) . . . . fr.	»	106,237,255 00	106,237,255 00
Consulat et Empire	328,024,440	887,582,321 50	1,415,606,761 50
Louis XVIII	389,333,060	614,668,520 00	1,004,001,580 00
Charles X.	52,918,920	631,914,637 50	684,833,557 50
Louis-Philippe	215,912,800	1,750,273,238 50	1,966,186,038 50
	1,186,189,220	3,990,675,972 50	5,176,765,192 50

« La moyenne annuelle est de 22,811,231 fr. pour l'or et de 76,743,768 pour l'argent : total 99,555,099 francs. La moyenne des dix-huit années du règne de Louis-Philippe est différente de la moyenne générale; elle n'est que de 11,995,155 fr. pour l'or, et elle est de 97,237,402 fr. pour l'argent : total 109,232,557 fr. La quantité de la monnaie augmentait, mais l'or était rare.

« Le monnayage, pendant les neuf dernières années, a été en :

	OR.	ARGENT.	TOTAUX.
1848 . . . . fr.	39,697,840	119,731,095 25	159,428,835 25
1849	27,109,560	206,548,663 90	233,658,223 90
1850	85,192,390	86,458,485 20	171,650,875 20
1851	269,709,570	59,327,308 90	329,036,878 90
1852	27,028,270	71,918,445 50	98,946,715 50
1853	312,964,020	20,099,488 20	333,063,508 20
1854	526,528,200	2,123,887 20	528,652,087 20
1855	447,427,820	25,500,305 50	472,928,125 50
1856	508,284,995	54,422,214 00	562,704,209 00
1857	572,561,225	3,809,611 30	576,370,836 30
1858	488,698,635	8,063,568 70	497,362,203 70
Fr.	3,305,199,425	658,603,073 65	3,963,802,498 65

« La moyenne annuelle est de 249,325,507 fr. pour l'or et de 71,781,099 francs pour l'argent : total 321,106,606 francs.

« La moyenne de l'argent a baissé. Jamais, depuis 1795, il n'en avait été

Cependant l'inconvénient de la substitution de l'or à l'argent dans les transactions inférieures est plus grave que celui qui résultait de la substitution de l'argent à l'or dans les transactions supérieures, en ce qu'il amène un affaiblissement de l'étalon monétaire. Pendant la période de rareté de la monnaie d'or, l'étalon monétaire ne s'est point trouvé modifié. On frappait

---

frappé moins qu'en 1854. Elle est d'environ 1/15 plus faible que celle de la période entière ; elle est de plus de 1/4 au dessous de la moyenne du règne de Louis-Philippe.

« De 1795 à 1848, l'or entrait dans le monnayage pour 22,09 et l'argent pour 77,1 p. c.

« De 1830 à 1848, l'argent était représenté par 89,1 et l'or par 10,9 p. c.

« De 1848 à 1859, l'or est représenté par 77,6 et l'argent par 22,4 p. c.

« Ainsi, en France, depuis onze ans, le monnayage est trois fois plus considérable qu'il n'était sous le gouvernement de juillet : on frappe un quart moins de monnaie d'argent ; mais on frappe 21 fois plus d'or (presque 22 fois) : aussi la circulation des pièces d'or, assez rare, il y a quelques années, est-elle devenue générale. » *Dictionn. du commerce et de la navigation*, art. *Métaux précieux*, par E. LEVASSEUR.

Les chiffres cités plus haut attestent que la consommation de l'or par le monnayage s'est élevée en Angleterre, aux États-Unis et en France à plus de 7 milliards pendant ces onze années. Cette consommation extraordinaire a eu pour résultat d'empêcher une chute sensible de la valeur du métal; mais il est évident qu'elle devra cesser dès que la circulation sera saturée d'or et qu'alors les *probabilités* de dépréciation de ce métal croîtront rapidement.

Les mêmes renseignements statistiques nous montrent que le débouché du monnayage a progressivement diminué pour l'argent, tandis qu'il s'accroissait pour l'or. Les tableaux de l'importation et de l'exportation de l'argent accusent au profit de l'exportation une différence de 1,283,363,580 francs de de 1848 à 1860; attestant le remplacement, d'ailleurs bien visible, de la plus

plus de monnaie d'argent et l'on remplaçait autant que possible l'or par des billets de banque, dans les transactions supérieures, voilà tout! Sans doute, le débouché de l'argent métal étant ainsi accru, il pouvait en résulter une légère hausse de l'étalon, mais cette hausse demeura insensible. Ce qui le prouve, c'est que la proportion de valeur entre l'or et l'argent

---

grande partie de la monnaie d'argent par de la monnaie d'or. L'argent ainsi expulsé de la circulation américaine et européenne a été exporté en quantité croissante en Asie. De 1851 à 1857, cette exportation (ports d'Angleterre et de la Méditerranée vers l'Orient) a présenté la progression suivante :

1851 . . . . .fr.	42,900,000
1852	63,570,000
1853	138,950,000
1854	114,575,000
1855	198,325,000
1856	552,700,000
1857	513,625,000
TOTAL. . . . . .fr.	1,626,645,000

Dans le même intervalle, l'exportation de l'or vers l'Asie n'a été que de 135,320,000 francs.

Cet accroissement du débouché asiatique a soutenu la valeur de l'argent pendant que la substitution de l'or à l'argent, dans la circulation monétaire des principaux marchés du monde civilisé, empêchait la chute de la valeur de l'or. En admettant que la production de l'argent continue à demeurer stationnaire, ce métal devra, selon toute apparence, hausser dès que les exportations vers l'Asie ne pourront plus être alimentées par les approvisionnements monétaires que la substitution de l'or à l'argent a rendus disponibles. Ainsi, d'un côté, il y aura de plus en plus, à moins d'un changement dans l'état actuel de la production des deux métaux, tendance à la baisse pour l'or, tendance à la hausse pour l'argent. D'où cette conclusion que les deux métaux sont exposés, quoique en sens inverse, à perdre de plus en plus aussi la qualité essentielle de l'étalon monétaire, savoir la stabilité de la valeur.

n'en parut point affectée et que la monnaie d'or continua d'être rare.

Du moment, au contraire, où l'or a pris la place de l'argent dans la circulation, l'étalon a commencé à s'affaiblir. Un franc d'argent, étalon monétaire, consiste en 5 grammes d'argent monnayé à 9/10ᶜˢ de fin, et il équivaut, en supposant que l'or vaille 15 1/2 fois l'argent, à 0,32 gr. d'or monnayé à 9/10ᶜˢ de fin. Mais dès que l'or ne vaut plus 15 1/2 fois l'argent, 0,32 gr. d'or ne valent plus 5 gr. d'argent, et l'étalon monétaire se trouve affaibli du montant de la baisse. Car les débiteurs peuvent s'acquitter indifféremment avec des francs d'or de 0,32 gr. ou avec des francs d'argent de 5 gr. En s'acquittant avec des francs d'or de 0,32 gr., comme ils y sont autorisés légalement, ils infligent à leurs créanciers une perte égale au montant de la dépréciation que l'or a subie. Dans l'état actuel des choses, cette perte est peu importante, car la baisse de l'or est assez faible; mais supposons qu'elle devienne plus forte, que l'or ne vaille plus que 14 fois, 12 fois ou même 10 fois l'argent, la perte des créanciers qui auront stipulé sous le régime des francs d'argent et que l'on remboursera avec des francs d'or, pourra s'élever fort haut. Ce sera exactement comme si, en laissant par négligence ou autrement le mètre se raccourcir de 10 à 15 centimètres, on autorisait ceux qui se sont engagés à fournir tant de mètres d'étoffe, ancienne mesure, à un certain prix, à s'acquitter de leurs livraisons avec le même nombre de mètres raccourcis.

Il s'agit maintenant de savoir comment cette substitution de l'or à l'argent, entraînant l'affaiblissement de l'étalon, pouvait être empêchée ou arrêtée? Sous l'ancien régime, on remédiait de deux manières à ce mal qui se faisait, à ce qu'il semble, fréquemment sentir, car Henry Poullain la signale au nombre des principales causes du désordre des monnaies. Tantôt on refondait la monnaie d'or, en augmentant le poids des nouvelles espèces, dans la proportion de la dépréciation ; tantôt, — quand on voulait éviter les frais d'une refonte, — on abaissait dans la même proportion, la valeur monétaire des espèces d'or existantes. Ces deux remèdes pourraient encore être appliqués dans les circonstances actuelles ; mais ils présenteraient, l'un et l'autre, des inconvénients sérieux. Si l'on adoptait le procédé de la refonte, à une époque où l'or est en voie de dépréciation, sans que personne puisse prédire à quel point cette dépréciation s'arrêtera, on s'exposerait à devoir, chaque fois que la valeur de l'or s'abaisse, renouveler cette opération coûteuse. Si l'on recourait à l'abaissement de la valeur monétaire, soit en autorisant les créanciers à ne plus recevoir les espèces d'or qu'au cours variable du commerce, soit en tarifant ces espèces aux environs du cours, et en modifiant cette tarification à chaque nouvelle baisse du métal, on éviterait les frais de la refonte, mais en rendant la monnaie d'or beaucoup moins propre à servir de *medium circulans*. Car elle n'aurait plus qu'une coupure irrégulière, et, de plus, ses détenteurs seraient exposés à subir une moins value à chaque abaissement du cours ou du tarif.

Il y avait un troisième remède, à notre avis bien préférable à ceux-là, et qui consistait à importer en France le régime de l'étalonnage anglais, en réduisant la monnaie d'or à l'état de « billon. »

Ainsi que nous l'avons vu (5e leçon), en Angleterre l'or sert d'étalon monétaire, et la monnaie d'argent n'est en réalité qu'un billon supérieur, fabriqué avec une étoffe métallique d'une valeur inférieure à sa valeur monétaire. Comme l'émission en est proportionnée exactement aux besoins de la circulation, la monnaie d'argent n'a point de fluctuations propres : sa valeur est toujours gouvernée par celle de la monnaie étalon. Rien n'aurait été plus facile, en France, que d'appliquer ce régime à la monnaie d'or. Il aurait suffi pour cela d'en arrêter la fabrication au moment où elle commençait à empiéter sur le domaine naturel de l'argent, et, mieux encore, de la rendre toujours échangeable à vue contre de la monnaie d'argent, comme fait la Suisse pour le billon. Cela fait, l'or métal aurait eu beau se déprécier, la valeur de la monnaie d'or n'aurait point varié, de même que le cuivre, le bronze ou le nickel ont beau subir des fluctuations, la valeur des monnaies de billon fabriquées avec ces métaux demeure invariable (1).

_____

(1) On trouvera l'exposé de ce système dans le *Journal des Économistes*, mai 1854; il a été reproduit dans les *Questions d'économie politique et de droit public*. T. 1er, p. 281. *De la dépréciation de l'or*. M. Michel Chevalier en a fait la critique suivante dans son ouvrage sur la *Baisse probable de l'or*.

« M. Gustave de Molinari a recommandé un mécanisme monétaire destiné à maintenir en France la double circulation de l'argent et de l'or, tout en reconnaissant à l'argent seul la qualité d'étalon. Pour assurer à l'or, dans toute la latitude possible, la qualité d'auxiliaire que la loi de l'an XI a attribuée à ce métal et pour empêcher en même temps qu'il n'y ait chance de la lui voir outre-passer, M. de Molinari voudrait qu'il y eût des pièces d'or ne contenant qu'une quantité de métal sensiblement inférieure à celle qui correspond à la valeur de l'or par rapport à l'argent. Ce serait, suivant lui, *billonner* l'or, tout comme, en Angleterre, on billonne l'argent. Dans ce système, le gouvernement français se réserverait seul le droit d'émettre de la monnaie d'or, comme le gouvernement anglais se réserve seul le droit d'émettre

On aurait eu ainsi un système monétaire rationnel, à base d'argent, comme l'Angleterre a un système monétaire rationnel à base d'or.

Au point où en sont venues les choses, il est un peu tard pour recourir à ce remède. Car il faudrait se résigner à faire les frais de l'échange de la monnaie d'or, émise en quantité surabondante, contre de la monnaie étalon. Il y a donc appa-

de la monnaie d'argent ; et comme la circulation de la France commence à être saturée d'or, il faudrait aussi qu'il en arrêtât, provisoirement du moins, la fabrication. En outre, pour donner aux détenteurs de la monnaie d'or une garantie contre l'excès des émissions, pour assurer en quelque sorte la valeur de cette monnaie auxiliaire, fabriquée avec un métal aujourd'hui sujet à dépréciation, il faudrait que la monnaie auxiliaire d'or fût toujours remboursable en argent comme sont les billets de banque. Ces conditions remplies, la valeur de la monnaie d'or deviendrait aussi stable que celle de la monnaie d'argent sur laquelle elle se trouverait fixée, et comme l'or est d'un usage plus commode que l'argent, dans la plupart des transactions on s'en servirait de préférence. L'or actuellement dans la circulation n'en serait donc point retiré pour être échangé contre de l'argent, pas plus que ne le sont les billets de banque, et le régime monétaire de la France unirait la sécurité du système hollandais ou belge, qui repose sur l'argent, à la commodité du système anglais, qui repose sur l'or. »

Les objections que M. Michel Chevalier oppose à ce système portent : 1° sur le danger de la contrefaçon ; 2° sur les frais résultant de la nécessité de conserver dans les caisses publiques un capital en argent pour garantir la circulation de l'or.

« Si c'est une violente tentation que de battre monnaie avec du papier, en imitant des titres généralement admis du public, tels que les véritables billets de banque, la spéculation malhonnête d'émettre des pièces d'or passant pour 25 francs et n'en valant que 15, serait encore lucrative. Il serait même plus facile de fabriquer de ces jetons que de contrefaire les billets de banque. L'imitation naturelle de ces derniers titres est déjà malaisée et pour-

rence que la France sera conduite à ratifier le fait accompli, en adoptant légalement l'étalon d'or et en affaiblissant la monnaie d'argent indispensable au service des menus échanges; ceci afin de pouvoir la conserver dans la circulation. Elle *billonnera* l'argent, comme a fait l'Angleterre, autrement dit, elle adoptera purement et simplement le système anglais. C'est ainsi qu'après avoir fait un si grand étalage des avantages pré-

---

rait être rendue très difficile. Au contraire, la reproduction de pièces d'or dont l'empreinte aurait été plus ou moins déformée par la circulation est d'une extrême facilité. Ce ne serait qu'un jeu pour des fabricants de boutons de livrée, montés comme sont aujourd'hui les ateliers de cette industrie dans certaines villes comme Birmingham.

« Le danger d'une panique qui porterait une masse de peuple à venir demander le remboursement de ces jetons d'or, contre leur montant nominal en argent, serait presque aussi fort qu'avec de petits billets de banque, dans l'hypothèse où je me suis placé d'un grand écart entre la valeur nominale et la valeur réelle.

« Il est vrai qu'on se soustrairait à ces deux périls en s'imposant la règle de n'avoir entre la valeur nominale et la valeur réelle qu'un écart de 5 p. c. à 10 au plus. Mais alors la combinaison deviendrait onéreuse à cause de la somme qu'il faudrait toujours garder en pièces d'argent pour opérer le remboursement à volonté. Supposons une émission d'un milliard de francs en billon d'or : si l'écart est de 7 1/2 p. c., ce sera une économie de 75 millions dans le capital requis pour former l'instrument des échanges; mais si les caisses publiques destinées à garantir le remboursement à volonté absorbent à cet effet une réserve de 100 millions en pièces d'argent, l'opération aboutit à une perte. » *De la baisse probable de l'or.* Sect. VII, chap. V. *D'un procédé recommandé pour maintenir la circulation parallèle de l'argent et de l'or.*

Aux objections que nous oppose le savant auteur de la *Monnaie*, nous ne ferons que de courtes réponses, car le remède proposé par nous en 1854 serait maintenant d'une application plus difficile et plus coûteuse. Nous

tendus de l'application du système métrique à l'étalonnage de la monnaie, elle l'abandonnera sans retour. Son étalon monétaire ne sera plus, en effet, en droit comme il n'est déjà plus en fait, 5 gr. d'argent monnayé à 9/10es de fin ; mais la somme aussi peu décimale que possible de 0,52 gr. d'or monnayé à 9/10es de fin.

Ce qui a empêché selon toute apparence de remédier, en

---

croyons toutefois que son adoption serait encore préférable, au double point de vue du juste et de l'utile, à la substitution légale de l'étalon d'or à l'étalon d'argent, entraînant comme une conséquence nécessaire l'affaiblissement et le billonnage de l'argent.

Si à l'époque où l'or affluait dans la circulation française, répondrons-nous à M. Michel Chevalier, le gouvernement s'était réservé, d'une part, le droit d'en régler l'émission, en le déclarant, d'une autre part, toujours échangeable contre l'argent et *vice-versâ*, la différence entre la valeur intrinsèque de la pièce d'or de 20 fr. et sa valeur monétaire eût été trop faible pour provoquer la contrefaçon. En admettant l'éventualité d'une baisse considérable de l'or, la différence se serait accrue sans doute ; mais jamais elle n'aurait procuré aux contrefacteurs des bénéfices comparables à ceux que rapporte la contrefaçon des billets de banque. La contrefaçon de l'or eût été plus facile, à la vérité ; mais celle du billon de cuivre est plus facile encore sans être moins lucrative, et on ne voit pas cependant qu'elle s'effectue sur une échelle quelque peu étendue.

Quant au capital de garantie, il serait insignifiant si les émissions de la monnaie d'or étaient convenablement réglées, en d'autres termes, si l'émission de cette monnaie était toujours proportionnée aux besoins du marché monétaire.

Seul, du reste, ce remède à la défectuosité de l'étalonnage français pouvait empêcher la substitution de l'étalon d'or à l'étalon d'argent, sans coûter — du moins à l'époque où il fut proposé — aucun sacrifice au trésor, et en permettant à l'or de prendre, au grand avantage des consommateurs, sa place naturelle dans la circulation.

temps opportun, au vice de l'étalonnage du système français, c'est l'antagonisme des opinions sur le choix du métal étalon. En général, les économistes, M. Michel Chevalier en tête, défendent l'étalon d'argent, tandis que l'étalon d'or a pour lui les banquiers et les hommes d'affaires. Mais, quelque opinion qu'on ait sur ce point, on doit reconnaître que le système actuel est vicieux. Que l'on tienne pour l'étalon d'argent ou pour l'étalon d'or, on ne peut admettre comme rationnel et satisfaisant un système sous l'empire duquel la monnaie étalon peut être chassée de la circulation, chaque fois que l'étoffe de la monnaie auxiliaire vient à se déprécier, un système dans lequel l'étalon est essentiellement variable et précaire, alors que sa qualité essentielle est la stabilité. Nous n'ignorons pas que cette défectuosité même a été vantée comme une qualité et élevée à la hauteur d'un système par les partisans du régime dit du *double étalon*. Mais se rend-on bien compte de ce qu'est, en réalité, ce régime? Il est permis d'en douter.

En admettant même que deux étalons existent, en droit, que l'or soit investi de cette qualité aussi bien que l'argent, que le franc soit un poids d'or monnayé de 0,32 gr. aussi bien qu'un poids d'argent de 5 gr. et que l'on puisse, en conséquence, s'acquitter toujours, indifféremment, avec l'un ou l'autre de ces deux francs, en fait il ne peut jamais exister qu'un seul étalon. Deux situations peuvent ici se présenter. En premier lieu, la monnaie d'or peut être exactement proportionnée, dans sa valeur, avec celle d'argent, de telle façon qu'une pièce de 20 francs d'or vaille 4 pièces de 5 francs d'argent, ni plus ni moins. Dans ce cas, l'étalon est un quoique composé de deux métaux. En second lieu, la proportion peut cesser d'exister, la pièce de 20 francs d'or peut valoir plus ou moins que 4 pièces de 5 fr.

d'argent. Dans ce cas, l'étalon est encore *un*, car la monnaie métallique la plus chère disparait invariablement de la circulation : l'étalon sera l'argent si l'or hausse de prix ou si l'argent baisse, ce sera l'or si l'argent hausse ou si l'or baisse. Que résulte-t-il de là? C'est qu'avec ce système, si système il y a, on a toujours pour étalon le métal dont la valeur est le plus dépréciée.

Si les métaux étalons n'étaient exposés qu'à un *risque de hausse*, on pourrait ainsi, sans aucun doute, affaiblir sensiblement ce risque. A moins, chose peu probable, que la hausse des deux métaux ne fût égale et simultanée, le métal le plus stable resterait étalon, tandis que le métal en hausse cesserait de l'être. Mais, au temps où nous sommes, les métaux monétaires sont bien plutôt exposés à un *risque de baisse*, et il en résulte que si l'étalon est double, le risque de dépréciation sera double aussi, car chaque fois qu'une baisse surviendra, soit dans la valeur de l'or soit dans la valeur de l'argent, elle entraînera un affaiblissement de l'étalon. Ce régime qui a pu avoir son utilité aux époques où les métaux monétaires étaient à la hausse n'est donc plus qu'un anachronisme nuisible aux époques où ils sont à la baisse, puisqu'au lieu de ralentir la chute de l'étalon il l'accélère par l'accumulation d'un double risque de dépréciation.

Dans cette situation, il faut ou renoncer aux étalons métalliques, ou adopter pour étalon le métal dont la valeur présente le plus de chances de stabilité. Le choix de cet étalon a divisé et divise encore les économistes; mais, comme nous l'avons déjà remarqué, ce choix n'est point, à proprement parler, du ressort de l'économie politique.

L'économie politique ne fournit, en effet, aucun moyen de tirer l'horoscope de la valeur d'un produit quelconque, car une foule de circonstances étrangères à son domaine agissent sur la valeur des choses. Nous ne pouvons pas plus savoir quelle sera, dans dix ans ou dans vingt ans, la valeur de l'or ou de l'argent que celle du blé, du coton ou de fer. Supposons, par exemple, que les gisements aurifères s'épuisent et que de riches mines d'argent viennent à être découvertes, ou simplement que les mines du Mexique et du Pérou viennent à être mises en pleine exploitation, les probabilités de baisse augmenteront pour l'argent, tandis qu'elles diminueront pour l'or. Dans l'état actuel des choses, notre opinion est favorable à l'argent : nous inclinons à croire avec M. Michel Chevalier que les probabilités de stabilité sont plus grandes pour l'argent que pour l'or. Mais cette opinion, que l'événement peut démentir puisqu'il s'agit de simples probabilités, n'engage en rien la science économique, qui n'a pu nous fournir qu'une faible portion des éléments sur lesquels elle se fonde.

En résumé, le rôle de la science dans les questions monétaires consiste : 1° à reconnaître le besoin auxquel pourvoit l'instrument des échanges et à analyser les fonctions qu'il remplit, soit comme mesure des valeurs soit comme *medium circulans*; 2° à constater, en conséquence de cette analyse, les qualités particulières que doivent posséder l'étalon des valeurs et le *medium circulans*; 3° à signaler les inconvénients et les maux que l'insuffisance de ces qualités indispensables, telles que la stabilité de la valeur de l'étalon, le défaut d'unité dans les différentes parties de l'instrument monétaire, occasionnent dans la circulation; enfin 4° à provoquer la recherche des moyens de perfectionner l'instrument monétaire, lorsqu'il est reconnu défectueux ou insuffisant.

Qu'il y ait lieu de provoquer aujourd'hui un progrès de cette nature, cela nous paraît indubitable. En effet, nous pouvons, en nous appuyant sur les données que nous fournissent l'économie politique, d'une part, la statistique, de l'autre, constater :

En premier lieu, qu'à mesure que la masse des échanges s'augmente et, en particulier, des *échanges à terme*, on éprouve à un plus haut degré le besoin de posséder un étalon des valeurs aussi stable que possible ;

En second lieu, que l'or et l'argent ont subi et subissent tous les jours des fluctuations de valeur qui les rendent, en présence du besoin croissant de stabilité de l'étalon, de moins en moins propres à servir de mesure commune des valeurs.

D'où cette conclusion nécessaire qu'on sera tôt ou tard amené à abandonner les étalons métalliques pour en adopter de plus parfaits.

A quoi nous ajouterons que ce progrès serait, selon toute apparence, déjà réalisé si le monnayage, au lieu de demeurer un monopole gouvernemental, avait été abandonné à l'industrie privée et soumis à la loi de la concurrence.

SEPTIÈME LEÇON

LE PAPIER-MONNAIE

Perfectionnement apporté à l'altération des monnaies par l'introduction du papier-monnaie. — Caractère du papier-monnaie. — En quoi il diffère de la monnaie métallique. — Comment il peut acquérir une valeur et remplir les fonctions de monnaie. — Analyse de la valeur du papier-monnaie. — Effet de la limitation des émissions. — Origine du papier-monnaie. — Causes qui ont retardé son introduction sous l'ancien régime. — Complément de la théorie du papier-monnaie. — Histoire des assignats en France. — Causes de leur dépréciation. — Moyens employés pour l'arrêter. — Maux occasionnés par la dépréciation. — Le *maximum*, moyen de péréquation de l'impôt monétaire. — Ce que les assignats ont rapporté au gouvernement révolutionnaire et ce qu'ils ont coûté à la France. — Que l'expédient du papier-monnaie a remplacé partout celui des affaiblissements des monnaies métalliques au grand profit des gouvernements, au grand dommage des peuples.

S'il n'y a point autant de différence qu'on se plaît généralement à le supposer entre les systèmes monétaires actuellement en vigueur et ceux de l'ancien régime, en revanche nous ne voyons plus les gouvernements aux abois lever des impôts extraordinaires sur la circulation au moyen d'un affaiblissement des monnaies métalliques. Au premier abord, il semble que l'on doive s'en féliciter et que l'on ait même quelque droit, en se fondant sur ce progrès, de jeter l'anathème sur les souverains faux-monnayeurs de l'ancien régime. Cependant, quand on y regarde de plus près, on ne tarde pas à s'apercevoir que si les gouvernements modernes ont abandonné l'ancien procédé à l'aide duquel leurs devanciers taxaient la circulation, ils n'ont point renoncé à ce genre de taxe; que s'ils ont cessé d'altérer les monnaies métalliques, ce n'est point sous l'empire de scrupules moraux ou autres, c'est tout simplement parce qu'ils ont trouvé un procédé à l'aide duquel ils peuvent lever à moins de frais une taxe plus forte; c'est, pour tout dire, parce qu'ils ont perfectionné l'altération des monnaies en substituant, dans les cas de besoins extraordinaires, à la monnaie métallique le papier-monnaie.

Examinons ce qui caractérise le papier-monnaie, en quoi il diffère de la monnaie métallique.

Le caractère de la monnaie métallique, qu'elle soit fabriquée en or, en argent, en cuivre ou en nickel, c'est de porter avec elle, dans la valeur de son étoffe, une garantie totale ou partielle de sa valeur monétaire. Le caractère du papier-monnaie, au contraire, c'est d'être fait d'une étoffe sans valeur et de ne porter, en conséquence, avec lui, aucune garantie substantielle. De là cette différence au désavantage du papier-monnaie : c'est qu'alors que la dépréciation de la monnaie métallique est toujours limitée par la valeur intrinsèque de l'étoffe dont elle est faite, la dépréciation du papier-monnaie n'est limitée par rien. Tandis que, en cas de surémission, l'une ne peut se déprécier que du montant de la différence existant

entre la valeur intrinsèque de son étoffe et sa valeur monétaire, l'autre peut perdre la totalité de sa valeur.

Mais si l'absence d'une valeur intrinsèque attachée au papier-
monnaie porte au *maximum* le risque de dépréciation à la
charge du consommateur, l'émission d'une monnaie de ce
genre porte, en revanche, au *maximum* aussi, les bénéfices du
producteur. Tandis que les profits de l'émission de la monnaie
métallique se réduisent à la différence existant entre la valeur
intrinsèque de l'étoffe et celle de la monnaie, déduction faite
des frais de monnayage, les profits de l'émission du papier-
monnaie s'étendent à toute sa valeur, déduction faite seulement des frais insignifiants de sa fabrication, à moins toutefois
qu'un fonds spécial ne soit affecté à sa garantie. Dans ce cas,
les frais résultant de la constitution de ce fonds spécial doivent
venir encore en déduction des profits de l'émission. Mais la
constitution d'un fonds spécial de garantie est un fait exceptionnel, du moins lorsqu'il s'agit du papier-monnaie proprement dit.

On conçoit, d'après cela, que les gouvernements, investis
du monopole du monnayage, n'aient pas demandé mieux que
de substituer, dans la confection de l'instrument des échanges,
l'étoffe quasi-gratuite du papier à l'étoffe plus ou moins coûteuse du métal, et qu'ils aient notamment, dans les cas de
besoins extraordinaires, eu recours à l'emploi de cette étoffe
sans valeur plutôt qu'à l'ancien procédé plus grossier et moins
lucratif de la diminution de la valeur intrinsèque des espèces.
D'un autre côté, on conçoit aussi que le public consommateur,
après avoir expérimenté à ses dépens l'aggravation des risques
que la monnaie à papier faisait peser sur lui en cas de surémission ait exigé, chaque fois qu'il en a eu le pouvoir, que l'on

en revînt à la monnaie métallique, au moins pour les transactions dans lesquelles elle est préférable au papier, et, quant à celles où le papier est préférable au métal, que l'on entourât son émission de garanties assez étendues et assez sûres pour suppléer à l'absence d'une valeur intrinsèque. Nous verrons que la première de ces garanties a consisté dans l'obligation imposée au gouvernement de se dessaisir du pouvoir d'émettre de la monnaie de papier pour le confier ou l'abandonner à des établissements spéciaux, plus ou moins indépendants, c'est à dire à des banques.

Maintenant que nous avons bien spécifié la différence qui existe entre la monnaie métallique et le papier-monnaie; que nous savons que cette différence consiste en ce que la monnaie métallique porte avec elle, en valeur intrinsèque, une garantie plus ou moins étendue, depuis la moitié environ pour le billon jusqu'à la totalité ou la presque totalité pour la monnaie étalon, tandis que le papier-monnaie, dépourvu de valeur intrinsèque, ne porte avec lui aucune garantie matérielle; maintenant, dis-je, que nous sommes pleinement édifiés sur ce point capital, il s'agit de savoir comment un instrument, dépourvu de toute valeur intrinsèque, peut acquérir une valeur monétaire et remplir les fonctions de monnaie.

Ce phénomène, la théorie des métallistes le laisserait inexpliqué et inexplicable. En effet, si la valeur d'une monnaie dépend uniquement de celle de l'étoffe dont elle est faite, on ne peut fabriquer une monnaie, c'est à dire un instrument pourvu de valeur avec une étoffe sans valeur. Dans cette théorie la circulation du papier-monnaie est une impossibilité, une chimère. Cependant, cette impossibilité est un fait, cette chimère existe. Comment donc donner de son existence, si peu con-

forme aux principes, une explication quelque peu présentable?
L'école métalliste l'a essayé en affirmant que le papier-monnaie
n'est pas une monnaie, mais la représentation ou le signe d'une
monnaie. Ce n'était pas résoudre la difficulté, c'était simplement la reculer, car il s'agit toujours d'expliquer comment
cette représentation ou ce signe peut acquérir une valeur monétaire. C'est, ajoutent les métallistes, quoique d'un ton moins
affirmatif, parce qu'il est remboursable, à terme sinon à présentation, en monnaie métallique. Mais cette assertion est matériellement inexacte. Lorsque les gouvernements, pressés par
des besoins extraordinaires, émettent du papier-monnaie, ils
commencent par le déclarer actuellement non remboursable,
sans assigner aucun terme à son remboursement, et l'expérience atteste ou qu'il ne l'est jamais ou que s'il lui arrive de
l'être, c'est, le plus souvent, à un taux bien inférieur à celui
de son émission. Cependant, il n'en remplit pas moins les
fonctions d'une monnaie, et de même que la monnaie métallique, il ne se déprécie qu'en cas de surémission. Comment
donc se fait-il que cet instrument qui n'a point de valeur intrinsèque, et qui, n'en déplaise aux métallistes, n'est point la
représentation, le signe ou la promesse d'une monnaie pourvue
d'une valeur intrinsèque, puisse néanmoins acquérir et même
conserver indéfiniment, quand l'émission en est convenablement réglée, une valeur monétaire?

Remarquons que si la théorie des métallistes est impuissante à donner la raison de ce phénomène, elle ne l'est pas
moins et pour la même cause, à expliquer pourquoi la valeur
monétaire des espèces métalliques peut différer de la valeur de
leur étoffe. Comme nous l'avons déjà observé, l'existence d'un
seigneuriage, c'est à dire d'un profit résultant d'une différence

entre la valeur monétaire des espèces et leur valeur intrinsèque, est une impossibilité dans cette théorie. Cependant, le seigneuriage a existé autrefois sur toutes les monnaies, et il existe encore aujourd'hui sur la monnaie de billon. Or, il n'est pas difficile d'apercevoir le rapport intime qui existe entre le seigneuriage et le papier-monnaie. S'il est possible de faire circuler les monnaies métalliques pour une valeur supérieure, ne fût-ce que d'une quantité infinitésimale, à celle de leur étoffe augmentée des frais de fabrication, et de percevoir ainsi un seigneuriage, pourquoi ne ferait-on pas circuler des monnaies dont l'étoffe est sans valeur; dont, par conséquent, toute la valeur, déduction faite des frais de fabrication, réside dans le seigneuriage? Si l'on a pu, sous le roi Jean et sous le dauphin Charles VII, faire circuler des monnaies ne renfermant pas plus de 50 p. c. de valeur intrinsèque, pourquoi n'en ferait-on pas circuler dont la valeur intrinsèque soit de 40 p. c., de 30 p. c., de 20 p. c., de 10 p. c. seulement, et finalement même dont la valeur intrinsèque soit nulle?

L'existence du seigneuriage et la création du papier-monnaie reposent donc sur la même base, et si les métallistes n'ont réussi à expliquer ni l'une ni l'autre, c'est, comme nous l'avons remarqué au sujet du seigneuriage, faute d'avoir appliqué à la formation de la valeur des monnaies les principes quir égissent la formation de la valeur de toutes choses, en tenant compte, en même temps, de l'action particulière du monopole du monnayage.

Cette explication que l'école métalliste est impuissante à nous donner, nous la trouverons dans l'analyse de la valeur du papier-monnaie.

La valeur du papier-monnaie, comme celle de tout autre produit ou service, se compose de deux éléments : l'utilité et la rareté.

L'utilité du papier-monnaie réside dans les qualités qui le rendent propres à servir de monnaie. Ces qualités sont de deux sortes : physiques et économiques. Les premières sont la divisibilité, la transportabilité, l'inaltérabilité. Les secondes sont la valeur et la stabilité de la valeur.

Les qualités physiques nécessaires à un instrument des échanges, le papier-monnaie les possède même à un plus haut degré que la monnaie métallique. Il est divisible à l'infini, car on peut fabriquer, à volonté, du papier-monnaie pour les plus petites sommes comme pour les plus considérables. Il est essentiellement facile à transporter, car on en peut enfermer pour des millions dans un portefeuille. Il est particulièrement commode à manier et à compter, au moins lorsqu'il s'agit de transactions supérieures. Bref, sauf pour les transactions inférieures, il est physiquement préférable à la monnaie métallique. En ce qui concerne la durée, la monnaie de papier s'use assez rapidement, mais si, comme c'est l'habitude, on remplace les vieux billets salis ou détériorés par des neufs, elle acquiert une durée illimitée, et le *frai* qu'elle supporte par le fait du remplacement des vieux billets ne s'élève qu'à une somme tout à fait insignifiante. Si nous ajoutons à cela la propriété d'être aisément et à peu de frais monnayé, nous trouverons que le papier a toutes les qualités physiques requises pour servir de matière première à la monnaie.

En revanche, et c'est en cela que l'étoffe de papier diffère de l'étoffe d'or ou d'argent, les qualités économiques indispensables à une monnaie, plus encore que les qualités physiques, savoir la valeur et la stabilité de la valeur manquent à cette matière première monétaire. Tandis que l'or et l'argent, qui entrent dans la composition de la monnaie, ont une valeur propre, résultant de leur utilité pour divers usages et de leur rareté, tandis qu'il suffit, en conséquence, de les tailler et de les façonner en pièces commodes à manier, pour avoir un instrument des échanges réunissant à la fois les qualités physiques et les qualités économiques nécessaires à la monnaie, le papier-monnaie ne trouve dans sa matière première aucune partie de sa valeur : cette valeur lui vient tout entière de l'opération du monnayage. Observons à ce propos que la monnaie est du petit nombre des choses qui tirent leur utilité de leur valeur. Sous ce rapport, on peut distinguer deux catégories de produits : dans la première, de beaucoup la plus importante, figurent toutes les choses directement nécessaires à la satisfaction de nos besoins essentiels, les denrées alimentaires, par exemple, qui conserveraient toute leur utilité, alors même que la Providence jugerait bon de nous les fournir gratis, et les dépouillerait ainsi de toute valeur. Dans la seconde catégorie figurent les choses qui n'acquièrent la propriété de satisfaire directement à certains de nos besoins ou de remplir certaines fonctions économiques qui contribuent à faciliter cette satisfaction, que parce qu'ils sont pourvus de valeur. Tel est, pour le premier cas, le diamant qui perdrait certainement de son utilité comme article d'ostentation s'il devenait aussi commun que le charbon ordinaire. Telle est, pour le second cas, la monnaie qui, ayant pour fonction spéciale de faciliter la transmission des valeurs, en leur servant d'intermédiaire, demeurerait absolument sans utilité si elle était sans valeur.

Ainsi donc, le papier-monnaie ne peut trouver dans son étoffe qu'une partie des qualités constitutives de sa valeur, tandis que la monnaie métallique les y peut trouver réunies. L'étoffe de papier ne possède que les qualités physiques nécessaires à une monnaie, alors que l'étoffe d'or ou d'argent y joint les qualités économiques de la valeur, et, dans une certaine mesure, de la stabilité de la valeur.

Que résulte-t-il de là? C'est qu'alors qu'on n'ajoute par l'opération du monnayage qu'une simple portion de valeur à l'étoffe métallique, parfois même qu'on n'y ajoute aucune portion de valeur lorsque le monnayage est gratuit, on procure au papier, en le monnayant, toute sa valeur monétaire. De quelle manière? En lui attribuant artificiellement la qualité que les métaux précieux possèdent naturellement, savoir la rareté. En d'autres termes, en créant avec une matière première commune, mais physiquement propre au monnayage, un instrument monétaire plus ou moins rare.

Le procédé à employer pour atteindre ce but, c'est de limiter l'émission du papier-monnaie, de manière à lui attribuer la somme de valeur requise. Que ce procédé suffise pour amener le résultat voulu, c'est à dire pour donner de la valeur à un produit dont la matière première en est presque dépourvue, et dont la façon ne coûte que peu de chose, c'est un fait d'expérience, et ce fait est d'ailleurs pleinement conforme aux lois qui gouvernent la valeur.

Essayons de nous en rendre compte.

Il existe, dans toute société, au sein de laquelle les industries ont commencé à se spécialiser et les travaux à se diviser, où, en conséquence, chacun a besoin d'échanger les produits de son travail ou son travail même contre les produits ou le travail d'autrui, il existe, disons-nous, un besoin, partant, une *demande* d'une certaine quantité de monnaie, autrement dit d'un produit *sui generis*, ayant les qualités nécessaires pour servir d'instrument des échanges. Il devient, en conséquence, avantageux de façonner ce produit, et on ne manque pas de le faire. La demande de la monnaie en provoque *l'offre*, et la valeur de ce produit nouveau, comme celle de tout autre, est déterminée par le rapport de l'offre et de la demande. Quand la monnaie est beaucoup demandée et peu offerte sa valeur s'élève et *vice-versâ*.

Mais pour qu'une monnaie soit demandée, il faut qu'elle réunisse à la fois les qualités physiques et les qualités économiques d'un instrument des échanges, qu'elle soit, d'une part, maniable, transportable, etc., d'une autre part, pourvue d'une valeur suffisamment stable. Les monnaies façonnées avec des matériaux précieux possèdent, dans leur étoffe même, ces deux sortes de qualités. Les monnaies façonnées avec des matériaux sans valeur ou d'une valeur inférieure à celle qu'il s'agit de leur attribuer ne possèdent, entièrement du moins, que les premières. D'où résulte la nécessité de compléter ou de créer les secondes. Comment? N'oublions pas que la valeur est le produit de deux éléments bien distincts, l'utilité et la rareté; n'oublions pas, non plus, que, — particularité exceptionnelle, — la valeur même est un des éléments constitutifs de l'utilité de la monnaie. Si donc une chose possède les qualités constituantes de l'utilité monétaire moins la valeur, il suffira d'y ajouter l'élément pur de la rareté, dans le degré requis, pour la rendre propre à servir de monnaie. Or la rareté s'obtient par la limitation de la production.

Il suffit, comme on le voit, de limiter la production du papier-monnaie pour lui donner la seule qualité qui lui manque, — qualité essentielle à la vérité, — pour servir d'instrument des échanges. Cela fait, si le public consommateur possède ou croit posséder les garanties nécessaires à l'observation de cette condition, il y aura *demande* pour le papier-monnaie comme pour la monnaie métallique. A quoi il faut ajouter que si le papier-monnaie est mieux approprié à certaines catégories d'échanges que tout autre instrument monétaire, il sera, pour les échanges de cette catégorie, demandé de préférence.

Nous venons de voir à quelles conditions la demande du papier-monnaie est possible. Comme toute demande, celle-ci ne peut manquer de provoquer une offre correspondante, du moment où les éléments et les conditions nécessaires à la production de la chose demandée se trouvent réunis quelque part. Ainsi donc, on a dû produire du papier-monnaie, dès qu'il s'est rencontré un entrepreneur de monnayage ayant à sa disposition la matière première nécessaire à la fabrication de cet instrument particulier des échanges, les outils et les procédés propres à la façonner, le pouvoir, la science et la volonté d'en limiter, dans le mesure requise, la production.

L'histoire atteste que c'est ainsi, en effet, que les choses se sont passées; et déjà à une époque reculée on voit apparaître des instruments monétaires fabriqués avec des peaux, des étoffes ou des écorces d'arbres, dans lesquels on reconnaît les caractères essentiels du papier-monnaie. Les Carthaginois, par exemple, possédèrent une monnaie en cuir, qui tirait évidemment sa valeur de la limitation de l'émission. Mais les peaux et les étoffes n'avaient point au même degré que le papier les qualités nécessaires pour servir de matière première à une monnaie : elles étaient plus lourdes, moins maniables, plus difficiles à monnayer, et la monnaie qui en était tirée pouvait être plus aisément contrefaite. Le papier seul réunissait à un degré suffisant les *qualités physiques* réquises pour ce genre de monnayage. Aussi les Chinois qui inventèrent le papier, paraissent-ils l'avoir appliqué, de bonne heure, à cet usage. Koblaï, petit fils de Gengis Khan, émit du papier-monnaie à la fin du XIIIe siècle, et il y a apparence qu'on trouverait, à une époque bien antérieure, des traces de son existence à la Chine.

Cependant le papier-monnaie fut lent à se propager, et aussi longtemps que les gouvernements conservèrent le monopole de son émission, son existence ne fut jamais que temporaire. Après l'avoir accepté ou subi pendant une période plus ou moins longue, les consommateurs finissaient toujours par le rejeter, en exigeant qu'on leur rendît de la monnaie métallique. A quoi cela tenait-il? A la supériorité *physique* de la monnaie de métal? Non! L'expérience a démontré, plus tard, que pour un bon nombre de transactions, la monnaie de papier est physiquement supérieure à la monnaie de métal. Cela tenait à une autre cause, savoir, à ce que les gouvernements, investis du monopole du monnayage, ne se trouvèrent jamais, au moins d'une manière suivie, dans les conditions voulues pour conserver longtemps au papier-monnaie ses *qualités économiques* (valeur et stabilité de la valeur), en en réglant *l'offre* conformément à la *demande*; c'est que chaque fois qu'ils en firent l'essai, ils finirent, sous l'empire de quelque nécessité urgente, par exagérer *l'offre* du papier et par tuer ainsi littéralement la poule aux œufs d'or.

Que les gouvernements de l'ancien régime, par exemple, ne se trouvassent point dans les conditions voulues pour entreprendre l'émission du papier-monnaie; qu'ils fussent, par conséquent, pour la plupart du moins, dans l'impossibilité d'en émettre, malgré l'avantage qu'ils y auraient trouvé, c'est ce que nous allons essayer de faire comprendre en peu de mots.

Il y a deux moyens de faire entrer le papier-monnaie dans la circulation, de gré ou de force. Le premier de ces deux procédés eût-il été efficace? Examinons. Il aurait fallu, pour se tenir dans les conditions d'une émission libre, que le gouvernement se bornât à *offrir* du papier-monnaie à tous ceux qui lui en auraient demandé ; ou ce qui revient au même à tous ceux qui lui auraient offert en échange une contre-valeur sous forme de métaux ou d'autres produits. Cette contre-valeur aurait été pour lui, en totalité, un *seigneuriage*, déduction faite seulement des frais d'étoffe et de monétisation du papier. Mais qu'avons-nous constaté en esquissant l'histoire du monnayage sous l'ancien régime? C'est qu'aussitôt que le souverain élevait, d'une manière sensible, son seigneuriage, on cessait de lui apporter des métaux à échanger contre sa monnaie. Pourquoi? Parce que le *risque de dépréciation* de la monnaie s'était accru d'autant; parce que l'expérience démontrait que le souverain ne se faisait point faute, en cas de nécessité, de monnayer au rabais pour son propre compte, aussi longtemps qu'il y pouvait trouver un bénéfice. Or si le souverain s'adonnait à cette pratique, lorsque le seigneuriage n'entrait que pour 10 p. c. ou 15 p. c. dans la valeur de la monnaie, à plus forte raison s'y serait-il livré lorsque le seigneuriage aurait compris la totalité de cette valeur. Il n'aurait certainement pas manqué, en cas de nécessité (et ce cas était pour ainsi dire permanent), de monnayer du papier pour son propre compte et d'en offrir des quantités croissantes, sans avoir égard à l'état de la demande, jusqu'à ce qu'il cessât d'y trouver profit, c'est à dire jusqu'à ce que le papier-monnaie eût perdu toute valeur. L'introduction libre du papier-monnaie eût donc été impossible sous ce régime. Pouvait-on davantage l'imposer? Nous avons vu qu'on ne parvenait déjà qu'avec une difficulté extrême à imposer des monnaies dont la garantie était affaiblie dans la proportion de la moitié ou du quart, et par conséquent dépréciables seulement dans cette proportion ; à plus forte raison eût-il été difficile d'imposer une monnaie sans aucune garantie matérielle et par conséquent dépréciable de la totalité de sa valeur. Il aurait fallu pour cela un pouvoir plus grand que celui dont disposaient les gouvernements de l'ancien régime.

Si nous joignons à ce défaut des conditions économiques requises pour l'émission du papier-monnaie, chez ceux qui avaient le monopole de la production de la monnaie, l'ignorance où l'on demeura longtemps de son invention, l'absence des matières propres à le fabriquer, la difficulté d'opérer cette fabrication, de manière à éviter le danger de la contrefaçon, l'insuffisance même des moyens d'empêcher la contrefaçon en la réprimant, nous nous expliquerons que le papier-monnaie ait tardé si longtemps à se répandre, malgré les bénéfices énormes que sa fabrication pouvait présenter en comparaison de ceux que l'on tirait du monnayage des métaux.

C'est seulement à dater du xviiᵉ siècle qu'on le voit apparaître ; mais l'insuffisance des conditions requises pour son émission ne manque pas dès lors d'occasionner des catastrophes. Les populations ne l'acceptent qu'avec défiance, et les gouvernements sont obligés de recourir, pour forcer la circulation de cette monnaie dépourvue de garantie matérielle, à des procédés analogues à ceux que les gouvernements du moyen âge employaient pour forcer la circulation des monnaies métalliques dont ils avaient affaibli la garantie. Nous nous convaincrons de l'entière similitude de ces procédés en esquissant l'histoire des assignats en France. Mais, auparavant, nous avons à compléter encore la théorie du papier-monnaie.

Au point où nous avons amené cette théorie, nous pouvons regarder comme démontré : 1° que la valeur du papier-monnaie renferme les deux éléments constitutifs de toute valeur, l'utilité et la rareté, avec cette particularité que la rareté y figure en partie double, savoir, d'abord comme partie intégrante de l'utilité, ensuite comme partie complémentaire; 2° que la valeur du papier-monnaie est gouvernée, comme celle de toute chose, par la loi de l'offre et de la demande; qu'elle est déterminée, dans les échanges, par les quantités qui en sont offertes d'une part, demandées de l'autre; que le rapport de ces quantités en fixe le niveau.

Il nous reste maintenant à rechercher comment il se fait que ce niveau puisse demeurer, d'une manière normale, au dessus de celui des frais de production du papier-monnaie, contrairement à la seconde loi régulatrice des valeurs, en vertu de laquelle *la valeur de tous les produits ou services tend incessamment à s'établir au niveau de leurs frais de production.*

Les frais matériels de production du papier-monnaie sont à peu près nuls, car un assignat de 10,000 fr., par exemple, ne coûtait certainement pas plus d'un franc d'étoffe et de frais de fabrication; en outre, cette étoffe et ces frais étaient à peu près les mêmes pour un assignat de 10,000 fr. que pour un assignat de 10 fr. Comment donc expliquer cette dérogation apparente à la loi des frais de production?

Cette explication se trouvera aisément si l'on songe qu'il s'agit ici d'une industrie de monopole. C'est seulement, comme on sait, sous un régime de libre concurrence que la valeur des choses tend à se niveler avec leurs frais de production. Sous un régime de monopole, au contraire, le producteur étant le maître de régler à sa guise *l'offre* du produit ou du service en présence de la demande, la valeur de ce produit, ou de ce service peut se maintenir fort au dessus des frais de production.

Cela étant, la théorie du papier-monnaie est complète, en ce sens que l'on sait pourquoi le papier-monnaie a une valeur, d'où lui vient cette valeur et comment elle se règle. Mais il semble résulter de cette théorie, comme de celle de la monnaie de billon, que le monopole est le seul régime qui convienne pour l'émission de ces deux monnaies ; qu'en admettant, par exemple, que le monnayage de l'or et de l'argent vînt à être abandonné à la libre concurrence, il faudrait réserver toujours au gouvernement le monopole du monnayage du billon et du papier-monnaie. Sinon, la société se trouverait placée en présence de cette alternative : ou de n'avoir à sa disposition que des monnaies dont la valeur ne dépasserait point celle de leur étoffe augmentée des frais de fabrication réglés au taux ordinaire de la concurrence, ou, en admettant qu'il pût exister, sous ce régime, des monnaies dont la valeur serait supérieure à celle de leurs frais de production, la société serait obligée de payer, de ce chef, une *rente*, provenant de la différence de la valeur du produit-monnaie avec celle de ses frais de production. Or cette rente, ne vaudrait-il pas mieux que les consommateurs de monnaie la payassent à la communauté elle-même représentée par l'État, plutôt qu'à des entreprises particulières ? En conséquence, l'émission du papier-monnaie et du billon ne devrait-elle point être, par sa nature même, un monopole d'État ?

Nous nous bornerons, pour le moment, à répondre d'une manière sommaire à cette question, en nous réservant d'y revenir au chapitre des banques.

En premier lieu, quoique la supériorité de la valeur du papier-monnaie et du billon, sur leurs frais de production, ait sa source dans le monopole du monnayage, cette supériorité pourrait être maintenue cependant sous un régime de concurrence, en admettant, chose qui n'est nullement incompatible avec ce régime, que les entreprises libres de monnayage eussent la propriété exclusive de leurs marques et *coins* particuliers, ainsi que des moyens efficaces de la garantir. Cela étant, ces entreprises pourraient limiter l'*offre* de la monnaie marquée à leur coin et du papier-monnaie revêtu de leurs empreintes, absolument comme le ferait un gouvernement. Que s'il existait donc une demande de monnaie de billon et de papier-monnaie, c'est à dire d'instruments des échanges non garantis en totalité ou en partie par une valeur intrinsèque, cette demande pourrait être satisfaite sous un régime de concurrence et de propriété combinées, aussi bien que sous un régime de monopole.

En second lieu, la supériorité de la valeur du papier-monnaie et du billon sur leurs frais de production donnerait-elle nécessairement, sous ce régime, naissance à une *rente?* En aucune façon. Qu'est-ce que la rente? C'est une *prime* qui s'ajoute aux frais de production (1). Et quel est l'effet de cette prime? C'est d'attirer vers la branche de la production à laquelle elle s'attache les capitaux, les intelligences et les bras jusqu'à ce que, par le fait de cet accroissement naturel de la concurrence, elle ait disparu. Eh bien! si l'industrie libre du monnayage du papier ou du billon venait à percevoir une rente en sus des profits ordinaires de la production, la concurrence ne

---

(1) Voir le t. Ier, chap. XIV, p. 389.

manquerait pas d'y affluer, jusqu'à ce que cette rente eût disparu. Seulement, l'action de la concurrence ne porterait point sur la valeur monétaire de l'instrument des échanges ; les nouvelles entreprises, attirées par la prime dont jouissaient les anciennes, n'offriraient point du billon ou du papier-monnaie d'une valeur moindre, ce qui ne présenterait aucun avantage aux consommateurs, puisque la monnaie est utilisée en raison de sa valeur, mais ils en feraient payer l'usage moins cher. La production du papier-monnaie ou du billon n'exige point, — et ceci est une observation fondamentale, — l'investissement d'un capital aussi considérable que celle de la monnaie dite *réelle*. Car à la matière coûteuse dont est faite celle-ci et qui lui sert de garantie, on substitue une matière moins chère ou presque sans valeur, en remplaçant la garantie matérielle de la substance des espèces par des sécurités d'une autre nature et beaucoup moins coûteuses. Le capital employé à la production d'une somme donnée de papier-monnaie ou de billon étant moindre que celui qui est nécessaire pour produire une somme égale de monnaie réelle, il en résulte que le prix de loyer du papier-monnaie ou du billon peut être diminué de la différence. Sous un régime de monopole d'État ou de délégation de ce monopole à des banques privilégiées, les producteurs de monnaie profitent de cette différence, qui constitue le principal avantage du papier-monnaie; qui en fait, par excellence, la monnaie à bon marché ; tandis que sous un régime de libre concurrence, ce profit, résultant de l'invention d'un instrument perfectionné des échanges, irait nécessairement au consommateur.

Maintenant que nous avons esquissé à grands traits la théorie du papier-monnaie, illustrons-la en racontant un des épisodes les plus célèbres et les plus lamentables du douloureux enfantement de cette monnaie à bon marché, nous voulons parler de l'épisode des assignats.

Les embarras des finances ont été, comme on sait, l'occasion, sinon la cause de la révolution française. Les guerres de Louis XIV, le système de Law, les désordres et les banqueroutes du règne de Louis XV avaient fait passer le déficit à l'état chronique. Sous Louis XVI, cette situation n'aurait pas manqué de s'améliorer, si la guerre d'Amérique n'était venue imposer au trésor, de longue date obéré, des dépenses extraordinaires. Cette guerre qui ne coûta pas moins de 1,800 millions à la France porta à 140 millions le déficit annuel, et ce déficit motiva la convocation des États Généraux. Mais l'assemblée nationale, au lieu de remédier au mal, ne fit que l'aggraver. Les retranchements qu'elle opéra dans les impôts pour se créer une popularité facile, sans réduire, dans la même proportion, les dépenses publiques, contribuèrent, au contraire, à élargir le déficit qu'elle avait pour mission de combler. Les embarras financiers allèrent donc toujours croissant. On essaya de les conjurer en mettant en vente les biens du clergé que l'on venait de réunir au domaine public, mais les scrupules religieux, d'une part, la crainte d'une réaction, de l'autre, éloignèrent les acheteurs. On imagina de créer un papier assigné sur ces biens, c'est à dire un papier auquel les biens nationaux serviraient de gage spécial, que l'on retirerait de la circulation à mesure que les ventes le feraient rentrer, et à l'aide duquel on pourrait ainsi escompter la valeur du gage. La première émission d'assignats eut lieu au mois d'avril 1790. Elle fut de 400 millions. Comme la place naturelle qui revient au papier dans la circulation n'était occupée qu'en partie par les billets de la Caisse d'escompte, comme, d'une autre part, la somme émise demeurait fort au dessous de la valeur du gage spécial sur lequel elle se trouvait hypothéquée, comme enfin les assignats étaient reçus sur le même pied que les espèces métalliques en paiement des impôts, et devaient l'être dans le règlement des comptes entre débiteurs et créanciers, les assignats furent demandés, d'abord, autant qu'ils étaient offerts, et ils ne subirent, en conséquence, aucune dépréciation. Tous ceux qui avaient préconisé l'adoption de la mesure firent naturellement sonner bien haut ce succès. Voici notamment, en quels termes, Mirabeau en félicitait l'assemblée :

« Vous décrétâtes successivement, dit-il, que l'on procéderait à la vente de 400 millions de biens nationaux et qu'en attendant que la vente en fût effectuée, le gage de cette vente et son produit anticipé tiendraient lieu de numéraire. Vous créâtes à cet effet, sous le nom d'assignats, des billets, espèce de lettres de change, qui sont en fait de valeur tout ce que peut être un effet qui n'est pas de l'argent réel.

« Cette mesure eut tout le succès annoncé par ceux qui l'avaient conçue. Les mauvais succès présagés par ses adversaires ont été relégués parmi les fictions malheureuses, et la chose publique sortit alors de cet état de détresse qui nous menaçait d'une ruine prochaine. »

Mirabeau faisait valoir encore les motifs politiques qui devaient engager, selon lui, le gouvernement à multiplier les assignats.

« Vous hésiteriez à les adopter comme une mesure de finance, disait-il, que vous les embrasseriez comme un instrument sûr et actif de la révolution. Partout où se placera un assignat-monnaie, là sûrement reposera avec lui un vœu secret pour le crédit des assignats, pour leur solidité ; partout où quelque partie de ce gage public sera répandue, là se trouveront des hommes qui voudront que la conversion de ce gage soit effectuée, que les assignats soient échangés contre des biens nationaux, et comme enfin le sort de la constitution tient à la sûreté de cette ressource, partout où se trouvera un porteur d'assignats vous compterez un défenseur nécessaire de vos mesures, un créancier intéressé à vos succès. »

Sous cette double influence des raisons financières et politiques, on se laissa facilement entraîner à multiplier les assignats. On n'avait d'ailleurs encore que des notions confuses sur la nature de la richesse et sur les causes de la valeur de la monnaie. On croyait volontiers que l'abondance de la monnaie constitue la richesse, ainsi que l'enseignaient les docteurs du système mercantile; on était aussi disposé à s'exagérer le pouvoir que le monopole du monnayage confère au gouvernement, quant au règlement de la valeur de la monnaie. Bien des gens étaient persuadés que ce pouvoir était illimité, et, en conséquence, que la mine des assignats, qui venait de donner des résultats si prestigieux et si inespérés, serait inépuisable. Les circonstances rendaient, en outre, cette ressource de plus en plus nécessaire. La république avait succédé à la monarchie, et tandis que les revenus ordinaires diminuaient par suite de la suppression de la plupart des impôts et des progrès de l'anarchie intérieure, les dépenses allaient croissant par suite des exigences de la lutte que la république avait entreprise contre l'Europe coalisée. Les assignats devinrent bientôt l'unique ressource de la république, et cette ressource, elle l'exploita à outrance. Les émissions devenant excessives, les assignats se déprécièrent. Alors des mesures draconiennes furent prises soit pour arrêter la baisse, soit pour en répartir, de la manière la plus égale possible, le dommage entre les différentes classes

de la population. Dans son *Histoire de la Révolution française,*
M. Thiers expose avec beaucoup de lucidité ces mesures et
leurs résultats :

« La révolution qui, en abolissant la monarchie, avait voulu néanmoins payer sa dette; qui, en détruisant la vénalité des offices, s'était
engagée à en rembourser la valeur; qui, en défendant enfin le nouvel
ordre de choses contre l'Europe conjurée, était obligée de faire les frais
d'une guerre universelle, avait, pour suffire à toutes ces charges, les
biens nationaux enlevés au clergé et aux émigrés. Pour mettre en circulation la valeur de ces biens, elle avait imaginé les assignats qui en
étaient la représentation, et qui, par le moyen des achats, devaient rentrer au trésor et être brûlés. Mais comme on doutait du succès de la
révolution et du maintien des ventes, on n'achetait pas les biens. Les
assignats restaient dans la circulation, comme une lettre de change non
acceptée et s'avilissaient par le doute et par la quantité.

« Le numéraire seul restait toujours comme mesure réelle des valeurs;
et rien ne nuit à une monnaie contestée comme la rivalité d'une monnaie certaine et incontestée. L'une se resserre et refuse de se donner, tandis que l'autre s'offre en abondance et se discrédite en s'offrant. Tel
était le sort des assignats par rapport au numéraire. La révolution, condamnée à des moyens violents, ne pouvait plus s'arrêter. Elle avait mis
en circulation *forcée* la valeur anticipée des biens nationaux; elle devait
essayer de la soutenir par des moyens *forcés*. Le 11 avril 1793, malgré
les Girondins, qui luttaient généreusement mais imprudemment, contre
la fatalité de cette situation révolutionnaire, la Convention punit de six
ans de fers quiconque vendrait du numéraire, c'est à dire échangerait une
certaine quantité d'argent ou d'or contre une quantité nominale plus
grande d'assignats. Elle punit de la même peine quiconque stipulerait
pour les marchandises un prix différent, suivant que le paiement se ferait
en numéraire ou en assignats.

« Ces moyens n'empêchaient pas la différence de se prononcer rapidement. En juin, un franc métal valait trois francs assignats ; et en août, deux mois après, un franc argent valait six francs assignats. Le rapport de diminution, qui était de un à trois, s'était donc élevé de un à six.

Dans une pareille situation, les marchands refusaient de donner leurs marchandises au même prix qu'autrefois, parce que la monnaie qu'on leur offrait n'avait plus que le cinquième ou le sixième de sa valeur. Ils les resserraient donc et les refusaient aux acheteurs. Sans doute, cette diminution de valeur eût été pour les assignats un inconvénient absolument nul, si tout le monde ne les recevant que pour ce qu'ils valaient réellement les avait pris et donnés au même taux. Dans ce cas, ils auraient toujours pu faire les fonctions de signe dans les échanges et servir à la circulation comme toute autre monnaie ; mais les capitalistes qui vivaient de leurs réserves, les créanciers de l'État qui recevaient ou une rente annuelle ou le remboursement d'un office, étaient obligés d'accepter le papier suivant sa valeur nominale. Tous les débiteurs s'empressaient de se libérer, et les créanciers, forcés de prendre une valeur fictive, ne touchaient que le quart, le cinquième ou le sixième de leur capital. Enfin, le peuple ouvrier, toujours obligé d'offrir ses services, de les donner à qui veut les accepter, ne sachant pas se concerter pour faire augmenter les salaires du double, du triple, à mesure que les assignats diminuaient dans la même proportion, ne recevait qu'une partie de ce qui lui était nécessaire pour obtenir en échange les objets de ses besoins. Le capitaliste, à moitié ruiné, était mécontent et silencieux ; mais le peuple furieux appelait accapareurs les marchands qui ne voulaient pas lui vendre au prix ordinaire et demandait qu'on envoyât les accapareurs à la guillotine.

Cette fâcheuse situation était un résultat nécessaire de la création des assignats, comme les assignats eux-mêmes furent amenés par la nécessité de payer les dettes anciennes, des offices et une guerre ruineuse ; et, par les mêmes causes, le *maximum* devait bientôt résulter des assignats. Peu importait, en effet, qu'on eût rendu cette monnaie forcée, si le marchand, en élevant ses prix, parvenait à se soustraire à la nécessité de la recevoir. Il fallait rendre le taux de la marchandise forcé comme celui de la monnaie. Dès que la loi avait dit : le papier vaut dix francs, elle devait dire : telle marchandise ne vaut que six francs ; car, autrement le marchand, en la portant à douze, échappait à l'échange.

« Il avait donc fallu encore, malgré les Girondins, qui avaient donné d'excellentes raisons puisées dans l'économie ordinaire des choses, établir le *maximum* des grains. La plus grande souffrance pour le peuple, c'est le défaut de pain. Les blés ne manquaient pas, mais les fermiers qui ne voulaient pas affronter le tumulte des marchés ni livrer leur blé au taux des assignats se cachaient avec leurs denrées. Le peu de grain qui se montrait était enlevé rapidement par les communes et par les individus que la peur engageait à s'approvisionner. La disette se faisait encore plus sentir à Paris que dans aucune autre ville de France, parce que les approvisionnements pour cette cité immense étaient plus difficiles, les marchés plus tumultueux, la peur des fermiers plus grande. Les 3 et 4 mai, la Convention n'avait pu s'empêcher de rendre un décret par lequel tous les fermiers ou marchands de grains étaient obligés de déclarer la quantité de blé qu'ils possédaient, de faire battre ceux qui étaient en gerbe, de les porter dans les marchés, et exclusivement dans les marchés, et de les vendre à un prix moyen fixé par chaque commune et basé sur les prix antérieurs du 1er janvier au 1er mai. Personne ne pouvait acheter pour suffire à ses besoins au delà d'un mois ; ceux qui avaient vendu ou acheté à un prix au dessus du *maximum*, ou menti dans leurs déclarations, étaient punis de la confiscation ou d'une amende de 300 à 1,000 francs. Des visites domiciliaires étaient ordonnées pour vérifier la vérité ; de plus, le tableau de toutes les déclarations devait être envoyé par les municipalités, au ministre de l'intérieur, pour faire une statistique générale des subsistances de la France. La commune de Paris, ajoutant les arrêtés de police aux décrets de la Convention, avait réglé en outre la distribution du pain dans les boulangeries. On ne pouvait s'y présenter qu'avec des cartes de sûreté. Sur cette carte, délivrée par les comités révolutionnaires, était désignée la quantité de pain qu'on pouvait demander, et cette quantité était proportionnée au nombre d'individus dont se composait chaque famille. On avait réglé jusqu'à la manière dont on devait *faire queue* à la porte des boulangers. Une corde était attachée à leur porte; chacun la tenait par la main, de manière à ne pas perdre son rang et à éviter la confusion. Cependant de méchantes femmes coupaient souvent la corde; un tumulte épouvantable s'ensuivait et il fallait la force armée pour rétablir l'ordre. On voit à combien d'immenses soucis est condamné un gouvernement, et à quelles mesures vexatoires il se trouve entraîné, dès qu'il est obligé de tout voir pour tout régler. Mais, dans cette situation, chaque chose s'enchaînait à une autre. Forcer le cours des assignats avait conduit à forcer le cours des échanges, à forcer les prix, à forcer même la quantité, l'heure, le mode des achats; le dernier fait résultait du premier, et le premier avait été inévitable comme la révolution elle-même (1). «

Les effets désastreux de l'émission excessive des assignats se trouvent exposés, avec beaucoup de clarté, dans ce morceau; en revanche, l'explication que l'auteur en donne est, sur certains points, erronée, et, sur d'autres, insuffisante.

Nous avons vu pourquoi les assignats purent entrer, sans se déprécier, dans la circulation. Ils se soutinrent ensuite quelque temps, malgré l'augmentation des émissions, sous l'influence de la situation exceptionnelle que la révolution avait créée. En premier lieu, l'état de crise où se trouvait la France avait eu pour résultat d'anéantir presque entièrement le crédit et par conséquent d'exiger une somme plus considérable de

_____

(1) A. THIERS. *Histoire de la Révolution française*, liv. XVI.

monnaie pour effectuer les échanges, bien que le nombre et l'importance de ceux-ci fussent considérablement réduits. En second lieu, le manque de sécurité dans le présent et de confiance dans l'avenir avait engagé beaucoup de gens à réaliser leurs capitaux sous forme d'espèces métalliques et à thésauriser ces espèces, en les dérobant ainsi à la circulation. Les assignats comblèrent le déficit monétaire créé par l'action de ces deux causes. De là le succès de premières émissions : cependant le gouvernement n'avait pas émis les assignats en vue de pourvoir aux besoins de la circulation, mais en vue de pourvoir à ses propres besoins. Ceux-ci allant croissant, il continua ses émissions après que la circulation eut cessé d'en réclamer de nouvelles. De là, la dépréciation. Cette dépréciation qui frappait la ressource la plus précieuse dont le gouvernement révolutionnaire pût disposer était désastreuse pour lui. Il s'attacha en conséquence à la combattre. Le procédé auquel il eut recours, consista en premier lieu, dans la défense d'établir une différence entre la valeur des assignats et celle de la monnaie métallique. Quel pouvait être l'effet de cette mesure? Pouvait-elle arrêter la dépréciation? Directement, non ; indirectement, oui. Comme on punissait de six ans de fers tout individu qui refusait de céder de la monnaie métallique au cours des assignats; qui demandait en échange d'un franc en métal plus d'un franc en assignats, ou qui se faisait payer plus ou moins cher ses produits ou ses services, selon qu'il les échangeait contre des assignats ou contre des espèces métalliques; comme personne ne se souciait néanmoins de perdre la différence existant entre la valeur des espèces et celle des assignats, dès que la dépréciation se fut prononcée, chacun renonça à employer du numéraire pour effectuer ses échanges, ou du moins on ne l'employa plus que lorsqu'on pouvait le faire passer à son cours naturel sans attirer sur soi les rigueurs de la loi. Dans l'effervescence du régime de la terreur, le *risque* de l'application de la loi ayant acquis une grande intensité, le numéraire se retira presque en totalité d'un marché où il ne pouvait plus s'échanger qu'à perte, à moins d'exposer les échangistes à un *risque* redoutable, et il en résulta, au profit des assignats, une augmentation artificielle du débouché monétaire. On obtint, au moyen de cette mesure, un résultat analogue à celui que les gouvernements de l'ancien régime atteignaient en *décriant* les bonnes monnaies existantes pour leur substituer des monnaies affaiblies. Si l'on ne relevait pas directement le cours des assignats, en obligeant les détenteurs du numéraire à le céder au pair du papier, chose impraticable, et qui, en la supposant possible, n'aurait fait que déprécier les espèces sans profit pour le papier, on le relevait indirectement en chassant de la circulation la monnaie de métal, et en y élargissant par là même la place de la monnaie de papier.

Cependant, l'effet de cette mesure ne pouvait être que temporaire. Les émissions continuant sous la pression des besoins croissants de la révolution, la concurrence de la monnaie de métal avait beau être écartée, la limite extrême du débouché ouvert aux assignats devait être bientôt atteinte et dépassée. La dépréciation reprit donc son cours, et elle se prononça chaque jour davantage. Cette dépréciation causait un mal général que M. Thiers paraît méconnaître, et qui, par l'inégalité de ses incidences, causait à certaines classes de la population des maux particuliers, dont l'historien de la révolution a fort bien décrit les effets.

Le mal général provenait de l'instabilité du papier-monnaie, remplissant, comme la monnaie métallique, le double rôle de mesure des valeurs et d'instrument intermédiaire des échanges.

La dépréciation occasionnait d'abord, chaque fois qu'elle venait à se produire, une perte d'autant, à tous les détenteurs du papier-monnaie. Sans doute, la richesse existant sous forme de monnaie n'est qu'une faible portion de la richesse générale, et si l'on fait le bilan de chacune des familles qui composent une nation, on trouvera que la monnaie en caisse ou en porte-feuille ne forme qu'une fraction minime de son avoir ; mais encore la dépréciation de cette portion de la richesse générale est-elle à considérer.

Le dommage provenant de l'existence d'un *risque de dépré-ciation* était plus considérable encore. Quand on a entre les mains une valeur exposée à se déprécier du jour au lendemain, on s'efforce de s'en défaire le plus tôt possible ; on n'en garde que ce qui est rigoureusement nécessaire. On fait, par consé-quent, des achats et des approvisionnements de tous genres au delà de ses besoins réels, et l'on finit par se mettre ainsi dans la gêne. Quand cette situation se prolonge, on est réduit soit à emprunter à de dures conditions, soit à revendre à perte, et l'on s'appauvrit d'une manière progressive. D'un autre côté, les marchands qui n'ont pas un besoin urgent de vendre tiennent compte du risque de dépréciation attaché à la monnaie, en sup-putant, autant que possible, le temps pendant lequel ils seront obligés de la conserver. Les marchandises haussent, en consé-quence, non seulement par le fait de la dépréciation déjà ac-complie, mais encore par le fait de la dépréciation éventuelle. M. Thiers remarque, à la vérité, que « la diminution de valeur eût été pour les assignats un inconvénient absolument nul, si tout le monde ne les recevant que pour ce qu'ils valaient réelle-

ment les avait pris et donnés au même taux. » Mais c'est là une
hypothèse absurde. La dépréciation ayant lieu, et elle devait
infailliblement avoir lieu à la suite d'émissions exagérées, il
était impossible que chacun prît et donnât les assignats au
même taux. On les prenait à un certain taux, et la dépréciation survenant on les donnait au taux diminué, en perdant la
différence, sauf quand on avait pu se couvrir de ce risque, en
rehaussant le prix des marchandises ou des services en échange
desquels on avait reçu la monnaie maintenant dépréciée. Dans
ce dernier cas, on subissait encore un dommage provenant de
la diminution de la demande des marchandises ou des services
dont le prix était exhaussé, et cette diminution de la demande
devait encore engendrer une réaction vers la baisse.

Cependant si la dépréciation des assignats occasionnait une
perte qui ne pouvait être évitée, que les consommateurs de
monnaie pouvaient seulement essayer avec plus ou moins de
succès, selon leur situation particulière, de se renvoyer les uns
aux autres, certaines classes de la population devaient nécessairement en souffrir plus que d'autres. Les rentiers de l'État,
les propriétaires de terres ou de maisons, les prêteurs à longue
échéance, les employés et, en général, les classes vivant de revenus fixes ou modifiables seulement à longs termes étaient
particulièrement atteints. A la vérité, les propriétaires dont les
baux venaient à expirer et les prêteurs à courte échéance pouvaient, dans une certaine mesure, s'assurer contre le risque de
la dépréciation, en élevant ceux-là, en proportion, le taux des
loyers, ceux-ci le taux de l'intérêt. Mais cette hausse diminuait
la demande, et les propriétaires d'immeubles, par exemple,
ne pouvaient s'assurer qu'en partie contre le risque de la dépréciation. Quant aux capitalistes, leur situation était meil-

leure. Ou ils gardaient leurs fonds sous forme d'espèces métalliques, ou ils les faisaient passer à l'étranger, ou ils s'en servaient pour acheter à vil prix des immeubles, ou bien encore ils les prêtaient à un taux excessif, de manière à se couvrir, autant que possible, de tout le risque de la dépréciation. C'est ainsi qu'on vit le taux courant de l'intérêt s'élever à 25 p. c. et au delà ; et comme le nombre des opérations qui pouvaient supporter cet énorme intérêt était fort limité, les affaires à terme se trouvèrent presque supprimées. Les classes ouvrières souffraient moins que les propriétaires ou les capitalistes qui avaient loué ou prêté à longs termes, et, en particulier, que les rentiers de l'État qui avaient prêté sans échéance ; mais elles souffraient plus que les entrepreneurs d'industrie et les marchands. Sans doute, elles avaient la liberté d'élever le prix de leurs services, comme les industriels et les marchands élevaient les prix de leurs marchandises ; mais, ainsi que le remarque M. Thiers, la situation particulière des classes ouvrières ne leur permettait guère d'user de cette liberté. En tous temps, elles avaient été à la merci des entrepreneurs, et elles l'étaient plus que jamais depuis que la crise révolutionnaire, en fermant la plupart des ateliers, avait réduit, dans d'énormes proportions, les débouchés ordinaires du travail. Il leur était, en conséquence, impossible d'obtenir que leurs salaires fussent augmentés à mesure que les assignats se dépréciaient, à plus forte raison de se couvrir du risque de la dépréciation qui survenait pendant qu'ils avaient les assignats entre les mains. Ils se hâtaient donc, plus encore que d'habitude, de dépenser leurs salaires, et leur misère s'en augmentait.

De là les plaintes véhémentes des classes sur lesquelles retombait particulièrement le fardeau de l'impôt perçu sur la circulation par l'émission des assignats, et la nécessité de prendre des mesures pour répartir plus équitablement cet impôt ainsi que les maux dont il était la source. Le *maximum* fut établi dans ce but. Il eut pour objet d'empêcher les agriculteurs, les industriels et les marchands de rejeter sur les ouvriers, les propriétaires, les rentiers, etc., la grosse part du fardeau de la dépréciation. Mais ce procédé de péréquation de l'impôt monétaire, quoique présentant une certaine efficacité, était grossier et imparfait. Tantôt il dépassait le but, tantôt il ne réussissait point à l'atteindre. Le maximnm aurait dû, pour être équitable, être toujours fixé en proportion du montant de la dépréciation effectuée, en atteignant seulement cette portion du prix de la marchandise qui constituait la prime destinée à couvrir la dépréciation éventuelle, et s'élever à mesure que ce risque venant à écheoir, la valeur de l'assignat baissait. Mais il ne remplissait exactement ni l'une ni l'autre de ces deux conditions, et comme la seconde surtout lui faisait défaut, il exposait les agriculteurs, les industriels et les négociants à une perte progressive. Ils se retiraient donc des affaires, et quand on ne le leur permettait point, ils s'y ruinaient, à moins qu'ils n'éludassent le maximum, en altérant, par exemple, la qualité de leurs produits à mesure que l'assignat baissait et en proportion de cette baisse ; ce qui ne manquait point d'arriver.

On finit par s'apercevoir que l'excès des émissions était la véritable cause de la dépréciation croissante des assignats, et des maux que cette dépréciation infligeait en dépit du maximum, et, en 1795, on en retira une partie de la circulation au moyen de l'emprunt forcé. L'effet de cette mesure fut des plus efficaces. Les assignats remontèrent au pair. Mais les besoins du gouvernement rendirent bientôt de nouvelles émissions nécessaires, et la dépréciation devint en conséquence, quoi qu'on pût faire pour l'arrêter, de plus en plus forte.

Citons encore à cet égard quelques renseignements intéressants, empruntés à l'histoire de M. Thiers :

« ... On a vu quelles ressources furent imaginées au mois d'août 1793, pour remettre les assignats en valeur, en les retirant en partie de la circulation. Le milliard retiré par l'emprunt forcé, et les victoires qui terminèrent la campagne de 1793 les relevèrent, et comme nous l'avons dit ailleurs, ils remontèrent presque au pair, grâce aux lois terribles qui rendaient la possession du numéraire si dangereuse. Cependant cette apparente prospérité dura peu, les assignats retombèrent bientôt, et la quantité des émissions les déprécia rapidement. Il en rentrait bien une partie par les ventes des biens nationaux, mais cette rentrée était insuffisante. Les biens se vendaient au dessus de l'estimation, ce qui n'avait rien d'étonnant, car l'estimation avait été faite en argent, et le payement se faisait en assignats. De cette manière, le prix était réellement fort au dessous de l'estimation, quoiqu'il parût être au dessus. D'ailleurs, cette absorption des assignats ne pouvait être que lente, tandis que l'émission était nécessairement immense et rapide. Douze cent mille hommes à solder et à armer; un matériel à créer, une marine à construire, avec un papier déprécié, exigeaient des quantités énormes de ce papier. Cette ressource était devenue la seule, et le capital des assignats, d'ailleurs, s'augmentait chaque jour par les confiscations ; on se résigna à en user autant que le besoin le réclamerait. On abolit la distinction entre la caisse de l'ordinaire et de l'extraordinaire, l'une réservée au produit des impôts, l'autre à la création des assignats. On confondit les deux natures de ressources, et chaque fois que le besoin l'exigeait, on suppléait au revenu par des émissions nouvelles. Au commencement de 1794 (an II), la somme totale des émissions s'était accrue du double. Près de quatre milliards avaient été ajoutés à la somme qui existait déjà, et l'avaient portée à environ huit milliards. En retranchant les sommes rentrées et brûlées, et celles qui n'avaient pas encore été dépensées, il restait en circulation réelle, cinq milliards 536 millions. On décréta en messidor, an II (juin 1794), la création d'un nouveau milliard d'assignats de toute valeur, depuis 1000 francs jusqu'à 15 sous... "

Le mal alla donc croissant, et il infligeait à tous les intérêts de tels dommages qu'une réaction était inévitable. Cette réaction eut lieu à la suite du 9 thermidor (août 1794) (1). La plu-

---

(1) Voici encore le tableau de la situation économique de la France à cette époque, esquissé par M. Thiers :

" Les assignats, malgré les victoires de la république, avaient subi une baisse rapide et ne comptaient plus dans le commerce que pour le sixième ou le huitième de leur valeur, ce qui apportait un trouble effrayant dans les échanges, et rendait le *maximum* plus inexécutable et plus vexatoire que jamais. Évidemment, ce n'était plus le défaut de confiance qui dépréciait les assignats, car on ne pouvait plus craindre pour l'existence de la république ; c'était leur émission excessive et toujours croissante au fur et à mesure de la baisse. Les impôts difficilement perçus et payés en papier fournissaient à peine le quart ou le cinquième de ce que la république dépensait chaque mois pour les frais extraordinaires de la guerre, et il fallait y suppléer par de nouvelles émissions. Aussi, depuis l'année précédente, la quantité d'assignats en circulation, qu'on avait espéré réduire à moins de deux milliards, par le moyen de différentes combinaisons, s'était élevée, au contraire, à quatre milliards six cents millions.

" A cette accumulation excessive de papier-monnaie et à la dépréciation qui s'ensuivait, se joignaient encore toutes les calamités résultant soit de la guerre, soit des mesures inouïes qu'elle avait commandées. On se souvient que pour établir un rapport forcé entre la valeur nominale des assignats et les marchandises, on avait imaginé la loi du *maximum*, qui réglait le prix de tous les objets et ne permettait pas aux marchands de l'élever au fur et à mesure de l'avilissement du papier ; on se souvient qu'à ces mesures on avait

part des mesures violentes que le gouvernement de la Terreur avait prises soit pour généraliser la circulation des assignats, soit pour en soutenir le cours, soit pour équilibrer autant que possible les pertes résultant de leur dépréciation, la plupart de ces mesures qui n'avaient opposé qu'un correctif insuffisant aux dommages causés par la surémission du papier-monnaie, et qui avaient engendré, en outre, des maux qui leur étaient propres,

---

ajouté les *réquisitions*, qui donnaient aux représentants ou aux agents de l'administration la faculté de requérir toutes les marchandises nécessaires aux armées et aux grandes communes, en les payant en assignats et au taux du *maximum*. Ces mesures avaient sauvé la France, mais en apportant un trouble extraordinaire dans les échanges de la circulation.

« On a déjà vu quels étaient les inconvénients principaux du *maximum :* établissement de deux marchés, l'un public, dans lequel les marchands n'exposaient que ce qu'ils avaient de plus mauvais et en moindre quantité possible ; l'autre, clandestin, dans lequel les marchands vendaient ce qu'ils avaient de meilleur contre de l'argent et à prix libre ; enfouissement général des denrées que les fermiers parvenaient à soustraire à toute la vigilance des agents chargés de faire les réquisitions ; enfin, trouble, ralentissement dans la fabrication, parce que les manufacturiers ne trouvaient pas dans le prix fixé à leurs produits les frais même de la production. Tous ces inconvénients d'un double commerce, de l'enfouissement des subsistances, de l'interruption de la fabrication, n'avaient fait que s'accroître. Il s'était établi partout deux commerces, l'un public et insuffisant, l'autre, secret et usuraire. Il y avait deux qualités de pain, deux qualités de viande, deux qualités de toutes choses, l'une pour les riches qui pouvaient payer en argent ou excéder le *maximum*, l'autre pour le pauvre, l'ouvrier, le rentier qui ne pouvaient donner que la valeur nominale de l'assignat. Les fermiers étaient devenus tous les jours plus ingénieux à soustraire leurs denrées ; ils faisaient de fausses déclarations ; ils ne battaient pas leur blé, et prétextaient le défaut de bras , défaut qui, au reste, était réel, car la guerre avait absorbé plus de quinze cent mille hommes ;

furent successivement rapportées. Le *maximum*, en particulier, qui obligeait les agriculteurs, les industriels et les commerçants à vendre leurs marchandises à un prix invariable, tandis

ils arguaient de la mauvaise saison, qui, en effet, ne fut pas aussi favorable qu'on l'avait cru au commencement de l'année, lorsqu'à la fête de l'Être suprême on remerciait le ciel des victoires et de l'abondance des récoltes. Quant aux fabricants, ils avaient tout à fait suspendu leurs travaux. On a vu que, l'année précédente, la loi, pour n'être pas inique envers les marchands, avait dû remonter jusqu'aux fabricants, et fixer le prix de la marchandise sur le lieu de fabrique, en ajoutant à ce prix celui des transports; mais cette loi était devenue injuste à son tour. La matière première, la main-d'œuvre, ayant subi le renchérissement général, les manufacturiers n'avaient plus trouvé le moyen de faire leurs frais, et avaient cessé leurs travaux. Il en était de même des commerçants. Le frêt pour les marchandises de l'Inde était monté, par exemple, de 150 francs le tonneau à 400 : les assurances de 5 et 6 p. c. à 50 et 60. Les commerçants ne pouvaient donc plus vendre les produits rendus dans les ports au prix fixé par le *maximum*, et ils interrompaient ainsi leurs expéditions. Comme nous l'avons fait remarquer ailleurs, en forçant un prix il aurait fallu les forcer tous; mais c'était impossible.

« Le temps avait dévoilé encore d'autres inconvénients particuliers au *maximum*. Le prix des blés avait été fixé d'une manière uniforme dans toute la France. Mais la production du blé étant inégalement coûteuse et abondante dans les différentes provinces, le taux légal se trouvait sans aucune proportion avec les localités. La faculté laissée aux municipalités de fixer le prix de toutes les marchandises amenait une autre espèce de désordre. Quand des marchandises manquaient dans une commune, les autorités en élevaient le prix ; alors ces marchandises y étaient apportées au préjudice des communes voisines; il y avait quelquefois engorgement dans un lieu, disette dans un autre, à la volonté des régulateurs du tarif; et les mouvements du commerce, au lieu d'être réguliers et naturels, étaient capricieux, inégaux et convulsifs.

« Les résultats des réquisitions étaient bien plus fâcheux encore. On se

qu'ils recevaient en échange une monnaie en voie de constante dépréciation, le *maximum* fut aboli. On vit alors toutes les marchandises hausser dans la proportion de la dépréciation

---

servait des réquisitions pour nourrir les armées, pour fournir les grandes manufactures d'armes et les arsenaux de ce qui leur était nécessaire, pour approvisionner les grandes communes, et quelquefois pour procurer aux fabricants et aux manufacturiers les matières dont ils avaient besoin. C'étaient les représentants, les commissaires près des armées, les agents de la commission du commerce et des approvisionnements, qui avaient la faculté de requérir. Dans le moment pressant du danger, les réquisitions s'étaient faites avec précipitation et confusion. Souvent elles se croisaient pour les mêmes objets, et celui qui était requis ne savait à qui entendre. Elles étaient presque toujours illimitées. Quelquefois on frappait de réquisition toute une denrée dans une commune ou dans un département. Alors les fermiers ou les marchands ne pouvaient plus vendre qu'aux agents de la république; le commerce étant interrompu, l'objet réquis gisait longtemps sans être enlevé ou payé, et la circulation se trouvait arrêtée. Dans la confusion qui résultait de l'urgence, on ne calculait pas les distances; et l'on frappait de réquisition le département le plus éloigné de la commune ou de l'armée qu'on voulait approvisionner; ce qui multipliait les transports. Beaucoup de rivières et de canaux étant privés d'eau par une sécheresse extraordinaire, il n'était resté que le roulage, et l'on avait enlevé à l'agriculture ses chevaux pour suffire aux charrois. Cet emploi extraordinaire, joint à une levée forcée de quarante-quatre mille chevaux pour l'armée, les avait rendus très rares, et avait épuisé presque tous les moyens de transport. Par l'effet de ces mouvements mal calculés et souvent inutiles, des masses énormes de subsistances ou de marchandises se trouvaient dans les magasins publics, entassées sans aucun soin, et souvent exposées à toute espèce d'avarie. Les bestiaux acquis pour la république étaient mal nourris, ils arrivaient amaigris dans les abattoirs, ce qui faisait manquer les corps gras, le suif, la graisse, etc. Aux transports inutiles se joignaient donc des dégâts, et souvent les abus les plus coupables. Des agents infidèles revendaient secrètement, au cours le plus élevé, les marchandises qu'ils avaient

accomplie et du risque de la dépréciation à venir, et comme les émissions avaient atteint des quantités fabuleuses, la hausse fut énorme. Les rentiers de l'État et les propriétaires qui

---

obtenues au *maximum* par le moyen des réquisitions. Cette fraude était pratiquée aussi par des marchands, des fabricants qui, ayant invoqué d'abord un ordre de réquisition pour s'approvisionner, revendaient ensuite secrètement et au cours, ce qu'ils avaient acheté au *maximum*.

« Ces causes diverses, s'ajoutant aux effets de la guerre continentale et maritime, avaient réduit le commerce à un état déplorable. Il n'y avait plus de communications avec les colonies, devenues presque inaccessibles par les croisières des Anglais, et presque toutes ravagées par la guerre. La principale, Saint-Domingue, était mise à feu et à sang par les divers partis qui se la disputaient. Ce concours de circonstances rendait déjà toute communication extérieure presque impossible ; une autre mesure révolutionnaire avait contribué aussi à amener cet état d'isolement ; c'était le séquestre ordonné sur les biens des étrangers avec lesquels la France était en guerre. On se souvient que la Convention, en ordonnant ce séquestre, avait eu pour but d'arrêter l'agiotage sur le papier étranger, et d'empêcher les capitaux d'abandonner les assignats pour se convertir en lettres de change sur Francfort, Amsterdam, Londres, etc. En saisissant les valeurs que les Espagnols, les Allemands, les Hollandais, les Anglais avaient sur la France, on provoqua une mesure pareille de la part de de l'étranger, et toute circulation d'effets de crédit avait cessé entre la France et l'Europe. Il n'existait plus de relations qu'avec les pays neutres, le Levant, la Suisse, le Danemark, la Suède et les États-Unis ; mais la commission du commerce et des approvisionnements en avait usé toute seule pour se procurer des grains, des fers et différents objets nécessaires à la marine. Elle avait requis pour cela tout le papier ; elle en donnait aux banquiers français la valeur en assignats, et s'en servait en Suisse, en Suède, en Danemark, en Amérique, pour payer les grains et les différents produits qu'elle achetait.

« Tout le commerce de la France se trouvait donc réduit aux approvisionnements que le gouvernement faisait dans les pays étrangers, au moyen des valeurs requises forcément chez les banquiers français. A peine arrivait-il dans

n'avaient pu renouveler leurs baux souffraient surtout de ce nouvel état de choses : on vit à Paris, par exemple, les rentiers réduits à vivre de la charité publique. Quant aux ouvriers, la guerre ayant ouvert un vaste débouché aux bras surabondants que la crise industrielle et commerciale avait laissés sans emploi, ils purent obtenir plus aisément l'augmentation de leurs salaires.

---

les ports quelques marchandises venues par le commerce libre, qu'elles étaient aussitôt frappées de réquisition, ce qui décourageait entièrement, comme nous venons de le montrer, les négociants auxquels le frêt et les assurances avaient coûté énormément et qui étaient obligés de vendre au *maximum*. Les seules marchandises un peu abondantes dans les ports, étaient celles qui provenaient de prises faites sur l'ennemi ; mais les unes étaient immobilisées par les réquisitions, les autres par les prohibitions portées contre tous les produits des nations ennemies. Nantes, Bordeaux, déjà dévastées par la guerre civile, étaient réduites, par cet état du commerce, à une inertie absolue et à une détresse extrême. Marseille, qui vivait autrefois de ses relations avec le Levant, voyait son port bloqué par les Anglais, ses principaux négociants dispersés par la terreur, ses savonneries détruites ou transportées en Italie, et faisait à peine quelques échanges désavantageux avec les Gênois. Les villes de l'intérieur n'étaient pas dans un état moins triste. Nîmes avait cessé de produire ses soieries, dont elle exportait autrefois pour vingt millions. L'opulente ville de Lyon, ruinée par les bombes et la mine, était maintenant en démolition, et ne fabriquait plus les riches tissus dont elle fournissait autrefois pour plus de 60 millions au commerce. Un décret qui arrêtait les marchandises destinées aux communes rebelles en avait immobilisé autour de Lyon une quantité considérable, dont une partie devait entrer dans cette ville, et l'autre la traverser seulement pour de là se rendre sur les points nombreux auxquels aboutit la route du Midi. Les villes de Châlons, Macon, Valence, avaient profité de ce décret pour arrêter les marchandises voyageant sur cette route si fréquentée. La manufacture de Sedan avait été obligée d'interrompre la fabrication des draps fins pour se livrer à celle du

Il aurait fallu, pour mettre fin à tant de maux, que le gouvernement pût cesser d'émettre de nouvelles quantités de papier-monnaie. Malheureusement, la planche aux assignats continuait d'être sa principale ressource. Il la fit, en conséquence, fonctionner aussi longtemps qu'il y trouva quelque profit, c'est à dire aussi longtemps qu'il put émettre des assignats à un taux supérieur à leurs frais de fabrication. Ce moment arriva enfin.

---

drap à l'usage des troupes, et ses principaux fabricants étaient poursuivis, en outre, comme complices du mouvement projeté par Lafayette, après le 10 août. Les départements du Nord, du Pas de Calais, de la Somme et de l'Aisne, si riches par la culture du lin et du chanvre, avaient été entièrement ravagés par la guerre. Vert l'Ouest, dans la malheureuse Vendée, plus de six cents lieues carrées étaient entièrement ravagées par le feu et le fer. Les champs étaient en partie abandonnés, et des bestiaux nombreux erraient au hasard sans pâture et sans étable. Partout, enfin, où des désastres particuliers n'ajoutaient pas aux calamités générales, la guerre avait singulièrement diminué le nombre des bras, et la terreur chez les uns, la préoccupation politique chez les autres, avaient éloigné ou dégoûté du travail un nombre considérable de citoyens laborieux. Combien préféraient à leurs ateliers et à leurs champs, les clubs, les conseils municipaux, les sections, où ils recevaient quarante sous pour aller s'agiter et s'émouvoir !

« Ainsi, désordre dans tous les marchés, rareté des subsistances, interruption dans les manufactures par l'effet du *maximum*, déplacements désordonnés, amas inutiles, dégâts de marchandises, épuisement de moyens de transport par l'effet des réquisitions, interruption de communications avec toutes les nations voisines par l'effet de la guerre, du blocus maritime, du séquestre ; dévastation des villes manufacturières et de plusieurs contrées agricoles par la guerre civile, diminution de bras par la réquisition, oisiveté amenée par le goût de la vie politique : tel est le tableau de la France sauvée du fer étranger, mais épuisée un moment par les efforts inouïs qu'on avait exigés d'elle (*). »

(*) THIERS. *Histoire de la Révolution française.* Livre XXIII.

En 1796, les assignats ne valaient plus qu'un 200ᵉ environ de leur taux originaire d'émission. Une livre de beurre se payait alors 200 fr. en assignats, une paire de bottes 2,000 fr.; les ouvriers gagnaient 600 fr. par jour, etc.; les rentiers de l'État seuls, continuant à recevoir les assignats comme si aucune dépréciation n'avait eu lieu, se trouvaient complétement ruinés. Après avoir fait quelques nouvelles tentatives pour relever le cours du papier, après avoir essayé aussi de substituer les *mandats* aux assignats, le gouvernement, s'apercevant que sa mine de papier-monnaie ne valait plus la peine d'être exploitée, se décida à l'abandonner. On brisa donc cette planche aux assignats qui avait fourni pendant six ans la plus grande partie des ressources à l'aide desquelles la révolution s'était soutenue, on retira aux assignats le cours forcé, on cessa même de les recevoir en paiement des contributions et des biens nationaux. Les assignats, cessant alors presque entièrement d'être demandés, tandis que l'offre en était énorme, perdirent toute valeur et devinrent, par conséquent, impropres à servir d'instrument des échanges; la monnaie métallique revint d'elle-même remplir le vide qu'ils laissaient et, après une des plus désastreuses perturbations dont l'histoire fasse mention, les choses reprirent leur cours ordinaire.

Recherchons maintenant quelle fut l'importance approximative des ressources que l'émission des assignats procura à la France révolutionnaire, et à quel prix ces ressources furent acquises; combien les assignats rapportèrent au gouvernement et combien ils coûtèrent à la nation.

Voyons d'abord quelles sommes en avaient été successivement introduites dans la circulation. En avril 1790, eut lieu une première émission de 400 millions. Au mois de septembre

de la même année, cette somme fut portée à 1,200 millions.
Au 1er janvier 1795, il y avait en circulation 5,626 millions
d'assignats, en valeur nominale; au 7 septembre 1794,
8,817 1/2 millions; au 7 septembre 1795, 19,699 1/2 millions. Enfin, le 7 septembre 1796, la somme des émissions
s'élevait au chiffre inouï de 45,599 millions. Pendant cette
période, on en avait retiré à diverses reprises pour 12,744 millions. Il en restait donc pour 32 milliards environ, dans la circulation, lorsque la planche aux assignats fut brisée.

M. Thiers évalue à 4 ou 5 milliards de francs, la valeur réelle
des ressources que l'émission des 45 milliards d'assignats procura à la révolution. Il faudrait, pour contrôler cette assertion,
avoir un tableau du produit réel que le gouvernement retirait
de chacune des émissions, et nous ne possédons pas les données nécessaires pour dresser ce tableau, savoir : le prix des
métaux précieux, et des principales marchandises en assignats
(sans tenir compte du maximum); le relevé des réquisitions
faites au prix du *maximum* pour le compte du gouvernement
et des diverses administrations, et payées en assignats à un cours
inférieur à leur cours réel de toute la différence existant entre
le prix du *maximum* et le prix naturel du marché. Nous savons
seulement qu'aussi longtemps que les émissions ne dépassèrent
pas ou ne dépassèrent que faiblement les besoins de la circulation, la dépréciation demeura peu sensible et, en conséquence,
que le produit réel des émissions équivalut à peu de chose
près à leur valeur nominale. Mais il en fut tout autrement dès
que les émissions devinrent excessives, et l'on estime que les
20 derniers milliards sortis de la mine des assignats rapportèrent à peine 200 millions au gouvernement.

Du produit des assignats, il convient encore de déduire la

perte que leur dépréciation occasionnait à l'État considéré comme créancier. Tous ses revenus, l'État les recevait en assignats, à l'exception de la contribution foncière dont la moitié fut, dans les derniers temps du papier-monnaie, perçue en nature. Cependant cette perte se trouvait atténuée sous l'influence de deux causes. En premier lieu, parce qu'un bon nombre d'impôts avaient été supprimés et que les autres n'étaient perçus que d'une manière incomplète et irrégulière : en 1796, l'arriéré ne s'élevait pas à moins de 15 milliards. En second lieu, l'État, payant en assignats, sans augmentation ou avec une augmentation sans proportion avec la baisse du papier, les rentiers et les employés qu'il aurait dû payer en bonne monnaie si les assignats n'avaient pas existé, allégeait ainsi une partie de sa dépense : cela faisait compensation à la perte que lui imposait l'obligation de recevoir des assignats pour la rentrée des impôts.

L'estimation de M. Thiers ne doit point toutefois s'éloigner beaucoup de la vérité. On peut admettre que la contribution extraordinaire levée sur la circulation au moyen des assignats s'éleva en six années à 4 ou 5 milliards; mais on ne saurait apprécier, même d'une manière approximative, l'étendue des sacrifices et des dommages de tous genres que la levée de cette contribution imposa à la nation. Ces sacrifices et ces dommages consistèrent :

1° Dans la perte occasionnée à tous les détenteurs du papier-monnaie, d'abord par sa dépréciation successive, ensuite par l'annulation complète de sa valeur. En admettant que les 45 milliards de valeur nominale successivement émis eussent possédé, lors de leur mise en circulation, une valeur réelle ou, ce qui revient au même, un pouvoir d'échange équivalant à celui d'une somme de 4 à 5 milliards en numéraire, la perte des consommateurs de monnaie entre les mains desquels les assignats avaient passé pendant le cours de la dépréciation, et de ceux entre les mains desquels ils étaient finalement demeurés s'élevait donc à 4 ou 5 milliards. Mais cette perte s'était trouvée singulièrement aggravée par le fait des réquisitions dont l'État et les communes frappaient les produits ou les services dont ils avaient besoin et qu'ils payaient en assignats au prix du maximum, c'est à dire en ne tenant compte aux victimes des réquisitions que d'une faible partie de la dépréciation.

2° Dans l'inégalité des dommages infligés par la dépréciation. D'abord, les rentiers, les propriétaires et les ouvriers en subirent la plus forte part; ensuite, sous l'influence du *maximum*, ces dommages retombèrent principalement sur les agriculteurs, les industriels et les commerçants, qui fournirent, au fur et à mesure de la dépréciation, une part progressive de l'impôt monétaire.

3° Dans l'existence du *risque de dépréciation*, et dans les perturbations qui en étaient la suite : dépenses hâtives, destruction du crédit, élévation excessive du taux de l'intérêt, difficulté presque insurmontable de conclure des opérations à terme, etc., etc.

4° Dans le dommage causé à la moralité publique par le fait de l'autorisation accordée à tous les débiteurs de faire, à l'exemple du gouvernement lui-même, banqueroute à leurs créanciers du montant de la dépréciation. Tous n'usèrent point de cette autorisation sans doute; mais le plus grand nombre se fit d'autant moins scrupule d'en user, qu'il était fort difficile de retrouver le véritable étalon monétaire en présence de la surabondance du papier et de la rareté du métal.

En totalisant ces pertes et ces dommages, on arriverait certainement à une somme triple ou quadruple du produit net de l'opération ; en sorte que l'émission des assignats serait l'équivalent d'un impôt arbitraire dont la perception aurait coûté 5 ou 400 p. c. Jamais impôt plus désastreux ne fut levé sur un peuple. Mais la révolution n'avait pas le choix. Les assignats la sauvèrent, à la vérité, comme le constate M. Thiers, mais ce fut pour mieux la perdre. Ils rendirent le gouvernement républicain odieux et firent accepter comme un bienfait véritable le rétablissement, sous d'autres noms, du système d'impôts et de gouvernement de l'ancien régime.

Au dommage immédiat causé par l'expédient des assignats, il faut encore joindre celui qui résulta de la contagion de l'exemple. Sans doute, la France révolutionnaire n'inventa point les assignats : en France même, le système de Law les avait inaugurés sous une autre forme ; les Provinces Unies en avaient fait usage dans leur lutte contre l'Espagne, et les colonies anglaises d'Amérique dans leur lutte contre la métropole britannique ; mais la révolution française les popularisa, en montrant toute l'étendue des ressources qu'on en pouvait tirer, dans un moment d'extrême nécessité. A dater de cette époque, tous les gouvernements qui ont eu à soutenir des luttes intérieures ou extérieures, sans pouvoir trouver dans les impôts ordinaires ou dans le crédit les moyens nécessaires pour y subvenir, ont eu recours à des émissions de papier-monnaie, soit directement soit par l'intermédiaire de banques d'État. On peut citer notamment l'Angleterre, la Russie, l'Autriche, la Hongrie, et finalement les États du Nord et du Sud de l'Union américaine. Dans ces différents pays, le papier-monnaie n'a point causé des désastres aussi grands que ceux dont il avait été la source en

France, parce que l'émission en a été plus modérée; mais les
procédés employés pour l'introduire dans la circulation, pour
en soutenir ou en relever la valeur, pour équilibrer les dommages causés par sa dépréciation, etc., etc., ont été généralement les mêmes; et ces procédés sont les mêmes aussi que
ceux dont les souverains de l'ancien régime faisaient usage
pour substituer des monnaies affaiblies aux monnaies fortes.
La seule différence entre les monnaies métalliques affaiblies et
les monnaies de papier, c'est que les dernières peuvent causer
et causent des dommages infiniment plus considérables que les
premières; mais quant aux procédés d'émission, ils sont iden-
tiques. Ils n'ont point changé depuis Philippe le Bel. Aussi
peut-on s'étonner de voir des écrivains spéciaux flétrir les expédients monétaires de l'ancien régime comme des monstruosités
qui seraient inconnues de nos jours. Ces expédients, on les a,
au contraire, perfectionnés, en les rendant à la fois plus dommageables pour le public et plus profitables pour les gouvernements. Le papier-monnaie a permis de pousser à leur limite
extrême, au *nec plus ultra* les altérations monétaires.

Cependant malgré le déplorable usage qu'en ont fait les gouvernements, investis du monopole du monnayage, le *papier-
monnaie* n'en demeure pas moins le plus parfait et le plus économique des instruments monétaires. Il s'agit seulement de
savoir dans quelles conditions il devrait être émis pour devenir
aussi utile qu'il a été et qu'il est encore, entre les mains de ceux
qui sont investis du monopole de son émission, dangereux et
nuisible.

Ces conditions nous les connaîtrons en étudiant le phénomène DU CRÉDIT.

HUITIÈME LEÇON

LE CRÉDIT. — NOTIONS GÉNÉRALES

Introduction. — Définition du crédit. — Comment se forment les capitaux. — Formes sous lesquelles les capitaux peuvent être investis ; destinations auxquelles on peut les affecter. — En quoi consiste l'*offre* des capitaux. — De la privation et du risque qu'implique tout engagement de capitaux. — De la *demande* des capitaux. — Ce qui la limite. — De la tendance de l'offre et de la demande des capitaux à s'équilibrer au niveau du prix naturel de l'intérêt. — Des instruments du crédit. — Des obligations commerciales. — Analyse de la vente à crédit. — Comment se paye le crédit en nature. — Cause de l'extrême multiplication des marchands de détail. — Caractère somptuaire du *maximum* imposé aux prix des choses nécessaires à la vie. — De la transmissibilité des obligations commerciales, et de son influence sur le développement du crédit. — Des obligations auxquelles donnent naissance les prêts en argent. — Des titres de propriété et des effets de leur transmissibilité. — La mobilisation des valeurs a-t-elle pour résultat de multiplier les capitaux ? — Des garanties du crédit. — Des garanties réelles, personnelles, mobilières et immobilières. — Des garanties morales et légales. — Des assurances.

Les institutions de crédit jouent aujourd'hui dans le monde économique un rôle sur l'importance duquel il est superflu d'insister. Dans tous les pays où l'industrie est en voie de transformation, où l'introduction de nouveaux moteurs à la fois plus puissants et plus coûteux détermine la substitution des grandes exploitations aux petites, où le capital nécessaire à la formation et au fonctionnement des entreprises devient, en conséquence, de plus en plus considérable, il est rare que les entrepreneurs n'en doivent pas emprunter une partie sous une forme ou sous une autre. Cette nécessité deviendra, selon toute apparence, plus générale encore, à mesure que les progrès agricoles, industriels et commerciaux en se multipliant exigeront, dans chaque entreprise, de plus fortes agglomérations de capitaux. Au moment où nous sommes, le crédit est déjà un organe vital de la production, et il est destiné à prendre, chaque jour, une place plus grande dans la constitution économique de la société.

Il est donc essentiel de bien étudier cet organe en voie de développement de l'économie de notre société. Cela est d'autant plus nécessaire qu'il en est de la puissance du crédit comme de toutes les puissances : autant elle peut être bienfaisante lorsqu'elle est sainement développée et dirigée, autant elle peut causer de mal, lorsqu'elle est établie sur une base vicieuse et gouvernée par des mains inhabiles. On peut comparer les grandes institutions de crédit qui se sont substituées aux petits comptoirs des usuriers d'autrefois à ces puissantes et merveilleuses locomotives qui ont pris la place des chaises à porteurs, des diligences et des malles-postes : elles rendent mille fois plus de services ; mais quand elles viennent à dérailler ou à faire explosion, soit parce que la voie sur laquelle elles circulent manque de solidité, soit parce que leur construction est vicieuse, soit parce que leurs conducteurs sont ignorants, elles occasionnent des accidents bien autrement graves que ceux qui pouvaient résulter de la chute d'une diligence ou de tout autre véhicule de l'ancien régime. Où il n'y avait autrefois, le plus souvent, que quelques voyageurs contusionnés, il y a maintenant des centaines de victimes qui périssent d'une mort cruelle.

C'est ainsi que dans les pays où les institutions de crédit se sont particulièrement multipliées et développées, en Angleterre et aux États-Unis par exemple, on a vu éclater d'intervalle en intervalle des crises désastreuses qui ont englouti des milliers d'établissements, en jetant dans le monde des affaires une perturbation soudaine et profonde. Ces crises, dont le nom même était ignoré autrefois, sont comme les explosions de la machine du crédit. Elles font des victimes d'autant plus nombreuses, que tous les peuples se trouvant maintenant engagés dans les liens d'une immense solidarité économique, grâce au développement des échanges internationaux, chacun ressent l'influence de la prospérité de ses voisins ou subit le contre-coup des désastres qui les atteignent.

Or ces explosions, — que le télégraphe communique littéralement avec la rapidité de la foudre dans toute la vaste étendue du monde des affaires, — il n'y a que deux moyens de les prévenir.

Le premier consisterait à s'isoler des autres nations et à empêcher chez soi tout développement de la *machinery* du crédit; ce qui serait à peu près aussi intelligent que de prohiber les chemins de fer pour éviter les accidents qui résultent du déraillement des convois et de l'explosion des chaudières des locomotives.

Le second moyen d'éviter les crises consiste à se rendre bien compte des conditions naturelles d'établissement et de fonctionnement du mécanisme du crédit, et à s'y conformer, en gouvernant avec une prudence qui n'exclut pas la hardiesse cette puissance nouvelle à la fois si féconde et si redoutable.

Nous croyons inutile d'ajouter qu'à nos yeux cette dernière méthode seule est la bonne; qu'en matière de crédit comme en toute autre, il faut regarder toujours en avant, non en arrière, et demander au progrès les remèdes aux maux que le progrès amène.

Cela dit, entrons en matière.

CRÉDIT vient de *credere*, croire, avoir foi, et l'étymologie du mot explique parfaitement la chose que ce mot signifie. Car la base du crédit, c'est la confiance. Confier des capitaux, c'est à dire des accumulations de choses pourvues de valeur, ou, pour nous servir de l'expression consacrée, des *valeurs* à ceux qui en ont besoin et qui sont disposés à en payer l'usage, voilà l'opération du crédit.

Les capitaux sont, comme on voit, l'objet du crédit. D'où il résulte que le développement du crédit est subordonné à celui de la production des capitaux.

Les capitaux naissent du *produit net* des entreprises (voir la première partie. *Les besoins et les moyens de production*) et le produit net à son tour apparaît seulement lorsque le produit brut dépasse le montant des frais de la production comprenant l'entretien et le renouvellement nécessaires du personnel et du matériel. Ce produit net peut être ou appliqué à une consommation improductive ou conservé, soit sous sa forme primitive, soit, après avoir été échangé, sous une forme appropriée à la destination qu'on veut lui donner, et, dans ce cas, on dit qu'il est capitalisé. La première condition requise pour la formation et la multiplication des capitaux, c'est donc que la production, dans ses différentes branches, soit active et abondante, c'est que les entreprises agricoles, industrielles, commerciales et autres soient nombreuses et qu'elles fournissent un produit net. Cela ne suffit pas cependant. Le produit net n'est que la matière première dont on se sert pour former le capital. Si au lieu d'appliquer le produit net à cette destination, on le gaspille dans des dépenses inutiles ou nuisibles, le capital ne s'accroîtra point, et même, dans le cas des dépenses nuisibles qui détériorent, par exemple, le personnel de la production, il diminuera. Quelle façon doit donc recevoir le produit net pour être transformé en capital? Il doit être *épargné*, c'est à dire soustrait aux appétits qui sollicitent son application à un accroissement de jouissances et réservé soit en vue d'un emploi productif, soit encore, si les débouchés manquent, pour subvenir simplement à des nécessités éventuelles. Cette façon de l'épargne que doit recevoir le produit net pour être transformé en capital exige d'abord une opération intellectuelle qui consiste à prévoir, dans toute leur étendue probable, les besoins à venir; elle exige ensuite une opération morale qui consiste à opposer un frein aux appétits, le plus souvent matériels mais quelquefois aussi intellectuels et moraux, qui nous poussent à une consommation immédiate. Les pays où la production est active et fructueuse, où, en même temps, les populations possèdent les qualités intellectuelles et morales requises pour la transformation du produit net en capital sont naturellement ceux où les capitaux se produisent avec le plus d'abondance. Ce sont l'Angleterre, la Hollande, la Suisse, la Belgique, certaines parties de l'Allemagne, de la France, etc. Ces pays produisent non seulement des capitaux pour la consommation intérieure, mais encore ils en exportent annuellement des quantités considérables.

Les capitaux, à mesure qu'ils se forment par l'épargne d'une portion du produit net, peuvent être investis sous les formes les plus diverses. On ne les constitue point, nécessairement, sous la forme du produit que l'on fabrique ou de la marchandise dont on fait commerce. On *réalise* communément ce produit ou cette marchandise, en l'échangeant contre des instruments monétaires, que l'on échange ensuite en partie contre des objets de consommation, en partie contre les choses dans lesquelles on veut investir son capital. Quelquefois, on le prête en nature pour un délai plus ou moins long par la vente à crédit; quelquefois encore on le prête, à mesure qu'on le réalise, sous la forme d'instruments monétaires.

Quelle que soit, du reste, la forme sous laquelle on crée les capitaux ou sous laquelle on les investit, par le procédé de l'échange, après les avoir créés, on peut les affecter à trois destinations : 1° on peut les conserver improductifs, en attendant le moment favorable pour les consacrer à un emploi utile; 2° les employer pour son propre compte, soit isolément, soit en les joignant à d'autres par voie d'association ; 5° les louer si ce sont des capitaux fixes, les prêter si ce sont des capitaux circulants.

Les capitaux qui se présentent au marché pour chercher un placement utile, sous une forme ou sous une autre, constituent *l'offre* des capitaux.

Cette offre se rencontre sur le marché avec *la demande*, laquelle comprend la masse des capitaux qui sont partout, en tout temps et sous toutes les formes, requis pour constituer, alimenter ou développer les entreprises de production, ou bien encore, quoique dans une mesure infiniment plus restreinte, satisfaire à des besoins de consommation, en suppléant à l'insuffisance actuelle des revenus des consommateurs.

Jetons un coup d'œil sur ces deux phénomènes.

L'*offre* consiste dans la masse des capitaux qui cherchent un placement par voie d'association, de prêt ou de location. Cette offre est limitée d'abord par la quantité du capital existant, ensuite par la portion de ce capital qui se trouve disponible. Celle-ci comprend, notons le bien, non seulement les capitaux qui ne sont point engagés dans la multitude des entreprises de production en activité, mais encore, au moins par intermittences, une partie des capitaux engagés dans ces entreprises. En effet, la quantité du capital requis pour chacune n'est pas, en tous temps, la même. A cet égard, il y a une distinction à établir entre les capitaux fixes, immobilisés sous forme de terres, de bâtiments, de machines, etc., qui demeurent engagés, sans interruption, aussi longtemps que l'entreprise subsiste, et les capitaux circulants, qui existent sous forme de matières premières, de numéraire, de produits emmagasinés ou en voie de réalisation. Aux époques où les produits se réalisent, par exemple, une partie du capital circulant devient momentanément disponible, jusqu'à ce qu'elle soit requise pour l'achat des matières premières, le payement successif des ouvriers, etc. On peut, en conséquence, ou la conserver inactive ou la placer d'une manière temporaire et elle grossit, dans ce dernier cas, l'offre générale des capitaux.

Mais on n'offre des capitaux qu'à la condition d'y être déterminé par l'appât d'un intérêt ou d'un profit. En dernière analyse, les capitaux, sous quelque forme qu'ils se trouvent investis, constituent des *pouvoirs productifs*. Ceux qui les possèdent et qui s'en dessaisissent se privent des avantages qu'ils en retireraient, soit en les gardant à leur disposition, soit en les employant eux-mêmes ; ils s'imposent une *privation*. D'un autre côté, ils s'exposent encore à un *risque*. Tout engagement de capitaux, sous une forme ou sous une autre, implique à la fois une privation et un risque. D'où il résulte qu'on ne les engage point, à moins d'être couvert de cette privation et de ce risque. La compensation de la privation et la prime du risque sont, comme nous l'avons vu (*Deuxième partie*, XI° leçon, *La part du capital*), les éléments constitutifs du prix naturel de l'usage des capitaux.

Selon que l'ensemble des branches de la production donne des profits plus ou moins élevés, selon encore qu'on s'expose à un dommage plus ou moins intense et probable, en cessant de conserver la disponibilité de son capital, par le fait d'accidents ou de sinistres qui seraient de nature à nécessiter son intervention immédiate, la privation provenant de ce double chef, savoir, pour nous servir des expressions des vieux jurisconsultes, du *lucre cessant* et du *dommage naissant*, a plus ou moins d'étendue. Ce qui revient à dire que plus le pouvoir productif ou réparateur du capital est grand, plus grande aussi est la privation que l'on s'impose en cessant de conserver ce pouvoir disponible pour l'engager dans une entreprise quelconque. D'où il résulte que la compensation destinée à couvrir la privation d'un capital engagé dans une direction spéciale doit être d'autant plus élevée, que le pouvoir général du capital ou son aptitude générale à procurer des profits et à réparer des dommages est plus considérable. De même, la prime d'assurance s'élève d'autant plus, que l'on subit, en engageant son capital, dans n'importe quelle direction, un risque plus grand.

Ces deux éléments diversement combinés constituent le prix naturel de chaque catégorie de profits, d'intérêts ou de loyers.

La *demande* consiste dans la masse des capitaux ou des pouvoirs productifs qui sont incessamment réclamés pour concourir à toute sorte d'entreprises. Elle est limitée d'abord par l'étendue du marché, autrement dit par le nombre et l'importance des entreprises qu'il s'agit de constituer, d'alimenter ou de développer. Elle est limitée ensuite par le prix auquel les capitaux s'offrent à l'engagement. Quand ce prix est élevé, relativement au produit des entreprises, la demande est faible ; quand, au contraire, le prix du service des capitaux est bas relativement au produit des entreprises, la demande en est active. C'est alors aussi qu'on voit la production prendre un essor particulièrement rapide.

" On peut regarder, dit Turgot, le prix de l'intérêt comme une espèce de niveau au dessous duquel tout travail, toute culture, toute industrie, tout commerce cessent. C'est comme une mer répandue sur une vaste contrée : les sommets des montagnes s'élèvent au dessus des eaux, et forment des îles fertiles et cultivées. Si cette mer vient à s'écouler, à mesure qu'elle descend, les terrains en pente, puis les plaines et les vallons paraissent et se couvrent de productions de toute espèce. Il suffit que l'eau monte ou s'abaisse d'un pied pour inonder ou pour rendre à la culture des plages immenses. — C'est l'abondance des capitaux qui anime toutes les entreprises, et le bas intérêt de l'argent est tout à la fois l'effet et l'indice de l'abondance des capitaux (1). "

Il convient de remarquer toutefois que le prix des capitaux

---

(1) TURGOT. *Sur la formation et la distribution des richesses*. T. Ier, p. 59. Collection des principaux économistes. Édition Guillaumin.

peut être très bas, sans que l'industrie soit active, si elle
manque de débouchés faute de voies de communication ou par
le fait des obstacles artificiels du régime prohibitif, par
exemple. En ce cas, les capitaux demeurent sans emploi, ou,
quand ils le peuvent, ils émigrent vers les pays où l'industrie
leur offre un débouché plus vaste et plus avantageux. Le prix
des capitaux peut, au contraire, être élevé et l'industrie active
si, grâce à l'étendue de son marché, elle réalise des profits
considérables. Mais comme le marché s'étend à mesure que les
prix s'abaissent, et comme les prix ne peuvent s'abaisser, d'une
manière régulière et permanente, que par la diminution des
frais de production, lesquels dépendent de la quantité des
agents productifs qu'il faut mettre en œuvre et du prix auquel
il faut payer leur concours, la comparaison de Turgot n'en est
pas moins, en dernière analyse, aussi vraie qu'elle est pittoresque.

La *demande* des capitaux est donc limitée par l'étendue du
débouché qui leur est ouvert, et ce débouché à son tour s'étend
ou se resserre selon que le prix courant des capitaux s'abaisse
ou s'élève. A mesure qu'il s'abaisse, une multitude d'entreprises
peuvent se constituer ou se développer avec avantage ; à mesure
qu'il s'élève, au contraire, une partie des entreprises existantes
cessent de couvrir leurs frais, et elles sont obligées de ralentir
leur production ou même de la suspendre.

Le prix courant des capitaux, soit qu'on les engage isolément
dans une industrie que l'on exerce à ses frais et risques, soit
qu'on les associe à d'autres pour recevoir en échange un dividende, soit qu'on les prête ou qu'on les loue, ce prix courant
est déterminé, comme celui de toutes choses, par les phénomènes de l'offre et de la demande ; mais il tend de même, in-

cessamment, sous l'impulsion de la loi des quantités et des prix, à se confondre avec le *prix naturel* du service des capitaux. On en connaît la raison. Lorsqu'il tombe au dessous, la privation et le risque impliqués dans tout engagement de capitaux n'étant plus suffisamment couverts, les capitaux se retirent par le fait de la privation ou se détruisent par le fait du risque, jusqu'à ce que la diminution de l'offre ait fait remonter le prix courant au niveau du prix naturel ou même l'ait porté au dessus. Lorsque la situation inverse se produit, la formation ou l'immigration des capitaux est encouragée par une prime égale à la différence existant entre le prix courant et le prix naturel, et l'équilibre se rétablit encore.

La même tendance naturelle à l'équilibre existe entre les formes, les conditions, les lieux et les époques d'engagement. Si, par exemple, les capitaux investis sous forme de terres, de maisons, de bâtiments d'exploitation, de machines, etc., donnent un revenu plus élevé, — à privation et à risques égaux, — que les capitaux investis sous forme de matières premières ou de monnaie, ceux qui sont en voie de formation s'investiront de préférence sous la forme la plus avantageuse. De même, s'il est plus profitable de courir tous les risques d'une entreprise et de percevoir la rémunération de son capital sous la forme d'une part éventuelle plutôt que sous la forme d'une part fixe, les capitaux délaisseront le marché des intérêts ou des loyers pour se porter vers celui des profits ou des dividendes. De même enfin, si l'engagement est plus avantageux dans tel *lieu* ou dans tel *moment* que dans tel autre. Et comme, en vertu de la loi des quantités et des prix, tout déplacement des quantités opéré en raison arithmétique engendre une hausse ou une baisse des valeurs, qui se développe en raison géométrique, cette tendance au nivellement ou à l'équilibre peut être considérée comme irrésistible. Des obstacles naturels et artificiels se mettent, à la vérité, incessamment en travers, mais elle agit, incessamment aussi, pour les écarter ou les surmonter.

L'étude du crédit et des conditions de son développement peut, en conséquence, être ramenée à des termes fort simples.

En premier lieu, il s'agit de créer des capitaux en s'abstenant de consommer tout le produit net des entreprises.

En second lieu, les capitaux étant créés, il s'agit de les engager dans la production, sous la forme, aux conditions, dans le temps et dans le lieu le plus utiles. La somme des capitaux disponibles et cherchant un placement utile constitue l'*offre du crédit*. Cette offre se rencontre sur le marché des capitaux avec *la demande*, qui consiste à son tour dans la masse des capitaux nécessaires aux entreprises, et dont on est disposé à payer l'usage, en fournissant aux capitalistes une compensation pour la privation et une prime pour les risques, inhérents à tout engagement de capitaux. L'élévation du prix naturel du service des capitaux, vers lequel le prix courant de ce service gravite incessamment, détermine, en dernière analyse, l'étendue de la demande. D'où il résulte que le crédit demeure à son minimum de développement lorsque la privation et le risque, qui sont les éléments constitutifs du prix naturel des capitaux, sont à leur maximum ; qu'il se développe, au contraire, d'une manière progressive, à mesure que la privation et le risque devenant moindres, le prix naturel des capitaux s'abaisse.

De même que l'immense développement de l'industrie moderne est dû à l'invention de machines et de méthodes perfectionnées qui ont permis de réduire, dans une proportion considérable, les frais de production et, par conséquent, les prix d'une multitude de produits, de même l'extension rapidement croissante du crédit est due à la création d'instruments, de procédés et d'établissements spéciaux qui ont permis de réduire les frais de production du service des capitaux, en diminuant la privation et les risques qui en sont les éléments. C'est ainsi que la privation a été diminuée par la *mobilisation* des titres de propriété des capitaux engagés, et que les risques ont été affaiblis par la création des *garanties* et divisés par le procédé des *assurances*, tandis que des institutions spéciales, créées pour recueillir les capitaux et les distribuer, en favorisaient la production et en facilitaient l'approvisionnement.

Comment se sont créés, développés et perfectionnés ces instruments, ces procédés et ces institutions? Voilà ce que nous allons examiner en étudiant successivement :

1° Les instruments
2° Les garanties et les assurances } du crédit.
3° Les intermédiaires

I. LES INSTRUMENTS DU CRÉDIT. Les capitaux sont composés de valeurs et constituent des *propriétés*. Tout capital, soit qu'il se trouve investi dans des créatures vivantes, des terres, des bâtiments, des matières premières ou des produits fabriqués, est composé de valeurs, et ces valeurs sont appropriées à des individus ou à des collections d'individus. La propriété se constate de différentes manières, par l'état civil pour les personnes, par des titres pour les immeubles et les meubles, et même, au besoin, par la simple possession pour ces derniers. Quand on échange des objets mobiliers, des marchandises contre de la monnaie, par exemple, on ne fait point de contrat; mais on constate ordinai-

rement cet échange au moyen d'écritures. Quand il s'agit, au
contraire, d'immeubles, on s'en fait délivrer un titre de propriété; enfin, si on vend une marchandise à terme, autrement
dit à crédit, ou bien si l'on prête à terme ou pour un temps in-
défini une valeur mobilière, on s'en fait délivrer un reçu avec
engagement de remboursement dans les conditions et dans les
délais convenus; de même, si on loue une valeur immobilière,
on constate cette location au moyen d'un contrat, spécifiant les
conditions de la location. De là une quantité immense de titres
représentant les uns des propriétés, les autres des créances,
contrats, reçus, obligations de toute sorte, variant selon la
nature des capitaux ou des créances qu'ils représentent, et qui
constituent, grâce à leur échangeabilité ou à leur transmissibilité, les *instruments du crédit.*

Nous nous bornerons à signaler parmi ces instruments ceux
qui, possédant à un plus haut degré que les autres le caractère de transmissibilité, sont actuellement les principaux véhicules du crédit. Telles sont, par exemple, et en première ligne,
les obligations commerciales auxquelles donnent naissance les
ventes à crédit.

Les ventes à crédit contiennent un prêt en marchandises et
constituent ce qu'on pourrait appeler le crédit en nature. Elles
forment de véritables cascades de crédit qui descendent du
producteur jusqu'au plus infime consommateur. Le manufacturier vend à crédit au marchand de gros, lequel revend à
crédit au marchand en demi-gros, lequel revend au détaillant,
lequel revend au consommateur. La masse des marchandises
qui se trouvent ainsi prêtées à terme est énorme, et chacun de
ces prêts en nature donne lieu à la création d'une obligation
commerciale. En achetant la marchandise à terme au manufac-

turier, le marchand de gros souscrit un billet par lequel il s'engage à en payer ou à en faire payer le montant soit au manufacturier lui-même, soit *à son ordre,* à une certaine époque et dans un certain lieu déterminés. Le marchand en demi-gros et le détaillant en font autant, lorsque la marchandise leur arrive. La vente en détail seule ne donne point naissance, ordinairement du moins, à la création d'obligations commerciales. Le détaillant se borne à tenir note de ses ventes; il vend, comme on sait, en partie au comptant, en partie à terme, et les crédits qu'il accorde dépendent toujours de la quantité de capital qu'il a pu engager dans son commerce et de la somme de crédit qu'on lui accorde à lui-même. En général, sa clientèle se proportionne, d'une part, à la quantité de crédit qu'il peut lui fournir ou lui transmettre, d'une autre part, au prix qu'il en exige.

Ce prix auquel se paye le crédit en nature n'est pas visible; mais il n'en existe pas moins. Dans toutes les branches de commerce, le prix de la marchandise vendue au comptant est moins élevé que celui de la marchandise vendue à crédit. La différence constitue l'intérêt du capital prêté en nature dans la vente à terme. Le plus souvent, le prix de vente est stipulé à terme, et, lorsque, par dérogation aux habitudes prises, l'acheteur paye au comptant, on lui bonifie la différence. Cette bonification se fait en totalité, dans le cas d'un payement au comptant, ou seulement en partie si l'acheteur se borne à avancer son payement d'une partie du délai ordinaire.

La différence entre le prix de vente au comptant et le prix de vente à terme, formant le taux d'intérêt du crédit en nature, est plus ou moins forte, selon le plus ou moins d'élévation du taux général de l'intérêt des capitaux, selon encore la longueur du terme et l'intensité des risques, impliqués dans la vente à

crédit. Quand la marchandise arrive au détaillant, elle est
chargée de l'intérêt du capital qu'elle représente, depuis sa
sortie de la manufacture, et cet intérêt se trouve grossi d'une
série de primes d'assurances : prime pour couvrir le manufacturier de ses risques vis-à-vis du marchand de gros, prime des
risques du marchand de gros vis-à-vis du marchand en demi-
gros et de celui-ci vis-à-vis du détaillant. Quand enfin la marchandise arrive au consommateur, son prix a subi, par cette
accumulation de risques, une surcharge considérable; et en
admettant, chose trop fréquente, que le consommateur soit
pauvre et qu'il achète à terme, cette surcharge peut devenir
exorbitante. En effet, le petit détaillant qui vend à la classe
ouvrière, par exemple, n'ayant d'ordinaire que peu de ressources
et n'offrant que peu de garanties, achète à terme et fort cher.
D'un autre côté, il a affaire à des débiteurs encore moins
solides qu'il ne l'est lui-même, et contre lesquels les moyens
d'exécution, en cas de non payement, sont à peu près nuls. Il
est donc obligé de se couvrir, par une prime extraordinaire, du
risque extraordinaire qu'il subit. Trop souvent, à la vérité, il
abuse de la condition misérable de son ignorante et impré-
voyante clientèle, en lui fournissant le crédit en nature à un
taux usuraire. Toutefois, sous un régime de liberté de l'industrie et du commerce, cette usure ne peut être qu'accidentelle.
Car, aussitôt que les profits du détaillant dépassent ceux des
autres branches de travail ou de commerce, la concurrence ne
manque pas d'intervenir pour augmenter l'offre des petits crédits, à l'avantage des consommateurs. L'extrême multiplication
des marchands de détail provient donc de ce qu'ils ne sont pas
seulement les fournisseurs de la classe ouvrière, mais encore
ses prêteurs ou ses banquiers. Ils lui font sans doute payer à un

taux énorme le crédit en nature qu'ils lui offrent et dont elle n'est que trop portée à abuser. Mais le remède que les écoles socialistes ont voulu opposer à ce mal, savoir, la limitation du nombre des intermédiaires, ne ferait que l'aggraver, en créant non seulement un monopole commercial, mais encore un monopole de crédit, au profit des intermédiaires demeurés par privilége en possession du marché.

Sous l'ancien régime, les industries et les branches de commerce, organisées en corporations, étaient investies de ce double monopole; mais on y opposait ordinairement la tarification du prix ou le *maximum*, lequel agissait, en dernière analyse, comme une espèce de loi somptuaire du crédit. Le maximum étant calculé sur le comptant, les détaillants devaient nécessairement limiter leurs crédits en nature, faute de pouvoir comprendre dans leur prix de vente la prime du risque de la vente à crédit. Ils avaient bien, à la vérité, la ressource de percevoir cette prime sous la forme d'une altération de la qualité de la marchandise ou d'une fraude sur le poids; mais la police des corporations se montrait avec raison fort sévère pour ce genre de fraudes; en sorte que le risque de la répression dépassant communément le bénéfice de cette opération véreuse, force était bien de s'en tenir à la vente au comptant, ou, du moins, de ne pratiquer que d'une manière restreinte et exceptionnelle la vente à crédit.

Or, si l'on songe que les classes inférieures étaient, à cette époque, plus encore qu'à la nôtre, incapables d'un bon *self-government*, peut-être trouvera-t-on que cette restriction du crédit, malgré la grossièreté du procédé dont on se servait pour l'opérer, tournait, en définitive, à leur avantage. Ce n'est point une raison sans doute de continuer à appliquer le régime

du monopole et du maximun à la vente des denrées nécessaires
aux masses, ce régime étant à d'autres égards essentiellement
vicieux, — mais c'est une raison d'aviser aux moyens de suppléer à la fonction utile qu'il remplissait, en empêchant les
classes mineures d'abuser des dangereuses facilités du crédit (1).

(1) Le principal remède à cet abus consiste évidemment dans le développement de l'épargne et dans la multiplication des banques de dépôt à l'usage du
peuple. Si l'éducation économique et morale des masses était moins négligée, si
tout homme libre possédait une notion exacte et claire de l'étendue de la
responsabilité qui pèse sur lui, de l'importance des obligations positives qu'il
doit remplir envers lui-même et envers les siens, de la nature et de l'intensité
approximative des risques auxquels ses conditions d'existence se trouvent
soumises ; si les forces morales indispensables pour combattre et réprimer les
appétits qui le poussent à dépenser non seulement son salaire actuel, mais
encore à escompter son salaire à venir, étaient, en même temps, développées
davantage en lui, grâce à une culture morale plus complète et plus efficace,
il gouvernerait mieux sa vie, et au lieu de se trouver presque constamment
en arrière, il aurait une réserve qui lui permettrait sinon d'acheter toujours
au comptant les objets de sa consommation, du moins de n'user que par
exception du crédit en nature. La création des caisses d'épargne a déjà amé-
lioré, sous ce rapport, la situation des classes ouvrières. Mais pour que les
caisses d'épargne deviennent vraiment populaires, plusieurs conditions sont
nécessaires : 1° Il faut qu'elles présentent la plus grande somme possible de
sécurité, c'est à dire qu'elles soient sinon organisées du moins *assurées* par des
établissements supérieurs de crédit ou d'assurances ; 2° qu'elles soient complétement à la portée de leurs clients ; qu'elles reçoivent les plus petites
sommes, et qu'elles les remboursent en tous temps et en tous lieux, en s'ingé-
niant aussi à vulgariser, au moyen de publications populaires, les avantages
de l'épargne, comme font les compagnies d'assurances sur la vie, par exemple.
Malheureusement, les caisses d'épargne établies sur la base étroite de la philanthropie et entravées par les restrictions à la liberté des banques sont
demeurées fort imparfaites. Celles qui remplissent le mieux les conditions

— Cela serait d'autant plus nécessaire qu'à ce dernier degré de
l'échelle du crédit, le renchérissement produit par l'accumulation des intérêts et des risques se perçoit communément
aujourd'hui comme il se percevait autrefois, au moyen d'une
falsification de la marchandise ou d'une fraude sur le poids.

---

requises sont les caisses d'épargne des bureaux de poste, instituées récemment en Angleterre. L'instruction émanée de ces caisses mérite d'être reproduite comme un modèle :

*Caisse d'épargne des bureaux de poste. — Quelques simples mots sur cette
institution. — Avis aux hommes prévoyants et rangés.*

« Si vous voulez faire des épargnes et en opérer un placement qui vous
présente toute sécurité, si vous voulez ajouter facilement à vos économies et
en opérer le retrait promptement et à volonté, vous pouvez en faire le versement à la Caisse d'épargne des bureaux de poste.

« Trois cents bureaux de caisses d'épargne de la poste seront ouverts le
16 septembre 1861 en Angleterre, et vous pouvez en voir la liste affichée
dans tous les bureaux de poste de la Grande-Bretagne. D'autres bureaux
semblables vont être incessamment ouverts, et la liste en sera de même affichée dans tous les bureaux de poste du Royaume-Uni.

« Ces bureaux seront ouverts, pour la réception et le remboursement des
dépôts, tous les jours de la semaine, de neuf heures du matin à six heures du soir.

« Dans ces bureaux, vous pourrez déposer depuis un schelling (1 fr. 25)
jusqu'à la somme limitée pour une année, de 30 livres sterling (750 fr.)

« En faisant votre premier versement, vous recevrez un livret numéroté
où seront inscrits vos noms, adresse, profession, ainsi que la date et le montant de votre dépôt.

La couverture de ce livret portera, imprimé d'une manière claire et précise,
le règlement établi par la direction générale des postes pour vous guider
dans votre versement, et il est essentiel que vous en preniez connaissance avec
la plus grande attention.

« Le jour où vous opérez votre versement, le chef du bureau de la poste

Les petits consommateurs s'aperçoivent bien que la marchandise que leur livrent leurs « banquiers en nature » est mauvaise

qui le reçoit en donne avis au directeur général, et deux ou trois jours après, vous recevez une lettre imprimée de la direction centrale des postes à Londres, dans laquelle elle vous informe qu'elle a eu régulièrement avis de votre dépôt.

» Dans le cas où vous ne recevriez pas cette lettre dans les dix jours qui suivent votre versement, vous devrez en écrire au directeur général de la poste à Londres.

» Toutes les lettres qui vous seront adressées par la direction des postes devront être enfermées par vous dans un portefeuille à ce destiné que vous trouverez dans votre livret.

» Lors de chaque nouveau versement que vous ferez à la caisse d'épargne des bureaux de poste, vous aurez soin de vous munir de votre livret, afin d'y faire inscrire le montant et la date de votre nouveau dépôt, et chaque fois vous devrez prendre soin d'en recevoir de Londres l'accusé de réception.

» Pour retirer vos épargnes, vous n'aurez qu'à vous adresser au bureau de poste le plus voisin, où l'on vous remettra une demande imprimée de retrait pour le directeur général des postes à Londres. Vous aurez à remplir cette demande de retrait en vous conformant aux instructions indiquées sur la couverture de votre livret; vous y mentionnerez à quel bureau de poste vous devez toucher votre argent, et vous adresserez votre demande au directeur général des postes à Londres.

» Deux ou trois jours après, vous recevrez de la direction générale un mandat de payement pour le bureau où vous aurez désiré être payé. Vous n'aurez alors qu'à vous présenter à ce bureau, muni de ce mandat, ainsi que de votre livret, et là vous recevrez la somme que vous retirerez et que l'on inscrira avec la date de payement dans votre livret.

» Pendant tout le temps que votre épargne restera dans la caisse des bureaux de poste, vous aurez droit à un intérêt de 2 1/2 p. c.

» Toutes les lettres relatives à votre placement seront exemptes de port. Le livret numéroté vous sera aussi délivré gratis; si vous le perdez, vous

et qu'on les trompe sur le poids, mais le besoin qu'ils ont du crédit les empêche de s'adresser à des fournisseurs au comp-

---

aurez à payer 1 fr. 25 pour en obtenir un autre ; vous devez donc en prendre grand soin, et vous ferez bien de l'enfermer dans un étui, afin de le conserver en bon état.

« En résumé, rappelez-vous :

« 1° Que si vous placez votre argent dans la caisse d'épargne des bureaux de poste, il est placé tout aussi sûrement qu'à la Banque d'Angleterre ;

« 2° Que si, après avoir fait un versement à un bureau de poste, vous changez de lieu de résidence, vous n'avez pas besoin de retirer votre argent et de l'emporter avec vous ; de plus, que vous pouvez ajouter à votre épargne, en vous adressant à n'importe quel bureau de poste de l'endroit où vous allez ;

« 3° Que vous pouvez recevoir le montant de vos épargnes partout où vous voudrez, quel que soit le lieu où vous en aurez fait le versement ;

« 4° Que les père et mère peuvent placer des épargnes au nom de leurs enfants et que toute femme, mariée ou non, peut de même opérer des versements pour son propre compte ;

« 5° Que les bureaux de poste étant ouverts pendant huit heures chaque jour de la semaine, vous pourrez choisir votre moment sans avoir à attendre ou à souffrir des inconvénients de la foule ;

« 6° Que votre argent vous rapportera un intérêt minime, il est vrai, mais raisonnable, et que vous n'avez aucun frais à supporter, soit pour déposer, soit pour retirer ;

« 7° Que les directeurs des bureaux de la poste ont l'ordre formel de ne révéler à qui que ce soit le nom du déposant ou le montant de la somme déposée, excepté au directeur général de la poste de Londres et à ses employés.

« 8° Si vous réfléchissez à tous ces avantages, vous comprendrez que, par l'établissement de la caisse d'épargne des bureaux de poste, le gouvernement vous a rendu un grand service, et qu'il vous est maintenant facile de mettre de côté quelque argent en le plaçant avec sécurité pour vous en servir dans les mauvais jours. »

Cependant, ces caisses d'épargne perfectionnées mêmes laissent encore à

tant qui leur livreraient de bonne marchandise et à bon poids. Ceux mêmes qui payent d'habitude comptant se résignent, comme les autres, à être mal servis, afin de pouvoir, en cas de besoin, recourir au crédit de ces petits banquiers qui forment la grande masse des marchands de détail.

Quoi qu'il en soit, la même marchandise peut donner lieu, avant d'arriver au consommateur, à la création d'autant d'obligations commerciales qu'elle a été vendue et revendue de fois. Le fabricant la vend au marchand de gros, première obligation créée, le marchand de gros la revend au marchand en demi-

---

désirer, et, en admettant que le gouvernement et la philanthropie laissassent le champ pleinement libre à l'industrie privée pour recueillir et administrer les épargnes de la multitude, le système des banques du peuple serait, selon toute apparence, beaucoup plus développé et beaucoup mieux approprié au besoin qu'il s'agit de satisfaire. Abandonnées à elles-mêmes, les banques du peuple s'établiraient au centre des quartiers populeux, leurs agents ou leurs commissionnaires ne se borneraient pas à attendre les déposants, ils iraient, les jours de paie, par exemple, solliciter les dépôts à la porte des manufactures et des ateliers; la récolte des petits capitaux serait aussi active et aussi étendue que possible; enfin, les banques du peuple pourraient se charger d'effectuer des paiements pour leurs clients, peut-être même de leur faire des avances sur gages réels ou sur garantie mutuelle, de manière à les faire participer, dans la proportion de leurs facultés, au bienfait du crédit.

Les sociétés de consommation, établies pour l'achat en gros des provisions peuvent exercer également une influence bienfaisante sur le développement de l'épargne et l'amélioration, sinon la suppression, du crédit en nature. Malheureusement encore, ces sociétés n'ont pu prendre nulle part une extension suffisante, à cause de la conception vicieuse qui leur a donné naissance. On en a fait, à tort, de véritables maisons de commerce, achetant des provisions en gros pour les revendre en détail, dans le cercle de la mutualité. Or, des opé-

gros, seconde obligation, celui-ci au détaillant, troisième obligation : dans certaines circonstances même, lorsque la spéculation est active, la marchandise, passant en un bien plus grand nombre de mains avant d'arriver au consommateur, les obligations se multiplient en conséquence. Il est à remarquer toutefois qu'un grand nombre de ventes à crédit se soldent au moyen d'obligations antérieurement créées au profit des acheteurs, et dont ceux-ci se servent, à leur tour, pour acquitter leurs dettes commerciales. Mais le nombre de ces obligations ne s'en accroît pas moins à mesure que le crédit s'étend, et, en Angle-

---

rations de ce genre exigent de la part du gérant ou de l'agent de l'association, une certaine capacité commerciale, elles impliquent aussi des soins de conservation pour les articles en magasin, etc., et comme ces conditions sont difficiles à réunir, du moins à peu de frais, les sociétés de consommation n'ont réussi nulle part à supplanter les intermédiaires commerciaux, comme leurs fondateurs en affichaient la prétention. Si elles s'étaient bornées à réunir un certain nombre de petits consommateurs, en adoptant le principe de la garantie mutuelle, elles eussent été certainement plus fécondes. Ces petits consommateurs associés et se garantissant les uns les autres auraient pu agir comme le fait un gros consommateur, un bon hôtelier par exemple, qui s'adresse aux meilleurs magasins de détail sans avoir la prétention de les supplanter, mais que l'on sert bien, à cause de l'importance de sa clientèle, et d'autant mieux aussi, qu'il paye plus régulièrement et à des termes plus rapprochés. Il s'agirait simplement dans une association de ce genre, de recueillir et de rassembler les *demandes* de chaque famille pour l'approvisionnement de la semaine, et de distribuer entre elles, en détail, les provisions achetées en bloc, partie au comptant, partie à court terme. Des sociétés de consommation, établies sur cette base, répondraient véritablement à leur titre, et, en se multipliant, elles contribueraient efficacement à améliorer les consommations de la classe ouvrière tant sous le rapport de la qualité que sous le rapport du prix.

terre, par exemple, il a atteint un chiffre véritablement
énorme (1).

A quoi servent ces obligations commerciales, auxquelles donnent naissance les ventes à crédit? Elles servent d'abord à constater la dette, et l'engagement de la payer dans un lieu et dans
un délai déterminés. A l'origine, elles ne paraissent pas avoir
eu d'autre utilité. Le vendeur ou le prêteur, comme on voudra,
— car la vente à crédit renferme à la fois une vente et un prêt,
— les conservait jusqu'à l'échéance. Il les recouvrait alors, ou
les faisait recouvrer par un fondé de pouvoirs, si elles étaient
payables dans une autre localité. Dans l'intervalle, il perdait
complétement la disponibilité du capital qu'il avait ainsi engagé, et la compensation nécessaire pour le couvrir de cette
privation se trouvait à son *maximum*. Mais l'invention du procédé de l'endossement, en rendant les obligations commerciales facilement transmissibles, modifia profondément sous ce
rapport la situation des prêteurs, et donna un essor prodigieux
au crédit. Que résulta-t-il, en effet, de cette transmissibilité des
obligations commerciales? Il en résulta la possibilité de recouvrer en tous temps et en tous lieux, la *disponibilité* du capital
engagé sous la forme d'une marchandise vendue à crédit, et,

---

(1) D'après les relevés faits par MM. William Newmarch et Leatham, le
montant total des lettres de change circulant à la fois dans le Royaume Uni
était, en 1839, de liv. 132,023,000; en 1847, il était, dans la Grande-
Bretagne seule, de liv. 132,021,000, se divisant ainsi : liv. 113,161,000
pour les lettres de change de l'intérieur; liv. 18,860,000 pour les lettres de
l'extérieur. (*Recherches sur la circulation des lettres de change dans la Grande-
Bretagne*, de 1828 à 1847, par William Newmarch. — *Journal des Économistes*, t. XXXI, p. 62 et 135, t. XXXII, p. 35.)

par conséquent, la réduction à un taux minime de la compensation nécessaire pour couvrir l'un des deux éléments constitutifs de l'intérêt, savoir la *privation*. Supposons, en effet, que j'achète une marchandise à crédit pour la revendre. Je souscris à mon vendeur ou à son ordre une obligation payable à trois mois, par exemple. C'est, en réalité, un emprunt que je fais pendant trois mois, d'un capital égal à la valeur de la marchandise que j'ai ainsi achetée à crédit. Si mon obligation n'était point transmissible, le vendeur serait évidemment privé pendant trois mois de cette portion de son capital, — à moins qu'il ne pût s'en servir comme d'un gage pour emprunter à son tour. Mais grâce à la transmissibilité ou à la circulabilité des obligations commerciales, que se passe-t-il? C'est que le vendeur peut recouvrer à sa convenance la disponibilité du capital qu'il m'a prêté, soit en se servant de mon obligation pour acquitter une dette, soit en la vendant au comptant, autrement dit, en la faisant escompter. Vendre au comptant une obligation à terme, c'est une opération précisément inverse à la vente à terme d'une marchandise livrée au comptant. Tandis que l'on ajoute au prix de la marchandise le montant de l'intérêt à courir jusqu'au terme, on le déduit de l'obligation, en y ajoutant encore la couverture des frais de recouvrement et des risques de non payement. Mais du moment où cette sorte de vente peut se faire aisément, les capitaux prêtés dans les ventes à crédit recouvrent à peu près le même caractère de disponibilité que s'ils n'étaient pas engagés.

Après les obligations auxquelles donnent naissance les prêts en marchandises dans les ventes à crédit, il faut mentionner celles qui doivent leur origine aux prêts en monnaie. Celles-ci présentent une variété infinie suivant la destination et les con-

ditions des prêts. Viennent d'abord les obligations créées par
les gouvernements emprunteurs, et qui ont pour gage leur fidé-
lité à remplir leurs engagements et les ressources matérielles
dont ils disposent. Les emprunts publics sont, les uns, conclus
à terme, les autres, pour un temps illimité. Les gouvernements
qui ont besoin d'argent offrent des obligations portant intérêt
à des taux divers, 3, 4, 5 p. c., et selon que ces obligations
sont plus ou moins demandées elles se vendent plus ou moins
cher. Elles sont plus facilement transmissibles encore que les
obligations commerciales, en ce qu'elles sont souscrites imper-
sonnellement, c'est à dire non à un prêteur déterminé, mais à
la série des prêteurs qui se les passent de main en main, sans
avoir besoin de recourir à l'endossement, car elles sont payables, intérêts et principal, *au porteur*. La transmissibilité de
ces obligations est donc absolue, et il en résulte pour les gouvernements qui les émettent un maximum de facilité à trouver
des prêteurs. — Viennent ensuite les obligations résultant des
emprunts conclus par des particuliers ou des associations de
particuliers. Ces emprunts sont faits sur gage de capitaux immobiliers ou mobiliers, ou d'obligations provenant d'emprunts
faits en marchandises ou en argent, ou bien encore, ils sont
faits, sans gage réel, sur la simple signature ou sur la parole
de l'emprunteur, et dans ce dernier cas ils n'ont d'autre garantie que sa bonne foi. Les obligations qui proviennent de ces
emprunts sont plus ou moins aisément transmissibles; mais,
toujours, le taux auquel se concluent les emprunts est plus ou
moins élevé, et les emprunts sont plus ou moins faciles selon le
degré de transmissibilité des obligations.

Enfin, non seulement le prêt, mais encore tout engagement
de capital peut donner naissance à une valeur transmissible.

A cet égard, la substitution progressive de la propriété actionnaire à la propriété individualisée renferme une véritable révolution économique. Les valeurs immobilières, par exemple, ne peuvent être transmises que moyennant des formalités compliquées et en payant des impôts onéreux, aussi longtemps qu'elles demeurent à l'état de propriétés patrimoniales. En outre, elles se présentent fréquemment au marché, — lorsqu'il s'agit de grandes ou même de moyennes propriétés — par quantités trop grandes pour que la masse des petits capitalistes puissent les demander. Lorsqu'il s'agit, au contraire, de petites propriétés, elles présentent au point de vue de l'exploitation ou de la jouissance, des désavantages qui en réduisent encore la demande. A ces divers égards, la propriété collective et actionnaire est investie d'une supériorité qui finira certainement par la faire prédominer. Cette forme de la propriété permet, en effet, en premier lieu, de proportionner toujours exactement l'étendue des entreprises et, par conséquent, la quantité du capital qu'il faut réunir, aux besoins de la production ; en second lieu, elle permet, par la division du capital en actions essentiellement mobilisables, de faciliter au maximum l'engagement et le dégagement des capitaux sous cette forme, en réduisant au *minimum* la privation des capitalistes et, par conséquent, la compensation nécessaire de cette privation. Les frais de production qu'ont à supporter les entreprises par actions se trouvant abaissés de la différence, relativement à ceux qu'ont à supporter les entreprises dites patrimoniales, il est évident que celles-ci devront disparaître devant la concurrence de celles-là, aussitôt qu'aucune entrave artificielle ne sera plus opposée à la constitution des associations pour l'exploitation des différentes branches de l'activité humaine, comme disparaissent

les métiers à la main devant la concurrence des métiers
mécaniques.

Ce phénomène de la *mobilisation* des valeurs de toute sorte
est certainement, au point de vue de l'avenir économique des
sociétés, l'un des plus considérables du monde moderne. S'il
n'est pas exact de dire qu'il multiplie les capitaux, en ce sens
qu'il n'augmente point la masse des capitaux existants, en revanche, il produit un résultat analogue, en rendant disponibles pour la production une masse de capitaux qui ne s'y seraient point engagés, soit qu'ils eussent été conservés inactifs,
soit que, faute d'un emploi productif aisément accessible, ils
eussent été appliqués à des dépenses inutiles ou nuisibles. Du
moment, au contraire, où l'on peut en tous temps et en tous
lieux, engager à mesure qu'il se forme, et en parcelles mi-
nimes, le capital dans la production, sans difficultés et sans
frais, et le dégager de même, il n'y a plus de raison de laisser
des capitaux inactifs. De plus, la tentation de les gaspiller s'affaiblit, et l'excitation à les former s'accroît. Enfin, l'abondance des capitaux offerts à la production s'augmentant, la
production se développe, les entreprises se multiplient, et le
résultat final, quoique indirect, est une multiplication des capitaux. Ainsi donc, en dernière analyse, l'effet de la mobilisation des capitaux, c'est de diminuer le prix naturel de leur
service, par la diminution de la privation résultant de leur engagement, puisqu'il est désormais possible de les dégager à
volonté, en totalité ou en partie, en tous temps et en tous
lieux; c'est, par là même, d'en augmenter la masse disponible
pour toute sorte d'emplois productifs.

II. LES GARANTIES DU CRÉDIT ET LES ASSURANCES. De même
que tout engagement de capital implique une privation, il

implique aussi un risque. On diminue la privation, en mobilisant la propriété des valeurs engagées, après l'avoir fractionnée en coupons appropriés aux besoins du marché ; on diminue le risque en multipliant les garanties du placement, et on le rend moins sensible en le divisant au moyen des assurances. On peut dire que le développement du crédit s'opère en raison de la mobilité ou de la circulabilité des valeurs engagées, des garanties du placement et de la division des risques.

Les garanties peuvent être partagées en deux grandes catégories : celles qui concernent le gage offert, et celles qui concernent l'exécution de l'engagement. Les premières sont *personnelles* ou *réelles ;* les secondes *morales* ou *légales.*

Il est dans la nature de tout placement de comporter des *risques.* Toute entreprise, comme nous l'avons vu précédemment, comporte deux sortes de risques : des *risques généraux* et des *risques spéciaux.* Les uns proviennent des conditions générales de sécurité dans lesquelles se trouvent placées les entreprises. Si la propriété n'est point convenablement garantie, si les débouchés sont précaires, etc., les risques généraux incombant à l'ensemble des branches de la production d'un pays seront considérables. D'un autre côté, si certaines industries sont exposées à des accidents provenant de leur nature particulière et des conditions dans lesquelles elles s'exercent, tels que sécheresses, inondations, épizooties pour l'agriculture, risques de mer pour les transports et le commerce maritimes, elles subiront des risques spéciaux qui viendront s'ajouter aux risques généraux qui atteignent l'ensemble des branches de la production. Si ces divers risques qui menacent, dans son existence, le capital engagé, atteignent un niveau élevé, la rémunération du capital devant être en proportion, les frais de la production seront considérables, et, par conséquent, les produits ne seront accessibles qu'à un petit nombre de consommateurs. Dans ce cas, la production sera peu développée et elle demandera peu de capitaux. L'*offre* des capitaux se proportionnera naturellement à la demande, car si elle venait à la dépasser•, les risques cessant d'être suffisamment couverts, les capitaux engagés seraient dévorés par eux, jusqu'à ce que l'équilibre se fût rétabli ; si elle demeurait en dessous, la prime qui s'attacherait à la rémunération naturelle des capitaux ne manquerait pas d'en attirer l'*offre* dans cette direction jusqu'à ce que l'équilibre se fût encore rétabli.

A mesure que les risques diminuent, au contraire, la prime nécessaire pour les couvrir s'affaiblit, la rémunération nécessaire des capitaux s'abaisse, et le prix des produits avec elle. En conséquence, le débouché de la production augmente, partant celui des capitaux. Le développement du crédit s'opère ainsi en raison de l'affaiblissement des risques.

Il y a deux manières d'engager les capitaux dans la production, sous le rapport des risques. La première consiste à participer à toutes les chances et à courir tous les risques des entreprises. Dans ce cas la rémunération du capital se perçoit sous la forme d'une part éventuelle, qui se nomme profit ou dividende. La seconde manière consiste à se faire assurer, par l'entrepreneur contre les risques de l'entreprise, et à recevoir sa rémunération sous la forme d'une part fixe, intérêt ou loyer. Dans ce cas, le capital engagé reçoit sa part fixe, quels que soient les résultats de l'entreprise. Mais, on le conçoit, cette assurance nécessite des garanties. Si je prête un capital pour un délai déterminé moyennant un certain intérêt, il faut que j'aie une sécurité suffisante que l'intérêt me sera exactement servi et, finalement, que le capital me sera intégralement remboursé. En quoi peut consister cette sécurité? D'abord, dans les gages que m'offre l'emprunteur-assureur. Ces gages peuvent affecter autant de formes qu'il existe de modes d'investissement des valeurs. L'emprunteur peut m'offrir en gage des valeurs personnelles, immobilières et mobilières. Jadis, sous le régime de l'esclavage, on prêtait sur le gage de la personne du débiteur : quand il n'exécutait point ses engagements, quand il ne remboursait pas les intérêts ou le principal, au temps prescrit, on le saisissait, et on le vendait pour réaliser le gage. La contrainte par corps est un reste imparfait de ce régime d'esclavage, auquel tend à se substituer le régime de l'engagement libre, et, par conséquent aussi, de l'hypothèque librement stipulée sur le travail (1). L'emprunteur peut encore

_____

(1) Tout homme constitue un capital plus ou moins considérable, selon le degré d'utilité et de rareté de ses facultés productives. Le revenu provenant du fonds de forces et d'aptitudes physiques, intellectuelles et morales, dont la Providence a gratifié, quoique fort inégalement, toutes ses créatures, mais qu'elle leur laisse le soin de défricher, de cultiver et d'exploiter elles-mêmes, ce revenu n'est autre chose que le profit ou l'intérêt du capital investi dans l'individualité humaine. Quand l'homme est esclave, celui qui le possède peut, comme nous l'avons remarqué déjà, ou réaliser ce capital, ou l'exploiter pour son propre compte, ou le louer. Le propriétaire d'esclaves peut aussi, en cas de besoin, emprunter en hypothéquant son personnel de travailleurs, absolument comme un propriétaire de bétail peut emprunter sur la valeur de ses troupeaux, soit qu'il les consigne entre les mains des prêteurs, soit qu'il en conserve l'usage, sauf expropriation en cas de retard ou de non remboursement de sa dette. Eh bien, s'il est possible d'emprunter sur la valeur d'un esclave, pourquoi l'homme libre, c'est à dire propriétaire de lui-même, ne pourrait-il pas emprunter sur sa propre valeur? Le crédit que l'on accorde

offrir en gage des valeurs immobilières, terres, maisons, bâtiments, mines, forêts, voies de communication, pêcheries, etc.; sur lesquelles le prêteur prend hypothèque, en ayant soin de constater préalablement si la valeur du gage suffit pour garantir le capital prêté (et cette valeur doit naturellement être plus forte que la valeur prêtée pour compenser les risques inhérents à la réalisation du gage). L'emprunteur peut offrir enfin

---

aux individus dont la capacité productive et la moralité sont suffisamment attestées, n'est du reste, pas autre chose qu'un crédit fondé sur le gage de la valeur personnelle de l'emprunteur, et il se proportionne presque toujours, avec une grande exactitude, à l'importance de cette garantie. Le risque de mort, c'est à dire de destruction du capital servant de gage, rend, à la vérité, le crédit personnel particulièrement chanceux ; mais on peut couvrir ce risque au moyen des assurances sur la vie, et l'un des principaux obstacles au développement du crédit sur garantie de la valeur personnelle de l'emprunteur se trouve ainsi écarté. Restent encore cependant les obstacles que les lois rendues pour protéger la liberté individuelle opposent, soit à la saisie, soit à l'exploitation du capital investi dans les personnes. Si ces lois n'empêchent pas complétement le crédit personnel de se développer, elles restreignent toutefois son extension dans des limites assez étroites. On prête à des entrepreneurs d'industrie, à des négociants, quelquefois même à des hommes exerçant des professions libérales, en raison composée de leur moralité et de leur capacité industrielle, commerciale ou artistique ; mais on ne prête guère à de simples ouvriers qui n'offrent que leur capacité et leur moralité pour garanties. Comme toujours, ici, l'excès de la protection tourne au détriment de l'intérêt protégé. Si l'*engagement* du travail était entièrement libre, si chacun pouvait donner, en garantie d'un emprunt, une quantité spécifiée de son travail futur, si la loi apportait une sanction efficace à cette espèce d'engagement, en prêtant main forte au créancier pour contraindre le débiteur à s'acquitter de ses obligations, en l'assujettissant au travail forcé jusqu'à ce qu'il eût remboursé sa dette, le crédit personnel ne manquerait pas de prendre une extension dont

des valeurs mobilières, telles que marchandises et effets mobiliers de toute sorte ; mais, dans ce cas, il ne suffit pas de
prendre hypothèque sur ces valeurs qui, par leur nature,
peuvent être dérobées au prêteur, il faut ou s'en saisir jusqu'à
accomplissement des obligations du prêt qu'elles servent à
garantir ou les faire déposer dans des mains sûres. Il en est de
même pour une autre catégorie de gages, auxquels la mobili-

---

nous n'avons aujourd'hui aucune idée. Des intermédiaires, mutualités ou
sociétés ordinaires, s'interposeraient entre le prêteur et l'emprunteur pour
assurer le gage, et le *crédit du travail* prendrait la place qui lui revient à côté
du crédit agricole, industriel ou commercial.

Déjà, on trouve quelques exemples de ce genre de crédit dans l'émigration
par voie de contrats d'engagement.

« Pourquoi quittez-vous votre pays? disait M. A. Esquiros à des émigrants
en partance pour la Nouvelle Zélande. — Il n'y a point de place pour nous
dans la Vieille Angleterre. — Que comptez-vous faire à la Nouvelle Zélande ?
— Ce que nous pourrons. — Emportez-vous un capital? — Oui, notre courage et nos bras. — Un petit nombre d'entre eux se vantaient d'être *libres*,
c'était assez dire que les autres ne l'étaient point. Par libres, on entend ceux
qui ont payé tout leur passage, tandis que beaucoup, n'ayant donné en partant qu'un faible à-compte, doivent travailler en arrivant jusqu'à ce qu'ils
aient payé le reste. Ces derniers se trouvent sous une sorte de servitude, en
ce sens qu'ils sont tenus de déclarer le lieu de leur résidence dont ils ne peuvent
s'écarter sans prévenir la compagnie (*). »

Il s'agissait en ce cas d'une émigration pour un pays écarté et peu
étendu, où la compagnie créancière avait, par conséquent, quelque chance de
pouvoir empêcher ses débiteurs de se dérober à l'acquittement de leurs obligations. Mais quand il s'agit d'une émigration pour un pays immense et divisé
en un grand nombre d'États, l'insuffisance des garanties légales du crédit

---

(*) *L'Angleterre et la vie anglaise. L'or et l'argent dans la Grande Bretagne*, par
Alph. Esquiros. *Revue des Deux Mondes*, 15 décembre 1862.

sation des titres de propriété a donné naissance, nous voulons parler des actions et obligations de toute sorte, lesquelles sont à leur tour susceptibles de servir de gages, comme représentant des valeurs réelles.

En dernière analyse, toute valeur investie sous n'importe quelle forme, personnes, objets mobiliers ou immobiliers, et susceptible d'être réalisée par l'échange, peut servir de gage ou

---

personnel oppose un obstacle presque insurmontable à l'allocation d'avances aux émigrants, sur garantie de leur travail futur, si bienfaisant que puisse être ce système d'avances, en facilitant la mobilisation utile du travail et l'établissement de l'équilibre des salaires (*).

Parmi les tentatives faites jusqu'à présent pour développer le « crédit personnel » la plus connue est celle dont M. Schultze Delitzsch a pris l'initiative en Allemagne par la fondation des *Banques d'avances* (*Vorschursbanken* ou *Volks-banken*). C'est à Eulenbourg que le premier essai en a été fait, le 1er octobre 1850. Les banques d'avances se sont rapidement propagées depuis cette époque ; mais elles sont plutôt à l'usage des petits entrepreneurs, industriels ou artisans qu'à celui de la masse des ouvriers salariés. Il en sera ainsi, selon toute apparence, aussi longtemps que les « capitaux personnels » ne pourront être librement engagés et, au besoin, facilement et à peu de frais saisis et utilisés par voie de contrainte. Quoi qu'il en soit, les banques d'avances sont des associations de petits industriels, d'artisans, etc., qui empruntent, sur le principe de la garantie mutuelle, des capitaux qu'elles prêtent ensuite à leurs membres, selon la mesure des garanties morales et matérielles offertes par chacun. M. Schultze Delitzsch évaluait le nombre de ces banques de la petite industrie à 150 en 1859 et le chiffre de leurs opérations de 6 à 8 millions de th. (*Annuaire international du crédit public* pour 1860, par J.-E. Horn, p. 309. *Les Banques d'avances et de crédit*, par H. Schultze Delitzsch.)

(*) Voir au sujet du développement possible de ce système d'avances et de ses applications, *Questions d'économie politique et de droit public*. L'abolition de l'esclavage, t. 1er, p. 130.

de garantie. On peut en dire autant de tout titre de propriété ou de toute obligation conférant un droit sur une valeur investie et susceptible de réalisation.

Mais suffit-il de pouvoir offrir ces gages réels pour se procurer des capitaux? Non, il faut y ajouter des garanties soit morales et intellectuelles, soit légales, sinon les gages réels auront beau exister, comme on ne pourra se les faire livrer, conformément aux stipulations faites, ce sera comme s'ils n'existaient point.

Les garanties morales et intellectuelles résident dans la moralité et la capacité industrielle des emprunteurs. Ces garanties ne sauraient suppléer aux gages réels, mais elles sont dans la plupart des cas indispensables pour en assurer la livraison. Que l'individu ou la collection d'individus auxquels on confie des capitaux manquent de probité, et ils s'abstiendront de livrer le gage, soit en le détournant de sa destination, soit de toute autre manière; qu'ils manquent de capacité, et ils s'exposeront à perdre dans des spéculations mal conçues ou mal exécutées, non seulement le capital emprunté, mais encore celui qui lui sert de garantie. Les *garanties légales* servent à suppléer aux garanties morales et intellectuelles, en fournissant, par l'intervention de la puissance publique, aux engagistes, en premier lieu, les moyens de se faire livrer le gage, nonobstant la mauvaise foi des engagés, en second lieu, les moyens de le conserver intact et disponible, dans le cas où les débiteurs feraient de mauvaises affaires, en reportant, dans ce dernier cas, le risque sur la portion non hypothéquée des biens. Plus les garanties morales et intellectuelles d'une part, les garanties légales, de l'autre, sont complètes, plus la sécurité des gages est grande. Elles ne peuvent suppléer aux gages réels, mais, sans elles, les gages réels, qu'ils consistent en valeurs personnelles, mobilières ou immobilières, demeurent comme non avenus (1).

---

(1) Les qualités morales constituent les garanties les plus essentielles du crédit. Que l'emprunteur manque de probité ou simplement d'exactitude, qu'il ait un goût exagéré pour la dépense, qu'il soit paresseux, débauché, et il réussira difficilement à se procurer un capital, quelles que soient, du reste, son intelligence et son aptitude aux affaires. Dans les pays où la moralité est peu répandue, le crédit est peu développé, car les garanties matérielles ne suppléent qu'imparfaitement aux garanties personnelles. Dans ces pays, la prime destinée à couvrir le risque du prêt est très élevée; le crédit est cher, partant restreint. D'un autre côté, les précautions méticuleuses qui sont nécessaires pour obvier au manque de foi des emprunteurs constituent encore autant d'obstacles à l'extension du crédit. On voit par là quel rôle considérable jouent les qualités morales dans la production de la richesse. Sans crédit, en effet, point de production développée, et sans qualités morales, point de crédit.

Il y a des populations qui sont naturellement plus morales que d'autres, comme il y en a de plus intelligentes et de plus belles. C'est une remarque assez vraie de Montesquieu qu'il existe moins de moralité naturelle dans le Midi que dans le Nord. « Vous trouverez, dit-il, dans les climats du Nord des peuples qui ont peu de vices, assez de vertus, beaucoup de sincérité et de franchise. Approchez des pays du Midi, vous croirez vous éloigner de la morale même; des passions plus vives multiplieront les crimes, chacun cherchera à prendre sur les autres tous les avantages qui peuvent favoriser ces mêmes passions...; la plupart des châtiments y seront moins difficiles à soutenir que l'action de l'âme, et la servitude moins insupportable que la force d'esprit qui est nécessaire pour se conduire soi-même (*). »

Cette observation n'est pas vraie toutefois d'une manière absolue; elle comporte de nombreuses exceptions. A quoi il faut ajouter que les qualités

(*) De l'Esprit des lois. Liv. XIV, chap. VI.

Les *assurances* considérées par rapport au crédit ont pour effet de diviser les *risques* et, par conséquent, de diminuer la prime nécessaire pour les couvrir. Elles peuvent s'appliquer à

---

morales comme les facultés intellectuelles sont susceptibles de se développer par la culture. Malheureusement, la culture morale de l'homme laisse encore beaucoup à souhaiter. Le clergé qui en est principalement chargé, néglige presque partout l'enseignement de la morale appliquée. C'est seulement dans les pays où plusieurs cultes se font une pleine concurrence, que la culture morale occupe la place qui lui revient dans l'éducation. Envisagée à ce point de vue, la liberté des cultes acquiert, il est à peine nécessaire de le dire, une immense importance économique.

Remarquons encore que la nécessité d'une bonne culture morale se fait sentir davantage à mesure que l'industrie se développe et s'organise sur un plan plus vaste. Lorsque les machines et les procédés de la production étaient encore dans leur état d'imperfection et de grossièreté primitives, lorsque les débouchés étaient peu étendus par suite de la difficulté et de la cherté des communications, les limites et l'importance des entreprises étaient naturellement restreintes. Il suffisait alors d'un faible capital pour constituer et alimenter une entreprise. Mais, de nos jours, la situation a changé. L'outillage et les procédés de la production ont reçu l'impulsion énergique du progrès et les débouchés acquièrent une étendue de plus en plus vaste, grâce à l'abaissement successif des obstacles naturels et artificiels qui morcelaient jadis le champ de la consommation. Les entreprises doivent s'agrandir en conséquence. Elles exigent maintenant, de plus en plus, des capitaux tellement considérables, que la fortune d'un particulier ne pourrait y suffire, en admettant même qu'il consentît, chose peu sage, à engager tous ses fonds dans une seule affaire. Dans ce nouvel état de la production, l'association et le crédit deviennent donc chaque jour plus nécessaires. Or, les qualités morales sont les bases sur lesquelles reposent l'association aussi bien que le crédit, et le temps n'est pas loin où la supériorité industrielle d'un peuple apparaîtra comme le *criterium* de sa moralité.

Après les qualités morales viennent les facultés intellectuelles. Il ne suffit

toutes les causes de destruction ou de perte qui menacent les capitaux engagés dans les entreprises ; que ces causes de destruction ou de perte, manifestées par des risques, soient *géné-*

---

pas, en effet, de mériter la confiance par sa probité, son exactitude scrupuleuse, son esprit d'économie, pour obtenir l'usage d'un capital, il faut encore, pour faire fructifier ce capital, être suffisamment pourvu d'intelligence ; il faut, selon l'expression consacrée, être doué de l'esprit des affaires. Sinon, qu'arrivera-t-il ? C'est que l'on dirigera mal son entreprise ; c'est que l'on fera de mauvaises opérations et que l'on compromettra l'existence du capital emprunté. L'esprit des affaires ne se compose pas, au surplus, seulement d'une réunion de certaines facultés intellectuelles, il se compose aussi de certaines qualités morales, telles que la fermeté, la prudence, etc. L'association de ces qualités diverses et peu communes est indispensable pour former un bon entrepreneur ou un bon directeur d'industrie.

En résumé, la moralité et l'intelligence ou l'aptitude aux affaires, telles sont les garanties personnelles requises de l'emprunteur, et nécessaires au développement du crédit.

Aux garanties *personnelles* se joignent les garanties *réelles* ou *matérielles*. Celles-ci résident dans les biens mobiliers ou immobiliers que possèdent les emprunteurs et qu'ils peuvent engager pour garantir leurs emprunts. Quand la propriété de ces biens peut être clairement établie, quand aucun obstacle provenant des coutumes ou des lois ne s'oppose à ce qu'ils soient engagés ou hypothéqués, quand l'engagement et l'hypothèque ne sont point soumis à des formalités lentes et coûteuses, ou bien encore rendus incertains et précaires par les défectuosités de la législation, les garanties réelles ou matérielles fournissent un utile et notable supplément aux garanties personnelles et elles contribuent pour une large part à la diffusion du crédit.

Communément, ces deux sortes de garanties se présentent associées dans une certaine mesure, quoique dans des proportions fort diverses. On prête des capitaux en raison et des garanties personnelles et des garanties réelles ou matérielles qui sont offertes par les emprunteurs. Il est rare que l'on prête une somme importante à un homme qui n'a que des garanties per-

rales ou *spéciales*. Ainsi toutes les entreprises sont soumises à des risques de destruction, de pillage, de vol ou de dépossession, provenant de la violence ou de la fraude, et les gouverne-

---

sonnelles à offrir. Il est rare aussi que l'on prête à celui qui n'offre que des garanties matérielles et dont on suspecte la moralité, car on peut toujours redouter de sa part la chicane et la fraude.

La législation peut entraver ou faciliter, dans une large mesure, le développement du crédit, selon qu'elle interdit ou qu'elle autorise, en lui apportant sa sanction, l'emploi des garanties qui servent de base aux transactions des prêteurs et des emprunteurs. S'agit-il des garanties personnelles? Il convient que la loi apporte une sanction positive et inéludable aux engagements contractés, tout en laissant aux contractants la liberté la plus entière, quant à la nature même des stipulations. La loi ancienne allait jusqu'à autoriser le créancier à s'emparer de la personne du débiteur, à défaut d'un autre gage, et de la réduire en esclavage. La loi moderne permet seulement au créancier de faire mettre son débiteur en prison. On s'est, de tous temps, beaucoup élevé contre ces dispositions légales qui permettent au créancier de s'emparer de la personne du débiteur ou de la faire mettre sous le séquestre. On les a considérées comme excessives et inhumaines. Mais on n'a vu, croyons-nous, que les maux qu'elles entraînaient sous l'empire de certaines circonstances extérieures, sans considérer les avantages qu'elles procuraient aux débiteurs eux-mêmes. Bien des emprunts, commandés par une nécessité impérieuse, n'auraient pu être contractés si les emprunteurs, dépourvus de garanties matérielles, n'avaient pas été autorisés à s'engager de leurs personnes; s'ils n'avaient pu offrir comme garantie à leurs créanciers ce bien précieux que l'on nomme la liberté. On manquait rarement d'accuser la loi, quand les débiteurs étaient contraints de se livrer à leurs créanciers, faute de pouvoir satisfaire à leurs engagements, mais n'était-ce pas bien plutôt l'imprévoyance des débiteurs qu'il aurait fallu accuser? En cette matière comme en beaucoup d'autres, la loi ne doit, au surplus, rien prescrire. Elle doit se borner à sanctionner les engagements contractés, pourvu que ces engagements ne portent aucune atteinte aux lois

ments ne sont autre chose que des mutualités établies pour
combattre ces risques généraux. L'impôt, sous quelque forme
qu'il soit perçu, n'est donc, au moins pour une bonne part,

éternelles de la morale, lesquelles sont toujours en harmonie avec celles de
l'économie politique.

S'agit-il des garanties réelles ou matérielles? La loi doit faciliter, autant
que possible, l'accession à ce genre de garanties. Voulez-vous, par exemple,
engager des marchandises ou n'importe quel objet mobilier? Il convient que
la loi vous laisse faire; qu'elle vous permette de disposer à votre guise de
vos marchandises ou de vos effets mobiliers pour les engager comme pour les
vendre, en se bornant à vous assister au besoin pour recouvrer votre gage,
lorsque vous vous êtes acquitté de vos obligations. Voulez-vous hypothéquer
des biens immobiliers? Il convient encore que la loi vous accorde à cet égard
toute facilité; que vous puissiez engager à volonté votre champ, votre atelier
ou votre maison, comme les marchandises qui remplissent vos magasins, les
outils qui garnissent votre atelier, les meubles qui ornent votre demeure et la
montre même que contient votre gousset. Mais ici l'engagement ou l'hypothèque exige quelques formalités de plus à cause de la nature immobilière
de l'objet engagé ou hypothéqué. Quand vous fournissez un objet mobilier
comme garantie d'un emprunt, cet objet passe communément de vos mains
entre celles du prêteur ou d'un tiers dépositaire, et vous en perdez l'usage.
Cette collocation du gage au prêteur est indispensable, à cause de la nature
mobilière de la chose engagée. Mais il en est autrement lorsqu'il s'agit de
biens immobiliers. Ceux-ci peuvent demeurer, en vertu de leur nature
même, entre les mains de l'emprunteur, car il ne peut ni les détruire ni les
emporter. Il suffit que le prêteur soit assuré en premier lieu que le gage qui
constitue sa garantie ne se trouve point déjà grevé d'hypothèques pour le
montant de sa valeur; en second lieu, que ce gage lui sera livré, sans difficultés, en cas de non-exécution des engagements contractés. La loi devrait s'at-
tacher, en conséquence, à rendre, d'une part, la situation des biens immobiliers aussi claire que possible, à empêcher qu'ils ne pussent être grevés ou
hypothéqués d'une manière occulte; d'une autre part, elle devrait rendre

qu'une prime d'assurance. Seulement, cette espèce d'assurance diminue les risques, plutôt qu'elle ne les divise. En établissant, par exemple, une bonne police, un gouvernement abaisse le

---

l'expropriation de ces mêmes biens aussi expéditive et aussi peu coûteuse que possible.

Malheureusement, la législation au lieu de faciliter l'engagement des biens immobiliers semble, au contraire, s'être proposé pour but de l'entraver. Cela tient aux circonstances économiques et sociales de l'époque où cette législation a pris naissance. Ces circonstances ont changé ; la législation est demeurée la même.

Dans l'antiquité, la production encore à l'état embryonnaire n'exigeait, que dans une faible mesure, le concours du crédit. Le crédit de la production était peu développé. Le crédit de la consommation seul avait pris quelque extension. Or celui-ci était la source de nombreux abus. Trop souvent, des jeunes gens imprévoyants empruntaient pour satisfaire leurs appétits déréglés, et quand les garanties personnelles qu'ils pouvaient offrir ne suffisaient pas, ils engageaient leur patrimoine. La loi essaya de mettre un terme à ce genre d'abus en hérissant de difficultés l'accession aux garanties réelles. Ces difficultés, on les multiplia encore plus pour les biens immobiliers que pour les biens mobiliers, car ceux-là constituaient, en vertu de leur nature même, la partie la plus solide du patrimoine des familles, et, en vertu de la situation économique des sociétés anciennes, ils en étaient aussi la partie la plus considérable. Les obstacles dont la législation environnait le prêt sur hypothèque avaient pour résultat de restreindre ce genre de prêts, en diminuant la valeur des garanties matérielles que pouvaient offrir les emprunteurs.

Peut-être cette législation, dont le caractère était, remarquons-le bien, purement somptuaire, avait-elle sa raison d'être à une époque où l'on n'empruntait guère que pour consommer et où l'imprévoyance était un défaut commun à toutes les classes de la société. Mais, de nos jours, la situation économique de la société a bien changé. La production, dans toutes ses branches, exige impérieusement le concours du crédit : le crédit de la production l'emporte de plus en plus sur celui de la consommation, en sorte que les obsta-

niveau des risques d'assassinat, de pillage et de vol, mais sans
diviser ceux qui subsistent, en ce sens qu'il ne rembourse pas
les dommages causés par l'échéance de ces risques (1). Les assurances proprement dites ont, au contraire, pour objet de
diviser les risques, sans les diminuer au moins d'une manière
directe. Telles sont les assurances contre les risques de mer,
naufrages, avaries, etc., les assurances contre l'incendie, contre
la grêle et les autres intempéries, contre les épizooties, contre
les causes de mortalité ou d'accidents qui menacent l'espèce
humaine. Ce n'est qu'indirectement que les entreprises d'assurances contre les risques de mer, par exemple, agissent pour
réduire ces risques, en provoquant une meilleure construction
des navires, l'établissement de phares, etc., ou bien encore,
s'il s'agit d'assurances contre l'incendie, qu'elles déterminent
l'emploi, dans les constructions, de matériaux moins combusti-
bles ou l'organisation de services plus efficaces pour la répression des incendies. L'objet direct et principal de ces assurances,
c'est de diviser les risques d'une certaine catégorie, en répar-
tissant les dommages ou les pertes qu'il est dans leur nature de
causer, sur la généralité de ceux qui y sont exposés. C'est ainsi

---

cles opposés à l'engagement des propriétés, en retardant le développement du
crédit causent à la production un dommage de plus en plus considérable. Le
bien que ces obstacles peuvent faire en opposant un frein à l'imprévoyance
est insignifiant en comparaison du mal qu'ils causent en ralentissant l'essor
de l'industrieuse activité des peuples. Le moment est donc venu d'abandonner
cette législation surannée qui renchérit artificiellement le crédit. (*Des Conditions et du mécanisme du crédit*, par G. de Molinari (1er article). *Messager
russe* de Moscou, 1858.)

(1) Voir les *Questions d'économie politique et de droit public. De la production de la sécurité*. T. II, p. 245.

que les risques de mer causent, chaque année, la destruction d'un certain capital sous forme de navires et de marchandises, sans parler des équipages. Ce capital, si considérable qu'il soit, ne forme cependant qu'une fraction minime de la masse du capital qui est annuellement exposé aux risques de mer. En revanche, il forme une fraction importante parfois même la totalité des fonds productifs de ceux qui en subissent la perte. Cela étant, tous ceux qui courent des risques de mer ont un intérêt visible à s'associer et à se cotiser, — chacun dans la proportion du capital exposé et de l'intensité du risque qui menace ce capital et qui varie selon les traversées et selon les saisons, — pour répartir entre leur multitude qui la ressent à peine, une perte qui serait accablante pour quelques-uns. Telle est, en effet, l'opération des assurances maritimes (1). Chaque année, le capital nécessaire pour compenser les pertes que l'échéance des risques de mer inflige à quelques-uns est levé sur tous ceux ou sur le plus grand nombre de ceux dont les capitaux ont été exposés à ces risques. A la cotisation requise pour la couverture des risques vient s'ajouter naturellement la rémunération nécessaire du travail et du capital engagés dans

---

(1) Des hommes qui courent des chances pareilles, dit M. Horace Say, se réunissent et s'associent pour supporter en commun la perte éventuelle, indépendante de toute volonté qui pourrait frapper l'un d'entre eux. Chacun consent ainsi, à l'avance, à prendre à sa charge une perte partielle et faible pour obtenir en échange d'être garanti lui-même des conséquences d'une perte éventuelle totale. Que l'on donne ensuite au payement que chacun fait, le cas éventuel arrivant, le nom de *cotisation* ou de *prime*, il n'y en a pas moins au fond de toute assurance un véritable contrat d'association mutuelle. (HORACE SAY, *Dictionnaire de l'économie politique*, article *Assurances*.)

l'industrie des assurances; mais, sous un régime de libre concurrence, cette rémunération ne peut excéder longtemps son
taux naturel ni demeurer en dessous.

Les assurances ont donc pour résultat direct et principal de
diminuer pour chaque entreprise la hauteur des risques en proportion de la division qui en est faite. Supposons, par exemple,
qu'un armateur, dont le capital est d'un million, assure lui-
même tous les risques qui menacent ses navires. Comme il
sera exposé à perdre, par suite de sinistres maritimes, le tiers,
la moitié, la totalité même de son capital, il devra comprendre
dans les frais de production de ses services une prime proportionnée à cette éventualité de perte. Les frais de transport
maritimes, chargés de cette lourde prime, s'élèveront, en conséquence, fort haut, et les armateurs réaliseront de gros bénéfices quand ils ne subiront point de sinistres. En revanche, ils
pourront être ruinés par un naufrage. En un mot, leur industrie
sera essentiellement aléatoire. Que les assurances interviennent, au contraire, et l'industrie des armateurs ne sera plus
grevée, du chef des risques de mer, que du montant de la cotisation relativement minime, qui sera payée par tous pour compenser les pertes subies par quelques-uns. La prime nécessaire
pour couvrir les risques de l'engagement des capitaux dans
cette industrie sera abaissée en proportion, et cette réduction
du prix naturel de l'intérêt, amènera un développement correspondant du crédit.

NEUVIÈME LEÇON

LES INTERMÉDIAIRES DU CRÉDIT

Des banques de prêt et des banques d'escompte et de circulation. —
Mécanisme et opérations des banques de prêt sur gage. — Monts-de-piété.
— Banques de prêt sur marchandises entreposées. — Récépissés et
warrants. — Services que rendent les banques de prêt sur marchandises
entreposées. — Mécanisme et opérations des banques de crédit foncier. —
Formes et intermédiaires primitifs du prêt hypothécaire. — Progrès résultant de l'établissement des banques de crédit foncier. — Banques agricoles.
— Banques industrielles. — Crédits mobiliers. — Du crédit personnel et
de son développement possible. — Les banques d'escompte. — Nature de
leurs opérations. — Division naturelle du travail entre les intermédiaires
du crédit. — Hiérarchie et fonctions diverses des intermédiaires. — Comment les banques d'escompte sont issues des banques de dépôt. — Opérations des banques de dépôt. — Virements de comptes. — Assurance de
la monnaie. — Ce qu'était la monnaie de banque. — Comment la monnaie
de banque a donné naissance au billet de banque. — De l'étalonnage des
billets de banque. — Économie résultant de la substitution partielle des
obligations commerciales et autres au numéraire et aux métaux précieux
dans la monétisation des billets de banque.

Il existe deux catégories générales de banques, divisées à
leur tour en un grand nombre de variétés ou de spécialités,

savoir : les banques de prêt et les banques d'escompte, auxquelles on peut ajouter les banques d'émission ou de circulation, ordinairement annexées aux banques d'escompte,
quoiqu'elles ne soient point, à proprement parler, des banques
mais de véritables ateliers monétaires.

Etudions successivement ces différents genres d'institutions
de crédit ainsi que les opérations auxquelles elles se livrent et
qui les caractérisent.

Les banques de prêt les plus anciennes et les plus connues
sont les *monts-de-piété* ou banques de prêt sur gage mobilier.
En quoi consistent les opérations de ces banques ? Comme
toutes les institutions de crédit, elles empruntent des capitaux
d'une main pour les prêter de l'autre. Comment empruntent
elles ? En émettant des obligations, portant un intérêt plus ou
moins élevé et remboursables soit à terme fixe, soit graduellement, par voie d'amortissement. Ces obligations, elles les
offrent sur le marché en demandant, en échange, des capitaux
investis sous forme de monnaie. Dès qu'elles se sont ainsi
procuré des capitaux monnayés, elles les prêtent pour un temps
plus ou moins long, sur garantie d'effets mobiliers de toute
sorte, marchandises, vêtemens, meubles vieux ou neufs, bijoux
etc., en exigeant de leurs emprunteurs un intérêt plus élevé
que celui qu'elles fournissent à leurs prêteurs. La différence
sert à couvrir leurs frais et risques, et à leur procurer un
bénéfice. Seulement, grace aux précautions que prennent les
banques de prêt sur gage mobilier, leurs risques sont insignifiants. En premier lieu, elles se font livrer les gages qui
servent de garanties à leurs prêts, et elles ne les restituent
que contre remboursement du capital prêté. En second
lieu, elles ne prêtent qu'un capital ordinairement fort infé-

rieur à la valeur du gage, en sorte que si le remboursement
n'est pas effectué à l'échéance, ou l'engagement renouvelé par
le payement des intérêts échus, la vente du gage suffit et au delà
pour couvrir le montant de la créance.

Les banques de prêt sur gage mobilier créent deux sortes
d'instruments de crédit. 1° Les obligations à l'aide desquelles
elles se procurent le capital qu'elles prêtent et qui sont essentiellement transmissibles. 2° Les reconnaissances ou reçus des
objets servant de gage et déposés dans les magasins de la
banque. Ces reconnaissances ou reçus en échange desquels la
banque restitue les objets déposés, lorsqu'on lui rembourse le
montant du prêt, sont aussi, le plus souvent, transmissibles.
Comme les banques de prêt sur gage mobilier ou *monts-de-piété*
ne prêtent qu'une partie assez faible de la valeur du gage, on
peut trouver profit à acheter la reconnaissance, véritable
titre de propriété mobilière, en fournissant au détenteur de ce
titre contre lequel se délivre le gage la différence existant entre
la valeur du gage et le montant du prêt, déduction faite de la
prime nécessaire pour couvrir les risques de ce genre d'opération, de l'intérêt du capital qui s'y trouve engagé et du
bénéfice des entrepreneurs. On peut de même, prêter sur reconnaissances, si la banque n'a l'habitude de prêter qu'une proportion minime de la valeur du gage. En ce cas, le second
prêteur se fait délivrer le gage en remboursant le premier
prêt, et il trouve sa garantie dans la différence existant entre
le montant de ce premier prêt et là valeur vénale du gage.

Les banques de prêt sur gage ou *monts-de-piété* peuvent
opérer sans engager dans leurs transactions aucun capital qui
leur soit propre. Mais il est indispensable qu'elles offrent à la
fois aux emprunteurs engagistes et aux prêteurs des garanties

solides. Il faut, en ce qui concerne les emprunteurs, qu'ils aient la certitude que les gages qu'ils ont déposés dans les magasins de la banque demeureront intacts et leur seront restitués sur la présentation de leur reconnaissance; il faut que les prêteurs aient la même sécurité en ce qui concerne le service des intérêts et le remboursement de leurs obligations. Ces diverses garanties peuvent être à la rigueur purement morales. Si les entrepreneurs de prêt mobilier joignent la prudence à l'honnêteté, s'ils prennent soin, notamment, de faire assurer contre l'incendie les gages déposés dans leurs magasins, les emprunteurs ne courront aucun risque; de même, s'ils n'émettent des obligations que jusqu'à concurrence des prêts qu'ils effectuent, et s'ils ne prêtent que contre des garanties suffisantes, c'est à dire de manière à être toujours couverts par la vente du gage, ils ne feront courir aucun risque à leurs prêteurs. Toutefois comme les garanties morales sont fort difficiles à réunir et surtout à perpétuer, toute banque de prêt sur gage mobilier doit ou posséder un capital de garantie qui serve de caution à sa bonne et honnête gestion, ou se faire assurer par des institutions capables de fournir cette caution aux intéressés (1).

---

(1) « Les premiers monts-de-piété, dit M. Horace Say, furent établis en Italie de 1462 à 1490, dans les villes de Pérouse, de Savone, de Mantoue et de Florence. Ils prêtaient d'abord gratuitement, mais, par cela même, leur action était restreinte. Les fonds fournis par la charité sont toujours insuffisants pour satisfaire à des demandes nombreuses et fournir à des opérations de longue durée.

« Dès 1493, des moines franciscains fondèrent des monts-de-piété où l'on prêtait à 5 et 6 p. c. d'intérêt.

« L'Église ayant pendant longtemps proscrit le prêt à intérêt, de vives

Cette forme primitive de la banque de prêt sur gage mobilier a donné naissance aux banques de prêt sur marchandises

---

discussions ne manquèrent pas de s'élever sur ce que ces nouvelles institutions pouvaient avoir d'irrégulier. Le débat fut porté au concile de Latran ; et, en 1515, une bulle du pape Léon X approuva solennellement le système des nouveaux monts-de-piété. Ils se multiplièrent de plus en plus en Italie ; celui de Rome devint célèbre ; ce fut une véritable banque, où les riches placèrent leurs capitaux, les pères de famille leurs épargnes destinées à former la dot de leurs filles, et où les malheureux trouvèrent à emprunter sur gages à des conditions plus avantageuses que celles qu'ils avaient dû jusque-là subir.

« Des monts-de-piété se fondèrent bientôt également dans la plupart des villes commerçantes des Pays-Bas, et presque partout ils avaient le caractère mixte de banques pour le commerce et d'établissements charitables. Ils prêtaient généralement à un taux élevé. L'institution fut plus tard régularisée par de judicieuses mesures prises de 1609 à 1621 sous le gouvernement d'Albert et d'Isabelle. Le taux de 15 à 18 p. c. fut toujours cependant nécessaire pour permettre de servir les intérêts aux bailleurs de fonds et pour couvrir les dépenses de toute nature de ces établissements.

« Malgré un premier essai tenté dès l'origine dans la petite ville de Salins, la France n'imita pas cependant l'Italie et les Pays-Bas dans leur empressement à créer des monts-de-piété. Les ordonnances se succédaient pour défendre l'usure et pour régulariser les formes du contrat de nantissement ; mais il faut arriver jusqu'à Louis XIII pour trouver un premier essai sérieux de fondation d'un mont-de-piété à Paris ; encore une mauvaise organisation financière et l'insuffisance des capitaux arrêtèrent-elles le développement de l'institution. La même tentative fut, sans plus de succès, renouvelée sous le règne suivant. Le mont-de-piété de Paris ne remonte donc pas plus haut pour sa fondation qu'aux lettres patentes du 9 décembre 1777, première année du ministère de Necker. » HORACE SAY, *Dictionnaire de l'Économie politique*, art. *Monts-de-piété*.

Empruntons encore quelques renseignements complémentaires sur les

entreposées. Ici, la division du travail a fait un pas de plus. Les marchandises servant de gage sont déposées dans des

---

monts-de-piété à l'analyse d'un « Rapport sur l'administration des mont-de-piété, par M. Ad. de Watteville, inspecteur général des établissements de bienfaisance en France (1850). »

A dater de l'époque de leur fondation, ces établissements se multiplièrent rapidement : on en comptait déjà vingt-deux en 1789. Leurs opérations furent arrêtées par un décret de confiscation du 23 messidor an II. Ils furent aussitôt remplacés par des maisons de prêt sur gage. Les perturbations causées par le papier monnaie et l'absence d'une police efficace ayant amené de graves abus dans le prêt sur gages, une loi du 16 pluviôse an XII intervint pour réorganiser les monts-de-piété. Malheureusement, les auteurs de cette loi crurent qu'il n'y avait autre chose à faire pour empêcher les abus de la liberté du prêt sur gages, que de la supprimer. Le premier article de la loi de l'an XII est ainsi conçu : « Aucune maison de prêts sur nantissements ne pourra être établie qu'au profit des pauvres et avec l'autorisation du gouvernement. » En outre, défense formelle était faite d'établir des monts-de-piété par actions. Les communes et les hospices étaient tenus d'en faire les fonds, à l'exclusion des particuliers. C'est à cette interdiction qu'il faut attribuer le peu de développement que le prêt sur gages a pris en France. A la vérité, le prêt sur gages interlope supplée à l'insuffisance des monts-de-piété. A Paris même, il existe un assez grand nombre de maisons de prêt clandestines, qui font une concurrence active à l'établissement privilégié.

D'après les documents recueillis par M. de Watteville, les quarante-cinq monts-de-piété existant en France en 1850 pouvaient disposer d'un fonds de roulement de 35,103,648 fr. ainsi composé : fonds appartenant aux monts-de-piété, 2,859,135 fr.; aux hospices, 4,460,615 fr.; emprunts à des particuliers, 22,641,356 fr.; cautionnements, 4,120,554 fr.; fonds pupillaires, bonis non réclamés, 1,175,987 francs. La plus grande partie des fonds avec lesquels opèrent les monts-de-piété appartiennent donc à des particuliers. En général, les monts-de-piété empruntent à d'excellentes conditions. Dans les temps ordinaires, le mont-de-piété de Paris ne paye pas plus de 3 p. c. et il a

docks ou entrepôts, appartenant à des tiers responsables du
dépôt. Ces entreposeurs délivrent aux déposants, qui leur

---

emprunté même à 2 1/2. A Paris, les emprunts du mont-de-piété se font par
des bons à un an de date. Ces bons sont de 250 fr., 500 fr., 1,000 fr. et
10,000 fr. Les prêteurs qui appartiennent presque tous au petit commerce
parisien préfèrent le placement sur le mont-de-piété même au placement sur
l'État. Cinq monts-de-piété prêtent gratuitement, 24 capitalisent leurs bénéfices pour augmenter leur fonds de roulement ou leur dotation, 13 versent
leurs bénéfices dans les caisses des hospices ou des bureaux de bienfaisance,
3 partagent leurs bénéfices avec les administrations charitables. Les recettes
de ces 45 monts-de-piété se sont élevées, en 1847, à 3,051,129 fr. Dans cette
somme, les intérêts et droits prélevés sur les emprunteurs sont compris pour
2,852,929 fr. Les dépenses totales ont été 2,457,321 fr. ; ce qui donne un
bénéfice de 665,808 fr. Sur cette somme, 274,246 fr. ont été versés aux
hospices et aux administrations hospitalières dont les monts-de-piété dépendent. Le nombre des engagements effectués dans le cours de l'année 1847 a
été de 3,400,787, représentant une valeur de 48,922,261 fr. A lui seul, le
mont-de-piété de Paris a fait plus d'affaires que tous les autres réunis : il a eu
1,578,348 nantissements sur lesquels il a prêté 28,108,810 fr. Il y a une
grande diversité dans le taux des prêts. A Grenoble, à Montpellier, à Paray-
le-Monial et à Toulouse, on prête gratis ; à Avignon et à Brignoles, le taux
est de 4 p. c. ; à Toulon, de 7 p. c. ; à Bordeaux et à Paris, de 9 1/2 p. c.
(non compris 3 p. c. pour les engagements effectués par l'entremise des commissionnaires) ; à Besançon, Boulogne, Brest, etc., de 12 p. c. ; enfin à Cambrai et à Douai, le taux s'élève jusqu'à 15 p. c. La moyenne est de 8 p. c.
environ. La moitié des prêts n'ont qu'une valeur de 1 à 5 fr. ; plus des deux
tiers n'ont pas atteint celle de 10 fr., 748 seulement se sont élevés au dessus
de 1,000 fr. et 33 ont dépassé 5,000 fr. Il y en a eu un de 60,000 fr. à Paris.
Le prêt le plus élevé dont on ait conservé le souvenir a eu lieu en 1813, il
était de 200,000 fr. La moyenne générale des prêts est de fr. 16-80. Mais
cette moyenne varie beaucoup selon les localités ; à Cambrai elle n'est que de
fr. 4-22 et à Valenciennes de fr. 4-26, tandis qu'elle s'élève à fr. 46-39 à

confient des marchandises, un récépissé transmissible par voie
d'endossement, sur la présentation duquel ils se dessaisissent

---

Toulouse et à fr. 59-18 à Montpellier. Le minimum des prêts varie aussi
d'une manière notable ; il n'est que de 50 c. à Bergues, de 1 fr. à Angers, à
Nancy, à Lunéville, etc. ; à Paris, à Marseille, au Havre, il est de 3 fr. ; à
Grenoble et à Nîmes, de 5 fr., et de 6 fr. à Nantes. La durée moyenne des
prêts est de 7 mois 1/2. Cette durée varie beaucoup, selon la nature des populations. Dans les villes de fabrique et dans les villes de passage, elle est très
courte. A Douai, elle n'est que d'un mois, à Lille de 3 mois, au Havre de 4.
La durée des prêts dépend beaucoup aussi du taux de l'intérêt. Dans les
villes où l'on prête gratuitement ou à petit intérêt, la durée des prêts est
naturellement très longue ; à Apt, elle est de 30 mois ; à Montpellier, de 18 ;
à Toulouse, de 12. Lorsque le nantissement n'est pas renouvelé ou retiré en
temps utile, on le met en vente ; la proportion moyenne de ces ventes est de
5 p. c.

Il est assez difficile de savoir quelles classes recourent le plus souvent au
mont-de-piété. Sur ces 45 établissements, 24 n'ont pu donner de renseignements à cet égard. Voici le résultat des recherches partielles qui ont été faites
par M. de Watteville : les commerçants, fabricants et marchands ont contracté 152,776 prêts ; les rentiers et propriétaires, 49,936 ; les personnes
exerçant des professions libérales, 40,248 ; les employés, 23,134 ; les militaires, 7,151 ; les ouvriers et les journaliers, 909,993. A Avignon, les rentiers et les propriétaires forment la classe la plus nombreuse des engagistes ; à
Lille, le nombre des négociants qui ont eu recours au mont-de-piété est
aussi considérable qu'à Paris. Les localités dans lesquelles les monts-de-
piété ont prêté les sommes les plus considérables aux ouvriers sont les
villes de riches fabriques comme Lyon, Avignon et Paris. Il ne paraît pas
que les monts-de-piété contribuent à favoriser la dissipation, comme on les
en a souvent accusés. Les engagements sont généralement moins nombreux
la veille des jours fériés que les autres jours ; le nombre des engagements
relevés le samedi n'a été que de 477,926, tandis que les dégagements
s'élevaient au chiffre de 667,058. D'après tous les renseignements recueillis,

du dépôt, moyennent payement des frais. Les négociants qui possèdent des marchandises ainsi entreposées peuvent ou les

---

l'immense majorité des engagements servent à soulager des misères ou des gênes réelles.

En Hollande, les monts-de-piété sont généralement exploités au profit des villes. C'est le pays où ces établissements sont le plus nombreux. On n'en comptait pas moins de 108 en 1850, dont 74 sont affermés à des entrepreneurs, les autres sont dirigés par les communes elles-mêmes ou les établissements de bienfaisance. Il existe, en outre, des banques de petits prêts dépendantes des monts-de-piété, et qui à Amsterdam seulement sont au nombre de 60.

« Avant 1840, dit M. Watteville, le prêteur pouvait avancer 10 et 20 centimes. Depuis cette époque, le minimum a été fixé à 30 centimes et le maximum à 1 franc 40 centimes, et toujours par progression de dix centimes. Des avances supérieures sont interdites sous peine disciplinaire ; mais cette disposition est facilement éludée au moyen de la division du gage. Ainsi, on prête 1 franc 40 centimes sur une casserole, et 1 fr. 40 sur son couvercle. Une reconnaissance triangulaire et de très petite dimension est délivrée à l'emprunteur. Les nantissements ne sont pas portés au grand mont-de-piété. Ils sont conservés chez le prêteur.

« C'est un curieux spectacle que le magasin d'un prêteur, à raison de la variété des nantissements. On y voit des souliers, des bibles, des chapeaux, des babouches, des marmites, des guenilles de toutes couleurs, des pipes, des vieilles ferrailles, etc., le tout méthodiquement rangé, aligné, étiqueté avec l'ordre et la propreté qui caractérisent le Hollandais ; c'est l'échoppe du marchand de bric-à-brac du Temple transformée en musée.

« La durée de l'engagement est de trois mois, et le taux de l'intérêt qui varie de 25 à 34 p. c. par an, selon le montant des prêts, est fixé pour ce terme ; mais comme la durée ordinaire des prêts n'est que de six semaines, il s'élève en réalité à 56 1/3 p. c. en moyenne. Beaucoup de ces petits prêts sont hebdomadaires. Les juifs principalement engagent des parties de leurs habillements le samedi soir et les dégagent le vendredi avant le coucher du soleil

vendre ou s'en servir comme d'un gage pour emprunter. S'ils les vendent , ils se bornent à endosser leur récépissé à

---

pour célébrer le sabbat. L'intérêt s'élève alors à un taux énorme. La moyenne des petits prêts pendant chacune des années 1846 , 1847 et 1848 a été de 889,142 articles (*). "

Cette grande multiplication des établissements de prêts sur gage en Hollande trouve son explication dans l'esprit de calcul et d'économie qui caractérise la nation. Ailleurs , on s'entr'aide davantage, en cas de nécessité, et il existe une espèce de mutualité de crédit gratuit qui supplée, en partie , au crédit intéressé. En Hollande, et, en général, chez les nations économes et prudentes, qui ont les défauts de ces qualités , les abeilles ne peuvent guère compter sur l'assistance des fourmis. Car :

La fourmi n'est pas prêteuse.

Le mont-de-piété est donc la ressource ordinaire des abeilles et parfois aussi des fourmis dans l'embarras.

Dans les autres pays, l'Angleterre exceptée, les monts-de-piété constituent également des monopoles exploités soit au profit des villes soit au profit des établissements de bienfaisance. En Belgique, il existe 22 monts-de-piété, prêtant à des taux divers, de 6 à 24 p. c. Les fonds à l'aide desquels ils opèrent sont fournis par les administrations publiques de bienfaisance. Les bénéfices, payement fait des intérêts et des frais, sont employés à grossir la dotation des monts-de-piété, et le surplus doit être versé aux établissements de bienfaisance. Les prêts sur marchandises neuves ne peuvent excéder 1,000 fr. (Loi du 30 avril 1848). En Angleterre, il n'existe pas de monts-de-piété, organisés par privilége ; mais l'industrie des *pawn brokers* (prêteurs sur gage) est étroitement réglementée ; une loi du 28 juillet 1800 fixe notamment un maximum pour le taux de l'intérêt ; enfin , les restrictions opposées à la liberté des banques combinées avec cette réglementation spéciale ont jusqu'à

(*) *Rapport sur l'administration des monts-de-piété*, par M. Watteville, p. 99.

l'acheteur. Mais s'ils jugent que le moment n'est pas favorable
à la vente, et s'ils ont besoin néanmoins de réaliser une partie

---

présent entravé le développement économique des institutions de prêt sur
gage.

En définitive, les monts-de-piété sont les banques des pauvres ou des néces-
siteux, et l'on n'y a recours, d'habitude, que lorsqu'on a épuisé toutes ses
ressources. Il serait donc à souhaiter que ces banques de la misère présen-
tassent un *maximum* de sécurité, et qu'elles fournissent leur crédit au meilleur
marché possible. Ce double résultat a-t-il été atteint par le régime de privilége sous lequel elles se sont établies ? En aucune façon. Les monts-de-piété
sont loin d'offrir une sécurité entière. Récemment encore, le mont-de-piété
de Louvain a fait une banqueroute de 300,000 fr., causée par l'infidélité d'un
administrateur. D'un autre côté, ils prêtent à un taux généralement usuraire, en se faisant payer 12 p. c. et davantage les capitaux qu'ils se procurent
à 3 ou 4 p. c., sans avoir, du reste, presque aucun risque à courir, puisqu'ils ne
prêtent que sur une faible partie de la valeur des gages. Enfin, les emprunteurs qui subissent cette usure sont traités comme de véritables mendiants
par les employés des monts-de-piété ; on leur fait attendre leur tour parfois
pendant des heures dans des locaux infects, on rudoie ceux dont les « gages »
sont insuffisants, etc., etc. — On objecte, à la vérité, que les bénéfices usuraires des monts-de-piété privilégiés sont versés, pour la plus grosse part, dans
les caisses des établissements de bienfaisance ; mais l'immoralité en est-elle
moindre ? En prélevant sur les malheureux qui ont recours aux monts-de-
piété une taxe égale à la différence du taux auquel ils empruntent, sous le
régime du monopole soi-disant philanthropique du prêt sur gage, et du taux
auquel ils pourraient emprunter sous un régime de liberté du prêt, que fait-on
en définitive ? On prélève, au moyen du privilége des monts-de-piété, une
taxe des pauvres sur les pauvres, au moment même où ils subissent les plus
rudes atteintes de la misère, au moment où ils sont obligés de se dépouiller
de leurs effets d'habillement ou même de se défaire de leurs matelas pour
se procurer un morceau de pain. Ce trait ne peint-il pas la philanthropie
officielle ?

du capital investi sous cette forme, ils contractent un emprunt sur hypothèque de leur marchandise. Le prêteur prend hypothèque au moyen d'une inscription dans les livres de l'entrepôt, et, de plus, il reçoit un instrument de crédit nommé *warrant* qui lui permet de mobiliser sa créance, en la cédant par voie de simple endossement.

La marchandise hypothéquée peut néanmoins être vendue avant l'échéance du prêt et retirée de l'entrepôt, mais, en ce cas, on ne la délivre que sur la présentation du récépissé et du warrant acquitté. Si le porteur du warrant n'est pas connu, la somme due, avec adjonction des intérêts, est consignée dans la caisse de l'entrepôt. Si le prêt échoit avant que la marchandise ait pu être vendue, et si l'emprunteur n'est pas en mesure d'acquitter sa dette, la vente du gage a lieu à la réquisition du prêteur. Des intermédiaires, banquiers ou commissionnaires, se chargent ordinairement d'effectuer les prêts sur marchandises entreposées ; ils transmettent ensuite *les warrants* à une banque, qui escompte cette obligation sur hypothèque mobilière comme tout autre effet de commerce.

Le grand avantage de cette forme du prêt sur gage, c'est d'augmenter la disponibilité des marchandises *dans le temps*, en permettant aux négociants de choisir le moment le plus favorable à la vente, ce qui n'a point lieu lorsqu'ils ne peuvent dégager une partie de leur capital, en engageant la marchandise dans laquelle il est investi. Dans ce cas, en effet, s'ils doivent se procurer des fonds pour acquitter des obligations antérieures ou s'ils veulent entamer une opération avantageuse, ils sont obligés de vendre leurs marchandises au comptant ou à terme en recourant à l'escompte pour en réaliser immédiatement la valeur sans attendre le moment le plus propice à la vente (1).

----

(1) Les monts-de-piété sont demeurés pendant longtemps les seuls établissements de prêt sur gage mobilier. Ce n'est guère que depuis la fondation des *docks* en Angleterre que le crédit sur marchandises entreposées a été appliqué aux opérations commerciales. On trouvera à cet égard quelques renseignements intéressants dans la savante introduction que M. Maurice Block a placée en tête du « Traité des magasins généraux (docks) et des ventes publiques de marchandises par M. Damaschino. »

« Ce sont, dit M. Maurice Block, les nombreux vols commis sur les navires chargés de denrées coloniales, stationnant dans la Tamise, qui ont fait naître l'idée de construire les premiers docks de Londres, c'est à dire des bassins à flot entourés de magasins spacieux et solides. C'est ainsi qu'une compagnie s'est fondée, en 1799, pour la construction du *West India dock* qui fut livré au commerce en août 1802. Cette compagnie obtint du Parlement le privilége de recevoir tous les navires qui arrivent des Indes occidentales ou y allant, et d'emmagasiner toutes les marchandises d'importation de cette provenance. Les avantages considérables qui résultèrent de cette fondation et qu'on a évalués à 18 p. c. sur les manutentions, le magasinage et les déchets inévitables dans l'ancien mode de déchargement ne tardèrent pas à devenir évidents. On se hâta donc de les multiplier. On construisit successivement le *London dock* (1805), l'*East India dock*, le *Commercial dock*, le *Surrey dock*, le *Catherine dock* (1829), et, en dernier lieu, le *Victoria dock* (1855). Des établissements semblables ont été créés dans d'autres villes du Royaume-Uni.

« Quelle que soit l'utilité des bassins à flots et à niveau constant, c'est surtout comme magasins publics que les docks de Londres ont rendu d'immenses services au commerce. Responsables des navires et des marchandises qu'elles admettent, les compagnies ont dû établir un système régulier d'enregistrement, se charger de toute main-d'œuvre dans l'intérieur des magasins, et même de toute agence auprès de l'administration des douanes. La régularité du payement des droits, la sécurité offerte par une enceinte bien close et surveillée avec soin, la précision avec laquelle fonctionne une organisation bien enten-

Emprunter d'une main des capitaux, soit à un prêteur déterminé dont la créance est personnelle, soit à un prêteur

---

due, n'ont pas tardé à procurer aux docks les priviléges d'un entrepôt de douane, c'est à dire la faculté de n'acquitter les droits qu'à la sortie des marchandises.

« Les magasins publics ont dispensé les négociants de Londres d'avoir des magasins particuliers, et ont ainsi diminué considérablement leurs frais généraux ; ils ont de plus multiplié l'intervention du crédit, sans qu'en réalité on ait eu pour cela à généraliser l'usage de cette chose vague et indéfinissable qu'on nomme confiance. Voici comment :

« On sait qu'à Londres le numéraire et même les effets de commerce n'interviennent que fort peu dans les transactions. Chaque négociant dépose chez son banquier, qu'on nomme aussi *caissier*, soit directement soit par l'intermédiaire d'un courtier, toutes les valeurs, espèces, lingots, effets de commerce ou publics qu'il encaisse. Dans le plus grand nombre de cas, lorsqu'il a un payement à faire, il donne un *chèque* (mandat à vue) sur son caissier ; ses débiteurs se libèrent envers lui de la même manière. Les banquiers se chargent du recouvrement, sur leurs confrères, des mandats qui leur sont apportés par leurs clients, et effectuent ainsi les payements de ces derniers. Généralement, comme tous les jours chaque banquier reçoit des mandats sur plusieurs autres, il suffit, pour opérer ces recouvrements et ces payements, de compenser les créances et de porter plusieurs sommes d'un compte à un autre. Il existe à Londres un établissement fondé en 1775 où un certain nombre de maisons de banque entretiennent chacune un commis à demeure et y envoient tous les jours les *chèques* qu'elles reçoivent, afin que les virements puissent être opérés et les différences soldées sans délai. Cet établissement, connu sous le nom de *clearing house* (bureau de compensation ou de virements) n'admet actuellement qu'une trentaine de banquiers, pour la plupart descendants ou successeurs des fondateurs, et en exclut, par jalousie de métier, dit-on, beaucoup de nouvelles maisons très solvables. Néanmoins, les virements opérés dans le *clearing house* ont atteint, en 1857, 1,900,000,000 de liv. st. (47 milliards de francs) et il ne faut, pour le solde de cette somme, qu'environ 7 p. c.

impersonnel par une émission d'obligations transmissibles ;
prêter de l'autre ces capitaux sur garantie de marchandises

---

de son montant. Il n'a même fallu que 5 p. c. au *clearing house* de New-York
et de Philadelphie.

« Le crédit ou compte courant ouvert à un négociant est en rapport avec
le montant des valeurs qu'il a déposées chez le banquier. L'idée de virement
est exclusive de tout découvert. Il est donc important pour le commerçant
d'avoir en dépôt chez son *caissier* la plus grande somme possible. Or, la fortune d'un négociant, sur laquelle repose en grande partie sa solvabilité et par
conséquent la confiance qu'il inspire, consiste principalement en marchandises
en magasin ou en entrepôt. Selon la nature de son commerce, ces marchandises peuvent immobiliser le capital pendant un temps, et rendre ainsi le négociant momentanément moins solvable. En effet, une marchandise qu'on ne peut
pas convertir facilement et sans délai en numéraire possède une bien moindre
puissance, tant comme garantie que comme capital. Un fabricant de machines
travaillant pour un filateur aimera mieux entendre parler de numéraire déposé
chez le banquier que de coton emmagasiné au Havre ou à Liverpool. Eh bien,
en Angleterre, on est parvenu à rendre ce coton équivalant à des espèces. Le
moyen est de la plus grande simplicité. Le propriétaire du coton se borne, à
cet effet, à déposer chez son courtier ou chez son banquier la reconnaissance,
le récépissé, en anglais le *warrant*, délivré par l'administration du magasin
public dans lequel la marchandise est déposée. L'endossement du *warrant*
opère le transfert de la marchandise, qui peut être, au besoin, vendue aux
enchères publiques sans formalité et sans délai. Le banquier ne risque donc
rien en augmentant le compte courant du négociant en proportion de la valeur
approximative de la marchandise représentée par le *warrant*.

« Les magasins publics, d'ailleurs, ne diminuent en rien, pour le négociant,
les chances de vente. S'il n'a pas la marchandise sous la main, il a, ce qui
vaut mieux à certains égards, ce qui du moins est plus commode, 1° un récépissé authentique (warrant) indiquant la nature, le poids, l'origine, etc., de
la denrée ; 2° des échantillons pris sans son intervention, par l'administration
du magasin et en présence du courtier, au moment de la réception de la marchan-

détenues par le prêteur sur gage, ou, mieux encore, par un
tiers responsable, et trouver, avec la couverture de ses frais et

---

dise. La vente s'opère sur échantillon, et au moyen du transfert du *warrant*, si la
totalité de la marchandise est vendue. Au besoin, un *warrant* peut être échangé
contre plusieurs titres relatifs chacun à une partie de la quantité primitive.

« Les six grands docks de Londres ne sont pas les seuls magasins publics
qui délivrent des *warrants* négociables. Londres possède encore cinq *légal
quays* qui sont de véritables docks dont la Tamise représente le bassin ; ils
tirent leur nom de la faculté d'entrepôt qui leur a été accordée. On compte, en
outre, quatre-vingt-sept *sufferance wharves* ou quais de tolérance, dont les priviléges sont fixés par l'administration des douanes. Il existe encore des caves
dites *bonded vaults* qui, moyennant le dépôt d'une somme assez importante,
ou sur la caution de deux notables de la cité, responsables des droits en cas
d'infraction au tarif d'entrée, sont autorisées par la douane à recevoir en
entrepôt des liquides pour la consommation ou la réexportation. Enfin, en
dehors de ces diverses catégories d'établissements plus ou moins en rapport
avec les douanes, plus de cinquante magasins publics sont réservés aux marchandises franches de droits ou dont les droits ont été payés ; et les *warrants*
délivrés par ces magasins sont également négociables.

« Il n'est pas possible de déterminer la valeur totale des marchandises vendues annuellement en Angleterre au moyen des *warrants*. On l'a évaluée approximativement, pour les docks de Londres, à 1 milliard 590 millions de francs ;
pour les *légal quays*, à 250 millions ; pour les *sufferance wharves*, à 63 millions ;
pour les *bonded vaults* et pour les simples magasins publics non privilégiés, la
somme de 100 millions paraît certainement une évaluation très modérée (*). »

Ce système de prêts sur gage mobilier s'est généralisé en Angleterre, à
mesure que les docks se sont multipliés. En France, le gouvernement provi-
soire a autorisé, par un décret du 21 mars 1848, l'établissement de magasins
généraux destinés à venir en aide aux négociants atteints par la crise révolutionnaire, en facilitant le prêt sur marchandises. Mais les obstacles que l'in-

---

(*) *Traité des magasins généraux*, etc., par M. Damaschino. *Introduction*, par M. Maurice Block, p. 48 et suivantes.

risques, son bénéfice dans la différence du taux de l'emprunt
avec le taux du prêt, voilà toute l'opération du prêt sur gage

---

terdiction soit disant philanthropique du prêt sur gage, d'une part, et une
législation commerciale surannée, de l'autre, opposaient à ce genre de prêt, en
ont retardé le développement. Deux lois du 28 mai 1858 sur les magasins
généraux et les ventes publiques ont en partie levé ces obstacles. En Belgique
(loi du 18 novembre 1862 sur les warrants), la législation a également été
modifiée pour faciliter l'engagement et la saisie du gage, c'est à dire l'établissement et la disponibilité des garanties requises par le prêt sur marchandises.
Mais un préjugé enraciné dans l'esprit de la vieille génération des négociants
s'oppose encore à l'extension de ce mode de crédit. — Parce qu'on ne recourait au prêt sur gage qu'en cas d'extrême nécessité, lorsque les monts-de-
piété et les *pawn brokers* étaient seuls à l'effectuer, à des conditions le plus
souvent usuraires, l'engagement d'une marchandise a continué d'être considéré comme l'indice d'un état de gêne. Mais si le perfectionnement des institutions de prêt sur gage mobilier permet désormais d'emprunter sur marchandises, à des conditions commerciales, pourquoi ce mode d'emprunt n'entrerait-il
pas dans les habitudes régulières du commerce, aussi bien que le mode d'emprunt par voie d'escompte? Vendre une marchandise à terme, et s'en faire
avancer la valeur par l'émission et l'escompte d'une lettre de change, n'est-ce
pas une opération analogue à celle qui consiste à déposer la marchandise entre
les mains d'un tiers et à se faire avancer une partie de sa valeur par l'émission d'un warrant. Il n'existe aucune différence substantielle entre ces deux
manières de recourir au crédit. D'où il résulte que le préjugé, pour être logique,
devait frapper l'emprunt par voie de vente à terme et d'escompte aussi bien
que l'emprunt par voie de dépôt et d'engagement de la marchandise. A quoi
on peut ajouter que ce dernier mode d'emprunt est le complément nécessaire
du premier, en ce qu'il épargne aux négociants la nécessité de vendre leurs
marchandises à vil prix dans les moments de dépression, ou, ce qui revient
au même, à emprunter à usure sous forme d'escompte pour se procurer les capitaux nécessaires à l'exécution de leurs engagements; enfin, ils trouvent en
tous temps avantage à pouvoir choisir entre deux modes concurrents de crédit.

mobilier. Cette opération est fort simple, et elle n'exige de la
part des banques qui s'y livrent, que quelques précautions
élémentaires. Il leur suffit : 1° d'assurer la conservation du gage
aussi longtemps que l'engagement subsiste ; 2° de ne point
dépasser dans le prêt une proportion telle, qu'en cas de vente
pour défaut de remboursement à l'échéance, le montant du
prêt soit couvert par le produit de la vente ; 3° d'échelonner les
échéances de leurs obligations remboursables à terme, de manière à ce que ces échéances correspondent toujours avec la
rentrée des sommes prêtées sur gage, en tenant compte des
retards résultant du non-remboursement. En supposant que ces
règles soient observées et que la banque de prêt sur gage possède un capital suffisant pour cautionner son honnêteté et sa
bonne gestion, le prêt sur gage mobilier pourra s'effectuer avec
une sécurité presque entière.

De même que les capitaux se prêtent sur la garantie d'une
marchandise ou de tout autre objet mobilier, ils se prêtent aussi
sur la garantie d'une valeur investie en immeubles, terres, bâtiments, voies de communication, etc. Ces deux catégories de
prêts ne présentent des différences qu'en ce qui concerne le
mode de conservation du gage et les conditions de remboursement des emprunts.

Prenons pour exemple le prêt sur gage de valeurs foncières.
Un propriétaire foncier a besoin d'un capital, soit pour améliorer et développer son exploitation agricole, soit pour tout autre
usage. Il s'adresse à un capitaliste qui lui prête la somme
requise, sur le gage de la valeur de la terre. Seulement, il n'est
pas nécessaire dans ce cas, comme dans celui du prêt sur valeurs
mobilières, que le gage soit livré au prêteur ou remis en mains
tierces. Il suffit que la créance soit inscrite sur les livres de

l'état civil de la propriété foncière, et qu'en cas de non-payement des intérêts ou de non-remboursement de la somme prêtée, la terre engagée puisse être saisie et vendue à la réquisition du créancier. Tandis que dans le cas du prêt sur effets mobiliers, il faut immobiliser artificiellement le gage jusqu'au moment où il est libéré de toute hypothèque, dans le cas du prêt sur immeubles, cette immobilisation existant naturellement puisque le gage ne peut être déplacé et soustrait physiquement au prêteur, il suffit de compléter cette garantie matérielle par une garantie légale, sauf toutefois à veiller à ce que le gage ne soit point détérioré et à le mettre sous le séquestre en cas de détérioration.

Ces prêts connus sous la dénomination générique de prêts hypothécaires comportent, comme tous les autres, l'emploi d'intermédiaires, les capitalistes ne pouvant pas toujours trouver facilement eux-mêmes des emprunteurs et apprécier la valeur des gages offerts, les emprunteurs de leur côté possédant rarement les moyens d'information nécessaires pour aller demander les capitaux dans les endroits et dans les moments où ils s'offrent aux conditions les plus avantageuses. Les notaires et, en général, les agents ayant pour fonction spéciale d'opérer ou de constater les mutations de la propriété immobilière, ont été les premiers et les naturels intermédiaires des prêts sur gage de valeurs foncières. Ils se bornaient communément à mettre l'emprunteur en rapport avec le prêteur, parfois aussi ils faisaient eux-mêmes l'office de prêteurs, soit en se servant de leurs propres fonds, soit en empruntant des capitaux pour les prêter sur hypothèques et en fournissant aux prêteurs leur garantie personnelle, en sus de celle qui dérivait de la nature de leurs opérations.

Mais, sous cette forme primitive, le prêt hypothécaire rencontrait des obstacles et présentait des inconvénients de différente sorte. D'abord, les formalités coûteuses de l'engagement, l'insécurité du gage sous un régime d'hypothèques occultes, les lenteurs et les frais de la réalisation des biens engagés, constituaient autant de risques qui grossissaient la prime d'assurance attachée à l'intérêt; ensuite les difficultés de la transmission des créances hypothécaires élevaient, de même, la compensation nécessaire pour couvrir la privation du capital engagé; d'où le taux souvent excessif du prêt sur valeurs foncières. L'élévation naturelle de ce taux ne faisait, du reste, pas seule obstacle au développement du crédit foncier. Il était dangereux pour les propriétaires d'user du crédit, à cause des embarras qu'ils éprouvaient toujours à reconstituer eux-mêmes d'année en année le capital qu'ils avaient emprunté, de manière à le rembourser exactement à l'échéance. Ils n'empruntaient donc qu'en cas d'extrême nécessité, à moins qu'ils ne fussent adonnés à la dissipation, et peut-être les obstacles que la législation opposait à la multiplication des prêts hypothécaires avaient-ils, à cet égard, un caractère somptuaire.

Les banques de crédit foncier, qui se substituent de plus en plus aux anciens intermédiaires, ont réalisé, au double point de vue des intérêts du prêteur et de l'emprunteur, un progrès considérable. Grâce à une combinaison fort simple, elles permettent à l'emprunteur de se libérer d'année en année, en ajoutant à l'intérêt stipulé un tantième pour l'amortissement du capital emprunté. Ce tantième est plus ou moins élevé selon que l'époque du remboursement est plus ou moins rapprochée. L'emprunteur estime approximativement l'augmentation de revenu que lui procurera l'application d'un supplément de capital, et, selon que cette augmentation de revenu lui paraît plus ou moins importante et probable, il consent à payer un intérêt plus ou moins élevé, il rapproche ou il éloigne le terme de remboursement de son emprunt, et par conséquent il augmente ou il diminue le montant annuel de l'amortissement.

Comment les banques foncières se procurent-elles le capital qu'elles prêtent sur gage immobilier? Elles l'empruntent en fournissant pour *sécurités* aux prêteurs : 1° l'ensemble des garanties hypothécaires fournies par les emprunteurs, garanties que les améliorations introduites dans la législation ont rendues de plus en plus sûres et efficaces; 2° un capital souscrit par les actionnaires, mais dont une faible partie seulement est réalisée, ce capital servant uniquement de garantie supplémentaire.

A mesure qu'une banque foncière effectue des prêts hypothécaires, elle émet des obligations soumises à un amortissement correspondant à celui des prêts effectués. Ces obligations connues sous le nom de *lettres de gage* ont pour garanties, en premier lieu, l'ensemble des hypothèques fournies à la banque par les emprunteurs, en second lieu, le capital de la banque. Divisées en coupures commodes et transmissibles, elles offrent un placement facile et sûr. D'une part, en effet, le capitaliste qui a engagé ses fonds dans l'achat d'une lettre de gage peut toujours les dégager, en revendant ce titre de créance mobilisable, à un autre capitaliste qui demande à engager ses fonds sous cette forme. La *privation* contenue dans le prêt hypothécaire, privation qui, dans l'ancien système, était considérable à cause de la longue échéance de cette sorte de prêt, se trouve ainsi presque annulée. D'une autre part, si le capitaliste qui effectue un prêt foncier, soit en achetant une lettre de gage lors de son émission, soit en se substituant au premier prêteur par la

transmission de cette obligation, ne possède plus, comme dans
l'ancien système, le droit de se saisir du gage spécial offert par
l'emprunteur ; en revanche, il n'a plus à craindre les retards
de payement et les autres embarras et risques de l'engagement direct. Il est assuré par la banque (quelquefois encore
il y a réassurance par un établissement séparé) contre les
retards et les risques de non-payement, et dans le cas où la
banque elle-même manquerait à ses engagements à son égard,
il pourrait se faire livrer sa quote-part dans la somme des
créances hypothécaires et dans le capital de la banque (1).

---

(1) La transformation progressive du crédit hypothécaire a commencé à
s'opérer dans la seconde moitié du siècle dernier. C'est à un négociant de
Berlin, Kaufmann Buring, que revient l'honneur de l'invention de cette
nouvelle forme du crédit. Sous les auspices de Kaufmann Buring, la première société de crédit foncier fut fondée en Silésie, après la guerre de Sept
ans. A dater de cette époque (1770), les institutions de crédit foncier se
propagèrent rapidement en Allemagne et en Pologne, tantôt sous la forme
de mutualités des propriétaires, tantôt sous la forme de sociétés d'actionnaires.

Dans le premier système, les propriétaires fonciers se réunissent pour constituer une garantie mutuelle. Lorsque l'un d'entre eux veut contracter un
emprunt, il s'adresse à l'association dont il fait partie. L'association apprécie
les garanties hypothécaires qu'il offre, et elle lui fournit, dans la mesure de
ces garanties, des obligations ou *lettres de gage*, qu'il se charge de négocier
lui-même. Il se procure ainsi des capitaux plus facilement et à meilleur marché que s'il avait emprunté isolément sur hypothèque, grâce : 1º à l'augmentation de la sécurité du prêt résultant de la garantie mutuelle, 2º à l'accroissement de la transmissibilité du contrat hypothécaire assuré par la mutualité
et divisé en coupures commodes, sous la dénomination de lettres de gage.
Mais les mutualités de propriétaires offrent une double imperfection, d'abord
en ce qu'elles ne peuvent réaliser aisément la portion de capital nécessaire
pour assurer le service des intérêts et de l'amortissement des emprunts,
ensuite, en ce que le cercle de leurs opérations est limité par le nombre même

Les banques de crédit foncier ont pour spécialité de procurer à l'agriculture un complément de capital qui s'investit en améliorations permanentes sous forme de bâtiments, de matériel, d'engrais, etc., c'est à dire qui se transforme en capital fixe; en conséquence, elles ne prêtent qu'à de longs termes. Mais les agriculteurs ont besoin encore de prêts à court terme pour acheter leurs semences, payer leurs ouvriers, etc, en un mot, pour compléter leur capital circulant. Les capitaux affectés à cette destination leur sont fournis, soit par des prêteurs ordinaires, soit par des *banques agricoles* sur engagement

---

de leurs membres. En conséquence, elles ont une tendance naturelle à se transformer en sociétés d'actionnaires.

En dépit des préjugés qui poursuivent encore les sociétés d'actionnaires, elles constituent, en effet, une forme d'association visiblement supérieure à celle des mutualités. Leur supériorité provient, en premier lieu, de ce que leurs actions étant transmissibles, le taux nécessaire de la rétribution du capital de garantie d'une société de crédit foncier, par exemple, est moindre que celui du capital de garantie d'une mutualité, dans laquelle les parts d'engagement sont personnelles; en second lieu, en ce que la sphère d'opérations d'une société est illimitée, les emprunteurs n'ayant pas besoin, comme dans le cas d'une mutualité, de faire partie de l'association, autrement dit, de commencer par se faire prêteurs ou, tout au moins, assureurs de prêts, pour devenir emprunteurs. La société d'actionnaires est donc, quoi qu'on en dise, un progrès sur la mutualité, et celle-ci, en raison de l'infériorité de son mécanisme, ne peut guère subsister qu'à titre de rouage local ou comme formation embryonnaire d'une société.

C'est grâce à l'institution des sociétés, proprement dites, que le crédit foncier a pu se propager et acquérir même un caractère international. Longtemps arrêté dans son développement par l'imperfection des législations hypothécaires, il ne s'est implanté en France qu'après la révolution de 1848. Le *Crédit foncier de France*, dont la création est due principalement à l'initiative de M. L. Wolowski, a été institué, sous forme de banque privilégiée, par un

des récoltes ou de toute autre valeur mobilière, immobilière ou personnelle.

---

décret du 28 mars 1852 ; mais on peut lui reprocher d'avoir étendu principalement ses opérations dans les villes, et fait pousser plus de monuments que de blé. D'autres sociétés, fondées plus tard en Belgique et en Hollande, spécialement en vue d'effectuer des prêts hypothécaires en Autriche, ont mieux conservé le caractère primitif du crédit foncier : ces sociétés ont eu, les premières, le mérite d'internationaliser le prêt hypothécaire, en permettant aux propriétaires fonciers des pays où les capitaux sont rares et chers de s'en procurer, avec facilité et à des conditions modérées, dans les pays où ils sont abondants et à bon marché. Dans ce cas, quelques garanties de plus peuvent être requises, en raison de l'éloignement, de la difficulté de constater la réalité des garanties offertes, etc., mais le mécanisme demeure le même (*).

L'écueil des sociétés de crédit foncier, et, en général, des sociétés de garantie, c'est ce qu'on pourrait appeler la non-effectivité de leur capital. Ce capital servant simplement de caution, au moins pour la plus forte part, n'a pas besoin d'être réalisé intégralement. Il suffit que les actionnaires en versent la moitié, le quart, le dixième ou même le vingtième. En revanche, il faut que le restant du versement soit assuré, absolument comme s'il était dans la caisse de la société. Sinon, la société, au lieu d'offrir pour garantie son capital nominal, n'en offre en réalité qu'une fraction souvent insignifiante. Des précautions doivent évidemment être prises contre cet abus, qui peut faire naître une multitude d'entreprises reposant sur des pointes d'aiguilles, et susciter par là même des crises désastreuses. On peut, par exemple, rendre les administrateurs responsables des versements à faire, ou bien encore exiger des actionnaires le dépôt d'une *caution*, composée de bonnes valeurs, jusqu'à concurrence du montant non versé de leurs souscriptions. Ces précautions ne manqueront pas, du reste, d'être prises volontairement, dès que le public, mieux familiarisé avec cette nouvelle forme des entreprises, n'accordera plus sa confiance qu'à celles dont l'organisation présentera les garanties nécessaires de solidité.

(*) On consultera avec fruit sur les sociétés internationales de crédit foncier, instituées pour le prêt en Autriche, une remarquable brochure de M.P. de Haulleville : *Considérations économiques et financières sur les ressources de l'empire d'Autriche*. Paris, Guillaumin et Cie.

Des opérations de crédit analogues à celles-là s'effectuent ou peuvent s'effectuer dans toutes les autres branches de l'activité humaine. Ainsi, les compagnies de chemins de fer, les entrepreneurs de bâtiments, les constructeurs de navires, etc., empruntent sur hypothèques, directement ou par l'intermédiaire des banques. Les compagnies de chemins de fer, par exemple, complètent ordinairement leur capital par des émissions d'obligations portant un intérêt fixe, soumises à un amortissement plus ou moins long et hypothéquées sur la propriété représentée par les actions.

Ces opérations, qui peuvent se diversifier beaucoup selon les besoins des entreprises et les convenances des capitalistes, ont donné naissance aux *Banques industrielles*, plus connues aujourd'hui sous le nom de *Crédits mobiliers*. Ces Banques servent d'intermédiaires pour recueillir les capitaux nécessaires aux grandes entreprises, soit qu'il s'agisse de les engager sous forme d'actions ou d'obligations. Elles se chargent également d'effectuer des prêts sur gage d'actions ou d'obligations quand les porteurs de ces titres veulent en dégager momentanément une partie de leur capital, sans cependant les aliéner. Quelquefois, enfin, elles achètent les actions et les obligations d'un certain nombre d'entreprises, et, à la place, elles émettent des actions ou des obligations, dont le dividende ou l'intérêt forme une *moyenne*, par la mise en commun des chances et des risques de chaque entreprise (1).

---

(1) La grande transformation industrielle qui s'opère de nos jours et qu'un écrivain anglais a appelée, d'une manière si pittoresque, la révolution silencieuse, a rendu indispensable la création d'intermédiaires entre les entreprises qui demandent des capitaux d'une part, et la masse des capitalistes qui en

Nous avons peu chose à dire du prêt sur gage de valeurs per-

---

offrent de l'autre. Lorsqu'il suffisait de quelques milliers de francs et, au maximum, de quelques centaines de mille, pour établir un atelier de production, soit qu'il s'agit d'agriculture, d'industrie ou de commerce, ce capital pouvait être demandé directement à un seul individu ou à un petit nombre. Maintenant que des millions sont nécessaires pour constituer la plupart des entreprises, il faut s'adresser à la masse. Ajoutons qu'il en sera de plus en plus ainsi. Car les grandes entreprises constituées au moyen de l'association sont destinées à supplanter successivement les moyennes et les petites, par les mêmes raisons qui rendent inévitable, malgré toutes les résistances, la substitution des métiers mécaniques aux métiers à la main. C'est, en premier lieu, parce que les entreprises constituées par voie d'association peuvent toujours proportionner économiquement leur puissance à l'effort qu'il s'agit d'accomplir. C'est, en second lieu, parce que la mobilisation des *titres* représentant la propriété du capital engagé, en diminuant la *privation* du capitaliste, réduit d'autant les frais de production du service du capital. C'est encore parce que le marché d'approvisionnement des capitaux demandés par petites coupures et représentés par des titres mobilisables est plus étendu que celui des capitaux demandés par grosses fractions, et dont les titres ne sont point aisément circulables. Par ces causes, sans parler de bien d'autres, la Société tend à devenir, et deviendra infailliblement, dans un avenir plus ou moins prochain, le type général des entreprises, et l'individualisme industriel, qui est encore aujourd'hui la règle, passera de plus en plus à l'état d'exception. Sans doute, cette transformation progressive est retardée et continuera de l'être par les empêchements et les restrictions que des législations qu'on croirait inspirées par la politique des « briseurs de machines, » opposent partout à la constitution et au développement des sociétés, ainsi que par l'accaparement des grandes entreprises, au profit du vaste et monstrueux monopole de l'État ; mais la force des choses finira par surmonter ces obstacles. A quoi on peut ajouter que les pays, où l'individualisme industriel cessera le plus tôt d'être protégé contre la concurrence de la grande industrie, librement constituée dans ses conditions naturelles, obtiendront sur les autres les mêmes avantages

sonnelles. Le grand obstacle au développement de ce genre de

---

que leur procurerait l'initiative de l'adoption de nouvelles et puissantes machines.

Cette transformation inévitable des entreprises, provoquée par les progrès de la *machinery* et l'agrandissement des débouchés de la production, aura-t-elle, comme l'affirment les socialistes, pour résultat, inévitable aussi, de concentrer en un petit nombre de mains les forces productives de la Société, et d'amener ainsi la constitution d'une féodalité financière, à la merci de laquelle serait placée la masse subalternisée des travailleurs? En aucune façon. Il est évident, au contraire, que cette évolution progressive des entreprises aura pour résultat nécessaire de *démocratiser* la production, en obligeant les grandes puissances industrielles à se constituer par l'agglomération des petites forces. Tandis, en effet, que les capitaux aristocratiques et bourgeois participent encore à peu près seuls à la formation des entreprises de moyenne ou de petite dimension, les capitaux de la multitude sont indispensables à la constitution des grandes. Un entrepreneur qui emploie dans une fabrication quelconque un capital de quelques centaines de milliers de francs, n'a ordinairement que deux ou trois associés, pris le plus souvent dans sa propre famille, et appartenant, en tous cas, à la classe riche ; tandis qu'une compagnie de chemins de fer, par exemple, a pour actionnaires ou pour prêteurs des milliers d'individus, appartenant à toutes les classes de la société. Au lieu de demeurer le monopole d'un petit nombre, les bénéfices de la production se distribuent ainsi dans la masse. Il suffit pour y participer d'une économie qui ne dépasse point les facultés du simple ouvrier, pour peu qu'il soit laborieux et rangé ; car les actions et les obligations à l'aide desquelles se constitue le capital des sociétés, dépassent rarement 500 francs, et elles peuvent, au besoin, se sous-diviser.

Mais, par suite même de cette participation de la multitude aux entreprises de production, des intermédiaires sont devenus, plus que jamais, indispensables entre les demandeurs de capitaux et les capitalistes. Pour bien juger de l'utilité d'une entreprise, de la capacité et de la moralité de ceux qui la forment, et, par conséquent, de ses chances de réussite, il faut une aptitude

prêt, c'est, comme nous l'avons vu dans la leçon précédente, la

---

et des notions spéciales, que ne possède point la multitude et qu'elle ne saurait suffisamment acquérir. Qu'un homme possédant une modeste épargne de 10,000 francs veuille la répartir, comme la prudence le lui conseille, entre un certain nombre d'entreprises, il lui sera impossible de se rendre compte de la valeur réelle de ces placements, c'est à dire de la sécurité et des chances de bénéfices qu'il peut y trouver. Il courra incessamment le risque d'être dupé par les *faiseurs*, il gaspillera ses capitaux dans des entreprises folles ou onéreuses, et les désastres qui en résulteront ne manqueront pas de retarder la constitution des entreprises utiles et sérieuses. De là, la raison d'être des intermédiaires pour les commandites ou les placements de fonds dans la grande industrie (*).

Il semblerait que ce rouage nouveau de l'organisation progressive de l'industrie eût dû se créer d'abord en Angleterre. Mais, par suite de la concentration aristocratique des capitaux dans ce pays, et des restrictions naguère encore opposées à l'établissement des sociétés, la constitution des intermédiaires du crédit industriel y est demeurée en retard. C'est dans l'ancien royaume des Pays-Bas que les premières banques commanditaires de la production ont été établies par l'initiative d'un des souverains qui ont eu, au plus haut degré, l'intelligence des faits économiques, le roi Guillaume Ier. Deux grandes sociétés, l'une de crédit mobilier commercial, la *Société de commerce des Pays-Bas*, l'autre de crédit mobilier industriel, la *Société générale pour favoriser l'industrie nationale*, ont été instituées, en 1822, par ce monarque intelligent, et même, en grande partie, avec ses propres fonds.

« La *Société générale*, dit M. J. J. Thonissen dans son excellente histoire de la Belgique sous le règne de Léopold Ier, s'établit au capital de 50 millions de florins (fr. 105,820,106), composé de 20 millions de biens domaniaux cédés par le roi et de 60,000 actions de 500 florins à émettre. La plus grande latitude lui était laissée dans ses opérations ; car, indépendamment de

(*) Voir les *Questions d'économie politique et de droit public*. T. 1er, p. 253. *Le crédit mobilier*.

protection que les lois accordent à la personne du débiteur, en

---

l'émission de billets de banque et de l'escompte des effets de commerce, elle pouvait se charger du dépôt de sommes en compte courant et faire des avances sur fonds publics, sur créances, sur marchandises et même sur immeubles. Les biens domaniaux que le roi lui avait abandonnés, et qu'elle était autorisée à vendre, avaient une valeur bien supérieure au taux de l'évaluation, et cependant elle jouissait d'un terme de vingt-six années pour se libérer de cette avance. De plus, pour vaincre toutes les hésitations des capitalistes ; Guillaume fit du nouvel établissement le caissier général de l'État et se déclara personnellement responsable du payement des intérêts des actions. Enfin, comme le public, malgré tous ces avantages, refusait concours, il prit lui-même 25,500 actions qui n'avaient pas trouvé de souscripteurs (Sur 32,000 actions d'abord émises, il n'y eut demande que pour 6,500) (*). »

La *Société générale* a été le levier au moyen duquel se sont constituées les plus importantes entreprises industrielles de la Belgique, charbonnages, hauts fourneaux, etc., soit qu'elle se chargeât de placer leurs actions et leurs obligations, soit qu'elle leur fît des avances en compte courant ou par voie d'escompte. Son influence aurait été, sans aucun doute, plus vaste et plus bienfaisante encore si elle n'avait pas été privilégiée, et si elle s'était bornée aux opérations de la commandite, au lieu d'être en même temps une banque de circulation. En 1835, la *Banque de Belgique* est venue lui faire une utile quoique insuffisante concurrence ; enfin, en 1850, la constitution de la *Banque nationale* lui a enlevé ses attributions de banque de circulation pour la restreindre à la spécialité d'un intermédiaire de commandite industrielle.

De la Belgique, les banques commanditaires de l'industrie ont passé en France, où la *Société générale du crédit mobilier* a été autorisée par un décret du 18 novembre 1852, au capital de 60 millions de francs, avec faculté d'émettre des obligations jusqu'à concurrence de dix fois son capital. Cette société, placée sous la direction de MM. Isaac et E. Péreire, est devenue la plus considérable des banques commanditaires, et elle a servi de modèle aux

---

(*) J. J. THONISSEN. *La Belgique sous le règne de Léopold Ier*. Tome II. Chapitre XVI, page 259.

empêchant le créancier de se saisir du gage sur lequel il a

Sociétés de crédit mobilier qui se sont fondées ensuite en Espagne, en Autriche et en Hollande.

« Aux termes de ses statuts, dit M. A. Vuhrer, ses opérations consistent à souscrire ou acquérir des effets publics, des actions ou des obligations dans les différentes entreprises industrielles ou de crédit constituées en sociétés anonymes, à émettre pour une somme égale à celle employée à ces souscriptions et acquisitions, ses propres obligations et jusqu'à concurrence de dix fois son capital ; à vendre ou donner en nantissement d'emprunts tous effets, actions et obligations acquis et à les échanger contre d'autres valeurs ; à soumissionner tous emprunts, à les céder et réaliser, ainsi que toutes entreprises de travaux publics ; à prêter sur effets publics, sur dépôt d'actions et obligations, et à ouvrir des crédits en comptes courants sur dépôt de ces diverses valeurs ; à recevoir des sommes en compte courant ; à opérer tous recouvrements pour le compte des compagnies susénoncées, à payer leurs coupons d'intérêts ou de dividendes ; à tenir une caisse de dépôt pour tous les titres de ces entreprises.

« Telles sont les bases sur lesquelles la société a assis ses opérations. Ainsi que l'a fait remarquer son principal fondateur, M. Isaac Pereire, elle est à la fois : 1° société commanditaire ; 2° société financière ; 3° banque de placement, de prêt et d'emprunt ; 4° banque d'émission. Comme société commanditaire, elle met ses ressources et son crédit à la disposition de la haute industrie, et les emploie à la formation de grandes entreprises, sur lesquelles elle exerce son patronage, et à la direction desquelles elle concourt. Comme société financière et comme banque de prêt et de placement, elle prend part aux opérations dans lesquelles le crédit public ou le crédit industriel se trouve engagé ; et, sous cette forme, elle manifeste son intervention soit par des souscriptions d'emprunts, soit par des prêts directs, soit par des placements d'obligations des compagnies, soit enfin par des opérations de reports, d'achats et de ventes d'effets publics. Enfin, comme banque d'émission, elle doit créer et lancer dans la circulation ses propres obligations en échange des valeurs de toute nature, de toute origine et de toute échéance dont elle est autorisée

prêté, de l'échanger ou de l'exploiter, comme dans le cas des

---

à faire l'acquisition et le commerce. Cette dernière fonction, l'une des plus importantes, des plus délicates et en même temps des plus contestées, les circonstances ont jusqu'ici empêché la Société de crédit mobilier de la remplir.

« ... Sans nul doute, le Crédit mobilier n'a pas inventé le crédit commanditaire, et avant lui les grandes industries trouvaient les capitaux nécessaires à leurs opérations; mais au prix de quels sacrifices y parvenaient-elles? et pour n'en citer qu'une seule, qui ne se rappelle tout ce que, il y a vingt ans, il a fallu d'efforts, de persévérance et de conviction ardente aux hommes qui, plus tard, fondèrent le Crédit mobilier, pour faire comprendre au monde financier tout ce que recélait d'avenir l'industrie des chemins de fer? Ce n'est donc rien hasarder que de dire que jamais, et avec autant d'opportunité, un aussi puissant instrument n'a été mis au service des idées nouvelles, des vastes entreprises et des gouvernements eux-mêmes.

« Cependant le Crédit mobilier, tel que nous le connaissons, est loin de répondre à l'idée que s'en est formé l'homme éminent qui le dirige aujourd'hui. Dans sa pensée, le capital de cette société devait n'être, en quelque sorte, qu'un fonds de garantie complémentaire destiné à servir de gage à un capital nouveau et dix fois plus considérable, qu'il comptait réaliser, et qui devait être obtenu au moyen de l'émission des obligations dont nous avons parlé en commençant. Ces obligations devaient être de deux sortes : les unes à courte échéance, correspondaient aux divers placements temporaires de la société; les autres, émises à longue échéance, étaient l'équivalent des valeurs sans échéances déterminées successivement acquises par elle, telles qu'inscriptions de rentes, actions et obligations de grandes entreprises industrielles. Le premier avantage de ces obligations devait être de ramener à un type unique, et par conséquent d'une négociation et d'une circulation toujours faciles, une quantité considérable de valeurs, diverses d'origine, de mode de jouissance et d'échéance. Elles devaient, en outre, « par leur forme et par la facilité qu'elles offriraient de régler chaque jour, d'un coup d'œil, l'intérêt qui y serait attaché, prendre le caractère et le rôle de monnaie fiduciaire. « Par ce double avantage, elles devaient avoir pour effet, « d'une part, d'utiliser une

hypothèques prises sur les biens mobiliers ou immobiliers. A

___

masse considérable de fonds de caisse, de capitaux momentanément sans emploi; d'autre part, de fournir à tous un moyen de placement régulier et permanent. " Nous sommes disposés à reconnaître qu'il serait avantageux, en effet, de ramener à un type uniforme plusieurs des valeurs qui circulent à la Bourse ; mais pour que le rôle de monnaie fiduciaire pût être facilement rempli par les obligations que la Société générale du crédit mobilier voudrait introduire dans la circulation, il faudrait que ces titres fussent représentés par des valeurs d'une solidité très grande et d'un revenu assuré ; il faudrait, en outre, que le capital de la société fût une garantie sérieuse et jugée incontestable.

" Sous ce dernier rapport, la proportion du 10ᵉ pour le capital de garantie nous paraît beaucoup trop faible; il n'était, à la vérité, dans l'esprit des fondateurs de la société, qu'une limite qu'ils n'auraient jamais cherché à atteindre : aussi les critiques ont-ils eu beau jeu en transformant une faculté en un fait réalisé ou sur le point de l'être.

" Mais si le système pouvait, par ses côtés exagérés, donner lieu à de justes observations, dans ses conséquences secondaires; si on pouvait contester certains avantages qu'on avait cru légitime de lui attribuer, il était apte à fournir à l'établissement qui parviendrait à le faire réussir des ressources d'une puissance énorme, et, à ce point de vue, il avait une portée, un caractère de grandeur et même de solidité qui écartent toute analogie avec le système de Law, auquel on s'est efforcé de le comparer. Il y a entre les deux systèmes cette différence radicale que, dans celui-ci, l'auteur ne tendait à rien moins qu'à faire représenter toutes les valeurs d'un pays par une monnaie de papier sans intérêt, ce qui équivalait à la confiscation de la propriété au profit d'une compagnie ou du gouvernement; tandis que le système sur lequel repose la Société générale du crédit mobilier consiste uniquement à mettre de l'unité dans des titres de diverses natures, à leur donner des facilités de crédit, de mobilisation et de circulation par la création de titres portant intérêt et qui n'en sont que la représentation. Ces titres nouveaux peuvent devenir à la fois un appendice utile pour la circulation du pays et un puissant encouragement

défaut de garanties légales suffisantes, le prêteur est obligé de

---

pour toutes les affaires d'intérêt général. Ce système a d'ailleurs pour corollaires d'autres idées dont on ne saurait méconnaître l'ampleur et la fécondité. Les capitaux considérables que les obligations fourniraient à la Société générale du crédit mobilier deviendraient, entre les mains de son fondateur, l'instrument, l'âme et le lien d'une série d'institutions qu'il voudrait créer dans les principales places de l'Europe, sur le modèle de celle de Paris et en communauté d'action et d'intérêt avec elle. Par elles, disait-il, on verrait successivement, quoique dans un avenir peut-être éloigné, les sociétés atteindre des buts à peine entrevus jusqu'ici ; la réunion, dans de grands centres, de capitaux disponibles, dispersés et enfouis dans les diverses contrées de l'Europe ; l'application directe de ces capitaux aux emplois les plus utiles et, par conséquent, les plus fructueux ; l'abaissement et la régularisation du taux de l'intérêt sur tous les marchés ; l'établissement d'un papier de crédit et de circulation européen ; la disparition graduelle de la plupart des entraves, qui rendent si difficiles, si lentes et si coûteuses les relations de crédit dans l'intérieur de l'Europe ; plus tard enfin, l'unité de crédit et de monnaie, et probablement la solution des problèmes les plus ardus que se posent aujourd'hui, en tous pays, les industriels et les économistes. (*Dictionnaire universel du commerce et de la navigation*, art. *Crédit mobilier*, par A. VUHRER.) »

Cependant, cet établissement présente des vices de construction et de fonctionnement qui neutralisent, en grande partie, ses avantages. On est frappé d'abord de la masse et de la diversité de ses opérations. Nous voyons dans son dernier compte rendu (9 avril 1863) qu'elles ont embrassé les chemins de fer russes, autrichiens, espagnols, suisses ; les transports maritimes (Compagnie générale transatlantique); les transports urbains (omnibus de Paris); le percement des rues et la construction des habitations (Compagnie immobilière); l'éclairage (éclairage de la ville de Paris par le gaz); la fondation d'établissements de crédit à l'étranger (Société générale du crédit mobilier espagnol, Banque d'escompte et de circulation de Constantinople), et, dans les années précédentes, la négociation des emprunts publics. Les opérations du Crédit mobilier de France s'étendent, comme on voit, dans les régions les plus

se contenter de garanties purement morales, lesquelles sont

---

diverses et embrassent les entreprises les plus disparates. Cela étant, peut-il
remplir convenablement son rôle d'intermédiaire qui consiste à diriger les
capitaux vers les entreprises les plus utiles et, par conséquent, les plus avantageuses? Non, car pour s'acquitter utilement de cette fonction, il devrait,
avant tout, s'astreindre à observer les lois de la *division du travail* et de la
limitation naturelle des entreprises. C'est pourquoi ses adversaires ont pu lui
reprocher, avec quelque raison, le mauvais choix de ses commandites.

« A voir le défilé de ces entreprises, dit M. Eug. Forcade (*Semaine financière* des 11 et 18 avril), on ne se douterait guère que la conclusion du rapport, soit la proclamation d'une accumulation inouïe de profits. La morne
procession s'ouvre par les chemins russes qui, à leur cours actuel, font perdre
à leurs actionnaires 40 millions ; elle continue par les chemins autrichiens
qui ont vu, il y a quelques années, comme le Midi, il y a quelques mois, le
cours de 900 fr. et qui sont revenus au pair. Puis viennent les tristes chemins
suisses, et la canalisation de l'Ebre elle-même n'est pas oubliée. Que de mé-
comptes! Et cependant le Crédit mobilier gagne, en 1862, 32 millions ; il
aura distribué 125 fr. pour cette année, en montrant la perspective d'un dividende égal pour deux années encore !

« Ce contraste montre d'une façon saisissante que le Crédit mobilier tire
ses énormes et capricieux profits non de ses fonctions de banque commanditaire, mais du mouvement de son portefeuille, c'est à dire de l'influence irrésistible que sa puissance d'accaparement lui assure par moments sur la spéculation de la Bourse, de la faculté étrange qui lui a été donnée d'agir
arbitrairement sur les prix des valeurs.

« ... Ainsi, dit le même écrivain, dans le dernier exercice, d'après ses
propres articulations, le Crédit mobilier a retiré tout au plus 7 1/2 millions
d'opérations que nous appellerons normales, et tout au moins 12 millions
d'opérations de spéculation.

« Or, qu'est-ce que la spéculation et avec quels moyens a-t-elle coutume
d'agir ?

« La spéculation est l'anticipation des profits de l'avenir. On prévoit que

d'une nature trop précaire pour servir de base à une organisa-

----

la valeur d'une marchandise, d'un terrain, d'un fonds public, d'une action doit s'élever dans un temps plus ou moins long, on escompte, comme on dit, l'avenir et l'on achète la marchandise, le terrain, le titre. Mais la justesse du coup d'œil du spéculateur n'est pas la seule condition de la réussite de la spéculation. Une de ses plus efficaces conditions de succès est la puissance du spéculateur.

« Le prix des choses ne se détermine pas seulement par leur valeur intrinsèque. Il subit l'influence de l'offre et de la demande, de l'abondance et de la rareté. Un spéculateur qui a une puissance de capitaux suffisante peut produire la cherté d'une chose, titre ou marchandise, en l'accaparant et en la rendant passagèrement rare sur le marché. Enfin, un des moyens de succès les plus efficaces du spéculateur, c'est son influence sur les autres spéculateurs et sur le public, c'est l'entraînement de son exemple et la conviction de ses imitateurs qu'en marchant sur ses traces, ils feront une bonne affaire.

« Tous ces moyens d'ascendant, le Crédit mobilier les possède au plus haut degré. Il connaît ou il est censé connaître la valeur intrinsèque des titres sur lesquels il spécule, puisque ces titres représentent des entreprises à la gestions desquelles il est mêlé. Il a une puissance exceptionnelle de capital... Le Crédit mobilier, en se portant sur une valeur, y amène donc une puissance d'accaparement qui n'a pas d'égal à la Bourse et qui lui permet d'exercer sur les prix une influence considérable. Il peut acheter des actions par dizaine de mille et sacrifier ainsi momentanément les titres de telle ou telle entreprise. Enfin, le Crédit mobilier a, comme il le dit lui-même, « une clientèle de capitalistes grands et petits; » on peut croire très naturellement dans le public, puisque c'est encore lui qui le dit, « que tout le monde gagne avec ou après lui, » et que « sa force d'impulsion et d'exemple est irrésistible. »

Malgré une certaine exagération, il y a quelque chose de vrai dans ces accusations, et le danger qu'elles signalent ne pourrait que s'aggraver si les projets d'agrandissement illimité des fondateurs du Crédit mobilier venaient à se réaliser. De quoi s'agirait-il, en effet? De couvrir l'Europe d'un réseau

tion du *crédit personnel*, analogue à celle qui commence à s'éta-

---

de Crédits mobiliers *privilégiés*, qui seraient des émanations du Crédit mobilier de France et qui se rattacheraient à lui comme autrefois les colonies à leur métropole. Supposons ce réseau établi et fonctionnant au gré des promoteurs du système, le gouvernement financier du monde sera entre leurs mains. Car ils pourront, à l'aide de l'énorme puissance de spéculation dont ils disposeront, anéantir les meilleures entreprises fondées en dehors d'eux, au profit de celles qu'ils auront commanditées et ressusciter ainsi, sous une autre forme, le régime de la protection industrielle. On reconnaît, dans cette conception, l'idée du saint-simonisme, dont les fondateurs du Crédit mobilier de France étaient jadis les adeptes.

Mais pour réaliser ce monopole universel de la commandite, il faudrait que le Crédit mobilier de France et ses colonies obtinssent partout un privilége exclusif que les gouvernements sont peu disposés à leur accorder, et, en admettant même qu'ils réussissent à l'obtenir, qu'ils demeurassent unis. Dans cette hypothèse encore, ils finiraient par tomber tôt ou tard en décomposition, par l'action des vices inhérents au monopole.

C'est un des résultats les plus fâcheux du régime du privilége de donner un corps à de pareilles chimères, et de vicier ainsi le développement de l'admirable organisme du crédit. Supposons, en effet, qu'une entière liberté existât partout, en matière d'association et de crédit, qu'en résulterait-il? C'est que les institutions de crédit de tous genres devraient nécessairement observer dans leur établissement et leur fonctionnement, les *conditions économiques* de la division du travail et de la limitation naturelle des entreprises, qu'elles peuvent impunément méconnaître, au moins pour quelque temps, sous un régime de monopole. Se faisant concurrence, elles devraient pour attirer la clientèle présenter au public des capitalistes un maximum de bénéfices combiné avec un maximum de sécurité, et ce double résultat, elles ne pourraient l'atteindre, qu'en spécialisant leurs commandites d'abord, c'est à dire en s'appliquant les unes à l'industrie de la locomotion, les autres aux industries textiles, etc., en évitant ensuite de trop étendre leurs opérations. C'est, seulement, en observant ces deux lois économiques qu'elles devien-

blir pour le *crédit réel*. Nous n'affirmerons pas cependant que

---

draient capables, non seulement de faire un bon choix d'entreprises à commanditer, mais encore, ce choix fait, qu'elles pourraient surveiller efficacement la gestion des entreprises commanditées et réaliser ainsi ce bon gouvernement de la production qui n'est qu'une décevante utopie sous un régime de monopole.

Supposons encore que des *Crédits mobiliers*, créés dans les conditions naturelles et saines de la concurrence, gardent en portefeuille les actions et les obligations des entreprises commanditées par eux pour les remplacer par leurs actions et leurs obligations émises dans les coupures et dans les formes les plus demandées, quel sera finalement le rôle de cet intermédiaire du crédit ? Ce sera celui d'une *assurance* des capitaux et de l'industrie elle-même. D'une part, en effet, les porteurs des actions et des obligations des Crédits mobiliers spécialisés participeront aux bénéfices de toute une catégorie d'entreprises de production, tout en s'assurant contre les risques afférents à chacune en particulier ; d'une autre part, grâce à la participation intéressée et éclairée des Crédits mobiliers au gouvernement des entreprises commanditées, la somme de ces risques se trouvera sensiblement diminuée. Que si enfin l'intermédiaire voulait se faire payer trop cher son service (ce qu'il fait impunément sous un régime de monopole), les capitaux ne manqueraient pas de se porter vers l'établissement de nouveaux Crédits mobiliers jusqu'à ce que la rémunération de ce service tombât au niveau de son prix nécessaire.

En résumé donc, le privilége n'est point pour le Crédit mobilier une garantie utile, comme l'affirmaient naguère les fondateurs du Crédit mobilier de France (*), c'est, au contraire, une cause de perturbation et de ruine. Les Crédits mobiliers étendent à l'excès leurs opérations, en vue d'exploiter aussi

---

(*) En ce qui touche la concurrence organisée entre les sociétés du Crédit mobilier espagnol, voici comment nous nous exprimions dans notre rapport du 23 avril 1856 :

« Le temps modifiera, sans doute, ce qu'il peut y avoir eu d'excessif dans le nombre des sociétés auxquelles le gouvernement espagnol a donné l'investiture.

« L'expérience amènera la démonstration des inconvénients de la concurrence dans un genre d'affaires où les moindres fautes peuvent devenir la cause de ruines fâcheuses pour un grand nombre de familles. » — *Société générale du crédit mobilier*. Rapport du 9 avril 1863.

le crédit personnel ne soit pas destiné à progresser aussi ; mais les institutions nécessaires à ses progrès, le marchandage, l'engagement volontaire, la garantie mutuelle et les assurances sur la vie, n'apparaissent encore qu'à l'état de germes, et les préjugés soi-disant protecteurs de la liberté des travailleurs s'opposeront longtemps à ce que ces germes se développent (1).

---

complétement que possible leur privilége. En conséquence, ils choisissent et surveillent mal leurs commandites. Alors, ils cherchent dans des spéculations qui leur offrent, grâce encore à leur situation privilégiée, l'appât de gains faciles mais aléatoires, des profits extraordinaires. Ils pèsent sur le marché jusqu'à ce qu'ils soient emportés dans quelque crise, après avoir retardé, en le faussant, le développement utile et normal du crédit.

(1) Le développement du marchandage (commerce de travail) et du système des engagements libres qui est destiné, selon toute apparence, à supprimer l'esclavage en le remplaçant, suscitera, selon toute apparence aussi, de nouvelles *formes* du crédit et des assurances. Essayons d'en donner une idée.

Le problème de l'amélioration du sort, aujourd'hui si misérable et si précaire de la grande masse des travailleurs qui ne possèdent guère qu'un *capital personnel*, se présente sous deux faces : la production et la consommation.

En premier lieu, il s'agit pour eux de faire le meilleur emploi possible de leur capital de forces productives et d'obtenir de la manière la plus constante un *maximum* de rémunération pour leur travail.

En second lieu, il s'agit encore pour eux de donner à leur revenu la destination la plus utile et d'obtenir en échange un *maximum* d'objets de consommation.

Considérés comme producteurs, les travailleurs se trouvent pour le plus grand nombre dans l'impossibilité d'entreprendre eux-mêmes une industrie quelconque. Pourquoi? Parce que, outre la difficulté qu'ils éprouveraient à s'associer dans ce but, ils ne disposent point du capital nécessaire pour se procurer le matériel requis par l'entreprise, comme aussi pour subvenir à

Abordons maintenant cette forme particulière du prêt qui porte le nom d'escompte et qui a donné naissance à une catégorie de banques connues sous le nom de *Banques d'escompte et de circulation*.

Nous avons vu déjà ce qui donne lieu à l'opération de l'escompte. C'est la vente à terme. Je vends, par exemple, pour

---

leurs frais d'entretien jusqu'à ce que le produit soit confectionné et réalisé. Les industries sont donc entreprises par une classe particulière d'individus qui, possédant eux-mêmes ou réunissant au moyen de l'association un capital suffisant pour couvrir les risques afférents à toute production, empruntent, d'une part, le capital complémentaire, en fournissant aux prêteurs une portion du produit éventuel et aléatoire de l'entreprise sous la forme anticipative et assurée d'un intérêt; d'une autre part, le travail auxiliaire, en fournissant aux travailleurs une autre portion du produit, sous la forme également anticipative et assurée d'un salaire. Comme nous l'avons remarqué déjà, le salaire n'est en réalité qu'une des formes de l'intérêt : c'est l'intérêt du capital investi dans les personnes, et, sauf l'action des causes perturbatrices, il tend incessamment à se niveler avec celui des capitaux investis sous forme de terres, de bâtiments, de machines, de matières premières, de monnaie (*).

Le salaire peut être fourni en argent ou en nature, c'est à dire en articles propres à la consommation du travailleur; il est conventionnel ou contractuel, quand le travailleur est propriétaire du capital de forces productives investi dans sa personne; il est fixé sans convention ou sans contrat quand l'entrepreneur est, en même temps, propriétaire du capital personnel du travailleur. Sous un régime de liberté, le salaire est ordinairement stipulé en argent et il est toujours le résultat d'une convention; sous un régime d'esclavage le salaire est ordinairement en nature, et il est toujours fixé sans débat, au gré du maître.

Si nous analysons le salaire de l'esclave, nous y trouverons le crédit et l'assu-

---

(*) Voir le T. Iᵉʳ, page 304 : *La part du capital.*

cent mille francs de marchandises que je livre immédiatement

---

rance du travail, tels que le comportait l'état politique et économique des sociétés primitives. Les esclaves fournissent, de gré ou de force, le travail nécessaire aux entreprises. En échange, le maître pourvoit à tous les besoins de leur existence et de leur renouvellement. Il les gouverne, les nourrit et les abrite, prend soin d'eux dans leurs maladies et dans leur vieillesse, se charge des frais d'élève et, quand il y a lieu, des frais d'instruction professionnelle de leurs enfants. Comment se procure-t-il ce salaire en nature de son personnel esclave? Il le tire du produit brut de son entreprise. Une partie de ce produit brut est consacrée à l'entretien et au renouvellement du matériel, une autre partie à l'entretien et au renouvellement du personnel. Seulement, il ne faut pas oublier que le produit de toute entreprise est, en premier lieu, plus ou moins lent à former et à réaliser, en second lieu, plus ou moins aléatoire. En conséquence, que font les maîtres, en fournissant au jour le jour les frais d'entretien et de renouvellement à leurs esclaves? Ils leur avancent et ils leur assurent une part de produit brut, quel que soit le résultat de la production. Supposons, en effet, que le produit ne se réalise point, les esclaves n'en auront pas moins été nourris et entretenus, comme s'il l'avait été. L'esclavage renferme donc bien, comme on voit, à l'état embryonnaire, le *crédit* et *l'assurance* du travail. L'*intérêt* et la *prime* que le maître perçoit pour se couvrir de cette avance et de cette assurance peuvent être, à la vérité, excessifs, puisque le travailleur esclave n'a pas le droit d'en débattre le taux : cependant, ils ont pour limites naturelles les frais d'entretien et de renouvellement nécessaires du travailleur. A moins de détériorer son personnel, et de gaspiller par là même le capital qui s'y trouve investi, le maître ne peut s'attribuer que la part de produit net afférente à la rémunération des travailleurs, leurs frais d'entretien et de renouvellement nécessaires étant couverts.

Lorsque le régime de la liberté du travail succède à l'esclavage, les travailleurs, recouvrant la propriété d'eux-mêmes, peuvent exploiter pour leur propre compte leur capital personnel et en tirer un profit, ou en louer l'usage et en tirer un salaire, lequel n'est autre chose que l'intérêt ou le loyer

à mon acheteur, en échange de promesses, de mandats ou de

---

de cette espèce de capital. Ce salaire ou cet intérêt du capital investi dans les personnes a pour taux naturel la somme nécessaire à l'entretien et au renouvellement du travailleur, avec adjonction d'une part proportionnelle de produit net; mais son taux courant est déterminé par les mouvements de l'offre et de la demande. Or l'ouvrier qui loue isolément son capital de forces productives (et des lois iniques lui interdisent presque toujours de le louer autrement) se trouve vis-à-vis du locataire ou de l'emprunteur de cette espèce de capital dans une situation ordinairement fort inégale, en ce qu'il dispose à un moindre degré de *l'espace* et du *temps*. Il en résulte que le taux courant de son salaire peut tomber fort au dessous du taux naturel, en le réduisant à une condition pire que celle de l'esclave (*).

D'un autre côté, si nous considérons la situation de l'entrepreneur d'industrie sous ce régime, nous trouverons que le salariat le grève de charges lourdes et inégales pour lesquelles il est obligé d'exiger une compensation et une prime d'assurance considérables, qui viennent en déduction du salaire naturel de l'ouvrier. Comme dans le cas de l'esclavage, il fait à son personnel de travailleurs auxiliaires *l'avance assurée* d'une part du produit brut de l'entreprise, au moyen d'un capital appliqué spécialement à cette destination, et dont il paye l'intérêt, assurance comprise, sauf à s'en rembourser, dans la transmission de ce crédit aux travailleurs. Mais les conditions auxquelles les entrepreneurs d'industrie se procurent du crédit sont essentiellement inégales. Tandis que les uns obtiennent à bon marché le capital qu'ils consacrent au payement des salaires, les autres sont obligés de le payer cher. Il en résulte pour les premiers une véritable *rente* provenant de la supériorité de leur crédit sans que les ouvriers ni les consommateurs y participent, car c'est la masse de l'*offre* des services et des produits, en présence de la masse de la *demande*, qui détermine le prix, en gravitant toujours vers le niveau des frais de production les plus élevés des services ou des produits offerts. L'intérêt et l'assurance qui se déduisent de la rémunération avancée et

---

(*) Voir le T. 1er, page 262 : *La part du travail.*

lettres de change de pareille somme, payables dans un certain

---

assurée, de semaine en semaine, aux travailleurs, s'établissent donc en proportion de l'intérêt et de la prime les plus élevés que les entrepreneurs d'industrie payent pour le capital qu'ils appliquent à la rétribution de leur personnel. Mais dans le cas d'une augmentation de l'offre des produits ou d'une diminution de l'offre du travail, les. entrepreneurs qui se procurent aux conditions les moins avantageuses le capital appliqué au payement des salaires se trouvent en perte et, par conséquent, obligés de ralentir ou de cesser leur production, tandis que leurs concurrents, plus favorisés sous le rapport du crédit, voient simplement diminuer la *rente* que cette inégalité de situation leur permet de s'attribuer.

Le développement et la généralisation du marchandage (commerce de travail) auraient, comme nous l'avons vu, pour résultats, d'une part, de faire graviter en tous temps et en tous lieux le salaire courant vers le niveau du salaire naturel, au grand avantage de l'ouvrier, d'une autre part, de réduire au minimum les charges qui viennent en déduction du salaire naturel, en atténuant du même coup les inégalités de crédit, qui rendent essentiellement précaire la situation du plus grand nombre des entrepreneurs. Envisagées au point de vue du crédit, les entreprises de marchandage seraient de véritables banques de crédit personnel dont les opérations offriraient une complète analogie avec celles des banques de crédit foncier ou mobilier. Supposons, en effet, qu'une compagnie s'organise pour l'exploitation spéciale du *marchandage* dans un foyer quelconque de production. Comment opérera-t-elle ? D'une part, elle devra emprunter une certaine quantité de *capital personnel* aux travailleurs qui possèdent ce capital sous forme de capacités productives, et qui l'offrent ; d'une autre part, elle devra louer ce même capital aux entrepreneurs de production, qui en ont besoin et qui le *demandent*. Les travailleurs engageront donc leur capital personnel à la compagnie, à un taux et pour un temps déterminés par leurs convenances, et la compagnie, à son tour, réengagera ce capital aux entrepreneurs de production, à un taux et pour un temps également déterminés par les convenances ou les nécessités des entreprises. La différence de ces deux taux, comme dans le cas des autres banques, servira à

lieu et dans un certain temps, soit dans trois mois. J'ai fixé le

---

couvrir les frais de l'intermédiaire, et à lui procurer un bénéfice. A quoi on peut ajouter que, sous un régime de libre concurrence, cette différence ne pourra jamais, au moins d'une manière permanente, s'élever au dessus ni tomber au dessous de la rémunération nécessaire de l'intermédiaire.

Entrons un peu plus avant encore dans le détail de cette opération particulière de crédit. La compagnie emprunte des *capitaux personnels*, en s'engageant à fournir aux propriétaires de ces capitaux, un loyer stipulé à un certain taux et pour un certain temps. De leur côté, les travailleurs s'engagent à lui fournir à ce taux et pendant ce temps, l'usage clairement spécifié et délimité de leur capital personnel. Pour que ce contrat soit possible, il faut d'abord que les deux parties aient pleine liberté de le conclure, sans restriction d'espace ni de temps, sauf toutefois le cas d'incapacité démontrée de l'un des contractants, auquel cas l'intervention d'un tuteur devrait être requise; il faut ensuite qu'il existe des deux côtés des garanties suffisantes pour assurer l'exécution du contrat. Ainsi, par exemple, il faut que la compagnie puisse se servir du capital personnel qu'on lui a engagé, et le transmettre jusqu'à expiration de l'engagement, se faire allouer des dommages-intérêts, sous la forme d'un prolongement de l'engagement et d'une réduction du salaire stipulé, en cas de refus d'exécution ou d'exécution imparfaite du contrat de la part du travailleur. Il faut encore qu'elle puisse faire garantir ce capital personnel, au moyen d'une assurance prise sur la vie du travailleur, qui lui en loue l'usage. Il faut enfin que le travailleur, de son côté, puisse avoir un recours facile et peu coûteux contre une compagnie qui se refuserait à l'exécution des clauses du contrat.

Vis-à-vis de sa clientèle d'entrepreneurs de production, *emprunteurs* de capitaux personnels, la compagnie de marchandage se trouve dans une situation précisément inverse à celle où elle est placée vis-à-vis des travailleurs *prêteurs* de ces mêmes capitaux. Tandis qu'elle paye à ceux-ci un salaire ou, si l'on veut, un intérêt, elle en reçoit un de ceux-là. Mais, ici encore, elle procède par voie d'engagements, spécifiant la quantité et la qualité du travail à livrer, le taux et les termes de la livraison. Des garanties doivent être, de

prix de mes marchandises, en raison de ce mode de payement,

---

même, fournies des deux parts pour assurer la bonne exécution des contrats, avec réserve de dommages-intérêts, etc., etc.

On peut, du reste, imaginer pour simplifier et faciliter l'exécution de ce genre d'engagements, un procédé de *mobilisation* analogue à celui qui existe déjà pour les autres capitaux. On peut supposer qu'un travailleur qui a engagé son capital personnel pour un certain laps de temps et à un certain taux et qui désire le dégager, cède son contrat à un autre, sauf ratification par la compagnie et remboursement ou transmission des avances qu'il a pu recevoir d'elle. Cette cession pourra se faire au pair de l'engagement, avec perte ou avec bénéfice selon l'état actuel du marché des salaires. Supposons, de même, que la compagnie n'ait point le placement de toute la quantité de capitaux personnels qu'elle a engagés, elle pourra, de son côté, les mobiliser en les cédant à d'autres compagnies. Supposons enfin que les entrepreneurs à qui elle les a fournis n'en aient plus l'emploi, ils pourront en transmettre l'usage à d'autres, avec perte ou avec bénéfice selon l'état du marché.

Les avantages que les *prêteurs* comme les *emprunteurs* de capitaux personnels trouveraient dans la généralisation du marchandage ont déjà été analysés (*). Insistons seulement sur les plus essentiels. Pour les ouvriers, prêteurs de capitaux personnels, ce serait la possibilité d'en obtenir le placement régulier au cours du jour, c'est à dire au cours déterminé par l'état général de l'offre et de la demande, en échappant ainsi à l'*usure* qu'ils subissent, lorsqu'ils sont obligés de louer isolément et directement leurs capitaux personnels à des entrepreneurs qui disposent à un plus haut degré de l'espace et du temps. En effet, la publication quotidienne des cours des marchés de travail, qui serait la conséquence nécessaire de la généralisation du marchandage, les mettrait en mesure de choisir entre des intermédiaires concurrents, dans le lieu et dans le temps le plus favorables, sauf à conserver leur capital inactif, en l'hypothéquant au besoin, dans les moments de dépression du marché, ou à ne contracter alors que des engagements à courts termes. Pour les entrepreneurs,

---

(*) Voir le T. Iᵉʳ, page 260 et suiv. : *La part du travail.*

c'est à dire que j'ai ajouté au prix du comptant, les intérêts de

ce serait de même, la possibilité de s'assurer un approvisionnement régulier de travail, tout en réduisant le capital nécessaire au fonctionnement de leurs entreprises, et en atténuant ainsi l'inégalité de situation qui existe entre les grands entrepreneurs et les petits. Au lieu d'exiger d'eux un payement au comptant, comme l'ouvrier est obligé de le faire, la compagnie de marchandage pourrait, en effet, se contenter d'obligations à terme, qu'elle réaliserait, selon ses besoins, eu tout ou en partie, par voie d'escompte ou d'engagement. En d'autres termes, elle ferait crédit aux entrepreneurs pour le payement des salaires, ou, pour mieux dire, elle leur transmettrait le crédit qu'elle recevait elle-même, en vendant ou en engageant leurs obligations à terme. Non seulement, ils se procureraient plus aisément le capital néces-saire à la rémunération de leur personnel, mais encore ils l'obtiendraient à de meilleures conditions, par l'intermédiaire et sous la garantie de la compagnie. Or n'oublions pas que le salaire n'étant autre chose que l'avance assurée d'une part du produit brut des entreprises, toute diminution de la rétribution du capital employé à effectuer cette avance assurée, dégrève d'autant le salaire naturel. Sous ce régime donc, le salaire naturel vers lequel, gravite incessam-ment le salaire courant, serait la part de produit brut afférente au travailleur, déduction faite de l'intérêt de l'avance et de la prime du risque, abaissés au minimum.

La généralisation et le développement du marchandage, sous forme de *banques de crédit personnel*, placeraient, comme on voit, les travailleurs dans les conditions les meilleures que comporterait l'état actuel de la production, en leur assurant de la manière la plus constante et sous les déductions les plus faibles leur part dans le produit brut des entreprises. Il leur resterait encore, à la vérité, à gouverner leur consommation de manière à conserver et à accroître leurs capitaux personnels. Sous ce rapport, le développement du marchandage permettrait aussi de suppléer à l'insuffisance de leur *self govern-ment*. De même que les institutions de crédit foncier stipulent des conditions destinées à prévenir la détérioration des biens engagés, et, en cas de non observation de ces conditions, se saisissent du gage et le font administrer

ce prêt en nature pendant trois mois. Mais j'ai besoin de réaliser immédiatement, sous forme de monnaie, le capital dont je me suis dessaisi sous forme de marchandises. Que fais-je? Je vends au comptant les obligations à terme qui m'ont été livrées en échange de mes marchandises. A quelle condition puis-je

---

pour leur propre compte, des sociétés de marchandage pourraient stipuler des conditions analogues pour prévenir la détérioration des capitaux personnels qui leur seraient engagés et, en cas de non observation de ces conditions, placer les engagés sous une tutelle conservatrice. Ainsi apparaîtraient, sous des formes perfectionnées, et comme des conséquences du développement libre de la production et du crédit, non seulement l'avance et l'assurance, mais encore la tutèle qui sont contenues sous une forme embryonnaire dans l'esclavage.

Le *Crédit personnel* comporte encore une foule d'autres applications, que l'on ne manquera pas sans doute de taxer de chimériques aussi longtemps qu'elles ne seront point réalisées, mais dont la réalisation est rigoureusement conforme aux données de la science. Tel est, par exemple, le *crédit du travail intellectuel* dont il a été question dans ces derniers temps. Ce crédit aurait déjà, selon toute apparence, ses institutions spéciales, si le travail intellectuel n'avait point été, en partie du moins, dépouillé de ses garanties légitimes et nécessaires ; si la propriété des produits que les savants, les littérateurs, les artistes, les inventeurs peuvent tirer soit de l'exploitation, soit de la location de leurs capitaux personnels, n'avait pas été artificiellement restreinte *dans l'espace* et *dans le temps*. Sous le régime actuel, les grandes entreprises de production intellectuelle sont à peu près impossibles. Supposons, par exemple, qu'il s'agisse de rédiger l'histoire complète d'une science ou d'un peuple. Cette œuvre, pour être convenablement exécutée, exigera l'emploi d'un nombreux personnel scientifique et littéraire, sous une direction habile, et l'avance d'un capital considérable. Mais comment pourra-t-on en couvrir les frais et réaliser un bénéfice en harmonie avec les profits ordinaires des entreprises, si la propriété n'en est pas pleinement garantie, si au delà de certaines frontières arbitrairement marquées de l'espace et du temps, le domaine

trouver un acheteur? Évidemment, à la condition de lui fournir : 1° l'intérêt de son capital pendant trois mois ; 2° une
prime d'assurance pour les risques de non payement ou de retard de payement de mes obligations commerciales ; 3° le montant des frais de recouvrement de ces obligations payables dans

---

de la contrefaçon commence? Sous ce régime encore, aucun homme de science
ne pourrait obtenir un crédit régulier sur la simple garantie de son capital personnel. Pourquoi? Parce que la limitation de la propriété diminue la valeur
des œuvres, et particulièrement de celles dont le débouché est le plus étendu
et le plus durable. Mais supposons que la propriété intellectuelle soit pleinement garantie dans le temps et dans l'espace, aussitôt la situation change: Les
entreprises peuvent s'agrandir en proportion de l'extension de leur débouché, et
le crédit du travail intellectuel devient possible. Qu'une compagnie se fonde,
par exemple, pour exploiter ce genre d'entreprises, en faisant exécuter soit
isolement, soit par une combinaison d'efforts, des œuvres scientifiques ou littéraires, elle pourra rémunérer largement son personnel de savants et de
littérateurs, et leur avancer au besoin, en tout ou en partie, leur rémunération. Alors aussi, la production intellectuelle pourra se diviser et se spécialiser davantage, au double avantage des producteurs et des consommateurs.

Ces exemples paraîtront peut-être entachés d'utopie ; mais pour qui étudie
de près le mécanisme du crédit et les applications dont il est susceptible, ils
ne donnent qu'une idée bien insuffisante des possibilités de l'avenir. Si l'on
ne peut, en effet, transformer le monde économique, conformément à une
conception arbitraire, il n'en est pas moins vrai que le monde économique
se transforme incessamment ; que l'organisation des entreprises de production
se perfectionne et se développe exactement comme leur outillage sous l'influence du principe générateur de tout progrès, savoir de l'*économie des forces* ;
enfin que sous le régime de propriété et de liberté qui tend à remplacer le
communisme et le monopole primitifs, la société dépassera certainement, par
la grandeur, la diversité et la beauté de ses formes nouvelles, tout ce que
l'imagination la plus féconde peut aujourd'hui concevoir.

un ou dans plusieurs endroits spécifiés et, parfois aussi, dans
une monnaie différente de celle que je lui demande ; 4° un profit
rémunérateur de son industrie. La somme de ces différents
articles se déduit du montant de mes obligations commerciales
et constitue leurs frais d'escompte et de recouvrement.

Ainsi donc, en vendant à terme, j'ai prêté un capital sous
forme de marchandises. En faisant escompter les obligations
commerciales qui m'ont été fournies en échange de mes marchandises, j'emprunte à mon tour un capital en argent équivalent à celui que j'ai prêté, déduction faite de l'intérêt, de la
prime des risques et des frais de recouvrement. Si le taux auquel
j'ai prêté en marchandises ne dépasse pas celui auquel j'emprunte
en argent, je fais une opération nulle, sauf toutefois l'avantage
qui me revient des facilités de crédit que j'accorde. Si le taux
auquel j'emprunte en argent est supérieur à celui auquel je prête
en marchandises, je perds comme intermédiaire du crédit,
sinon comme industriel ou comme négociant et vice-versa.

La règle, c'est que l'opération doit me procurer un bénéfice
comme intermédiaire du crédit. Car je ne suis pas autre chose.
Je prête d'une main un capital en marchandises, tandis que
j'emprunte de l'autre un capital en argent, en fournissant à
mon prêteur l'obligation commerciale qui constate ma créance
et en assurant cette obligation par l'endossement qui entraîne
pour moi l'engagement de la rembourser en cas de non payement. Si je ne recevais point du crédit en argent, je ne pour-
rais en fournir en marchandises, et, selon les facilités que l'on
m'accorde à cet égard et le prix auquel je les paye, j'étends ou
je resserre mon crédit, j'en élève ou j'en abaisse le prix. De là
le rôle considérable que jouent les banques d'escompte dans le
monde industriel et commercial.

Les conditions naturelles de l'escompte étant bien définies, à qui m'adressé-je pour faire escompter mes obligations commerciales? Est-ce à la masse des capitalistes qui ont des fonds disponibles? Mais ces capitalistes ne sont point, pour la plupart, en position de juger si les obligations que je leur offre proviennent d'une opération effective, si elles ont réellement pour gage des marchandises vendues, si je n'ai pas aventuré imprudemment ce gage, si enfin mon assurance par voie d'endossement a une valeur sérieuse. Des intermédiaires ayant pour spécialité de faire l'escompte sont ici nécessaires. Non seulement ces intermédiaires apparaissent quand le besoin s'en fait sentir, mais encore ils se hiérarchisent (1). De simples banquiers se char-

---

(1) Dès que les capitaux commencent à se multiplier et que la demande en devient active, on voit des *intermédiaires* se placer d'eux-mêmes entre les *producteurs de capitaux* ou capitalistes et les *consommateurs de capitaux* ou emprunteurs. Ces intermédiaires prennent différents noms selon la nature des emprunts auxquels ils servent d'agents, mais ils sont généralement désignés sous la dénomination de *banquiers*. Nous allons voir que leurs fonctions ont la plus grande analogie avec celles des négociants ou des commerçants qui servent d'intermédiaires entre les producteurs agricoles, industriels et autres, et les consommateurs.

Quelles sont, en effet, les fonctions du négociant ou du commerçant? C'est de mettre à la portée du consommateur, en franchissant le temps et l'espace, les marchandises de toute espèce qui sortent incessamment de la multitude des ateliers de la production. En remplissant cette fonction, le commerçant rend à la fois service aux producteurs et aux consommateurs. Aux premiers, il épargne la peine de vendre leur marchandise au jour le jour et par quantités souvent fort petites à la foule des consommateurs. Aux seconds, il épargne la peine d'aller se pourvoir aux lieux souvent fort éloignés où s'opère la production des choses dont ils ont besoin. Comme on l'a remarqué avec raison, le commerce est véritablement une branche de la production. Tandis que le

gent d'escompter les obligations commerciales, auxquelles
donne naissance la vente des marchandises à terme, en s'en-

---

manufacturier, par exemple, fait subir un changement de forme aux matériaux
qu'il travaille, afin de les rendre propres à pourvoir aux besoins des consommateurs, le commerçant fait subir aux matériaux fabriqués ou non fabriqués
qui passent entre ses mains un changement de temps et de lieu pour les approprier davantage à ces mêmes besoins. Dans la première période du développement économique des sociétés, le producteur agricole ou industriel remplit,
en même temps, les fonctions du commerçant en débitant, lui-même, sa marchandise aux consommateurs; mais à mesure que la division du travail fait
des progrès, on voit les deux fonctions se séparer, puis le commerce même se
diviser et se sous diviser en une multitude de ramifications. On distingue les
commerçants en gros, en demi-gros et en détail; enfin chaque espèce de produits finit par avoir ses commerçants spéciaux, au moins dans les grands
foyers de consommation.

Eh bien, ce rôle utile que jouent les commerçants entre les producteurs et
les consommateurs, les banquiers le remplissent à leur tour entre les prêteurs
et les emprunteurs. Entrons dans quelques détails pour bien faire ressortir la
raison d'être de ce rouage intermédiaire ou de ce *medium* du crédit.

Vous exercez une industrie quelconque. Chaque année, vous obtenez par la
vente de vos produits, non seulement de quoi couvrir les frais de votre production et ceux de votre entretien personnel, mais encore un excédant plus
ou moins considérable, selon que l'année a été plus ou moins heureuse.
Qu'allez-vous faire de cet excédant? L'appliquerez-vous à votre industrie?
Mais votre établissement est déjà bien assez important, eu égard à l'étendue
de votre débouché. Il n'exige point l'application d'un capital supplémentaire.
Que ferez-vous donc de votre excédant? Le consacrerez-vous à une augmentation de vos dépenses personnelles? mais vos besoins et vos goûts se trouvent
suffisamment satisfaits par votre dépense actuelle. En outre, vous n'êtes pas
fâché de vous ménager une réserve de capital pour parer aux mauvaises éven-
tualités de l'avenir. Vous vous décidez, en conséquence, à capitaliser cet
excédant de produit; autrement dit, ce produit net. Cela fait, et votre nou-

quérant si l'opération a été réelle, comme aussi en estimant la
valeur de la garantie présentée par celui qui a endossé l'obliga-

---

veau capital étant réalisé sous la forme de valeurs monétaires, vous pouvez le
garder ou le prêter. Vous pouvez encore l'engager, par voie d'association,
dans des entreprises de production.

Si vous conservez votre capital, sans l'employer, il ne vous rapportera rien;
si vous le prêtez, il vous rapportera un intérêt.

Vous vous décidez à prendre ce dernier parti et vous cherchez des emprunteurs. Il s'en présente beaucoup, mais comme ce n'est pas votre spécialité de
faire le métier de prêteur, vous le faites mal. Ou bien vous confiez votre capital à des individus sur lesquels vous n'avez pu recueillir toutes les informations
nécessaires et qui ne présentent point de bonnes garanties, ou bien vous le
prêtez dans une localité où les capitaux sont déjà offerts en abondance, où,
par conséquent, le taux de l'intérêt est peu élevé, tandis que vous pourriez en
obtenir davantage ailleurs. Mais voici qu'apparaît un intermédiaire qui s'attribue spécialement la fonction d'emprunter des capitaux d'une main pour les
prêter de l'autre. En conséquence, il s'enquiert des garanties tant personnelles que matérielles que présentent les emprunteurs et il s'informe des
endroits où les capitaux se prêtent au taux le plus élevé. Il parvient ainsi à
opérer d'une manière plus sûre et à des conditions plus favorables que ne
pourrait le faire le propriétaire du capital. Il peut offrir, par là même, de
meilleures conditions de prêt au capitaliste que celui-ci n'en aurait pu obtenir
s'il avait voulu s'aboucher directement avec les emprunteurs.

L'intermédiaire ou banquier est donc utile au propriétaire de capitaux ou
capitaliste; il ne l'est pas moins au consommateur de capitaux ou emprunteur. Supposons, en effet, que l'intermédiaire n'existât point, l'emprunteur
serait obligé de se mettre continuellement à la recherche de prêteurs, et, faute
de connaître suffisamment la situation du marché des capitaux, il emprunte-
rait parfois à un taux excessif, souvent même il ne trouverait pas à emprunter,
tandis que dans d'autres parties du marché les capitaux se prêteraient à vil
prix ou même ne trouveraient point de preneurs.

En résumé donc, l'intermédiaire, en empruntant d'une main pour prêter de

tion et par celui qui l'a acceptée. Cela fait, le banquier escompte
l'obligation qui lui est offerte; mais, le plus souvent, cette

---

l'autre, rend à la fois service aux prêteurs et aux emprunteurs. Quant à son
bénéfice, il le trouve dans la différence du taux auquel il emprunte et de celui
auquel il prête. Sous un régime de libre concurrence, cette différence ne peut
jamais s'élever de manière à attribuer aux intermédiaires du crédit un bénéfice supérieur, toutes proportions gardées, à celui des autres producteurs.
En tous cas, ce bénéfice a pour limite extrême l'importance même du service
rendu : il ne peut aller au delà, car les emprunteurs et les prêteurs ne manqueraient pas de s'aboucher directement plutôt que de surpayer le service de
l'intermédiaire.

Ainsi, le crédit s'organise de lui-même, dès que les capitaux commencent
à se former, d'une part, dès qu'ils commencent à se demander, d'une autre
part. Il procède dans son organisation par l'établissement d'intermédiaires qui
facilitent la diffusion et l'emploi utile des capitaux tout en assurant mieux
leur conservation.

L'établissement des intermédiaires du crédit est donc, à tous égards, un
progrès. On s'en convaincra plus complétement encore si l'on considère les
conditions qu'ils doivent réunir pour attirer la confiance des capitalistes, sans
laquelle il leur serait impossible de se former une clientèle.

Ayant pour fonction spéciale d'emprunter des capitaux pour les prêter, les
intermédiaires doivent évidemment offrir *au plus haut degré*, toutes les garanties matérielles, intellectuelles et morales que l'on exige des simples emprunteurs. Ils doivent, d'abord, posséder un capital assez considérable pour leur
servir de caution vis-à-vis de leurs prêteurs. Plus ce capital est libre, aisément
réalisable, et plus la caution est valable. Il n'est pas nécessaire que le capital
appartenant au banquier soit engagé dans les opérations de la banque. Il est
même préférable qu'il ne le soit pas; il est préférable qu'il soit placé ailleurs,
en valeurs solides et facilement réalisables. Ceci afin qu'il demeure intact et
qu'on puisse y recourir dans le cas où la situation de la banque se trouverait
compromise. Cette caution si considérable qu'elle soit, ne suffit pas cependant. Elle ne présentera même qu'une faible sécurité si celui qui la fournit

opération se résout pour lui en une simple assurance vis-à-vis
d'un établissement auquel il passe à son tour l'obligation par

---

manque de probité, s'il ne joint pas les garanties morales aux garanties matérielles. Elle sera de peu de valeur encore s'il ne possède pas assez d'intelligence ou d'esprit des affaires pour distribuer utilement le crédit dont il est le
dispensateur. Car s'il choisit mal ses clients, s'il aventure dans des opérations chanceuses ou dans des entreprises chimériques les capitaux qui lui sont
confiés, s'il manque, pour tout dire, de jugement et de prudence, il ne tardera guère à subir des pertes assez considérables, non seulement pour
absorber le capital qui lui sert de caution vis-à-vis de ses prêteurs, mais
encore pour entamer les fonds qu'il a empruntés en vue de les faire valoir.

La profession d'intermédiaire du crédit ou de banquier exige, comme on
voit, une réunion de garanties matérielles et personnelles assez rares. Sans
doute, tous les hommes qui exercent cette profession si importante et si déli-
cate, sont loin de les posséder au même degré ; mais les capitalistes ne
confient volontiers leurs fonds qu'à ceux qui ont la réputation d'en être largement pourvus. Sans doute aussi, la voix publique se trompe quelquefois :
les réputations financières peuvent être surfaites comme les réputations politiques, littéraires ou artistiques. Mais, en général, l'erreur est ici l'exception
plutôt que la règle. D'où il résulte que la multiplication des intermédiaires a
pour résultat non seulement d'établir un trait d'union entre les emprunteurs
et les prêteurs, mais encore d'assurer davantage le prêt des capitaux, partant
de réduire le taux de l'intérêt. Car une institution de crédit, grande ou petite,
dont la réputation est bien établie et qui est intéressée à la maintenir pour
conserver sa clientèle, présente une somme plus élevée de garanties que les
emprunteurs isolés avec lesquels les capitalistes devraient s'aboucher directement si l'intermédiaire n'existait point. Alors même, du reste, que les
garanties seraient égales des deux parts, les capitalistes, pris individuellement, ne possédant pas les mêmes moyens d'information et de contrôle que
des intermédiaires qui ont pour spécialité de prêter et d'emprunter, seraient
obligés de se couvrir du risque dérivant de l'insuffisance même de leurs
moyens d'information, en élevant, d'une manière proportionnelle, la prime

voie d'endossement, et qui la lui paye au comptant. Cet établissement supérieur, c'est la *banque d'escompte* proprement dite.

---

d'assurance comprise dans le taux de l'intérêt. L'introduction des intermédiaires dans le mécanisme du crédit, n'a donc pas eu seulement pour résultat de faciliter les emprunts, mais encore de diminuer les risques réels ou supposés du prêt et de rendre, par là même, le taux de l'intérêt réductible d'autant.

Les fonctions et les opérations de chaque intermédiaire diffèrent selon *le rang* qu'il occupe dans la hiérarchie du crédit, selon encore *la spécialité* à laquelle il est voué.

Mais d'abord que faut-il entendre par ces expressions *le rang* et *la spécialité*, appliquées aux institutions de crédit?

Le rang d'abord. En examinant ces institutions qui sont nées d'elles-mêmes et qui se sont développées, comme une véritable végétation économique, pour satisfaire aux besoins réciproques des prêteurs et des emprunteurs, on s'aperçoit que la même hiérarchie qui s'établit dans le commerce ordinaire, où l'on distingue, comme chacun sait, des négociants en gros et en demi-gros et des marchands de détail se retrouve aussi dans le *commerce des capitaux.* Viennent d'abord les grandes banques qui reçoivent et qui distribuent les capitaux en masses, en négligeant les opérations secondaires. Viennent ensuite les petites banques, ordinairement les succursales ou les satellites des grandes et qui servent d'intermédiaires entre celles-ci et le haut commerce ou la grande industrie. Viennent enfin les banquiers du moyen et du petit commerce, de la moyenne et de la petite industrie, qui font le détail des opérations de banque.

La spécialité ensuite. Le commerce des capitaux a encore, comme le commerce des produits, ses *spécialités* et il les aura de plus en plus à mesure qu'il se développera davantage. Tels établissements fournissent spécialement des capitaux à l'agriculture sous des conditions et à des termes appropriés à ce genre de prêts; tels autres en fournissent à l'industrie et au commerce. Les uns encore s'occupent de rassembler et de constituer les capitaux nécessaires aux entreprises en voie de formation; les autres, au contraire, s'abstiennent

La banque d'escompte achète donc des obligations commerciales à terme, quand elle les juge suffisamment assurées, soit

---

d'immobiliser des capitaux dans les nouvelles entreprises; mais ils pourvoient aux besoins de crédit des entreprises existantes, dont ils se chargent, en même temps, de recouvrir les créances et d'effectuer les paiements.

Essayons maintenant de donner une idée des fonctions qui sont dévolues à ces diverses catégories d'établissements de crédit.

Commençons par le degré inférieur de la hiérarchie. Transportons-nous dans une localité manufacturière où l'on fabrique, par exemple, des étoffes de laine ou de coton. Nous y trouvons des industriels de tous rangs, les uns possédant d'immenses manufactures, les autres n'ayant que de petits ateliers. Ces industriels sont fort inégalement pourvus de capitaux, même en tenant compte de l'inégalité du chiffre de leurs affaires. Les uns possèdent non seulement les bâtiments et les machines nécessaires à leur industrie, c'est à dire le *capital fixe* mais encore tout le *capital circulant* nécessaire à l'achat successif du combustible, de la laine ou du coton, des produits chimiques et des autres matières premières qu'ils employent, ainsi qu'au payement de leurs ouvriers, jusqu'au moment de la réalisation de leurs produits. Ces industriels si amplement pourvus de capitaux n'ont, on le conçoit, aucunement besoin de recourir au crédit pour s'en procurer, du moins dans les circonstances ordinaires. Au contraire! Leurs capitaux étant suffisants pour couvrir toutes leurs dépenses de production jusqu'aux époques de la réalisation de leurs produits, à ces époques ils se trouvent surchargés de fonds et ils ne sont pas fâchés de les placer d'une manière temporaire. Un des modes de placement les plus usités, en pareil cas, consiste dans l'augmentation des crédits à la vente des marchandises. Car c'est là un moyen presque infaillible, quoiqu'il soit, à la vérité, fort dangereux, d'accroître le nombre de ses acheteurs. Les marchands qui achètent à de longs termes sont naturellement portés à acheter davantage, le crédit qu'on leur accorde leur permettant d'augmenter les facilités de payement qu'ils accordent de leur côté aux consommateurs et de les exciter par là même à consommer davantage.

Si les industriels qui possèdent des capitaux au delà même des nécessités de

pour les revendre, soit pour les garder en portefeuille jusqu'à l'époque de leur échéance, et elle fournit en échange à ceux

---

leur industrie, ont encore un excédant de fonds après avoir accordé à leur clientèle un crédit aussi étendu que possible, et s'ils ne veulent point garder ces fonds, d'une manière improductive, dans les intermittences de leurs besoins, qu'en peuvent-ils faire? Ils peuvent les placer directement eux-mêmes; mais, s'ils sont prudents, ils les placent de manière à pouvoir les réaliser aisément, en cas de besoins imprévus. Ils peuvent encore les confier à une banque ou à un banquier qui leur en bonifie un intérêt et qui se charge de les faire valoir.

Voilà donc, en définitive, une catégorie d'industriels qui n'empruntent point le secours du crédit. Mais nous n'avons pas besoin d'ajouter que cette aristocratie de l'industrie est peu nombreuse. Au dessous d'elle se place à des degrés divers la multitude des entrepreneurs qui ne possèdent point une quantité suffisante de capital, et qui sont, en conséquence, incessamment obligés de recourir au crédit.

Ces entrepreneurs mal pourvus de capitaux n'en doivent pas moins, remarquons-le bien, vendre leurs produits à terme. Ils sont tenus d'imiter sous ce rapport leurs concurrents plus riches, afin de pouvoir se former une clientèle ou la conserver. En revanche, ils achètent autant que possible à terme aussi, les matières premières dont ils font usage. Ils ont toutefois à payer, en tous cas, au comptant, les salaires de leurs ouvriers et à pourvoir aux dépenses courantes. Dans ce but, ils doivent se procurer un supplément plus ou moins considérable de capital circulant sous forme de numéraire. Ils recourent pour cela à un banquier auquel ils remettent des traites ou des mandats sur les négociants en draps ou en cotonnades, à qui ils ont vendu des marchandises payables à terme. Le banquier leur avance le montant de ces mandats ou de ces traites, représentant des marchandises vendues et il se charge d'en faire le recouvrement. Quelquefois encore, les industriels les moins pourvus de capitaux sont obligés d'emprunter tout à fait à découvert, c'est à dire sans fournir, en échange, des créances payables à terme.

La situation du banquier faisant commerce de capitaux vis à vis de ces

qui les lui vendent des capitaux sous forme de monnaie. Ces capitaux, comment se les procure-t-elle?

---

différentes catégories de clients est, comme on voit, fort diverse. Aux uns, il ne prête point, il emprunte au contraire. Aux autres, il prête en leur achetant des créances exigibles à des termes plus ou moins éloignés et représentant des marchandises vendues. Aux derniers enfin, il prête purement et simplement sans être couvert par des sécurités d'aucune sorte.

Mais si les banquiers ne fournissent point à tous leurs clients des capitaux complémentaires, ils leur rendent à tous certains services généraux dont il est nécessaire de donner un aperçu. 1° Ils font, pour leur compte, des payements et des recouvrements, leur servant ainsi de caissiers. 2° Ils leur fournissent des espèces pour salarier leurs ouvriers ou des lettres de change pour payer les matières premières ou les instruments de leur fabrication, lorsque ceux-ci proviennent d'autres localités ou d'autres pays.

Un industriel ou un négociant a toujours une multitude de payements à faire, en laissant de côté même les salaires et les approvisionnements qu'il est tenu de payer à des époques périodiques. Il est obligé, en conséquence, de conserver toujours dans sa caisse une somme d'argent plus ou moins considérable. Mais il peut se débarrasser de ce soin en chargeant un banquier de remplir pour son compte l'office de caissier; il donne alors, au lieu d'espèces, pour régler ses achats, des mandats ou *chèques* payables à vue sur son banquier. Ce système, généralement usité en Angleterre et aux États-Unis occasionne une assez notable économie de travail et de capital. En premier lieu, il permet à l'industriel ou au négociant de se passer d'un employé spécial pour tenir sa caisse. Trois ou quatre commis chargés de la comptabilité et de la caisse d'un seul banquier font dans ce système toute la besogne qui en exigeait auparavant trente ou quarante chez les industriels ou chez les négociants qui payaient chez eux. En second lieu, le banquier n'a pas besoin de conserver en caisse une somme égale à la totalité des sommes qui étaient nécessaires aux trente ou quarante caissiers qu'il remplace, les virements de compte se substituant pour une large part, dans ce système, aux payements en espèces,

Si nous recherchons comment les choses se passaient à l'époque où l'escompte se faisait généralement au moyen de la

---

d'où résulte une économie de capital plus importante encore que celle de travail (*).

Le banquier n'est pas chargé seulement de faire des payements pour le compte des industriels et des négociants ; il l'est aussi de faire des *recouvrements*.

Examinons en quoi consistent communément les créances qu'il est chargé recouvrer et comment les choses se passent à cet égard.

Vous avez, je suppose, vendu dans une localité plus ou moins éloignée du

(*) Voici une description empruntée à une correspondance de Londres de cet ingénieux système de *chèques* que tous les pays du continent devraient emprunter à l'Angleterre.

« Toute maison de commerce, grande ou petite, tout fabricant et marchand, a sa banque où il dépose une somme plus ou moins forte. La banque d'Angleterre n'accepte point de dépôts inférieurs à 12,500 fr. La Banque de l'Union et quelques autres de création récente se contentent d'un dépôt de 2,500 francs. Lorsque le déposant fait son premier versement, il reçoit deux livrets ; l'un qui porte son nom, sa profession, sa demeure, et le montant du dépôt. La colonne de gauche de ce livre constate les versements successifs du déposant. C'est la colonne du *crédit*.

« L'autre, à droite, mentionne les mandats ou *chèques* tirés et accuse le *débit*. Quand il y a balance entre les deux colonnes, les chèques sont impitoyablement refusés, à moins de jouir d'une certaine confiance auprès du secrétaire de la banque, qui d'ailleurs prévient le tireur d'avoir à couvrir immédiatement l'institution. Le second livret est un petit registre à souche et imprimé, sur lequel on a laissé les blancs nécessaires pour inscrire en toutes lettres la somme, le nom du bénéficiaire, puis la signature du tireur. La souche répète brièvement cette inscription.

« Les commerçants ne sont pas les seuls à jouir du bénéfice des chèques. Toutes les classes de la société ont un compte ouvert à une ou à plusieurs banques. Médecins, avocats, rentiers, artistes, artisans, voire les gens de lettres, n'achètent, ne soldent leurs factures de tout genre qu'à l'aide de ces commodes mandats qui partent du chiffre modeste de 25 schellings jusqu'aux sommes les plus considérables. Indépendamment de la facilité de payer en un papier presque toujours accepté comme un billet de banque, ce système offre l'immense avantage de permettre à tout individu qui *banque* quelque part, de ne point conserver de grosses sommes chez lui.

« Les meubles solides sont rares, les serrures perfectionnées plus rares encore, et le vol domestique est favorisé par les singularités de la loi anglaise et par l'absence du ministère public. Après avoir constaté le flagrant délit avec deux témoins, il reste au volé à intenter un procès au voleur et à ses risques et périls. Dans quatre-vingt-dix-neuf cas sur cent, l'on se résigne, et le coupable va voler ailleurs.

« Le chèque n'a rien à craindre du voleur, quoiqu'il ait cette vague formule : *Ordre de James ou au porteur*. Mais lorsqu'on envoie un chèque par la poste ou par un agent en qui la confiance n'est pas absolue, on croise par deux bases transversales le centre du mandat. Ce signe dit à la banque sur laquelle il est tiré, que le porteur ne peut recevoir lui-même, mais bien par l'intermédiaire d'une autre banque. Si donc ce porteur infidèle n'a point un compte ouvert quelque part, le chèque devient lettre-morte dans ses mains.

« Le refus par une banque de payer un *chèque* équivaut, pour le crédit du tireur, à un effet de commerce protesté. Les banques y mettent du ménagement, parce qu'il arrive souvent que

monnaie métallique, nous trouverons que les escompteurs empruntaient, de la main à la main, les fonds dont ils avaient

---

siége de votre industrie, une certaine quantité de vos produits à un terme de deux ou trois mois, ce qui signifie que vous accordez pendant deux ou trois mois à votre acheteur un crédit égal au montant de la valeur de la marchandise. De quelle façon allez-vous opérer le recouvrement de cette créance? Vous pouvez exiger de votre acheteur qu'il vous en envoie, à l'échéance, le montant en numéraire. Mais d'abord ce procédé implique un transport d'argent toujours passablement coûteux. Ensuite, il ne vous permet pas de tirer

le tireur s'est trompé sur le chiffre de sa balance. Elles ont plusieurs formules pour exprimer leur refus :

« 1° En écrivant en tête du chèque ces deux lettres N. S. « not sufficient. » (balance insuffisante) Ces deux lettres, grosses ou petites, suivant que le tireur est plus ou moins en odeur de sainteté à la Banque.

« 2° Refer to the drawer. » (En référer au tireur). C'est un refus mitigé, qu'on interprète par une erreur ou un malentendu.

« 3° Effects not cleared. » (Valeurs non encore encaissées, pour couverture.) Dans les cas ordinaires, ces sortes de chèques sont payés le lendemain.

« 4° No effects. » (Point de fonds). La balance est éteinte, et souvent même la banque est à découvert. C'est la formule brutale.

« 5° Order not to pay. » (Ordre de ne point payer). Signifie que le chèque a été escroqué. Non payement, quand bien même le tireur aurait un million à son crédit. Caissier responsable en cas de payement.

« 6° Account closed. » (Compte fermé). Signe d'une scission définitive entre la banque et le client.

« Ainsi au moyen de ces réglementations très simples et familières à tout le monde, achat et ventes, échanges, acquits de billets à ordre, de factures, mémoires, transactions de toute nature, s'opèrent avec une promptitude, une aisance et une sécurité que l'on ne saurait concevoir qu'en voyant fonctionner la machine soi-même. Inutile d'ajouter que l'on ne voit jamais à Londres, ces garçons de caisse de Paris succombant sous le poids des groups encaissés dans tous les quartiers de votre capitale.

« Au-dessus d'une certaine somme, ordinairement 2,500 francs, la banque vous paye un intérêt dont le taux est établi suivant l'état du marché monétaire, et surbordonné au taux de la banque d'Angleterre. Cet intérêt varie fréquemment. Pendant la crise de 1857, les dépositaires ont tiré 6, 7 et 8 p. c. du capital versé. Après la crise le taux est tombé à 2 p. c. seulement.

« Si la balance du dépositaire est constamment très faible la Banque vous fait payer deux guinées par an (53 fr.) pour la couvrir de ses frais d'administration. Personne ne se plaint d'un commis zélé, fidèle, incorruptible dont les services sont mis à prix.

« D'ailleurs, avoir un compte ouvert à une banque vous pose singulièrement un homme, que cet homme soit marchand ou artiste, qu'il ait un dépôt de cent mille francs ou de trois mille et même moins. Aussi fait-on des effort prodigieux à cette fin de posséder un check-book ou livre à mandats portant en tête London and Westminster Bank, Union of London, et mieux encore Bank of England. Ceux qui disposent de cette dernière vignette sont les matamores du pays. »

besoin, à des capitalistes auxquels ils inspiraient la confiance requise. Ils empruntaient naturellement à un taux plus bas que

---

parti de votre créance avant qu'elle ne vienne à échoir, dans le cas où vous auriez besoin d'argent. Vous avez recours, en conséquence, à un autre procédé de recouvrement beaucoup plus économique et auquel le développement des relations commerciales a conduit naturellement, c'est le procédé du billet à ordre, du mandat ou de la lettre de change. Ou bien vous faites un billet, une *traite* sur votre acheteur pour le montant des marchandises que vous lui avez vendues et qui échoient au terme stipulé, ou bien il vous envoie une promesse de payement, ou bien encore il vous remet des billets tirés par lui sur des acheteurs de ses marchandises ou sur son banquier jusqu'à concurrence du montant de votre créance. Maintenant, que faites-vous de ces mandats de payement, lesquels peuvent affecter, comme on voit, les formes les plus diverses ? Vous pouvez les faire recouvrer directement, à leur échéance, dans les endroits où ils sont payables et vous en faire expédier le montant en numéraire. Vous pouvez encore les remettre à vos propres fournisseurs qui vous ont vendu à terme des matières premières ou d'autres produits, en tenant compte de la différence des échéances. Vous pouvez enfin les remettre à un banquier pour qu'il se charge de les faire recouvrer, puis de vous en envoyer le montant, soit sous forme de numéraire, soit sous forme d'autres lettres de change, à moins que vous ne préfériez en disposer chez lui ou chez ses correspondants, auprès desquels il vous ouvre, dans ce but, un crédit. Ces divers modes de recouvrement sont tour à tour employés, selon qu'ils répondent plus ou moins aux convenances du moment. Le premier toutefois (l'envoi direct de numéraire) est rarement usité. Il arrive plus souvent que des billets ou des mandats fournis par un acheteur, en payement de marchandises qui lui ont été livrées, soient remis à un vendeur en payement des marchandises reçues. Mais presque toujours ces billets sont finalement remis à un banquier qui se charge d'en opérer le recouvrement; et qui, ayant, dans ce but, des correspondants dans la plupart des localités industrielles ou commerciales, se trouve mieux en mesure qu'un simple négociant d'effectuer cette rentrée à peu de frais. Selon que la localité est plus ou moins écartée, et que les affaires y sont

celui auquel ils prêtaient, et ils avaient soin d'échelonner les termes de remboursement de leurs emprunts, de manière à les

---

plus ou moins nombreuses et actives, selon encore que la somme à recouvrer est plus ou moins importante, le banquier exige une commission de recouvrement et stipule une *perte de place* plus ou moins forte. Dans les grands foyers d'affaires, il n'y a pas de perte de place. Beaucoup de petits banquiers ou de succursales de banques ont pour fonction spéciale et presque unique d'opérer des recouvrements, surtout dans les pays où le crédit est encore peu développé.

En échange, et comme contre valeur de ces créances industrielles ou commerciales qu'on leur donne à recouvrer, que demande-t-on aux banquiers? On leur demande, comme nous venons de le dire, tantôt des envois de numéraire, tantôt l'autorisation de disposer chez eux ou chez leurs correspondants du montant de la somme qu'ils ont recouvrée, tantôt enfin des lettres de change sur certaines places que le commerce est convenu de choisir pour effectuer ou pour recevoir le payement des principales marchandises qui font l'objet des échanges intérieurs ou internationaux.

Complétons cette explication du mécanisme des recouvrements, au moyen de l'hypothèse que nous avons formulée tout à l'heure.

Vous êtes, je suppose, fabricant de tissus de laine ou de coton. Vous avez vendu *à terme* certaines quantités de vos tissus dans le pays même (en Belgique), d'autres quantités en Hollande, d'autres encore en Italie, d'autres enfin aux États-Unis. Comment allez-vous vous y prendre pour obtenir le payement de ces marchandises que vous avez vendues à des termes plus ou moins éloignés? S'il s'agit de vos acheteurs de l'intérieur, vous pourrez faire des traites sur eux. Vous pourrez en user de même avec vos acheteurs de la Hollande, de l'Italie et des États-Unis; mais s'ils demeurent dans des localités écartées, vous serez exposé à payer des frais considérables pour le recouvrement de vos traites. Que faites-vous donc? Vous stipulez, en livrant vos marchandises, qu'elles seront payables dans des villes qui sont les foyers d'un grand mouvement d'affaires, où les relations sont nombreuses et les recouvrements faciles. Certaines villes deviennent ainsi, par l'accord libre des parties contractantes, les lieux où se règlent la plupart des grandes transactions

faire correspondre avec ceux de leurs prêts. Les inconvénients principaux de ce système résidaient, en ce qui concernait les prêteurs, dans la *non disponibilité* du capital qu'ils avaient temporairement prêté; d'où résultait pour eux non seulement la nécessité d'une compensation pour cette privation, mais encore

---

commerciales. Vos acheteurs vous fourniront donc des lettres de change ou vous ouvriront des crédits sur Livourne, sur Amsterdam, sur Francfort-s/Mein, sur Paris, sur Londres ou sur tout autre foyer d'opérations de banque. Mais comment auront-ils fait pour se procurer ces lettres de change ou ces crédits? Rien de plus aisé à concevoir. Vous leur avez vendu, vous fabricant, des étoffes qu'ils ont revendues à leur clientèle, laquelle est ordinairement disséminée dans une foule de localités différentes. Ils ont fait des traites sur leurs clients ou ils ont reçu d'eux du numéraire ou des mandats de payement. Ces traites, ce numéraire ou ces mandats, ils les ont remis à leurs banquiers, et ceux-ci leur en ont fourni la contre-valeur en lettres de change ou en crédits ouverts sur les villes où s'opère le règlement des grandes opérations commerciales ou, pour nous servir de l'expression consacrée, sur les *places de change*. Voilà comment vos acheteurs étrangers ont pu se procurer des moyens de payement convenables pour s'acquitter envers vous.

Vous recevez donc, en payement des marchandises que vous avez fournies à l'intérieur, des billets ou des mandats sur différentes localités de la Belgique; en payement des marchandises que vous avez fournies au dehors, des lettres de change ou des crédits ouverts sur l'étranger. Que faites-vous des uns et des autres? Si vous avez précisément à l'époque où vous recevez ces *remises* des marchandises à payer (matières premières et autres éléments de production) à l'intérieur et à l'étranger, vous pouvez vous servir des remises qui vous sont faites pour vous libérer, en les passant directement à vos vendeurs. Vous pouvez passer à vos vendeurs belges les remises qui vous ont été faites sur la Belgique, à vos vendeurs américains vos lettres de change ou vos crédits sur Londres, etc., etc. Mais il n'est pas ordinaire que les époques où vous avez des payements à faire pour les marchandises que vous avez achetées soient les mêmes que celles où vous recevez des remises pour les marchan-

l'impossibilité de consacrer à cet usage les sommes dont ils n'avaient la disposition qu'à très court délai. En ce qui concernait les emprunteurs, ils souffraient d'une cherté habituelle de l'escompte, provenant et de l'élévation naturelle du prix auquel pouvait se prêter la monnaie métallique et de la non disponibi-

---

dises que vous avez vendues; il n'est pas ordinaire non plus que les remises qui vous sont fournies soient payables précisément sur les places où vous devez faire vos propres payements, ni que les sommes que vous recevez d'un côté s'ajustent avec celles que vous avez à fournir d'un autre. Que faites-vous donc? Vous passez à votre banquier, à mesure que vous les recevez, toutes les remises que vous ne pouvez utiliser directement pour solder vos achats, et vous lui en demandez la contre-valeur, en lettres de change ou en crédits ouverts sur les places convenables, aux époques où vous avez des payements à effectuer. Vous lui demandez pour payer aux échéances stipulées les laines que vous avez achetées en Allemagne, des lettres de change ou des crédits ouverts sur Francfort-sur-Mein; pour payer les laines d'Australie ou les cotons d'Amérique, des lettres de change ou des crédits ouverts sur Londres; pour payer les indigos de Java des lettres de change ou des crédits ouverts sur Amsterdam.

Recevoir des remises, en billets de toute sorte pour les recouvrer ou les faire recouvrer, fournir d'autres remises en papier, en crédits ouverts ou en numéraire, comme contre-valeur des premières, voilà donc une des principales fonctions des banquiers. Remarquons qu'à la rigueur le crédit peut n'intervenir que d'une manière accessoire dans les opérations de ce genre. Il se peut, en effet, que le banquier ne soit qu'un simple commissionnaire de recouvrements; qu'il ne fasse à ses clients aucune avance; qu'il se borne à leur fournir la contre-valeur de leurs remises après qu'elles ont été recouvrées. Toutefois, le crédit joue communément un rôle considérable dans ces opérations, car les industriels ou les négociants ont besoin pour la plupart, par suite de l'insuffisance de leurs capitaux, de réaliser, avant l'échéance, les remises qui leur sont faites, et ils recourent dans ce but, au procédé de *l'escompte*.

Des conditions et du mécanisme du crédit (2ᵉ article), *Messager russe* 1858.

lité dont étaient frappés les fonds consacrés à ce genre de prêts, sans parler de l'inconvénient de se servir d'un instrument monétaire lourd, encombrant, lent à compter, peu propre, en un mot, à remplir l'office de *medium circulans* pour les grandes opérations commerciales.

Ce vieux système tend à disparaître, mais, par le fait de la confusion originaire des banques d'escompte et des banques d'émission sous la dénomination de banques d'escompte et de circulation, et des obstacles qu'opposent à leur séparation le monopole gouvernemental du monnayage d'une part, le régime des banques privilégiées de l'autre, celui qui l'a remplacé laisse fort à désirer sous le double rapport de la sécurité et du bon marché du crédit. Nous nous en convaincrons en jetant un coup d'œil sur l'histoire des banques d'escompte et de circulation.

Ces banques sont issues des *banques de dépôt* qui prirent naissance dans les grandes cités commerçantes du moyen âge et qui eurent pour objet de satisfaire à un double besoin : 1° de faciliter et de simplifier les règlements de comptes entre les capitalistes de la même cité commerçante, comme aussi peut-être d'augmenter la sécurité matérielle de leur capital monétaire ou de diminuer ses frais de garde, en remplaçant par la caisse unique de la banque, la multitude des caisses des capitalistes; 2° d'assurer les capitaux investis sous forme de numéraire contre les risques de dépréciation provenant des opérations que les souverains avaient l'habitude de faire sur les monnaies et que nous avons longuement décrites.

Nous pouvons aisément nous rendre compte de l'utilité de la première de ces deux catégories d'opérations. Dans de grands foyers d'industrie, de commerce et de crédit, tels qu'étaient

Venise, Gênes, Amsterdam, Hambourg, etc., une foule de
négociants, de changeurs, de banquiers étaient obligés, d'une
part, de conserver constamment dans leurs caisses de fortes
sommes de numéraire; d'une autre part, ils faisaient entre
eux des affaires importantes qui occasionnaient d'incessants
transports d'espèces. L'établissement d'une caisse centrale de
dépôt pour leurs capitaux monnayés ou simplement métalliques, et d'un bureau commun pour le règlement de leurs
comptes, était de nature à rendre leurs opérations plus sûres
et plus économiques. D'abord, en déposant leurs fonds dans
une caisse unique, placée sous la garde et sous la responsabilité des autorités de la cité, ils cessaient d'être obligés de
barricader leurs maisons comme des forteresses, ils s'assu-
raient mieux et à moins de frais contre les risques ordinaires
de vol, tout en évitant de signaler leurs richesses à la cupidité
des masses ignorantes. Ensuite, la centralisation de leurs
fonds leur permettait de régler leurs transactions journalières
par de simples virements de comptes, opérés sur les livres de
la banque, au lieu de recourir à des transports continuels de
numéraire de caisse en caisse.

Mais la fonction la plus importante des banques de dépôt
consistait à assurer le capital monétaire des déposants contre le
risque de dépréciation, provenant des opérations sur les monnaies. Comment effectuaient-elles cette espèce d'assurance?
Elles recevaient toute sorte de monnaies au cours du jour,
mais elles en créditaient les déposants en *monnaie de banque,*
c'est à dire en les rapportant à un étalon monétaire qu'elles
avaient adopté pour leur usage spécial. Ce rapport établi, elles
déduisaient de la somme déposée, un *agio* qui n'était autre
chose que la prime nécessaire pour assurer contre tout risque

de dépréciation le montant du dépôt (1). Elles tenaient leurs livres, effectuaient les virements et les payements pour compte des déposants, et, finalement, elles remboursaient les dépôts en monnaie de banque, ou, pour mieux dire, — la monnaie de banque n'étant qu'un étalon et non une monnaie réelle, — en métaux précieux ou én numéraire, évalués en monnaie de banque. Si donc la monnaie de banque demeurait stable, les négociants et les capitalistes qui s'en servaient dans leurs transactions se trouvaient affranchis du risque que les affaiblissements monétaires faisaient peser sur les opérations à terme. Ils n'avaient à craindre de dépréciation que sur les espèces qui se trouvaient dans leurs caisses, où ils avaient soin de n'en conserver que le moins possible. L'agio se proportionnait au risque afférent à chaque espèce de monnaie. Cet agio étant bien connu, la valeur de toutes les variétés de monnaies qui cir-

---

(1) Les banques de dépôt avaient encore pour but d'empêcher la détérioration des espèces monétaires, en ne recevant les métaux précieux qu'en barres ou du moins en ne les recevant monnayés que d'après leur valeur propre. Les métaux restant intacts dans les caves ne pouvaient pas perdre par l'usure. Toutes les affaires se traitaient en argent de banque et se trouvaient ainsi à l'abri des fluctuations que de fréquentes altérations, surtout au moyen âge, avaient apportées dans le cours des monnaies en circulation, au grand préjudice du commerce. Il s'ensuivit que les effets payables en monnaie de banque se négocièrent beaucoup plus facilement et que le cours s'en établit à l'avantage de certaines places, ce qui ne fut pas une des moindres causes de leur prospérité. La monnaie de banque gagnait sur la monnaie courante une différence nommée *agio;* de là, le nom d'agioteurs qui désigna plus tard un genre particulier d'opérations intervenant dans toutes les branches de commerce. (H. Scherer. *Histoire du commerce, traduit par H. Richelot et Ch. Vogel.* T. II. P. 42.)

culaient dans les grandes cités commerçantes se réglait en conséquence. Maintenant, quel était l'étalon dont faisaient usage les
banques de dépôt? On ne possède à cet égard que des données
assez obscures. Les uns prétendent que les banques de dépôt
faisaient uniquement usage d'étalons métalliques, et ils citent
comme preuve à l'appui de leur opinion, la monnaie de banque
de Hambourg, laquelle n'était, affirment-ils, autre chose que la
valeur d'un certain poids d'argent fin (1); les autres, au con-

---

(1) Le *marc banco*, qui est l'étalon monétaire de la Banque de Hambourg,
a-t-il consisté originairement dans la valeur d'un certain poids d'argent
fin? Oui, disent les métallistes, et la preuve, c'est que pour chaque marc de
Cologne d'argent fin déposé à la banque, on y est crédité de 27 marc
12 schellings de banque, ce qui établit la valeur du marc banco à
$\frac{\text{un marc de Cologne argent fin}}{\text{27 marcs, 12 sh. banco}}$; mais il est clair que ce prix, auquel la Banque de
Hambourg reçoit la marchandise argent, n'est point invariable de sa nature;
qu'en admettant que cette marchandise vînt à hausser ou à baisser, la
banque pourrait modifier le taux auquel elle la reçoit. — A l'origine, la
Banque de Hambourg avait pris pour étalon la valeur de l'écu d'Empire;
mais cet écu ayant été affaibli, la banque maintint son étalon à un point
intermédiaire entre l'ancien écu et le nouveau. Voici ce que dit à ce sujet
Ch. Coquelin, d'après Busch. (*La Banque de Hambourg rendue facile.*)

" A l'origine, la Banque de Hambourg avait adopté comme type l'écu
d'Empire qui valait 540 ases de Hollande, et l'avait accepté sur ce pied;
mais plus tard, elle fut contrainte de se départir de cette règle, par suite des
altérations de monnaies entreprises par quelques souverains. Dans le
XVIIᵉ siècle, l'empereur Léopold Iᵉʳ, et dans le XVIIIᵉ, Marie-Thérèse d'Autriche renversèrent le plan des Hambourgeois, comme le dit Busch, en faisant frapper des écus d'Empire qui n'avaient que 516 ases de valeur effective.

" Un certain nombre de ces nouveaux écus s'étant glissés dans la banque
à l'insu des administrateurs, il en résulta un grand embarras dans les payements. Comme on ne savait sur qui devait retomber la perte, on voulut la
faire porter proportionnellement sur tous les déposants en les remboursant,

traire, affirment que l'étalon de banque était purement idéal,
en ce qu'il consistait ordinairement dans la valeur de quelque
ancienne monnaie, telle que le florin, par exemple, qui se conservait, selon toute apparence, en s'étalonnant sur l'ensemble
des choses échangeables contre de la monnaie. Quoi qu'il en
soit, les monnaies de banque n'existaient qu'à l'état d'étalons;
elles n'étaient point des monnaies réelles, mais elles paraissent
être demeurées à peu près invariables, et, à ce titre, elles ont,
en assurant la masse des opérations à terme contre le risque de
dépréciation, rendu d'immenses services au commerce.

Comment de ces banques de dépôt et d'assurance de la monnaie sont sorties les banques d'escompte et de circulation, c'est
ce qui demeure également assez obscur. Cependant, cette transformation peut aisément s'expliquer. En échange des sommes
qu'elles recevaient en dépôt, certaines banques, notamment la
banque de Stockholm, délivraient aux déposants des reçus ou
récépissés dont le montant était spécifié en monnaie de banque,
et sur la présentation desquels on obtenait le remboursement
des dépôts (1). Un premier progrès consista à rendre ces reçus

---

partie en écus de bon aloi, partie en écus altérés. Pour dresser les comptes et
faire une juste répartition, on chercha une moyenne proportionnelle entre
l'ancien et le nouvel écu, et l'on trouva que cette moyenne était de 528 ases
pour chaque écu. Voilà comment l'écu *banco* de la Banque de Hambourg fut
fixé à cette époque à la valeur de 528 ases, valeur idéale, inférieure à celle
de l'ancien écu d'Empire, mais supérieure à celle de l'écu nouveau, et qui est
demeurée inaltérable au milieu des variations en plus ou en moins que les
monnaies courantes ont encore subies. » (CH. COQUELIN. *Dictionnaire de
l'économie politique*. Art. AGIO.)

(1) Voltaire, dans son *Histoire de Charles XII*, avance, un peu légèrement peut-être, que la Banque de Stockholm est la plus ancienne de l'Eu-

transmissibles soit par l'endossement, soit par l'impersonnali-
sation, c'est à dire en les délivrant simplement au porteur ; un
second progrès consista à diviser ces reçus transmissibles en
fractions appropriées à l'acquittement de la généralité des
dettes commerciales. Le système des virements de compte se
trouvait ainsi simplifié et élargi. Les déposants en banque pouvaient, en transmettant leurs récépissés à leurs créanciers s'acquitter envers eux, sans avoir recours aux virements, et sans
que les créanciers, de leur côté, eussent besoin d'avoir un
compte ouvert à la banque. Ou pour mieux dire, leur compte
s'y ouvrait par la transmission qui leur était faite de la propriété des récépissés puisqu'ils acqueraient ainsi le droit d'y
disposer de la somme représentée par ces récépissés. Cela
étant, qu'arriva-t-il ? C'est que les récépissés ayant pour garantie
les sommes déposées à la banque en monnaie métallique, et se
trouvant, d'une autre part, plus commodes comme instruments
des échanges commerciaux que ne l'était la monnaie métallique
elle-même, on ne les échangea que par exception contre celle-
ci, en sorte qu'au lieu de retirer le numéraire pour l'employer

---

rope. Le fait est qu'elle fut fondée en 1668, c'est à dire assez longtemps
après celles d'Amsterdam et de Hambourg, et fort longtemps surtout après
celles de Gênes et de Venise. Mais ce qui lui mériterait une attention particulière, c'est qu'elle paraît avoir fait usage la première des billets de circulation. « Les récépissés que la Banque de Stockholm délivrait aux négociants
qui avaient des fonds à leur crédit chez elle circulaient, en effet, dit M. Gau-
tier *(Des Banques et des institutions de crédit en Amérique et en Europe)*,
comme argent comptant dans toute la Suède ; ils étaient reçus en payement
de marchandises de toute espèce, et même, depuis un édit du 11 janvier 1726,
en payement de lettres de change. » (CH. COQUELIN. *Dictionnaire de l'économie politique.* Art. BANQUE.)

comme *medium circulans*, on se servit désormais des *titres de propriété* du numéraire déposé. Cette substitution du papier au métal dans la circulation commerciale ne procurait par elle-même aucune économie, puisqu'il fallait, pour obtenir des récépissés circulables, en déposer la contre-valeur en numéraire ou en métaux précieux; mais elle permettait de généraliser les facilités et l'économie résultant des virements de compte, que l'on pouvait désormais opérer à l'extérieur de la banque, par la simple transmission des récépissés. En outre, le *billet de banque*, ainsi se nomma le récépissé monétaire, présentait à l'origine une fixité de valeur plus grande qu'aucune monnaie métallique, puisqu'il n'était autre chose que la monnaie de banque elle-même rendue circulable.

Un nouveau progrès s'accomplit alors, qui acheva la transformation des banques de dépôts en banques de circulation et d'escompte. Les récépissés des dépôts remplaçant avec avantage comme instruments de circulation le numéraire déposé, celui-ci demeurait inactif dans les caisses de la banque. On n'en retirait des quantités quelque peu considérables en échange des récépissés circulables, que dans les moments de crise; encore dans ce cas même, les demandes n'atteignaient jamais le tiers des sommes déposées. Cela étant, on se demanda s'il était nécessaire que les billets de banque, pour remplir l'office de monnaie, fussent les titres de propriété d'une monnaie métallique ou d'une étoffe monétaire en dépôt; s'il ne suffirait pas qu'ils représentassent des valeurs investies sous une forme quelconque, et dont l'immobilisation comme garantie monétaire coûterait moins cher que celle de la monnaie métallique ou des métaux précieux; si toute valeur, actuellement réalisée ou même simplement réalisable, pourvu que la réalisation en fut assurée, ne pourrait pas servir de base à une circulation en papier. Du moment où l'on pouvait se servir du titre de propriété d'une valeur, aussi bien que de cette valeur elle-même comme instrument monétaire, n'était-il pas superflu que la valeur possédée fût expressément investie sous forme de monnaie plutôt que sous toute autre forme? L'expérience ne tarda pas à vérifier cette conjecture, en démontrant qu'il n'était point nécessaire que les banques reçussent en dépôt des valeurs métalliques pour en émettre la contre-valeur en billets; qu'il leur suffisait de se procurer des valeurs investies sous une forme quelconque, ou, ce qui revenait au même, des titres de valeurs existantes, ou bien encore des obligations d'un recouvrement assuré, ou bien enfin même de simples garanties reposant sur des valeurs réelles, pour étoffer de valeur leur circulation en papier.

A dater de ce moment le régime des banques se transforma. De simples banques de dépôt, avec ou sans monnaie de banque circulable, elles passèrent à l'état de banques d'escompte et de circulation. Ce progrès était, en effet, la conséquence logique et nécessaire de la possibilité désormais reconnue de monnayer toute espèce de valeurs. Comment s'accomplit la transformation?

Les opérations de prêt et d'escompte étaient, comme nous l'avons vu plus haut, originairement effectuées par des banquiers qui y appliquaient, soit leur propre capital investi en numéraire, soit des capitaux, également en numéraire, qu'ils empruntaient d'une main pour les prêter de l'autre. Ces banquiers trouvèrent d'abord avantage à déposer leurs fonds disponibles dans une caisse centrale ou banque de dépôt qui se chargeait de faire pour eux des payements et des virements de

compte, tout en les assurant contre le risque de dépréciation
des monnaies. Ensuite, la monnaie de banque ayant été rendue
circulable par la création des récépissés, en coupures propres
à servir de *medium circulans*, et cette monnaie nouvelle, essentiellement appropriée aux transactions commerciales, étant
demandée de préférence à l'ancienne, les banquiers se la procurèrent en échange de leur numéraire. Mais lorsque l'expérience eut démontré qu'il n'était pas nécessaire que la valeur
représentée fût investie en monnaie, qu'il suffisait qu'elle existât
sous une forme quelconque, au lieu de fournir du numéraire à
la banque pour obtenir des billets en échange, les banquiers
purent se contenter de lui livrer ou de lui consigner les obligations provenant des prêts et des escomptes qu'ils effectuaient.
Il en résulta un abaissement notable des frais de production ou
du prix de revient des prêts et des escomptes. Auparavant, ils
se trouvaient grevés de l'intérêt du capital réalisé en espèces
métalliques, qui servait à les opérer, de la prime du risque de
non payement, des frais du recouvrement et de la rémunération nécessaire des intermédiaires. Maintenant, ils n'étaient
plus grevés que des trois dernières charges, en y ajoutant le
prix auquel la banque se faisait payer le monnayage des obligations. Quels étaient les éléments du prix de ce service? Ces
éléments, nous les trouverons dans l'analyse de l'opération
qu'une banque effectue, en transformant en monnaie les
matières premières, propres à cet usage, que lui fournissent les
banquiers escompteurs. D'une part, elle doit achever d'*assurer*
les obligations si leur assurance n'est pas complète, c'est à
dire si elles présentent encore quelque risque de non payement, et pourvoir à leur recouvrement à l'échéance. D'une
autre part, elle doit couvrir les frais de fabrication et de

bon étalonnage de sa monnaie de papier, enfin cautionner, au
moyen d'un capital *ad hoc*, la vérité et l'honnêteté de l'ensemble
de ses opérations. Le taux auquel elle échange ses billets
contre les obligations commerciales et autres qui leur servent
de matières premières doit couvrir, avec adjonction des profits
ordinaires du capital requis, les frais de monnayage du papier,
et, sous un régime de libre concurrence, il les couvrirait ni
plus ni moins.

Les frais de production de cette monnaie de banque, dont
l'étoffe consiste dans la valeur assurée mais non réalisée des
obligations en échange desquelles elle est fournie, sont fort
inférieurs à ceux de la monnaie métallique, dont l'étoffe consiste en une valeur réalisée. Aussi les prêteurs ou les escompteurs qui pouvaient se procurer cette monnaie à la fois plus
circulable et à meilleur marché ont-ils fini par prendre la place
de ceux qui se servaient de l'ancien instrument monétaire,
absolument comme les industriels pourvus de métiers mécaniques ont supplanté ceux qui persistaient à employer des métiers
à la main. Toutefois, le public consommateur de monnaie est
loin d'avoir recueilli jusqu'à présent tout le bénéfice de cette
substitution d'un instrument de circulation économique à un
instrument plus cher, les nouvelles fabriques de monnaie ayant
dès l'origine été soumises à un régime de monopole et de réglementation qui a eu pour résultats, en premier lieu, de permettre
aux producteurs de la monnaie de banque de s'attribuer la
grosse part des profits de cette invention monétaire; en second
lieu, de l'empêcher de recevoir tous les perfectionnements dont
elle est susceptible.

DIXIÈME LEÇON

LES INTERMÉDIAIRES DU CRÉDIT

(Suite et fin)

Cause du retard de développement des banques d'escompte et de circulation. — Avantages qui résulteraient de la spécialisation de l'escompte et de l'émission, sous un régime de liberté du crédit et du monnayage — Élargissement du marché de l'escompte, abaissement du prix de la monnaie. — Comment fonctionneraient des banques libres et spéciales d'escompte et de circulation. — Des instruments monétaires dont pourrait se servir une banque de circulation spéciale, sous un régime de liberté du crédit et du monnayage. — Des frais de production d'une circulation purement métallique; — d'une circulation mixte en métal et en papier; — d'une circulation en papier. — Des différents modes de production de la monnaie de papier. — Du papier monnaie, — vices de cet instrument monétaire. — Du billet de banque. — Comment il est produit et étalonné sous un régime de privilége et de réglementation. — Qu'il n'est autre chose qu'un *billon de papier*. — Avantages que procure aux banques privilégiées le monopole de l'émission de cet instrument monétaire. — Maux qui en résultent pour le public consommateur; — cherté de la monnaie; crises monétaires causées par la réglementation vicieuse de l'étalonnage. — Que cette réglementation ne garantit point la conversibilité des billets. — D'un système de circulation en papier-monnaie inconversible. — Possibilité démontrée de l'établissement de ce système, sous un régime de liberté du crédit et du monnayage. — De ses avantages, au double point de vue de l'économie et de la sécurité. — Comment pourrait être étalonnée une monnaie de papier inconvertible. — Ce qu'étaient les anciens étalons de banque. — Supériorité de l'étalon composé sur l'étalon simple. — Que l'avenir appartient au papier-monnaie inconvertible, à étalon composé.

Enrayées dans leur développement naturel par l'intervention gouvernementale, les banques d'escompte et de circulation sont actuellement des machines de crédit moins perfectionnées que les banques de prêt sur gage de valeurs mobilières et immobilières. Deux opérations fort différentes, l'escompte ou le prêt, d'une part, le monnayage, de l'autre, s'y trouvent réunies, contrairement au principe de la division du travail. Il en résulte que ces établissements à deux fins laissent également à désirer et comme banques et comme fabriques de monnaie.

Nous nous en convaincrons en recherchant quelles sont les conditions naturelles d'établissement et de fonctionnement des banques d'escompte et des banques d'émission; ce qu'elles seraient si elles avaient pu librement se fonder et se développer en se spécialisant; ce qu'elles seront certainement un jour lorsque les vieux régimes du monopole et de la réglementation en matière de monnayage et de crédit auront disparu.

Supposons qu'une banque eût pour fonction spéciale d'escompter des obligations commerciales et autres, de prêter sur ces obligations etc.; quelle serait pour elle la méthode rationnelle de se procurer des capitaux? Ce serait d'émettre des obligations portant intérêt, analogues à celles que créent les banques de crédit foncier et les banques industrielles, avec la seule différence que les obligations des banques d'escompte devraient être à des échéances plus courtes, c'est à dire à des échéances correspondant à celles des valeurs escomptées. Ce principe observé, la banque serait constamment en mesure de pourvoir au remboursement de ses obligations par la rentrée successive des effets de commerce, bons du trésor, etc., qui rempliraient son portefeuille. Quelles garanties offriraient les obligations émises par la banque? Elles auraient pour « sécurités » en premier lieu, les valeurs à terme en échange desquelles elles seraient émises et qui se trouveraient assurées déjà par un ou plusieurs intermédiaires ; en second lieu, un capital de garantie servant à parachever cette assurance.

Telle serait pour les banques d'escompte comme pour les banques de crédit foncier et les banques industrielles, la méthode rationnelle d'emprunter. Elles se borneraient, comme on voit, à remplacer les obligations commerciales et autres qu'elles escompteraient par d'autres obligations également à terme, mais complétement assurées au moyen d'un capital spécialement affecté à cet usage, émises en coupures circulables, transmissibles sans endossement et payables dans tous les endroits où la banque aurait des comptoirs.

Ces obligations, les banques d'escompte les fourniraient à leurs clients, qui se procureraient de la monnaie, en les offrant sur les marchés monétaires, ou bien encore elles se chargeraient elles-mêmes de les échanger contre de la monnaie. Comme nous allons essayer de le démontrer, cet échange pourrait se faire dans des limites plus larges et à des conditions plus avantageuses pour le consommateur de monnaie qu'il ne se fait sous le régime des banques mixtes d'escompte et de circulation.

Dans l'état actuel des choses, les banques d'escompte sont obligées de subir les conditions des banques d'émission ordinairement privilégiées et toujours réglementées (au moins en ce

qui concerne l'étalonnage de la monnaie) auxquelles elles se
trouvent annexées ou dont elles sont les dépendances. Elles
subissent, sous ce rapport, un monopole qui entrave et renchérit leurs opérations. En premier lieu, le bureau d'émission
ne livre sa monnaie qu'en échange d'effets de commerce et
autres, remplissant diverses conditions réglementaires, quant
à la sécurité du recouvrement, l'époque et le lieu de l'échéance.
Ces effets doivent être assurés par un certain nombre de signa-
tures, échoir endéans une certaine période arbitrairement
fixée, parfois même, être payables dans une certaine circon-
scription. En second lieu, le bureau d'émission fixe sa monnaie
à un prix que le monopole dont il jouit lui permet de surélever,
au moins jusqu'à la limite du prix des instruments de circulation métalliques.

En supposant que les banques d'escompte fussent complète-
ment séparées des banques d'émission, et qu'il y eût entre
celles-ci une suffisante concurrence, la situation serait toute
différente ; d'abord, les banques d'escompte n'auraient plus à
subir de conditions quant à la sécurité du recouvrement, l'époque
et le lieu des échéances des obligations commerciales et autres
qu'elles escompteraient ; elles seraient, à ces différents égards,
libres d'agir selon leur convenance, sauf à diversifier le taux de
leur prime d'assurance en raison de la somme des risques afférents à chaque espèce de valeurs à terme, sauf encore à échelonner les échéances de leurs obligations conformément à celles
des valeurs escomptées, sans s'astreindre à un *maximum* arbitraire. Ensuite, mettant au marché des obligations à coupures
régulières, impersonnelles et remboursables partout où elles
auraient des comptoirs ou des correspondants, chose possible et
même facile à une époque où le télégraphe peut transmettre,

d'une manière instantanée, des ordres de payement et des ouvertures de crédit dans toute l'étendue du monde civilisé, elles élargiraient économiquement le marché des escomptes : au lieu d'être réduites, comme aujourd'hui à offrir des effets de commerce et d'autres valeurs à terme, incomplétement assurées et imparfaitement circulables à une seule banque d'émission privilégiée, elles pourraient offrir leurs obligations sur un marché immense, où une foule de banques d'émission, sans parler des simples capitalistes, se feraient concurrence pour échanger contre ces instruments de crédit assurés et circulables, des instruments monétaires à aussi bon marché et aussi bien appropriés que possible aux besoins de la circulation. Le taux auquel se ferait cet échange dépendrait, d'un côté, de la masse des instruments monétaires disponibles, c'est à dire non engagés comme véhicules de l'échange des produits ou des services ; d'un autre côté, de la masse des titres ou des obligations représentant des capitaux ou des créances à charge de capitaux, et donnant droit à un intérêt ou à un profit. Ce taux serait tantôt plus élevé et tantôt plus bas selon la masse des instruments de crédit et celle des instruments de circulation qui se présenteraient à l'échange ; mais il tendrait incessamment, en vertu d'une force irrésistible, à s'établir en équilibre vers un certain niveau, marqué par les frais de production des instruments réciproquement offerts. En effet, lorsque la masse des instruments de crédit offerts à l'échange serait telle qu'en les réalisant sous forme de monnaie, on n'obtiendrait plus la somme nécessaire pour couvrir leurs frais de production avec adjonction des profits ordinaires, on cesserait d'engager ses capitaux sous forme d'instruments de crédit jusqu'à ce que l'équilibre se fût rétabli ; lorsque, au contraire, la masse des instruments de circulation serait telle qu'en les échangeant contre des instruments de crédit, on ne couvrirait plus leurs frais de production avec adjonction des profits ordinaires, on cesserait d'engager ses capitaux sous forme de monnaie jusqu'à ce que l'équilibre se fût encore rétabli.

Faisons une hypothèse analogue, en ce qui concerne les banques d'émission ou fabriques de monnaie. Supposons qu'une banque s'établisse dans des conditions de pleine liberté, en se proposant pour objet unique et spécial d'approvisionner le marché d'instruments monétaires. Ces instruments, en métal ou en papier, la banque doit se les procurer ou les fabriquer elle-même, dans les quantités et dans les sortes requises par la demande. Si la demande ne porte que sur les monnaies métalliques, que devra faire la banque? Elle devra employer son capital à acheter des étoffes métalliques et à les faire monnayer dans les coupures demandées. Ce capital, elle ne pourra se le procurer qu'à la condition de lui fournir une rémunération en harmonie avec celle que les capitaux peuvent obtenir dans les autres branches de la production. La banque devra donc échanger sa monnaie à un taux assez élevé pour en couvrir les frais de production, consistant dans la valeur des matières premières, dans les frais de fabrication et d'échange, avec adjonction des profits ordinaires. En échange de quelles valeurs offrira-t-elle cette monnaie? Sera-ce en échange de valeurs investies sous forme de produits ou de services? Mais, en ce cas, elle sera obligée de revendre ces produits ou ces services, et, en conséquence, de s'annexer une maison de commerce universelle. Si elle veut, comme la nature des choses l'y oblige, demeurer uniquement une banque, elle se bornera à échanger sa monnaie contre des valeurs investies sous forme de capitaux engagés dans la production, et représentés par des titres ou des obligations productives d'un profit ou d'un intérêt, autrement dit, contre des instruments de crédit. Selon le taux auquel elle achètera ces titres ou ces obligations, selon encore qu'ils seront plus ou moins assurés, elle réalisera des bénéfices plus ou moins élevés et certains. Si les banques d'émission se font une concurrence suffisante, le taux auquel elles échangeront leur monnaie gravitera toujours vers le taux nécessaire pour procurer aux capitaux investis dans la production monétaire une rémunération en harmonie avec celle qu'ils pourraient trouver dans les autres branches de la production. En effet, s'il tombait plus bas, les capitaux se retireraient de cette industrie pour se porter ailleurs et *vice-versá*. On voit par là que le prix de l'argent dépend du taux général des profits des capitaux, d'une part, de la quantité de capital nécessaire à la production des valeurs monétaires, de l'autre.

Supposons maintenant que la demande porte sur de la monnaie de métal et de la monnaie de papier, ou, comme c'est le cas de plus en plus général, principalement sur de la monnaie de papier, comment devra se comporter la banque d'émission? Elle devra employer une partie de son capital à se procurer de la monnaie de métal, et en appliquer une autre partie à la création de la monnaie de papier, dans la proportion requise.

Si elle est obligée d'employer à la production de la monnaie de papier la même quantité de capital qu'à celle de la monnaie de métal, elle ne pourra, évidemment, la livrer à meilleur marché; s'il lui suffit, au contraire, d'y appliquer un capital moindre, elle pourra la livrer à un prix inférieur de toute la différence des quantités de capital employées.

Comment donc se produit la monnaie de papier?

On peut la produire de différentes manières : d'abord, sans y employer d'autre capital que celui qui est nécessaire à la fabrication des coupures monétaires, comme dans le cas d'un papier monnaie inconversible ; ensuite, en y employant des quantités de capital plus ou moins considérables pour en garantir la valeur, comme dans le cas des billets de banque.

Nous avons vu comment s'y prennent les gouvernements pour créer du papier monnaie ou, ce qui revient au même, de la monnaie de papier inconversible. Il leur suffit d'émettre des instruments monétaires en papier, dans les coupures réclamées par les besoins de la circulation. La valeur de ces instruments monétaires naît de leur utilité combinée avec leur rareté, et elle se règle par la proportion de l'émission avec la demande. Cependant, le papier monnaie même n'acquiert une valeur qu'à la condition d'être étoffé de certaines garanties. Ces garanties résident dans la masse des valeurs possédées par le gouvernement, parfois même, comme dans le cas d'un gouvernement insurrectionnel non encore investi d'une domination effective et assurée, dans de simples probabilités de prise de possession. Elle servent à assurer l'utilité et la rareté qui constituent la valeur de l'instrument monétaire, d'une part contre les risques de la démonétisation destructifs de l'utilité, d'une autre part contre les risques de l'émission illimitée, destructifs de la rareté : selon que ces garanties sont plus ou moins solides et étendues, le papier monnaie peut acquérir un débouché plus ou moins vaste. En résumé donc, la valeur du papier monnaie repose sur un gage général, résidant dans la somme des valeurs que possède le gouvernement ou qu'il a une suffisante probabilité de posséder.

Mais l'expérience démontre que le papier monnaie est toujours un instrument de circulation cher et dangereux. Investis du monopole de sa fabrication et de son émission, les gouvernements, tout en expulsant du marché les autres instruments monétaires, livrent à la circulation cette monnaie de papier, dont le prix de revient est insignifiant, comme si elle était en métal, et ils bénéficient de la différence. Le public ne profite donc point du bon marché de la production du papier monnaie. Le seul avantage qu'il retire de l'introduction de ce nouvel instrument des échanges, c'est, dans les pays où il n'existait que de la monnaie métallique, d'être pourvu d'une monnaie plus commode pour les transactions supérieures ; en revanche, cet avantage est compensé et au delà, lorsque la monnaie métallique étant expulsée de la circulation, il est réduit à se servir de papier monnaie pour les transactions inférieures.

D'un autre côté, le public subit presque toujours un dommage plus ou moins considérable par le fait de l'échéance des risques inhérents à la circulation du papier monnaie. Si le gouvernement qui l'a émis est renversé, on ne manque pas de le frapper de prohibition, et, en perdant son débouché, il perd sa valeur. Si ce gouvernement subsiste et se consolide, la valeur du papier monnaie peut subsister aussi, et ne subir même aucune altération, mais c'est à la condition que l'émission en demeure exactement proportionnée aux besoins du marché. Or, presque toujours, cette émission est rendue excessive sous l'empire de besoins extraordinaires. Le plus souvent même, comme dans le cas des assignats de la révolution française, l'exagération des émissions va jusqu'à annuler presque entièrement la valeur du papier monnaie, et elle aboutit finalement à la démonétisation, sans indemnité, de cet instrument déprécié. Bref, l'émission du papier monnaie par les gouvernements engendre exactement les mêmes maux que l'affaiblissement de la monnaie métallique, en portant ces maux à leur maximum possible, puisque la dépréciation n'a pour limites, en cas de surémission, que les frais insignifiants de la fabrication d'un instrument monétaire, dont l'étoffe est sans valeur.

Ce mode d'émission de la monnaie de papier, par voie de monopole d'État et sous une garantie générale, plus ou moins précaire, ne fournit donc au public consommateur qu'un instrument de circulation aussi cher que la monnaie métallique et plus dangereux.

Le second mode d'émission, aujourd'hui généralement usité, consiste à conférer le privilège de la production de la monnaie de papier à une banque, placée sous la dépendance du gouvernement, ou, tout au moins, obligée d'obéir, en cas de besoin, à ses réquisitions. Dans ce système, la monnaie de papier est émise sous une garantie spéciale, elle est convertible en monnaie métallique, et elle porte, comme on sait, le nom de *billet de banque*.

Examinons comment se produit le billet de banque, quelles sont les garanties sur lesquelles repose sa valeur, et les éléments de son prix de revient ou de ses frais de production.

Les banques de circulation émettent leurs billets en échange d'obligations commerciales et autres. Ces obligations assurées par les escompteurs intermédiaires servent de première garantie aux billets de banque. Le risque qui pèse encore sur elles, étant ordinairement très faible, il suffit d'un capital très faible aussi pour compléter leur assurance.

La garantie spéciale des billets de banque se compose donc :

1° des obligations à terme escomptées par la banque, et qu'elle garde en portefeuille jusqu'à leur échéance, ou bien encore qu'elle échange contre d'autres valeurs qui prennent leur place dans le portefeuille des « sécurités; » 2° du capital nécessaire pour compléter l'assurance de ces sécurités. Le billet de banque ainsi garanti, diffère de la monnaie métallique en ce que celle-ci porte avec elle toute sa valeur (sauf les frais de fabrication), investie dans l'étoffe précieuse dont elle est composée, tandis que l'étoffe monétaire du billet demeure immobilisée dans le portefeuille de la banque. De là, le nom de *monnaie réelle* donnée à la monnaie métallique et le nom de *monnaie fiduciaire* donnée à la monnaie de papier. Si la valeur qui sert de gage au billet de banque sous forme d'obligations représentant des marchandises vendues à terme, est effective et pleinement assurée, cette monnaie fiduciaire ne sera pas d'un usage moins sûr que la monnaie réelle, et elle aura l'avantage d'être produite à bien meilleur marché. En effet, si la banque émet de la monnaie réelle, elle devra engager sous forme d'étoffes métalliques un capital égal à la valeur de ses émissions; si elle émet de la monnaie fiduciaire, il lui suffira d'appliquer à sa production monétaire : 1° le capital nécessaire pour compléter l'assurance des valeurs en échange desquelles elle émet ses billets, et qui leur servent de gage; 2° le capital nécessaire à la fabrication et à l'étalonnage de ces mêmes billets.

Les frais d'assurance des valeurs qui servent de garantie aux billets de banque sont peu élevés. Les frais de fabrication des billets le sont moins encore. En revanche, l'étalonnage, tel qu'il est imposé aux banques, en vertu des vieilles traditions du monopole gouvernemental du monnayage, est demeuré fort coûteux.

En quoi consiste l'étalonnage des billets de banque? Il se résume dans l'obligation imposée aux banques, sauf dans certaines circonstances exceptionnelles où cette obligation est suspendue, d'échanger toujours, à présentation, leurs billets contre de la monnaie métallique, servant d'étalon. La valeur des billets de banque se trouve ainsi exactement gouvernée par celle de la monnaie étalon. En effet, si les billets de banque sont émis en quantité surabondante, si leur valeur tend à baisser en conséquence, on les présente à la banque, en demandant en échange de la monnaie étalon, jusqu'à ce que le niveau soit rétabli. Si, au contraire, les billets de banque sont émis en quantité insuffisante, si leur valeur tend, en conséquence, à s'élever au dessus de celle de l'étalon, on apporte à la banque de la monnaie métallique ou des métaux monétaires, en demandant des billets en échange, jusqu'à ce que le niveau se trouve encore rétabli.

Dans ce système, qu'est donc le billet de banque? Il n'est autre chose qu'un *billon de papier*, approprié aux transactions supérieures, et correspondant, de l'autre côté de la monnaie étalon, au billon de cuivre, de bronze ou de nickel, approprié aux transactions inférieures. Les seules différences que présente la production de ces deux sortes de billon, sont : 1° qu'à part le cas du papier monnaie, l'émission du billon de papier est abandonnée à l'industrie des banques, tandis que l'émission du billon de cuivre, de bronze ou de nickel est demeurée partout un monopole gouvernemental ; 2° que le billon inférieur de cuivre, de bronze ou de nickel porte avec lui une partie de sa valeur, tandis que le billon de papier n'en porte aucune ; 3° que l'étalonnage du billon inférieur s'opère communément par la simple observation de la proportion utile de l'émission,

sans l'auxiliaire de la conversibilité en monnaie étalon, tandis,
au contraire, que la conversibilité est la règle pour le billon
supérieur, sauf le cas des circonstances exceptionnelles, où
l'on autorise les banques à suspendre leurs payements en espèces. Dans ce cas, ou bien l'on cesse de se préoccuper de l'étalonnage des billets de banque, ou bien on s'efforce de le maintenir en s'écartant le moins possible de la proportion utile des
émissions.

Mais, sous un régime d'étalon métallique, la conversibilité
est le seul procédé d'étalonnage qui offre des garanties de précision suffisantes, soit qu'il s'agisse du billon supérieur ou du
billon inférieur. De là, l'obligation, parfaitement rationnelle
sous ce régime, que l'on impose aux banques d'immobiliser
dans leurs caisses, une somme de monnaie étalon, ou de métal
propre à la fabriquer, suffisante pour couvrir le risque du remboursement, calculé à sa plus haute probabilité. Ce risque ayant
été évalué à un maximum de 35 p. c., on a exigé des banques
qu'elles conservassent constamment dans leurs caisses une
somme de numéraire égale au tiers du montant de leurs billets
en circulation. Émis à cette condition réglementaire d'étalonnage, le billon de papier conserve encore un prix de revient
passablement élevé. Cependant, en comparaison de la monnaie
de métal, il présente une économie de frais de production de
plus de moitié, même en admettant que les banques remplissent
scrupuleusement l'obligation de conserver toujours dans leurs
caisses, disponible pour le remboursement, une somme de
monnaie étalon égale au tiers du montant de leur circulation.

Les banques de circulation ne sont, comme on voit, autre
chose, dans ce système, que des fabriques d'une espèce particulière de monnaie de billon, plus propre que la monnaie

métallique, servant d'étalon, à remplir l'office de *medium circu-*
lans dans les transactions supérieures. Cette monnaie de billon
pouvant, en outre, être produite au moyen d'un capital fort
inférieur à celui qu'exigerait la production d'une somme égale
de monnaie métallique, qu'en doit-il résulter? C'est que les
banques qui émettent cet instrument monétaire, à la fois mieux
approprié aux besoins d'une portion considérable de la circulation et moins cher à produire que la monnaie métallique, doivent nécessairement supplanter celles qui opèrent avec du
numéraire. C'est, en effet, ce qui n'a pas manqué d'arriver.
Dans les pays, où existe une certaine liberté en matière de
crédit et de monnayage, où par conséquent les banques de circulation peuvent se faire concurrence, le public consommateur
a fini par profiter de l'abaissement des frais de production de
l'instrument monétaire. Tel a été le cas dans les États de la
Nouvelle Angleterre. Mais, dans les pays, — et c'est le plus
grand nombre, — où les banques de circulation sont investies
d'un privilége, cette économie réalisée dans les frais de production du *medium circulans* n'a que, pour une bien faible part,
profité aux consommateurs de monnaie; elle a été presque
entièrement retenue par les banques, comme dans le cas d'une
invention brevetée, mais avec cette différence notable qu'on
peut faire concurrence aux inventions existantes par des inventions nouvelles, tandis que les banques de circulation sont, en
vertu de leur privilége, mises à l'abri de toute concurrence
progressive. Autorisées exclusivement à produire un instrument
monétaire plus parfait et moins cher que le vieil instrument
métallique, elles ont pu aisément supplanter ou se subordonner
les établissements qui étaient réduits à se servir de cet outil de
circulation arriéré. Cela fait, elles ont pu faire remonter le prix

de leur monnaie de papier au niveau de celui de la monnaie de
métal, en bénéficiant de toute la différence des frais de production des deux instruments monétaires. De là, les profits extraordinaires que réalisent les banques de circulation privilégiées.
De deux choses l'une, ou l'État qui confère ce genre de privilége, devrait se réserver le monopole de la production du billon
de papier comme il se réserve celui de la production du billon
de cuivre, de bronze ou de nickel, et s'en attribuer la « rente »,
ou, mieux encore, vu son incapacité industrielle, il devrait l'af-
fermer au plus offrant, en suivant, en cela, là tradition de cet
ancien régime si mal connu et si calomnié par une science
superficielle; ou bien enfin, il devrait laisser complétement
libres le monnayage et le crédit, en permettant ainsi au public
consommateur de recueillir finalement le bénéfice de cette
invention d'une monnaie à bon marché. Mais, il n'a adopté
aucun de ces trois systèmes rationnels; il a préféré accorder
gratis ou à peu près le privilége de l'émission de la monnaie de
papier, et il a permis en conséquence à quelques privilégiés de
s'attribuer, sous la forme d'une rente usuraire, la meilleure
part de l'économie de la production de cette monnaie à bon
marché.

Cependant, le régime de privilége et de réglementation qui
prévaut actuellement en matière de banques d'escompte et de
circulation n'a pas seulement enrayé leurs progrès, en conférant
aux privilégiés, sans profit pour les gouvernements et au détriment du public consommateur, le monopole des avantages de
la production du billon de papier, il a encore engendré d'incessantes perturbations dans le monde des affaires.

Ces perturbations proviennent, d'abord, de la réglementation
vicieuse de l'étalonnage des billets de banque.

Les banques sont obligées d'étalonner leur billon de papier sur la monnaie métallique, et, pour assurer cet étalonnage, de conserver en caisse une somme de métal fixée au tiers environ de leur circulation. Cependant, en admettant que les émissions fussent convenablement réglées, le *risque de conversion* du billon de papier supérieur ne dépasserait pas, au moins dans les circonstances ordinaires, celui du billon inférieur, c'est à dire qu'il demeurerait insignifiant. Il suffirait donc que la banque conservât dans ses caisses pour couvrir ce risque, non le tiers, mais le dixième ou même le vingtième du montant de sa circulation. Le prix de revient de son billon de papier s'en trouverait naturellement abaissé d'autant (1).

Mais des circonstances surgissent dans lesquelles la *demande* des métaux précieux ou de la monnaie métallique s'accroît tout à coup dans des proportions extraordinaires, lorsqu'il s'agit, par exemple, de pourvoir au déficit de la récolte par des achats considérables de grains à l'étranger. La monnaie métallique acquérant ainsi un supplément de débouché hausse de prix relativement au billon de papier. En conséquence, on ne manque pas de se présenter à la banque pour échanger des billets contre du métal. Toutefois, c'est une erreur trop commune de croire que cette demande de conversion puisse se prolonger longtemps et prendre des proportions alarmantes. En

---

(1) On trouvera dans tous les traités d'économie politique et dans une foule d'ouvrages spéciaux des notices historiques sur les banques de circulation et sur les divers régimes auxquels elles se trouvent soumises. Nous y renvoyons nos lecteurs et, en particulier, à l'excellent résumé de M. Joseph Garnier dans son *Traité d'économie politique*. (*Des Banques et des autres institutions de crédit*, chap. XX.)

vertu de la *loi des quantités et des prix*, le retrait d'une petite
quantité de billon de papier en exhausse promptement la valeur,
et cette hausse est encore activée par le vide que crée dans l'approvisionnement monétaire, l'exportation d'une partie de monnaie
métallique. On ne trouve plus alors aucun profit à réclamer
l'échange des billets contre du métal, et l'écoulement des encaisses métalliques s'arrête de lui-même. Même dans ces circonstances exceptionnelles, il suffit aux banques sagement gouvernées d'un faible encaisse pour couvrir le risque de conversion.

Comment donc le besoin extraordinaire que provoque l'exportation d'une partie du *medium circulans* métallique peut-il se
satisfaire? Rien de plus simple. Dès que la valeur de la monnaie étalon s'élève, sous l'influence d'un accroissement inusité
de la demande, quel phénomène voit-on se manifester? On voit
baisser dans la proportion de la hausse de la monnaie, toutes
les valeurs qui s'échangent contre elle, produits, services, obligations à terme ou perpétuelles. Quelle est la conséquence de
cette baisse? C'est de faire affluer la monnaie ou, ce qui revient
au même, les étoffes métalliques qui servent à la fabriquer vers
le point où se produit la dépression des autres valeurs; où, par
conséquent, on peut recueillir un bénéfice exceptionnel en
échangeant de la monnaie accidentellement en hausse, contre
des produits, des services et des obligations accidentellement
en baisse. Le vide causé par l'exportation du numéraire se comble ainsi rapidement, parfois même avec excès : les importations des métaux précieux deviennent surabondantes, les produits, les services et les obligations subissent un retour excessif
de hausse, et ces mouvements, en sens inverse des premiers,
se prolongent en s'affaiblissant graduellement jusqu'à ce que
l'équilibre soit rétabli.

Malheureusement, la réglementation vicieuse de l'étalonnage des billets de banque a pour résultat de retarder sinon d'empêcher le rétablissement de cet équilibre. Obligées de conserver en caisse, pour couvrir le risque de conversion, un capital surabondant en numéraire, que font les banques? Elles s'empressent d'élever le taux de leurs escomptes, en d'autres termes, elles augmentent le prix de la monnaie qu'elles offrent en échange des obligations commerciales et autres. Cette hausse de l'escompte a pour résultat naturel et immédiat, de diminuer la demande de la monnaie, et par conséquent la somme qui en est mise en circulation. Pendant ce temps, l'échéance successive de la masse des obligations escomptées avant la hausse, fait rentrer dans la caisse de la banque une somme de monnaie supérieure à celle qu'elle a émise depuis la hausse. La circulation étant réduite par ce procédé, le risque de conversion s'affaiblit d'autant. Mais, en s'empressant d'élever le taux de son escompte, afin de défendre son encaisse, la banque précipite la baisse des produits, des services et des obligations. Que font alors les banques des autres pays, qui sont soumises à un régime analogue? Elles élèvent de leur côté le taux de leurs escomptes, pour empêcher le numéraire qu'elles sont tenues de conserver en caisse de se précipiter vers le point où les produits, les services et les obligations subissent une baisse. En présence de ces échelles mobiles qui se dressent partout pour empêcher la sortie du numéraire enfoui dans les caisses des banques, au moment où il s'en fait une demande extraordinaire, « l'argent devient rare » sur tous les marchés. L'argent abonde cependant dans les caisses des banques, mais il n'en peut sortir qu'en s'échangeant contre le billon de papier en circulation, et les banques en diminuant artificiellement la quantité de ce dernier par la hausse de l'escompte, en élèvent progressivement la valeur, de telle sorte qu'au lieu de leur demander du numé-raire en échange des billets, on finit quelquefois par leur deman-der des billets en échange du numéraire. La crise va s'aggra-vant jusqu'à ce que toutes les branches de la production se trouvant atteintes par le ralentissement des escomptes et la masse des échanges diminuant en conséquence, une portion du numéraire qui servait à les opérer devient disponible, et on l'ap-plique à satisfaire le besoin extraordinaire qui a provoqué la crise. Les banques peuvent alors abaisser l'échelle mobile qui leur a servi à défendre leurs encaisses, elles réduisent le taux de l'escompte, et la production reprend peu à peu son activité normale; mais, en attendant, la crise que « la défense des encaisses » a artificiellement aggravée, laisse après elle de nom-breuses ruines. Au moins, les banques participent-elles aux souffrances générales que cause leur politique restrictive? En aucune façon. Tandis que les profits de toutes les autres entre-prises ont baissé, qu'un bon nombre même de ces entreprises ont succombé, leurs bénéfices à elles se sont accrus. Les années de crise sont toujours celles où les actionnaires des banques privilégiées touchent les plus beaux dividendes. Si elles débitent moins de billon de papier, elles le vendent, en revanche, à un prix qui s'est élevé en raison géométrique, tandis que la quan-tité vendue diminuait seulement en raison arithmétique. Aussi ne manquent-elles jamais de mettre le plus vif empressement à « défendre leurs encaisses » dans les moments de crise.

La situation s'aggrave encore par ce fait que l'encaisse régle-mentaire est rarement effectif dans les temps ordinaires. Car on a l'habitude d'y comprendre le montant des dépôts en métaux précieux qui sont effectués, temporairement, dans les banques et pour lesquels elles ne payent aucun intérêt. Ces dépôts ne manquent pas d'être rappelés dès qu'un débouché nouveau s'ouvre au numéraire. La banque est obligée aussitôt de se replacer dans les conditions réglementaires dont elle s'était écartée en réalité sinon en apparence, et elle n'y parvient que par une hausse, entraînant un resserrement brusque et désastreux de ses escomptes (1).

En résumé, l'obligation imposée aux banques de conserver en tous temps un encaisse surabondant pour couvrir le risque de conversion de leur billon de papier augmente, en tous temps aussi, le prix de revient de ce billon, et aggrave si elle ne les provoque point les crises causées par les ruptures accidentelles de l'équilibre de la production et de la consommation. Au moins, cette réglementation a-t-elle pour résultat d'assurer pleinement la conversibilité du billon de papier en monnaie étalon?

Aucunement. Dès qu'une crise politique survient, par exemple, les gouvernements ne manquent jamais de suspendre cette garantie réputée indispensable de l'étalonnage, et, pis encore, de transformer les fabriques de billon de papier étalonné sur la monnaie métallique, en fabriques de papier monnaie inconversible, sans étalon fixe.

Comment se comporte, en effet, un gouvernement qui est obligé de se procurer des quantités extraordinaires de capitaux soit pour se constituer par voie de révolution, soit pour se défendre contre un ennemi intérieur ou extérieur? Il cherche

---

(1) Consulter sur le mécanisme des crises, CHARLES COQUELIN, *Du Crédit et des Banques,* chapitre VII. Des crises commerciales.— Unité et multiplicité des banques. — Privilége et liberté.

d'abord à contracter des emprunts volontaires; mais si les circonstances ne sont point favorables, et s'il n'inspire pas une
confiance suffisante aux capitalistes, les emprunts volontaires
ne lui procureront des fonds qu'à un taux excessif et en quantité fort limitée. Que peut-il faire pour suppléer à l'insuffisance
de son crédit? Il a le choix entre deux procédés. Il peut émettre
du papier-monnaie, directement ou par l'intermédiaire d'une
banque. Tantôt il a recours au premier procédé, et nous savons
déjà de quelle manière; tantôt il a recours au second, et c'est
aujourd'hui le cas ordinaire.

Comment s'y prend-il en ce cas? La banque possède une circulation en billets et un encaisse ordinairement excessif pour
en assurer la conversion. Que fait le gouvernement? Il contracte, de gré ou de force, un emprunt auprès de la banque. De
deux choses l'une, ou la banque lui fournit le montant de cet
emprunt en billets ou elle le fournit en numéraire. Si elle fait
une émission extraordinaire de billets sans en retirer une quantité correspondante de la circulation (elle en retire d'habitude
une partie en restreignant ses escomptes et elle aggrave ainsi
la crise industrielle et commerciale qui accompagne toute crise
politique), son papier baissera, et l'on viendra lui en demander l'échange contre du numéraire, jusqu'à ce que le niveau se
trouve rétabli entre la valeur du billon de papier et celle de la
monnaie étalon. Si la banque effectue son prêt directement
avec du numéraire pris sur son encaisse, celui-ci étant presque
toujours surabondant, aucune perturbation ne s'ensuivra peut-
être. Mais dans les deux cas, l'encaisse de la banque se trouvera entamé jusqu'à concurrence du montant de l'emprunt. Or,
les gouvernements qui subissent une crise, dont il leur est
presque toujours impossible de prévoir l'intensité et la durée,

n'ont garde de commencer par entamer l'encaisse des banques ou de le laisser entamer. C'est une ressource qu'ils ont soin de mettre, tout d'abord, hors d'atteinte pour se la réserver *in extremis*. En conséquence, ils autorisent les banques, d'une part, à faire une émission extraordinaire de billets pour couvrir l'emprunt qu'ils exigent d'elles, d'une autre part, à suspendre le remboursement de leur circulation en espèces. L'encaisse se trouve ainsi sauvegardé, mais le billon de papier conversible s'est changé en papier monnaie inconversible. Toutefois, ce changement dans la nature de la monnaie de papier n'en provoque point nécessairement la dépréciation. En admettant que l'émission des billets de banque devenus inconversibles fût réglée de manière à n'en pas dépasser la demande, au niveau de la valeur de l'étalon, aucune dépréciation n'aurait lieu. Le régime du billon inférieur de cuivre, de bronze ou de nickel nous en fournirait au besoin la preuve. Que ce billon soit ou non conversible, sa valeur dépend toujours, uniquement, de la proportion des émissions : la conversibilité n'est qu'une simple garantie contre l'excès ou l'insuffisance de cette proportion. La dépréciation du billon de papier devenu inconversible ne peut donc avoir lieu qu'à la suite d'émissions excessives ; mais les gouvernements s'abstiennent rarement d'abuser de cette facile ressource. La dépréciation d'ailleurs est lente, le numéraire cédant successivement la place au papier. Ce n'est que lorsque le numéraire a complétement disparu que la valeur de papier commence à subir une chute rapide. Comme dans le cas du papier monnaie, émis directement, la dépréciation peut alors se poursuivre jusqu'à ce que la valeur des billets de banque tombe au niveau des frais nécessaires pour les fabriquer. Mais en quoi consiste, dans l'intervalle, l'étalon monétaire ? Il ne

réside plus dans la monnaie métallique; il réside dans le billon
de papier devenu monnaie principale ou même unique, et il
s'élève ou s'abaisse selon les fluctuations de l'offre et de la
demande. Or, l'*offre* du billon de papier, émis par la banque,
dépendant comme celle du papier-monnaie, émis directement,
des besoins du gouvernement, l'étalon monétaire n'offre plus
aucune garantie de fixité, et il varie du jour au lendemain (1).

Le système actuel des banques privilégiées pour l'émission du
billon de papier ne procure, comme on voit, au public consommateur ni l'avantage du bon marché ni celui de la sécurité.

Supposons maintenant qu'il existât une entière liberté, en
matière de monnayage et de crédit; que les banques de circulation pussent, en conséquence, émettre librement toute espèce
de monnaie de papier ou de métal, en adoptant, librement
aussi, l'étalon le plus demandé, c'est à dire le mieux approprié
aux besoins de la circulation, qu'arriverait-il? Que les banques
de circulation seraient inévitablement conduites, sous la pression de la concurrence, à produire et à mettre au marché, au
prix le plus bas possible, l'instrument monétaire le plus économique et le meilleur, en reportant ainsi sur le public consommateur tous les bénéfices des progrès réalisés dans la production
des véhicules de la circulation.

En quoi pourrait consister cet instrument monétaire perfec-

_____

(1) Voir sur les relations des banques avec les gouvernements le *Dictionnaire de l'économie politique*, art. *Banque*, par Charles Coquelin; le *Traité
théorique et pratique des opérations de banque*, par J. G. Courcelle-Seneuil,
liv. IV, chap. III; G. Dupuynode, *De la Monnaie, du crédit et de l'impôt*, etc., etc.

tionné? Évidemment, dans une monnaie de papier inconvertible, mais fixée sur un étalon aussi stable que possible.

Mais d'abord, la possibilité de l'établissement d'un système de circulation en papier inconversible est-elle admissible?

Cette possibilité est pleinement démontrée par l'existence et la circulabilité du papier-monnaie. En effet, si le papier-monnaie peut servir d'instrument monétaire, quoiqu'il ne possède ni une étoffe ni une garantie métalliques, quoique sa valeur dépende uniquement des quantités qui en sont offertes d'un côté, demandées de l'autre, qu'en faut-il conclure? C'est qu'une monnaie peut exister sans étoffe et sans garantie métalliques, et qu'en admettant que les métaux monétaires vinssent à disparaître soudainement, on n'en serait pas réduit à revenir aux grossiers et imparfaits véhicules de circulation dont on se servait avant l'invention des monnaies d'or et d'argent; c'est qu'on pourrait rendre normal et permanent le régime de la circulation en papier, demeuré jusqu'à présent accidentel et temporaire.

Essayons donc de nous faire une idée de ce que pourrait être un système de circulation en papier inconversible, c'est à dire un système dans lequel la monnaie de papier, au lieu de n'être qu'un billon supérieur, étalonné sur la monnaie métallique, comme dans le cas du billet de banque, serait la monnaie étalon elle-même, comme dans le cas du papier-monnaie, mais avec des garanties de stabilité que le papier-monnaie ne possède point; dans lequel enfin, la monnaie métallique, en supposant qu'elle continuât d'être demandée, serait réduite à l'état de monnaie auxiliaire ou de billon.

D'abord, il est clair qu'une monnaie de papier inconversible serait la plus économique possible. Nous savons en quoi consistent les frais de production d'une circulation purement métallique. Nous avons constaté que cette circulation est la plus chère de toutes, puisqu'elle exige l'application d'un capital égal au montant même de la monnaie émise, et que le capital investi sous cette forme doit recueillir un profit analogue à celui qu'il pourrait trouver dans les autres emplois de la production. Dans le cas d'une circulation composée en partie de monnaie métallique, en partie de billon de papier, les frais de production sont moindres, le prix de revient du billon de papier étant inférieur à celui de la monnaie métallique, de toute la différence des quantités de capital réquises pour la production de ces deux sortes de véhicules de la circulation. Cependant, l'obligation imposée aux banques de conserver, en métal, au moins le tiers de la valeur de leurs émissions porte encore à un niveau élevé, le prix de revient de cette circulation mixte. Quant à son prix courant, il ne diffère pas sensiblement de celui d'une circulation purement métallique, par suite du privilége dont se trouvent généralement investies les banques qui émettent du billon de papier.

Les frais de production d'une circulation en papier inconvertible seraient infiniment plus faibles que ceux d'une circulation métallique ou d'une circulation mixte. En quoi consisteraient-ils? Dans la somme nécessaire pour remunérer le capital que les banques d'émission devraient consacrer à la production de la monnaie de papier. Ce capital serait de deux sortes : *réalisé* et simplement *réalisable*.

En admettant que les banques d'émission ou les fabriques de monnaie fussent complétement séparées des banques d'escompte, et qu'elles n'émissent, en conséquence, leur monnaie qu'en échange d'obligations parfaitement assurées, elles n'au-

raient besoin que d'une très faible quantité de capital réalisé.
Ce capital serait employé : 1° à pourvoir aux frais relativement
peu élevés de la fabrication et de l'émission de la monnaie de
papier, frais d'impression, d'administration, de bureau, etc. ;
2° à pourvoir aux frais de fabrication et d'émission de la monnaie de billon en métal, or, argent ou cuivre, qui pourrait être
demandée de préférence au papier pour les transactions inférieures. Toutefois, ce billon métallique pourrait ne contenir
qu'une faible proportion de sa valeur en métal, et ne comporter
par là même que des frais de production peu élevés.

En sus de leur capital réalisé, les banques d'émission auraient besoin d'un capital de garantie destiné à assurer la
valeur de leur monnaie, en cautionnant leurs opérations ; mais
ce capital composé de valeurs simplement réalisables, soit
qu'elles demeurassent entre les mains des actionnaires, soit
qu'elles fussent mises en dépôt, sous forme d'actions ou obligations libérées. d'autres entreprises, ne subirait qu'un faible
risque, — puisque la monnaie de papier ne serait émise qu'en
échange de valeurs assurées, — et n'exigerait, en conséquence,
pour couvrir ce risque, qu'une faible prime.

En résumé donc, une circulation en papier inconversible ne
requérant l'application que d'une très faible quantité de capital
réalisé, et d'un capital de garantie exposé à un très petit risque,
les frais de production de cette circulation demeureraient fort
au dessous de ceux d'une circulation purement métallique, ou
d'une circulation en métal et en papier à base de métal. Il suffirait d'émettre cette monnaie de papier inconversible à un taux
des plus modiques, pour en couvrir les frais de production,
avec adjonction des profits ordinaires. Ce serait essentiellement
une *monnaie à bon marché.*

Il en est ainsi, du reste, du papier monnaie ; mais avec cette différence capitale que les gouvernements s'attribuent le bénéfice résultant de l'infériorité du prix de revient du papier monnaie en comparaison de la monnaie métallique, tandis que, sous un régime de liberté du monnayage et du crédit, les banques d'émission se faisant concurrence, tout le bénéfice résultant de l'invention de ce véhicule de circulation économique finirait par aller au public consommateur de monnaie.

Le papier monnaie, soit qu'il se trouve émis directement par un gouvernement, ou indirectement par l'intermédiaire d'une banque privilégiée, présente, en outre, comme nous l'avons vu, un inconvénient particulièrement grave : c'est de constituer une monnaie étalon, dont la valeur varie suivant les quantités qui en sont émises, lesquelles, à leur tour, dépendent des besoins essentiellement variables des gouvernements.

Il serait indispensable de remédier à cet inconvénient capital, en fixant la monnaie de papier inconversible sur un étalon qui présentât une stabilité aussi grande ou plus grande que les étalons métalliques. Cet étalon trouvé, la monnaie de papier inconversible, ayant sur ses rivales l'avantage du bon marché et peut-être même celui de la stabilité de la valeur finirait par être universellement préférée.

Recherchons donc sur quel étalon on pourrait fixer une monnaie de papier inconversible.

Nous avons actuellement pour étalon monétaire, le franc, c'est à dire la valeur d'un poids d'argent monnayé de 5 grammes à 9/10es de fin, adjonction faite des frais de monnayage. Nous savons pourquoi la valeur du franc ne peut s'élever au dessus de celle de cette quantité de métal, ni tomber au dessous ; pourquoi, en conséquence, la circulation monétaire doit subir l'influence de toutes les fluctuations de la valeur de l'argent métal, ou, pour mieux dire, par suite du régime du double étalon, de l'or métal. Eh bien, supposons que le système d'une circulation en monnaie de papier inconversible succède à celui d'une circulation en monnaie de métal et en billon de papier conversible en métal, que deviendra le franc? comment la valeur en sera-t-elle déterminée?

Nous le savons déjà par les nombreuses expériences qui ont été faites du papier monnaie : la valeur du franc dépendra uniquement, dans ce cas, du rapport existant entre l'offre et la demande de la monnaie de papier inconversible, c'est à dire entre les quantités émises et offertes de cette monnaie, d'un côté, et les quantités demandées, de l'autre. Le problème à résoudre, pour maintenir la stabilité de l'étalon dans le cas d'une circulation en papier inconversible, consiste donc à *régler les émissions monétaires de telle manière que l'offre et la demande de la monnaie se mettent toujours en équilibre au niveau de la valeur actuelle du franc.*

Cela étant, n'existe-t-il point une boussole d'après laquelle les banques de circulation peuvent se guider pour régler leurs émissions de manière à maintenir intacte la valeur du franc; nous voulons parler de l'ensemble des prix des choses qui s'échangent contre de la monnaie? Si les prix de ces choses, produits, services, obligations, viennent à baisser ou à hausser en même temps et dans la même proportion, ne fût-ce que d'une quantité infinitésimale, qu'en faudra-t-il conclure? Indubitablement que ce ne sont point les valeurs de cette multitude de choses diverses qui ont diminué ou augmenté, en même temps et dans la même proportion, chose impossible, mais que c'est la valeur de la monnaie contre laquelle ces choses s'échangent qui est en voie de hausse ou de baisse; qu'il est, en conséquence, nécessaire, dans le premier cas, d'en diminuer, dans le second cas, d'en augmenter l'émission. Cette règle adoptée, l'étalon monétaire ne réside plus dans la valeur toujours plus ou moins flottante d'un ou de deux produits, tels que l'or et l'argent, ou dans celle d'une monnaie dont les émissions dépendent du gouvernement, qui en a le monopole; il réside dans la valeur de l'ensemble des choses échangeables et il ne comporte plus que des variations infinitésimales (1).

---

(1) « C'est à sir James Stewart que nous devons, je pense, l'idée première d'une circulation affranchie de tout étalon particulier; mais il n'a été donné à personne de nous indiquer le contrôle qui doit servir à fonder l'uniformité de la valeur dans un système monétaire ainsi conçu. Ceux qui ont émis cette opinion n'ont pas remarqué qu'une telle circulation, loin d'être invariable, restait soumise aux plus grandes fluctuations, que la seule fonction dévolue à l'étalon consiste à régler la quantité, et avec la quantité, la valeur de la circulation; qu'enfin, sans un *criterium* reconnu, elle demeurerait exposée à toutes les variations qui naîtraient de l'ignorance et de l'avidité de ceux qui l'émettent.

« On a prétendu, il est vrai, que nous devons calculer sa valeur en la comparant avec l'ensemble de toutes les marchandises, et non avec telle ou telle marchandise spéciale. Mais, en admettant même, ce qui est contraire à toute probabilité, que les créateurs de la monnaie de papier voulussent régler le montant de la circulation sur ces bases, ils n'auraient aucun moyen de le faire; car les marchandises sont soumises à des altérations continuelles dans leur valeur relative. Et comme il est impossible de déterminer quelle est celle dont le prix a haussé, et celle dont le prix a fléchi, il faut reconnaître l'impuissance radicale d'un tel contrôle.

« Certaines marchandises augmentent de valeur en raison des impôts, de la rareté des matières premières qui les constituent, ou de toute autre cause qui a pu accroître les difficultés de la production. D'autres, au contraire, fléchissent sous l'influence des perfectionnements mécaniques, d'une meilleure division du travail, d'une habileté nouvelle chez les travailleurs, en un mot, sous l'in-

Si maintenant on se reporte à ce que nous avons dit des anciennes *monnaies de banque*, on aura de fortes raisons de croire qu'elles étaient étalonnées de cette façon. D'après le témoignage unanime des écrivains du temps, les banques de dépôt se servaient d'un étalon monétaire purement idéal, consistant ordinairement dans la valeur de quelque ancienne monnaie, qui avait disparu de la circulation. Cet étalon se maintenait, selon toute apparence, en se mesurant incessamment sur la valeur de l'ensemble des choses qui s'échangeaient contre la

---

fluence de moyens de production plus faciles. Pour déterminer la valeur de la monnaie d'après l'épreuve proposée, il faudrait la comparer successivement avec l'innombrable variété de marchandises qui circulent au sein de la société, sans tenir compte, pour chacune, de tous les effets qu'ont pu produire sur sa valeur les causes ci-dessus. Cette tâche, selon moi, est tout simplement impraticable. (RICARDO. *Propositions tendant à l'établissement d'une circulation monétaire économique et sure. Œuvres complètes*, édit. Guillaumin, p. 581.) »

Cette objection de Ricardo est évidemment très faible. Il n'est pas nécessaire, en effet, de « comparer successivement la valeur de la monnaie avec l'innombrable variété de marchandises qui circulent au sein de la société », il suffit de constater si cette masse de marchandises diverses ne subit que des fluctuations de prix particulières, c'est à dire des fluctuations propres à chaque catégorie de produits, et qui proviennent soit d'une réduction, soit d'une augmentation des frais de production, ou, d'une manière immédiate, de l'état de l'offre et de la demande; ou bien si la masse de ces marchandises diverses qui s'échangent contre de la monnaie subit une hausse ou une baisse générale. Dans ce cas, il est clair que la variation provient non des marchandises elles-mêmes, mais de la monnaie, et qu'il faut, en conséquence, étendre ou resserrer les émissions monétaires pour maintenir l'intégrité de l'étalon. Or, maintenant surtout que nous pouvons connaître chaque jour, grâce à la rapidité de la transmission des nouvelles, les prix de toutes les marchandises sur les marchés les plus éloignés, rien ne serait plus facile que de constater, chaque jour aussi, s'il y a une tendance générale à la hausse ou à la baisse dans les prix.

monnaie de banque. De là une fixité telle que l'on s'accordait généralement à regarder la monnaie de banque comme un étalon invariable (1). Une monnaie de papier inconversible, étalonnée sur la valeur de l'ensemble des produits, services, capitaux, qui s'échangent contre de la monnaie, ne serait donc autre chose que l'ancienne monnaie de banque, rendue circulable. Il y a apparence même que ce système d'étalonnage, inauguré par les banques de dépôt, aurait depuis longtemps pris la place des systèmes métalliques, si, d'une part, ceux-ci n'avaient point été imposés par voie réglementaire, et si, d'autre part, le papier monnaie, émis par des gouvernements aux abois,

---

(1) « Un florin *banco*, dit notamment Jacques Steuart, a une valeur plus déterminée que ne l'a une livre pesant d'or ou d'argent fin ; c'est une unité de mesure dont l'invention est due aux connaissances raffinées du commerce.

« Cette monnaie de banque est aussi invariable et aussi ferme qu'un rocher au milieu des flots. Cet étalon idéal sert à régler le prix de tout, et peu de personnes peuvent dire exactement sur quoi il se fonde. Il n'y a pas jusqu'à la valeur intrinsèque des métaux précieux qui ne varie à l'égard de cette mesure commune. Une livre pesant d'or ou d'argent, un millier de guinées, d'écus, de piastres ou de ducats valent tantôt plus, tantôt moins, relativement à cet étalon invariable, selon que la proportion de valeur varie entre les métaux dont ils sont composés.

« Quelque changement que les espèces monnayées subissent dans leur poids, leur finesse ou leur dénomination, rien n'est capable d'affecter la monnaie de banque. Ces espèces courantes sont considérées par la banque comme tout autre objet d'échange. Telle est donc la monnaie de banque d'Amsterdam. Elle peut toujours être représentée à quelque temps que ce soit, avec la plus grande exactitude par une certaine portion déterminée d'or ou d'argent ; mais elle peut être aussi peu liée à cette valeur pendant l'espace de vingt-quatre heures qu'à celle d'une tonne de harengs. » JACQUES STEUART. *Recherche des principes de l'économie politique.* Liv. III, chap. II.

n'avait jeté un complet discrédit sur les monnaies dont l'étalonnage dépendait uniquement de la quantité des émissions.

L'étalon de banque étant trouvé, ou, pour mieux dire, retrouvé, il resterait à savoir si des banques de circulation libres proportionneraient toujours l'offre de leur monnaie de papier inconversible à la demande qui en serait faite, au niveau de la valeur de l'étalon, si elles n'auraient point une tendance soit à exagérer leur offre, soit à la restreindre, de manière à faire baisser ou hausser incessamment la valeur de l'étalon, en provoquant ainsi le retour des maux qui ont, de tous temps, accompagné le régime du papier monnaie.

Nous connaissons assez le jeu de la loi des quantités et des prix, sous un régime de libre concurrence, pour savoir que des banques de circulation libres seraient, au contraire, irrésistiblement conduites à régler leurs émissions de manière à produire le meilleur étalonnage possible. Supposons, en effet, qu'elles resserrent leurs émissions, en vue de faire hausser le prix de leur monnaie, qu'arrivera-t-il? C'est qu'elles réaliseront aussitôt des profits supérieurs à ceux des autres branches de la production, que les capitaux seront attirés dans l'industrie des banques de circulation, et, par conséquent, que la production partant l'offre de la monnaie de papier inconversible s'augmenteront jusqu'à ce que le niveau soit rétabli. Supposons, au contraire, que les banques émettent de la monnaie avec excès, qu'arrivera-t-il encore? C'est que cette monnaie trop offerte s'échangera à un taux insuffisant pour couvrir ses frais de production, et que les capitaux se retireront des banques jusqu'à ce que le niveau soit de nouveau rétabli. Or, comme il suffit d'un très faible déficit ou d'un très faible excédant pour amener une hausse ou une baisse comparativement

beaucoup plus forte dans une valeur investie sous une forme
quelconque, jamais la quantité de monnaie émise ne pourrait
sensiblement dépasser la quantité nécessaire aux besoins de la
circulation, ni sensiblement demeurer en dessous.

L'avenir appartient certainement à ce système de circulation
en papier, à *étalon composé*, autant supérieur peut-être à celui
de la circulation à *étalon simple*, sous le double rapport du bon
marché et de la sécurité, que la locomotion à vapeur peut l'être
aux anciens modes de transport. Il s'imposera donc tôt ou
tard, et d'autant plus vite, que les étalons de métal deviendront
moins stables, et, par conséquent, moins propres à servir de
bases à la circulation, dans un temps où la multiplication énorme
des opérations à terme rend la stabilité de l'étalon plus que
jamais nécessaire.

QUATRIÈME PARTIE

DE LA CONSOMMATION

ONZIÈME LEÇON

LE REVENU. — LA CONSOMMATION UTILE ET LA CONSOMMATION
NUISIBLE.

Comment se forment les revenus. — Sources et formes diverses des revenus.
— Des causes naturelles de l'inégalité des revenus. — Inégalité des aptitudes productives et des milieux où elles s'exercent. — Inégalité des aptitudes conservatrices ou accumulatives. — Que l'égalité des revenus, partant
des conditions est contraire à la nature des hommes et des choses. — Que
les revenus sont naturellement mobiles comme ils sont naturellement inégaux. — Des causes artificielles de l'inégalité des revenus. — Que ces
causes se résument dans la spoliation. — Raison d'être économique de la
spoliation. — Des formes progressives de la spoliation, vol, brigandage,
piraterie, conquête, esclavage, monopoles, priviléges. — De la spoliation
contenue dans l'ancien régime des corporations ; — dans le régime moderne
de la protection ; — son mode d'action et ses résultats. — Des autres forteresses de la spoliation, le monopole gouvernemental, les priviléges en
matière de crédit, d'association, etc. — De la spoliation sous forme de
communisme, en matière de production intellectuelle. — Des procédés
employés pour immobiliser l'inégalité artificielle des revenus. — De la
déperdition de forces et de richesses que la spoliation occasionne. — Ce
qu'il faut penser d'une liquidation sociale des résultats de la spoliation. —
Que les révolutions ne suppriment pas la spoliation ; qu'elles la transforment en l'aggravant. — Qu'il importe d'atteindre les inégalités artificielles
non dans leurs résultats mais dans leurs causes. — Que ces causes ayant
disparu, les inégalités artificielles feront place non à une égalité chimérique

mais à l'inégalité naturelle. — Des emplois du revenu. — Des classes dont le revenu est insuffisant pour couvrir leurs frais d'existence et de renouvellement, — dont le revenu est suffisant, et au delà. — De la consommation utile. — Des éléments et des conditions d'un bon gouvernement de la consommation. — Des facultés intellectuelles et morales qu'il exige. — De la consommation nuisible. — Ce qu'il faut entendre par consommations absolument et relativement nuisibles. — Causes de la consommation nuisible. — Analyse des effets de la prodigalité et de l'avarice. — Qu'elles sont également contraires à une bonne économie privée. — De l'influence de la consommation utile et de la consommation nuisible sur la conservation et le progrès des sociétés. — Des coutumes, des institutions ou des lois qui ont pour objet de déterminer et d'assurer la consommation utile, d'empêcher la consommation nuisible. — De l'esclavage et du servage envisagés au point de vue de la consommation. — Des lois somptuaires. Leur raison d'être. Pourquoi elles sont devenues surannées. — Qu'en cessant d'être réglementée, la consommation ne doit pas cesser cependant d'être réglée. — Que la règle volontaire doit succéder à la règle imposée. — Tous les hommes sont-ils capables de gouverner utilement leur consommation? — Opinion affirmative des individualistes, négative des socialistes. — Que ces opinions opposées contiennent chacune une portion de la vérité. — Que le *self government* en matière de consommation ne peut être ni utilement imposé à ceux qui en sont incapables, ni utilement refusé à ceux qui possédent l'intelligence et la force morale nécessaires pour l'exercer.

Les agents productifs que nous avons désignés sous les dénominations généralement usitées, quoique un peu arbitraires, de terre, de capital et de travail, et qui constituent le *matériel* et le *personnel* de la production, sont associés ou combinés dans des proportions diverses pour créer des produits ou des services. Ces produits ou ces services se distribuent entre les propriétaires des agents productifs ou leurs créanciers, sous forme de REVENUS, déduction faite des frais nécessaires pour entretenir et renouveler le matériel des entreprises. Tous les hommes trouvent leurs moyens d'existence dans des revenus, provenant soit d'une source unique, soit de sources diverses, mais dont l'origine est toujours une production.

Si nous analysons, en effet, la multitude des entreprises agricoles, industrielles, commerciales, scientifiques, littéraires, artistiques, religieuses, politiques, etc., par le moyen desquelles il est pourvu à l'immense variété des besoins des hommes, que trouverons-nous? Qu'elles exigent, toutes, quoique dans des proportions inégales, la réunion et la mise en œuvre d'un personnel et d'un matériel. Le personnel se compose de travailleurs pourvus, à différents degrés, des aptitudes et des connaissances nécessaires au fonctionnement de l'entreprise. Le matériel, à son tour, comprend les fonds de terre, les bâtiments, les machines, les outils, les matériaux et les approvisionnements de toute sorte à l'aide desquels l'opération productive s'accomplit. Dès que l'entreprise fonctionne, elle donne naissance à un produit brut. Quelle destination reçoit ce produit brut? Il est employé :

1° A entretenir et à renouveler le matériel, dont une partie, celle que l'on désigne sous le nom de capital fixe s'use ou se consomme lentement; tels sont les bâtiments d'exploitation, les forces productives du sol, les outils, les machines, les bêtes de somme; dont l'autre partie, au contraire, celle que l'on désigne sous le nom de capital circulant et qui se compose des matières premières et des approvisionnements, se consomme entièrement dans chaque opération;

2° A compenser la privation que s'imposent et à couvrir les risques que courent les propriétaires des capitaux fixes et circulants, qui composent le matériel de l'entreprise, en engageant ces capitaux dans la production;

3° A entretenir et à renouveler le personnel de l'entreprise.

Si le produit brut suffit exactement pour fournir ces parts nécessaires, l'entreprise couvre ses frais de production et elle peut se poursuivre sans augmentation ni diminution; s'il ne suffit point, la production diminue; s'il dépasse les frais, le *produit net* qui constitue l'excédant se distribue entre les coopérateurs de l'entreprise, et son existence rend possible une augmentation de la production.

D'après cette analyse, on voit que toute la portion du produit brut qui n'est point employée à l'entretien et au renouvellement du matériel, quelle que soit, du reste, la productivité de l'entreprise, soit qu'elle couvre ou non ses frais, se résout en une série de revenus, revenus des agents naturels appropriés, revenus des capitaux fixes et circulants, revenus du travail. Ces revenus affectent différentes formes et portent différents noms selon la nature des fonds engagés dans la production et selon le mode d'engagement : rentes ou profits fonciers pour les agents naturels appropriés; profits, dividendes, loyers ou intérêts pour les capitaux; profits, salaires, appointements pour le travail.

Le revenu de chaque homme dépend, en conséquence : 1° de la quantité des agents productifs qu'il possède ou sur lesquels il a un droit; 2° du degré de productivité de ces agents.

Les revenus sont essentiellement inégaux et mobiles. Les classes riches ou aisées, aristocratie ou bourgeoisie, possédant la presque totalité du matériel de la production, les terres, les bâtiments, les machines, les matières premières, les approvisionnements, joignent au revenu qu'elles tirent de leurs *pro-*

priétés personnelles (facultés et connaissances productives) celui
de leurs *propriétés immobilières et mobilières* (agents naturels
appropriés, capitaux fixes et circulants), tandis que les classes
inférieures qui forment la masse du peuple, n'ont ordinairement d'autre revenu que celui qu'elles tirent de l'exploitation de
leurs propriétés personnelles. De tous temps, et en tous lieux,
l'inégalité des revenus a caractérisé, quoique à des degrés
divers, les sociétés humaines. Cette inégalité provient à la fois
de *causes naturelles* et de *causes artificielles*.

I. CAUSES NATURELLES DE L'INÉGALITÉ DES REVENUS. Ces causes
apparaissent d'abord dans l'inégalité naturelle des capacités ou
des aptitudes productives, ensuite dans celle des milieux, essentiellement divers dans le temps et dans l'espace, où l'homme
pourvu de ces capacités ou de ces aptitudes se trouve placé.
Supposons deux hommes inégalement pourvus de forces physiques, intellectuelles et morales, placés dans un milieu qui leur
offre des ressources égales, l'un s'enrichira tandis que l'autre
demeurera relativement pauvre. Supposons encore deux hommes
également doués (quoique une complète égalité physique, intellectuelle et morale soit sans exemple dans la nature) mais
placés dans des milieux inégaux, le premier dans une région
fertile et à une époque de progrès, le second dans une région
stérile et à une époque de décadence, l'un s'enrichira, de même,
tandis que l'autre demeurera pauvre. Voilà des causes naturelles
d'inégalité qui échappent à l'action de la volonté humaine.
Elles peuvent être atténuées sous l'influence du progrès, mais
non disparaître. Quoi qu'on fasse, on ne rendra jamais toutes
les individualités égales sous le rapport des aptitudes productives. Encore moins rendra-t-on les milieux où elles se trouvent placées, égaux dans l'espace et dans le temps. Si, à mesure

que les voies de communication se multiplient, les hommes
peuvent plus aisément se déplacer dans l'espace pour y choisir
le milieu le plus favorable à l'exploitation de leurs facultés
productives, pourront-ils, en revanche, jamais se déplacer dans
le temps?

Des hommes inégalement doués et placés dans l'espace et
dans le temps doivent nécessairement se créer des revenus inégaux. Mais les inégalités naturelles ne s'arrêtent pas là. En
admettant que tous les hommes fussent placés dans des conditions égales et qu'ils eussent la même aptitude à produire des
revenus, il faudrait, de plus, qu'ils eussent la même aptitude à
les conserver, pour que ces revenus, créés égaux, demeurassent
égaux. Or, ici encore, l'inégalité apparaît comme l'essence de
la nature humaine. Certains hommes non seulement consomment tout leur revenu, mais encore ils entament et ils détruisent les fonds productifs dont ils les tirent; les autres, au
contraire, n'en consomment qu'une partie, ils en capitalisent
le restant, et ils augmentent ainsi, avec leurs fonds productifs,
leurs revenus. A l'inégalité naturelle des aptitudes nécessaires
pour créer des revenus, vient donc encore se joindre celle des
aptitudes nécessaires pour les conserver. Ces inégalités naturelles se diversifient à l'infini, tantôt s'ajoutant les unes aux
autres, tantôt se compensant les unes par les autres. Ainsi, tel
joindra à la supériorité des moyens de production celle des
aptitudes conservatrices ou accumulatives; en conséquence, il
accroîtra rapidement et dans de vastes proportions ses revenus;
tel autre, au contraire, ne possédera que de faibles moyens de
production et qu'une insuffisante aptitude à les conserver; il
entamera ses capitaux et finira peut-être par tomber à la charge
d'autrui, faute de pouvoir couvrir même ses frais d'existence.

Vouloir établir *l'égalité des revenus* et, par conséquent, *l'égalité des conditions* entre des créatures inégales, placées dans des milieux inégaux, serait donc poursuivre une chimère contraire à la nature des hommes et des choses.

En revanche, il ne serait pas moins chimérique de vouloir *immobiliser* les revenus dans leur inégalité que de vouloir les *égaliser*. En effet, ni l'aptitude à créer un revenu, ni l'aptitude à le conserver ne se transmettent de père en fils. Dans telle famille, une génération s'élève dans l'échelle des revenus, et la génération suivante descend, tandis que, dans telle autre, on voit se produire le mouvement inverse. Sans doute, certaines familles qui ont hérité d'immenses capitaux, créés et accumulés par le travail et l'épargne d'une série de générations laborieuses et économes, jouissent d'un avantage manifeste sur celles qui ne possèdent rien en dehors des capitaux personnels de leurs membres (capitaux composés de forces, d'aptitudes, de connaissances physiques, intellectuelles et morales qu'une bonne culture et de bons exemples donnés et légués de génération en génération ont pu cependant développer, de manière à procurer à ceux qui les possèdent une productivité supérieure, dès qu'ils peuvent librement en faire usage), mais cet avantage n'a rien d'assuré ni de permanent. En vain, un homme aura hérité d'une grande fortune, s'il la gère mal, s'il se livre à des spéculations imprudentes, s'il s'adonne au jeu ou à la debauche, il la gaspillera, et la génération suivante descendra dans l'échelle des revenus, tandis qu'à côté, les enfants de quelque famille pauvre seront devenus riches.

Les aptitudes nécessaires pour bien gouverner un revenu ne se transmettant point de génération en génération, l'immobilisation des fortunes est aussi bien un fait contre nature que pourrait l'être leur égalisation. Les hommes, considérés dans une de leurs générations, apparaissent comme inégalement pourvus de forces physiques, morales et intellectuelles, et, en mettant en œuvre ces forces inégales, ils se procurent des biens inégaux ; mais si l'on embrasse du regard une série de générations, la tendance à l'égalité reparaît. Parmi les familles pauvres d'aujourd'hui, combien de riches d'autrefois! Parmi les familles riches d'aujourd'hui, combien de pauvres de demain! C'est un mouvement de va et vient continuel, et si, en séparant l'espace du temps, dans la vie des membres successifs des sociétés, on est frappé de l'inégalité de leurs conditions, en considérant la multitude des familles dans l'espace et dans le temps, on voit les différences s'amoindrir ou s'effacer entre elles, et reparaître dans l'ensemble, sinon dans le détail des générations, une tendance naturelle à l'égalité.

II. Causes artificielles de l'inégalité des revenus. Ces causes d'inégalité peuvent se résumer dans tout emploi de la violence ou de la ruse pour créer, conserver ou augmenter les revenus des uns aux dépens de ceux des autres. Il serait fort difficile de spécifier, même d'une manière approximative, leur action particulière sur la distribution des revenus ; de faire la part qui revient aux causes naturelles et celle qui revient aux causes artificielles dans les inégalités sociales. Mais on peut affirmer que la violence et la ruse ont, de tout temps, exercé une influence considérable sur la formation des revenus et il ne paraît pas malheureusement que cette influence perturbatrice ait sensiblement diminué de nos jours. Les moyens dont on se sert pour s'emparer du bien d'autrui sont peut-être moins brutaux qu'ils ne l'étaient jadis, mais sont-ils moins nombreux et moins productifs? Comme toutes les autres industries, la spoliation a perfectionné ses procédés et ses méthodes : à mesure que les moyens de créer de la richesse se développent, ceux de la détourner de ses destinations légitimes et utiles semblent se développer d'une manière parallèle; en sorte qu'en considérant l'industrie de la spoliation dans la multitude de ses branches, on ne saurait affirmer qu'elle occupe dans les sociétés modernes une place moindre que celle qu'elle s'était faite dans les sociétés anciennes. La seule différence à l'avantage de notre époque, c'est qu'on commence à mieux étudier les procédés que la spoliation met en œuvre, comme aussi la nature, l'étendue et l'incidence des dommages qu'elle cause. Un jour viendra peut-être où, en analysant ses opérations et en faisant ses comptes, en montrant clairement ce qu'elle coûte et à qui elle coûte, on parviendra à soulever contre elle la masse des intérêts aux dépens desquels elle s'exerce, mais cette analyse est peu avancée, car on ne saurait attribuer aucune valeur scientifique aux critiques vagues et boursouflées du socialisme : selon toute apparence, elle sera lente à faire, et, si l'on songe aux ténèbres intellectuelles et morales au sein desquels sont plongées les masses, plus lente encore à vulgariser.

Nous ne pouvons donc, en l'absence de toute histoire analytique et raisonnée de la spoliation, qu'indiquer ici les causes principales de l'inégalité artificielle des revenus et par conséquent des conditions. Dès l'origine des sociétés apparaissent les industries qui ont la spoliation pour objet. La création d'un revenu, dans n'importe quelle branche de la production, exigeant une application laborieuse des facultés, une série continue d'efforts et de peines, il était naturel que des hommes de proie, supérieurs en force et en courage physiques au commun de leurs semblables, trouvassent plus d'avantage à ravir les fruits du travail d'autrui qu'à les créer eux-mêmes. De là, les industries du vol, du brigandage, de la piraterie, de la conquête, exercées soit individuellement, soit par voie d'association. En thèse générale, on peut affirmer que ces industries nuisibles se sont développées de tous temps, en raison de la différence qui existait entre les profits des entreprises de production et ceux des entreprises de spoliation. Lorsque les premières étaient plus avantageuses, on s'y adonnait de préférence; mais, dans la situation inverse, les secondes exerçaient sur les populations qui y étaient propres un pouvoir d'attraction irrésistible, et parce qu'elles étaient particulièrement lucratives, elles devenaient aussi particulièrement honorables. Elles ne manquèrent point de se développer rapidement et de progresser en se développant. A l'origine, les races de proie qui avaient plus d'aptitude et trouvaient plus de profit à dérober des produits qu'à produire elles-mêmes, se bornaient à faire des razzias aux dépens des populations laborieuses et paisibles, en les massacrant quand elles s'avisaient de défendre les fruits de leur travail. Mais, sous cette forme élémentaire, la spoliation ne pouvait procurer que des profits limités et temporaires. Partout où les bandes de vautours à face humaine avaient passé, de florissantes contrées se trouvaient transformées en déserts, et les débouchés du brigandage se trouvaient ainsi promptement taris. De là, pour cette industrie nuisible, la nécessité de transformer son mode d'action et ses procédés; ce qu'elle fit en substituant aux razzias temporaires les conquêtes et les occupations permanentes, au massacre des populations et fréquemment aussi, à l'anthropophagie, l'esclavage ou le servage. Les conquérants ne se bornèrent plus à s'emparer des fruits du sol et du travail; ils firent main-basse sur les terres et sur les travailleurs eux-mêmes. Assujetties au travail forcé, les populations conquises durent se contenter de la somme strictement nécessaire pour couvrir leurs frais d'entretien et de renouvellement. Le surplus alla tout entier aux conquérants. Cependant, dès que ceux-ci se furent rendus maîtres du sol et des populations qui le meublaient, leur intérêt se modifia avec leur situation et, par conséquent, leur manière d'agir à l'égard des classes productives. De brigands devenus propriétaires, ils eurent intérêt à s'assurer la jouissance et l'exploitation paisibles de leurs conquêtes. Ils opposèrent, en conséquence, une barrière aux invasions, et ils procurèrent ainsi aux classes assujetties la sécurité dont elles avaient besoin pour subsister et pour les faire subsister eux-mêmes. Peu à peu, grâce à cet accroissement de sécurité dont elles étaient redevables à la conquête, les populations asservies purent augmenter et faire progresser la production, elles devinrent plus nombreuses et plus riches : elles reconquirent alors leur liberté ou elles la rachetèrent de gré à gré (1). Toutefois, la spoliation ne disparut point dans ce nouvel état de la société. A mesure qu'une portion des classes assujetties s'émancipait et parvenait à entrer en partage du pouvoir avec les classes dominantes, elle ne manquait pas aussi d'entrer en partage de l'exploitation de la masse du peuple. Elle employait son influence grandissante dans l'État à se faire allouer des monopoles et des priviléges industriels et commerciaux qui se greffaient ainsi sur les monopoles et les priviléges politiques.

Telle nous apparaît successivement, sous les formes du vol,

---

(1) Voir le *Dictionnaire de l'économie politique*. Art. *Noblesse*.

du brigandage et de la piraterie, de la conquête et de l'esclavage, du monopole et du privilége, l'industrie de la spoliation.
Ces trois formes ont, à vrai dire, coexisté de tous temps et
elles coexistent encore, mais la dernière est aujourd'hui visiblement prépondérante. Tandis que les revenus provenant soit
du vol, du brigandage et de la piraterie, soit de la conquête et
de l'esclavage, l'emportaient autrefois sur les autres; de nos
jours, les monopoles et les priviléges que les classes investies du
pouvoir ou de l'influence politique ont réussi à s'attribuer aux
dépens des masses sont, de beaucoup, les branches les plus
productives de l'industrie de la spoliation.

C'est ainsi que les corporations établies d'abord·dans un but
de protection mutuelle par les travailleurs émancipés du servage s'attribuèrent peu à peu le monopole des marchés communaux, afin d'augmenter artificiellement leurs revenus, comme
aussi de les perpétuer (1). Protégés à la fois contre la concurrence extérieure par la défense d'importer des produits similaires sur le marché communal, et contre la concurrence
intérieure par la limitation du nombre des maîtrises et la réglementation du travail, les maîtres de chaque corporation purent
élever le prix courant de leurs produits ou de leurs services au
dessus du prix naturel et s'allouer, en conséquence, une *rente*
aux dépens des consommateurs. Cette rente, les monopoleurs
s'évertuaient à l'accroître autant que possible, mais tous ne
pouvaient également la grossir. Ceux qui fabriquaient ou vendaient des articles de première nécessité, par exemple, pouvaient en élever les prix beaucoup plus haut que ceux qui

---

(1) Voir, au sujet de l'organisation du monopole des corporations, l'excellente *Histoire des classes ouvrières en France*, par M. E. Levasseur.

fabriquaient ou vendaient des articles de seconde nécessité ou de luxe. Aussi les administrations communales soumirent-elles de bonne heure les denrées nécessaires à la vie au régime du *maximum*, afin de limiter le tribut exceptionnel que les fournisseurs privilégiés de ces denrées pouvaient prélever sur les autres membres de la communauté. Sans doute, ce frein artificiel du *maximum* avait le défaut d'être arbitraire et trop souvent insuffisant, mais en l'absence du régulateur naturel de la concurrence, il valait mieux que « la liberté du monopole; » il modérait, s'il ne la supprimait point, la rente que les consommateurs payaient aux corporations investies du privilége de l'approvisionnement des articles de première nécessité et qu'elles n'auraient pas manqué de porter à un taux usuraire.

Comme toutes les institutions qui contiennent une *nuisance,* les corporations finirent par se rendre odieuses et par être renversées. Mais la spoliation industrielle et commerciale ne disparut point avec elles ; elle changea seulement de *forme.* Le système qualifié de protecteur de l'industrie ne fut guère autre chose qu'une transformation progressive du vieux régime des corporations. Les barrières douanières qui existaient primitivement aux limites de chaque commune, puis à celles des cantons ou des provinces, furent reculées aux frontières des États, mais elles devinrent permanentes, tandis que l'ancien régime de protection comportait du moins l'exception des *foires franches*, ces espèces de trèves de Dieu du monopole (1), et elles

---

(1) « La plupart de nos villes flamandes, dit M. Coomans, avaient une ou deux foires par an. J'ai à présenter à cet égard une observation essentielle.

« Nos économistes ont tort, je pense, de ne pas appuyer plus souvent leurs théories sur l'expérience. Ainsi le *free trade* est loin d'être une idée

enveloppèrent successivement la généralité des branches de la production. L'objet réel, quoique non avoué, du système protecteur, c'était d'élever et de maintenir à un niveau artificiel supérieur au niveau naturel, les revenus des producteurs protégés. Cet objet était-il atteint? Apparemment, sinon il aurait cessé bientôt d'être poursuivi; mais il l'était dans des proportions fort diverses selon la nature des industries qui recevaient les faveurs de la protection. On va voir pourquoi.

Le premier résultat de l'établissement de la protection, c'est de créer un déficit artificiel des produits protégés. En effet, le marché intérieur était approvisionné auparavant : 1° par les produits du pays; 2° par les produits de l'étranger. La protec-

---

nouvelle, et les hommes *pratiques* qui le qualifient d'utopie ne savent pas l'histoire. Le *free trade* a été pratiqué de la manière la plus large dans les grandes cités du moyen âge, même avant l'établissement officiel des communes. En effet, les commerçants de toutes les nations étaient invités à se rendre aux foires où ils jouissaient, pendant quelques semaines, eux et leurs biens d'un traitement tellement libéral, que les libéraux d'à présent n'oseraient plus l'offrir à des rivaux étrangers. Les marchandises n'étaient assujetties à aucune visite, à aucun droit de perception ni de barrière, et les marchands ne pouvaient, durant la foire, être condamnés ni même arrêtés dans le cas de flagrant délit. C'était une liberté de commerce absolue.

« Les métiers privilégiés avaient d'abord redouté et combattu cette *concurrence*, autorisée par les seigneurs à beaux deniers comptant; mais ils s'y résignèrent, et bientôt ils y applaudirent, quand ils virent les négociants étrangers leur apporter ce qui leur manquait, en échange des produits de l'industrie nationale. La moindre ville voulut alors avoir sa foire, et plus d'une qui pour n'en avoir pas avait d'abord payé le seigneur, le paya pour en avoir une. La foire de 30 ou 40 jours était le *free trade* intermittent; illimitée, elle eût réalisé le *free trade* régulier. » COOMANS. *Les Communes belges*. Journal *la Paix*, 8 mars 1863.

tion établie, les produits étrangers sont repoussés du marché ; d'où un déficit dans l'approvisionnement. Ce déficit provoque la hausse des produits indigènes, demeurés seuls en possession du marché et, par conséquent, l'augmentation des revenus de ceux qui les produisent. En sus des profits ordinaires de leur industrie, ceux-ci récoltent alors une *rente* provenant de la hausse artificielle du prix. Mais cette rente est inégalement élevée et inégalement durable selon la nature des industries protégées. Elle est plus ou moins élevée selon que les articles protégés sont plus ou moins nécessaires, et, de même, plus ou moins durable selon que la concurrence intérieure peut ou non se développer sans obstacles. Les capitaux ne manquent pas, en effet, d'affluer vers les industries qui jouissent de cette rente — et d'autant plus rapidement qu'elle s'élève davantage — jusqu'à ce qu'elle ait disparu. Or, elle disparaît dès que la concurrence intérieure devient suffisante pour abaisser le prix courant des articles protégés au niveau de leurs frais de production. Alors, la protection cesse de procurer une rente aux producteurs en sus de leurs profits ordinaires, tout en demeurant cependant onéreuse pour les consommateurs, car les frais de production des articles protégés continuent d'être plus élevés que ceux des similaires étrangers soit parce que la protection, en se généralisant, augmente, d'une manière artificielle, les prix de la plupart des éléments de la production, soit parce qu'elle ralentit le progrès industriel en le rendant moins nécessaire. La situation est différente lorsqu'il s'agit de branches de la production dans lesquelles le développement de la concurrence intérieure rencontre des obstacles naturels ou artificiels. Ici la *rente* de la protection peut acquérir sinon un caractère de permanence, du moins un caractère de longue durée. Tel est le cas de la protection accordée aux fonds de terre, aux forêts et aux mines, dans les pays où l'offre de ces agents productifs est naturellement ou artificiellement limitée, en présence d'une demande croissante. Dans ce cas, après avoir utilisé les fonds de 1re qualité, on exploite ceux de 2e qualité, puis ceux de 3e et ainsi de suite jusqu'à ce que les frais de la mise en exploitation cessent d'être couverts. Les fonds les plus productifs obtiennent ainsi une rente égale à la différence qui existe entre leurs frais d'exploitation et ceux des fonds inférieurs. Si la protection n'était point intervenue, chaque espèce de fonds aurait été appropriée à sa destination naturelle, les terres les plus propres à la culture du blé, par exemple, auraient continué d'y être appliquées; mais on n'aurait point consacré à cette production des terres qui y sont moins propres, autrement dit, qui sont pour la production des céréales un instrument de 2e ou de 3e qualité, tandis qu'elles pourraient être un instrument de 1re qualité pour un autre genre de production, dont le système protecteur entrave le développement. En rendant certains emplois artificiellement avantageux aux dépens de certains autres, le système protecteur bouleverse, comme on voit, l'assiette naturelle de la production et, par conséquent, celle des revenus. Ce système est actuellement en décadence, et le jour n'est pas éloigné peut-être où les barrières tant fiscales que protectrices qui séparent encore les peuples auront disparu. Alors disparaîtront aussi les *rentes* illégitimes que la protection ajoutait aux revenus de certains fonds, tout en frappant les autres de dépréciation.

Mais la spoliation conserve encore bien d'autres forteresses. A mesure qu'on la chasse de ses vieux repaires, on la voit même s'en creuser de nouveaux, plus vastes et plus redoutables.

A peine les corporations privilégiées ont-elles été démolies et au moment où l'édifice de la protection commence à s'écrouler, nous voyons, par exemple, le monopole gouvernemental se développer partout, comme un monstrueux polype, aux dépens des industries de concurrence. Or, ce monopole qui se trouve, partout aussi, en droit ou en fait, entre les mains des classes supérieures ou moyennes, embrasse une multitude de fonctions et fournit, par conséquent, une multitude de revenus. Au premier aspect, ces revenus ne paraissent pas dépasser le niveau général ; mais si l'on considère l'insuffisance du travail fourni en échange, sous le double rapport de la quantité et de la qualité, la nullité même de ce travail quand il s'agit de sinécures, on s'aperçoit qu'ils contiennent, en comparaison des revenus fournis par les industries de concurrence, une *rente* considérable. Au monopole gouvernemental proprement dit viennent se rattacher, à titre de dépendances ou d'annexes, une multitude croissante d'autres monopoles, en matière de crédit, d'industrie, de commerce, etc., qui ont uniformément pour objet, — quels que soient du reste les prétextes invoqués en faveur de leur établissement, — une augmentation artificielle des revenus de ceux qui ont eu le pouvoir de les faire établir. Ces monopoles, institués au moyen d'une limitation quelconque de la concurrence, contiennent nécessairement une spoliation, d'abord en ce qu'ils obligent les consommateurs des produits ou des services monopolisés à les payer à un prix supérieur à celui de la concurrence, en fournissant aux monopoleurs une *rente* proportionnée à la différence des deux prix ; ensuite, en ce qu'en ralentissant les progrès naturels des branches de travail monopolisées, ils retardent l'abaissement de leurs frais de production, toujours au détriment de la masse des consommateurs.

Tandis qu'on se sert du monopole pour augmenter artificiellement les revenus naturels de certaines catégories de producteurs, on se sert, au contraire, du *communisme* pour diminuer artificiellement les revenus naturels d'autres catégories de producteurs, au bénéfice prétendu de la société. C'est ainsi qu'on limite à de certaines frontières arbitrairement fixées de l'espace et du temps, la propriété des inventeurs, des savants, des hommes de lettres et des artistes. Comme nous l'avons remarqué ailleurs (1), en soumettant la propriété intellectuelle à ce régime de *maximum*, on laisse intacts les revenus des producteurs médiocres, dont les œuvres ne franchissent point les frontières dans lesquelles la propriété intellectuelle est reconnue, tandis qu'on entame ceux des producteurs de génie, dont les œuvres se répandent indéfiniment dans l'espace ou subsistent dans le temps. On décourage ainsi l'éclosion des œuvres d'élite, on abaisse, par là même, le niveau de la production intellectuelle, des sommets de laquelle découle tout progrès. Le communisme, qui n'est que le monopole retourné, apparaît donc, en dernière analyse, comme une cause d'appauvrissement et de retard pour la communauté, dans l'intérêt de laquelle il est établi.

Les classes investies du pouvoir politique ne se sont pas bornées à surélever artificiellement leurs revenus aux dépens de ceux du reste de la communauté, elles ont entrepris de perpétuer dans leur sein, à travers les générations successives, ces

---

(1) Voir le *Dictionnaire de l'économie politique*, art. *Propriété littéraire;* l'*Économiste belge*, *lettres à M. P. J. Proudhon sur la propriété littéraire et artistique*, nos du 1er et du 20 novembre 1858 ; les *Questions d'économie politique et de droit public, la propriété des inventions*, t. II, p. 339.

revenus surélevés. De là, tout un échafaudage de mesures prohibitives ou restrictives destinées à empêcher les fonctions, les industries et les patrimoines des classes privilégiées de tomber entre les mains des classes concurrentes, les majorats, les substitutions, les obstacles opposés à la vente des biens patrimoniaux et aux emprunts hypothéqués sur ces biens, etc., etc. Les titres nobiliaires, en facilitant à ceux qui les portent l'accès de certaines fonctions supérieures, contribuent, de même, à créer et à maintenir l'inégalité artificielle des revenus et des conditions.

Le vice commun et irrémédiable de tous les instruments et de tous les procédés si variés et parfois si habilement combinés dont se sert le génie de la spoliation pour arriver à ses fins, c'est qu'ils détruisent ou empêchent de créer cent fois plus de richesses qu'ils n'en détournent. Qu'une bande de voleurs infeste une route, que des pirates établissent leur nid dans des parages fréquentés par le commerce, aussitôt on verra se ralentir le mouvement des voyageurs et des marchandises, et pour chaque millier de francs dont se grossiront les revenus des voleurs ou des pirates, les revenus des autres membres de la communauté seront diminués de cent mille francs et davantage. Que l'on privilégie quelque branche d'industrie et de commerce, on verra de même dépérir toutes les autres branches sur lesquelles l'intérêt favorisé perçoit un tribut, et, comme une conséquence inévitable, leur appauvrissement entraîner celui de la branche privilégiée. Que l'on crée un monopole financier, en instituant une banque d'État, et il en résultera un renchérissement général de la circulation et du crédit qui entravera le développement de la production, en empêchant de naître une multitude de revenus pour grossir à l'excès un petit nombre.

Que l'on impose de même un maximum à la propriété et, par
conséquent, aux revenus des savants, des inventeurs, des littérateurs, des artistes, dans l'intérêt prétendu de la société, et
pour la faible somme qu'on lui permettra de dérober à la rétribution due au génie et au travail, on la privera de la somme
incalculable de profits que lui auraient valus l'exploitation des
nouveaux véhicules de production, dont le *maximum* ralentit
ou empêche la recherche et la découverte. Enfin, qu'après
avoir privilégié certaines classes, on s'efforce d'immobiliser
entre leurs mains, de génération en génération, les revenus
qu'elles retirent de l'exploitation de ces priviléges, que l'on
empêche, en conséquence, les instruments de production qu'elles
détiennent de tomber en des mains plus capables de les utiliser, que l'on arrête ainsi le mouvement naturel d'ascension des
classes physiquement, intellectuellement et moralement les
plus vigoureuses, en maintenant à la tête de la société une
caste immobilisée, que le monopole va affaiblissant et corrom-
pant chaque jour, le résultat sera plus funeste encore. La
société entière déclinera, et, à une époque de barbarie, elle
finira par sombrer sous le choc d'une invasion à laquelle elle
n'aura pu opposer qu'une force de résistance insuffisante ; à
une époque de civilisation, elle disparaîtra de même, à la
longue, sous la concurrence de sociétés dont aucun vice intérieur n'aura entravé le mouvement naturel d'expansion.

C'est une question que les écoles socialistes ont mise à l'ordre
du jour que celle de savoir si les classes exploitées ont le droit
de se soulever contre les classes exploitantes et de leur « faire
rendre gorge; » s'il serait légitime, par exemple, d'opérer une
liquidation de la « vieille société, » pour répartir les fruits
des spoliations anciennes et modernes parmi les masses aux

dépens desquelles ils ont été acquis. Cette question, les écoles socialistes ne manquent pas de la résoudre par l'affirmative. Examinons-la à notre tour.

Remarquons d'abord qu'une liquidation sociale ne pourrait être opérée qu'à la suite d'une « révolution » qui ferait passer la puissance politique des mains des classes exploitantes dans celles des classes exploitées. Telle a été, par exemple, la première révolution française qui a liquidé l'ancien régime, non seulement en abolissant les priviléges de la noblesse et du clergé, mais encore en confisquant une bonne partie des biens de ces deux corps privilégiés. A certains égards, cette confiscation pouvait sembler équitable, les revenus de la noblesse et du clergé ayant été, pendant des siècles, artificiellement surélevés, et donnant par là même ouverture à une action en restitution de la part des classes aux dépens desquelles l'excédant illégitime de ces revenus avait été acquis. Telle serait la « révolution démocratique et sociale » dont on nous menaçait en 1848, en admettant que les masses devenues maîtresses du pouvoir entreprissent la liquidation des fortunes acquises ou grossies au moyen des priviléges politiques, industriels, commerciaux ou financiers du régime actuel. En faveur d'une liquidation de ce genre, elles pourraient faire valoir des motifs analogues à ceux que les classes actuellement prépondérantes ont invoqués pour « liquider » les biens de la noblesse et du clergé de l'ancien régime. Mais rien en ce monde n'est plus difficile à produire que la justice, et il est sans exemple qu'on l'ait produite par des « moyens révolutionnaires. »

Déposséder des individus ou des collections d'individus, non seulement de leurs priviléges, mais encore des biens qu'ils ont acquis, de génération en génération, en exploitant des fonctions ou des industries privilégiées, c'est presque toujours commettre une injustice plus grande que celle qu'il s'agit de réparer. Comment, en effet, faire le départ de ce qui a été la rétribution légitime des industries ou des fonctions privilégiées de ce qui a été la rente illégitime du privilége? S'agit-il de propriétaires d'esclaves, par exemple? S'ils ont exploité d'autres créatures humaines, en revanche, ils ont exercé à l'égard de ces créatures ordinairement inférieures au physique et au moral l'office de tuteurs, ils les ont protégées et gouvernées aux époques où elles étaient incapables de se protéger et de se gouverner elles-mêmes. C'est grâce à cette tutelle intéressée et par là même efficace, qu'elles ont pu échapper aux atteintes destructives des races ennemies et qu'elles ont pu sortir de l'état sauvage pour commencer leur ascension dans l'échelle de la civilisation. Ce service dont elles ne pouvaient et dont elles ne peuvent encore se passer, car la tutelle venant à leur manquer, elles retournent promptement à la barbarie, et elles finissent par disparaître devant la concurrence des races supérieures (1), — ce service,

---

(1) Que la concurrence des races supérieures, ou, si l'on veut, des races plus avancées en civilisation soit funeste aux races inférieures ou plus récemment sorties de l'animalité, c'est un fait aujourd'hui hors de doute. C'est ainsi que les tribus indiennes qui remplissaient jadis le continent de l'Amérique du Nord disparaissent graduellement, et qu'un bon nombre d'entre elles sont complétement éteintes.

" Toutes les tribus indiennes qui habitaient autrefois le territoire de la Nouvelle Angleterre, dit M. de Tocqueville, les Narragansetts, les Mohicans, les Pecots, ne vivent plus que dans le souvenir des hommes; les Lénapes, qui reçurent Penn, il y a cent cinquante ans, sur les rives de la Delaware, sont aujourd'hui disparus. J'ai rencontré les derniers des Iroquois : ils demandaient l'aumône. Toutes les nations que je viens de nommer s'étendaient jadis

le monopole contenu dans l'esclavage le leur a fait payer à un taux usuraire sans doute, mais ne méritait-il donc aucune rémunération? S'agit-il de la noblesse et du clergé? Ces deux corporations sont demeurées pendant des siècles investies du monopole des services les plus nécessaires à la conservation et au progrès de la société, services politiques, militaires, religieux, pédagogiques. Elles ont gouverné, défendu, moralisé, éclairé la société, et elles ont mérité assurément d'être rétribuées pour ces immenses et utiles travaux. Comment reconnaître et délimiter la portion de leurs biens qui tire son origine de la rétribution légitime de leurs services nécessaires pour la séparer de celle qui est le fruit illégitime des rentes accumulées des monopoles nobiliaires et religieux, partant revendicable et confiscable? S'agit-il des classes actuellement investies de monopoles politiques, industriels, commerciaux, financiers, etc., comment faire, de même, dans leurs revenus, la part des profits légitimes de leurs fonctions ou de leurs industries et celle des rentes illégitimes de leurs monopoles?

---

jusque sur les bords de la mer; maintenant il faut faire plus de cent lieues dans l'intérieur du continent pour rencontrer un Indien. Ces sauvages n'ont pas seulement reculé, ils sont détruits. A mesure que les indigènes s'éloignent et meurent, à leur place vient et grandit sans cesse un peuple immense. On n'avait jamais vu parmi les nations un développement si prodigieux, ni une destruction si rapide (*). »

Sans doute, cette destruction doit être en partie imputée à la violence. Trop souvent, les Européens ont traité les Indiens comme des bêtes fauves; ils les ont traqués et détruits par le fer et le poison (en envoyant par exemple, en cadeau, aux tribus dont ils voulaient se défaire, des vêtements infectés de

(*) A. DE TOCQUEVILLE. *De la Démocratie en Amérique.* T. II. Chap. X. *État actuel et avenir probable des tribus indiennes qui habitent le territoire possédé par l'Union.*

C'est là évidemment une œuvre impossible. Aussi, à moins qu'elles ne s'appliquent à des biens ou à des revenus provenant

---

petite vérole); mais, alors même que les tribus indiennes étaient efficacement protégées contre les violences des blancs, elles n'en disparaissaient pas moins devant leur concurrence.

Ainsi, les Indiens vivaient communément de l'exploitation de leurs terrains de chasse. Les Européens arrivaient dans leur voisinage. Aussitôt, la chasse devenant par ce fait même moins productive, les terres qui y étaient appliquées se dépréciaient tandis que celles que les nouveaux venus appliquaient à l'agriculture augmentaient rapidement de valeur. A mesure que s'opéraient ces mouvements en sens inverse, les Européens trouvaient plus d'avantage à acheter les terres des Indiens, tandis que ceux-ci en trouvaient moins à conserver des terres en voie de dépréciation, et, en échange desquelles, on leur offrait des articles de consommation nouveaux et séduisants.

« Quand les Indiens arrivent dans l'endroit où le marché doit avoir lieu, disent MM. Clark et Lewis Cass, dans un rapport adressé au congrès des États-Unis, le 4 juillet 1829, ils sont pauvres et presque nus. Là, ils voient et examinent un très grand nombre d'objets précieux pour eux, que les marchands américains ont eu soin d'y apporter. Les femmes et les enfants qui désirent qu'on pourvoie à leurs besoins commencent alors à tourmenter les hommes de mille demandes importunes et emploient toute leur influence sur ces derniers pour que la vente des terres ait lieu. L'imprévoyance des Indiens est habituelle et invincible, pourvoir à ses besoins immédiats et gratifier ses désirs présents est la passion irrésistible du sauvage : l'attente d'avantages futurs n'agit que faiblement sur lui; il oublie facilement le passé, et ne s'occupe pas de l'avenir. »

« Le 19 mai 1830, M. Ed. Everett affirmait devant la Chambre des représentants que les Américains avaient déjà acquis par *traité* à l'est et à l'ouest du Mississipi, 230,000,000 d'acres.

« En 1808, les Osages cédaient 48,000,000 d'acres pour une rente de 1,000 dollars.

« En 1818, les Quapaws cédèrent 20,000,000 d'acres pour 4,000 dollars;

d'industries complétement spoliatrices, telles que le brigandage
et la piraterie, les liquidations opérées par la violence ne font

---

ils s'étaient réservé un territoire de 1,000,000 d'acres, afin d'y chasser. Il
avait été solennellement juré qu'on le respecterait ; mais il n'a pas tardé à
être envahi comme le reste.

« Afin de nous approprier les terres désertes dont les Indiens réclament la
propriété, disait M. Bell, rapporteur du comité des affaires indiennes. au
congrès, le 24 février 1830, nous avons adopté l'usage de payer aux tribus
indiennes ce que vaut leur pays de chasse après que le gibier a fui où a été
détruit. Il est plus avantageux et certainement plus conforme aux règles de
la justice et plus humain d'en agir ainsi que de s'emparer à main armée du
territoire des sauvages.

« L'usage d'acheter aux Indiens leur titre de propriété n'est donc autre
chose qu'un nouveau mode d'acquisition que l'humanité et l'intérêt ont substitué à la violence, et qui doit également nous rendre maîtres des terres que
nous réclamons en vertu de la découverte, et que nous assure d'ailleurs le
droit qu'ont les nations civilisées de s'établir sur le territoire occupé par les
tribus sauvages.

« Jusqu'à ce jour, plusieurs causes n'ont cessé de diminuer aux yeux des
Indiens le prix du sol qu'ils occupent, et ensuite les mêmes causes les ont
portés à nous le vendre sans peine. L'usage d'acheter aux sauvages leur droit
d'occupant n'a donc jamais pu retarder, dans un degré perceptible, la prospérité des États-Unis (*). »

Ce mode d'acquisition. quoique plus conforme à la justice et à l'humanité
que la dépossession violente, n'en est pas moins fortement. entaché d'usure.
Mais, en admettant même que les Européens n'abussassent point de l'ignorance et de l'imprévoyance des Indiens, et qu'ils leur payassent la terre à sa
valeur réelle, — laquelle est en tous cas très faible, — les Indiens n'en dis-
paraîtraient pas moins. Pour résister à la concurrence des Européens, il faudrait en effet, qu'ils fussent en état, 1° de se créer d'eux-mêmes de nouveaux

(*) AL. DE TOCQUEVILLE. T. II. Chap, X.

que substituer une injustice à une autre. Presque toujours aussi, les révolutions, au lieu de supprimer les priviléges, se

---

moyens d'existence, 2° de les conserver; c'est à dire qu'ils fussent en état de gouverner utilement leur production et leur consommation, dans les conditions nouvelles où les place la concurrence et le contact d'une race plus civilisée.

Or, à peine ont-ils vendu leurs domaines de chasse, qu'ils se hâtent d'en consommer le produit d'une manière stérile ou nuisible, incapables qu'ils sont de résister d'eux-mêmes aux tentations que leur offrent les produits de la civilisation, et en particulier la meurtrière « eau de feu. » Ils se trouvent donc sans ressources pour entreprendre de nouvelles industries et embrasser un nouveau genre de vie, auquel d'ailleurs ils ne sont point préparés.

Les misères de cette situation se trouvent admirablement esquissées dans une pétition des sauvages montagnais des bords du Saint-Laurent, adressée au gouverneur général du Canada, et qui semble avoir été rédigée par quelque économiste, à l'état sauvage.

« Nous sommes trois cents familles, sans compter les veuves et les orphelins, nous n'avons pas d'autre moyen de vivre que la chasse et la pêche : depuis plusieurs années, la famine fait des ravages parmi nous et diminue chaque jour notre nombre. La chasse disparaît peu à peu dans le bois, et nos places de pêche nous sont enlevées de toutes parts par les blancs. A nos justes réclamations, ils répondent par ces paroles : — Travaillez, vous ne serez pas malheureux. — Qu'entendent-ils par ce travail? Est-ce la chasse ou la pêche? Ce reproche est injuste. — Est-ce la culture des champs? Il est alors insensé.

« Grand chef, le Grand Esprit en créant l'homme a donné à chacun un génie particulier, ce génie est différend aussi pour chaque nation. A ta nation, l'instinct de se bâtir de grands villages de pierres, d'habiter ensemble, de se construire de grands canots de bois pour traverser les mers. A nous, il a donné l'instinct de vivre dispersés dans les forêts, d'habiter dans des cabanes d'écorce, de nous construire de légers canots, afin de pouvoir parcourir jusqu'à leurs sources nos rivières et nos lacs.

« Grand chef, l'oiseau de passage qui revient chaque printemps vers le

bornent à les déplacer, au profit de la classe qui a réussi à faire main basse sur le pouvoir. Cette classe devenue subitement

---

lieu qui l'a vu naître, oubliera plutôt son chemin que le sauvage montagnais.

« Lorsque nous avons voulu imiter les blancs en cultivant le peu de sable aride qui, avec les rochers, compose notre territoire, la bêche nous tombait des mains, en rêvant à nos forêts ; au jour de la récolte, nous oubliions même les quelques patates que nous avions à recueillir.

« Vivant de chasse et de pêche, le Grand Esprit nous a donné le même instinct qui fait émigrer le gibier et le poisson : en imitant ces périodiques voyageurs, nous obéissons à une force intérieure. Lorsque le moment arrive de sortir de nos forêts ou d'y rentrer, il faut partir ou nous dépérissons, comme ces oiseaux dans des climats qui ne sont plus les leurs (*). »

Seulement, est-il possible de perpétuer, en présence de la concurrence envahissante des races civilisées, cette existence nomade et primitive ? En continuant à obéir à leurs instincts, à la mode de leurs ancêtres, sans essayer de les approprier aux emplois que la civilisation peut offrir au génie particulier de chaque race, les Indiens ne doivent-ils pas disparaître, refoulés de déserts en déserts, comme les espèces sauvages des buffles ou des bisons qui ne s'assouplissent point à la domesticité ? Ou se civiliser ou périr, voilà pour eux l'alternative !

Cela étant, il s'agit de savoir si les Indiens peuvent passer d'eux-mêmes, sans la transition d'un régime spécial de tutelle, de la barbarie à la civilisation. Cette question, l'expérience l'a résolue presqu'à présent d'une manière négative. On a cru, par exemple, qu'il suffirait d'élever de jeunes Indiens à l'européenne pour en faire des Européens, et l'on n'a obtenu que des sauvages vernis de civilisation. M. de Tocqueville rapporte encore, à ce sujet, un fait caractéristique.

« L'indigène de l'Amérique du Nord, dit-il, conserve ses opinions et jus-

---

(*) Cette pétition composée par le chef Estlo de la tribu des Betshiamits se trouve reproduite dans l'ouvrage de M. J. C. Taché : *Des Provinces de l'Amérique du Nord et d'une Union fédérale.* Appendice.

maîtresse de l'appareil à fabriquer les priviléges se garde bien de mettre au rebut une machine si productive; elle se hâte de

qu'au moindre détail de ses habitudes avec une inflexibilité qui n'a point d'exemple dans l'histoire. Depuis plus de deux cents ans que les tribus errantes de l'Amérique du Nord ont des rapports journaliers avec la race blanche, ils ne lui ont emprunté, pour ainsi dire, ni une idée ni un usage. Les hommes d'Europe ont cependant exercé une très grande influence sur les sauvages. Ils ont rendu le caractère indien plus ordonné, mais ils ne l'ont pas rendu plus européen.

« Me trouvant dans l'été de 1831 derrière le lac Michigan, dans un lieu nommé Green Bay, qui sert d'extrême frontière aux États-Unis du côté des Indiens du Nord-Ouest, je fis connaissance avec un officier américain, le major H., qui, un jour, après m'avoir beaucoup parlé du caractère indien, me raconta le fait suivant : « J'ai connu autrefois, me dit-il, un jeune Indien
« qui avait été élevé dans un collége de la Nouvelle Angleterre. Il y avait
« obtenu de grands succès, et y avait pris tout l'aspect extérieur d'un homme
« civilisé. Lorsque la guerre éclata entre nous et les Anglais, en 1810, je
« revis ce jeune homme; il servait alors dans notre armée, à la tête des guer-
« riers de sa tribu. Les Américains n'avaient admis les Indiens dans leurs
« rangs qu'à la condition qu'ils s'abstiendraient de l'horrible usage de scalper
« les vaincus. Le soir de la bataille de ***, C. vint s'asseoir auprès du feu de
« notre bivouac; je lui demandai ce qui lui était arrivé dans la journée; il me
« le raconta, et s'animant par degrés aux souvenirs de ses exploits, il finit
« par entr'ouvrir son habit en me disant : — Ne me trahissez pas, mais
« voyez! Je vis en effet, ajouta le major H., entre son corps et sa chemise,
« la chevelure d'un Anglais encore toute dégouttante de sang (*). »

Quelle conclusion faut-il tirer de ce fait? Que les Indiens ne sont pas civilisables? En aucune façon. Il faut en conclure seulement que le travail de l'éducation appliqué à une seule génération ne suffit pas plus pour modifier les instincts d'une race particulière d'hommes que ceux d'une race particulière d'animaux. L'histoire naturelle de l'homme aussi bien que celle des races

(*) AL. DE TOCQUEVILLE. T. II. Chap. X.

l'adapter à ses intérêts particuliers, en remplaçant, par exemple,
les monopoles militaires et religieux appropriés aux intérêts des

---

inférieures de l'animalité démontre que les instincts se transmettent avec les
modifications qu'on leur a fait subir. On sait que les nègres nés en Amérique,
même quand ils n'ont aucun mélange de sang européen dans les veines, sont
fort supérieurs à ceux que la traite importe d'Afrique et qu'ils éprouvent, en
conséquence pour ceux-ci, un profond mépris. Cependant l'éducation de l'esclavage est, à coup sûr, fort grossière et fort imparfaite. Mais, telle quelle,
elle n'agit pas moins, de génération en génération, pour élever l'homme de la
barbarie à la civilisation.

L'erreur dans laquelle on tombe à cet égard provient de ce qu'on suppose
a priori qu'il suffit d'inculquer au sauvage un certain nombre de notions
intellectuelles et morales pour le civiliser. L'éducation des instincts doit pré-
céder celle de l'intelligence, et cette éducation qui s'opère au moyen de
changements graduels dans la nourriture, les occupations, la manière de
vivre, etc., exige pour porter ses fruits un nombre plus ou moins considérable de générations selon qu'il s'agit d'une race plus ou moins vigoureuse
partant plus ou moins réfractaire à la civilisation. C'est faute d'avoir eu égard
à cette observation, qu'on n'a point, de même, réussi encore à réduire à l'état
de domesticité des races d'animaux qui, pour être plus réfractaires que les
autres à la domestication, n'en sont pas moins, selon toute apparence,
domesticables.

Maintenant, l'histoire entière démontre que l'immense majorité de l'espèce
humaine a dû passer par un régime de tutelle pour s'élever de la barbarie à
la civilisation. C'est ainsi que les civilisations du Nouveau Monde étaient
fondées comme celles de l'ancien sur un régime de tutelle auquel étaient assujetties les masses incapables du *self government*. Tel était, par exemple, au
Pérou, le gouvernement des Incas. Lorsque les Espagnols eurent détruit ce
régime, si admirablement approprié à la nature des races autochthones, les
Indiens retournèrent peu à peu à l'état sauvage, et leur nombre qui s'était
élevé à plus de 8 millions au temps de l'Inca Atahualpa tomba à quelques
centaines de mille. Les jésuites, excellents observateurs, copièrent, dans

classes dépossédées par des monopoles industriels, commerciaux et financiers, parfois même en ajoutant ceux-ci à ceux-là.

---

ses parties essentielles, le système des anciens civilisateurs de l'Amérique et ils l'introduisirent au Paraguay, où, grâce à ce système, leurs « missions » prospérèrent pendant plus de deux siècles. Les missions détruites, les Indiens du Paraguay, comme auparavant ceux du Pérou, retournèrent à la barbarie. On a objecté, nous ne l'ignorons pas, que ce régime de tutelle empêchait les Indiens d'arriver au *self government* au lieu de les y préparer.

« La nouvelle de l'expulsion des jésuites du Paraguay, dit notamment M. Alf. Sudre, fut accueillie avec des cris de joie ; mais la civilisation fausse et incomplète à laquelle ils avaient été initiés ne put se soutenir par elle-même. Les missions tombèrent dans une rapide décadence. Le despotisme était devenu nécessaire pour ces âmes auxquelles l'habitude de la liberté et le sentiment de la dignité individuelle étaient étrangers (*). »

Il se peut, en effet, que le gouvernement des jésuites du Paraguay ait été une tutelle imparfaite, mais encore valait-il mieux que l'absence de tutelle. La preuve, c'est qu'à côté des missions, les Indiens libres demeuraient à l'état sauvage, où retournèrent aussi les Indiens des missions après l'expulsion des jésuites.

N'oublions pas, non plus, que la plupart des hommes libres de l'Europe ont passé par la tutelle de l'esclavage et du servage, et que c'est grâce à cette tutelle, si grossière et si coûteuse pourtant, qu'ils sont successivement devenus capables du *self government*. Singulière révolution des idées ! jadis, on ne concevait même point la possibilité de l'existence d'un *self government ;* aujourd'hui, on ne peut plus (du moins en théorie) concevoir autre chose. Tandis que nos ancêtres refusaient de croire que les hommes pussent devenir un jour *majeurs,* nous refusons de croire aujourd'hui qu'ils ne le soient pas encore tous devenus, et nous voulons non seulement accorder la liberté à ceux qui en sont capables, mais encore l'imposer à ceux qui en sont incapables.

Cette conception étroite et bornée de la liberté conduit fatalement, dans la pratique, à la destruction des races *actuellement* inférieures. Que l'on sup-

(*) *Histoire du communisme,* par Alf. Sudre. *Des communautés ascétiques.*

C'est ainsi, comme on sait, qu'a procédé la bourgeoisie dans tous les pays où elle a remplacé la noblesse et le clergé, ou bien

---

pose, en effet, des races incapables de se gouverner elles-mêmes et obligées cependant de se contenter de ce gouvernement insuffisant et vicieux, en concurrence avec des races capables d'un bon *self government*, les premières devront inévitablement disparaître devant les secondes. Tel est le cas des Indiens et l'on peut ajouter aussi, des nègres libres en Amérique. Cette conséquence fatale, les doctrinaires de la liberté imposée, l'acceptent, du reste, sans hésiter. — S'il est, disent-ils, des races retardaires auxquelles la concurrence des races civilisées soit funeste, tant pis pour elles! Qu'elles périssent puisque telle est leur destinée! — Si donc les Indiens et les nègres ne peuvent supporter le régime qui convient aux Européens, — et que l'on suppose bien entendu le seul qui convienne à l'homme pris d'une manière abstraite, que les Indiens et les nègres disparaissent devant les Européens! — Mais est-on bien sûr que la disparition de races inférieures, soit par voie d'extermination, soit par voie de *self government* imposé ne constitue point un appauvrissement de l'humanité? Toutes les races recèlent, dans leur sein, au moins à l'état de germes, des aptitudes spéciales; toutes aussi peuvent, à la condition d'être soumises au régime qui convient à leur état actuel, développer ces germes et les faire fructifier à l'avantage de la communauté. Qui pourrait affirmer que telle race maintenant encore à l'état sauvage ne marchera pas un jour à la tête de la civilisation, tandis que les races actuellement prépondérantes seront en décadence? Qu'auraient répondu les Romains de l'époque de Cicéron et de Jules César, si on leur avait dit que des Barbares sortis des forêts de la Germanie et des steppes de la Scythie gouverneraient un jour le monde? Vouloir imposer à *tous* les hommes un certain régime que l'on suppose seul équitable et seul utile, en déclarant que ceux-là qui ne peuvent supporter ce régime doivent périr, n'est-ce pas imiter ces utopistes qui veulent jeter le monde dans un certain moule politique et social de leur invention, en proclamant ennemis du peuple ceux qui refusent de s'y laisser enfermer? N'est-ce pas faire de la liberté elle-même une variété du despotisme, et non la moins abrutissante et la moins meurtrière?

encore, où elle est entrée en partage de pouvoir avec ces deux anciennes corporations gouvernantes. Que les classes inférieures réussissent, à leur tour, à supplanter la bourgeoisie, dans le gouvernement des sociétés, la spoliation ne disparaîtra pas davantage ; elle modifiera simplement ses formes et ses applications, en les appropriant de nouveau aux intérêts prédominants, voilà tout ! Ainsi, l'impôt sera rendu progressif par en haut au lieu de l'être par en bas ; le communisme, se résumant dans un *maximum* égalitaire qui abaisse les revenus des classes supérieures au profit des masses, remplacera le monopole qui abaisse les revenus des masses au profit des classes supérieures. Enfin, on verra reparaître, adapté aux intérêts actuels et apparents du grand nombre, le régime protecteur lui-même. On cessera d'exclure du marché national les produits étrangers, en vue d'augmenter artificiellement les profits des entrepreneurs d'industrie, mais on en exclura les bras étrangers, en vue d'augmenter artificiellement les salaires des ouvriers (1).

---

(1) Le protectionisme spécialement appliqué aux intérêts des classes ouvrières, était devenu aux États-Unis la doctrine fondamentale du parti des *natifs* (voir, à ce sujet, les *Questions d'économie politique et de droit public. La liberté du commerce.* T. II, p. 88). Les *natifs* voulaient opposer une barrière à l'immigration européenne, en vue de « protéger » les travailleurs américains, et ils avaient emprunté, pour réclamer cette protection contre les bras étrangers, les arguments dont faisaient usage les fabricants de tissus de la Nouvelle Angleterre et les maîtres de forges de la Pennsylvanie pour défendre les tarifs qui les protégeaient contre « l'invasion » des produits similaires du dehors. En d'autres termes, les natifs voulaient appliquer à la protection des salaires des ouvriers le même appareil que les protectionistes proprement dits ont réussi à faire appliquer à la protection des profits des entrepreneurs d'industrie.

Les doctrines des *natifs* n'ont point prévalu aux États-Unis; mais elles

Bref, on ne supprimera pas la spoliation, on se contentera de la déplacer, et, selon toute apparence, en l'aggravant.

Le progrès ne consiste donc point, comme le supposent les doctrinaires de la bourgeoisie et les jacobins de la démocratie, à s'emparer de l'appareil de la spoliation, et, après avoir fait main-basse sur les biens de la classe que l'on a dépouillée du pouvoir, à conserver et à agrandir même cet appareil, en l'appropriant aux intérêts particuliers du nouveau souverain, mais à le détruire sans entreprendre une liquidation inique des iniquités du passé. Il faut, dans toutes les branches de l'activité humaine, supprimer les monopoles et les priviléges qui engendrent une *inégalité artificielle* des revenus, pour les remplacer par le régime de la libre concurrence qui aura pour conséquence nécessaire non une égalité utopique mais l'*inégalité naturelle* des revenus, résultant de l'inégalité naturelle des forces physiques, intellectuelles et morales à l'aide desquelles les revenus se créent. Cela fait, les classes dépossédées de leurs

---

ont eu plus de succès en Australie, où les travailleurs de race européenne sont parvenus à se faire protéger contre la concurrence des Chinois.

« En Australie, dit M. Jules Duval, les Chinois étaient, en 1856, environ 18,000, nombre qui a triplé depuis lors ; c'est surtout dans la province de Victoria qu'ils se rendent, attirés par la richesse des gîtes aurifères : c'est là aussi qu'ont éclaté contre eux les antipathies les plus agressives. On a parlé d'expulsion, on a redouté un carnage ; finalement l'esprit anglais a transigé par des droits sur l'opium, et une taxe d'entrée de 10 livres sterling, plus 2 livres par mois pour la patente de mineur, et 20 schellings par tête pour les frais de perception. L'entrée par la voie de terre est fixée à 4 livres. Un impôt de résidence, fixé à 6 livres par an, a été ultérieurement ajouté à ces capitations exorbitantes. Enfin, les navires qui abordent à Melbourne ne peuvent introduire qu'un Chinois par 10 tonneaux de chargement. Les Chinois échappent à une partie de ces vexations par une sorte de contre-

priviléges suivront désormais la commune destinée ; elles con-
serveront leurs revenus et les accroîtront selon leurs aptitudes

---

bande, en débarquant sur les rivages de l'Australie méridionale, moins bien
gardés par la douane, et d'où ils pénètrent par les frontières de terre sur le
territoire de Victoria.

« Les mineurs australiens ont en vain essayé de donner le change à l'opinion publique, en accusant les vices des Chinois, leur société sans femmes,
leur saleté, leurs habitudes de ruse, et, ajoute-t-on, de fraude et de vol,
leur éloignement des mœurs européennes, tel qu'il s'oppose à toute fusion,
même à tout rapprochement ; enfin, un instinct d'association qui les trouve
toujours prêts à ourdir des intrigues, dans un secret inviolable. Le nom de
protection money, donné à l'impôt de résidence, réduit à leur mesure ces
accusations, où un fonds de vérité se trouve exagéré en de telles proportions
que la conduite des Européens, commentée avec la même malveillance, sou-
lèverait la même réprobation. Jalousie de métier, concurrence redoutée, telle
est la clef de toute cette haine (*). »

En Californie, où les Chinois affluèrent également, le protectionisme
essaya à diverses reprises de les faire expulser, mais sans succès, grâce surtout, ajoute M. Jules Duval, au libéralisme de la partie allemande de la population. Les protectionistes californiens publièrent, il y a quelques années,
sous la forme d'une « adresse de l'Institut industriel de San-Francisco, » un
Manifeste extrêmement curieux en ce sens qu'il renferme tous les arguments
du protectionisme des classes supérieures et moyennes, appliqué aux intérêts
spéciaux des classes inférieures.

Voici cette pièce instructive et intéressante :

CONSIDÉRANTS :

« Attendu que le travail est le capital de l'ouvrier et que la Californie est
un État dans lequel le travail libre est garanti par la Constitution contre la

---

(*) Jules Duval. *Histoire de l'émigration européenne, asiatique et africaine au
XIX* siècle*. Liv. II, Chap. V. *La Chine.*

naturelles à les conserver et à les accroître. Ou, si elles manquent de l'intelligence et de la moralité requises, elles les gas-

---

concurrence que pourrait lui faire, soit le travail des esclaves nègres, soit celui des serfs asiatiques ;

« Attendu qu'il est dans les prérogatives incontestables des hommes de travail de cet État de sauvegarder la dignité du travail et de protéger la question des salaires ;

« Nous, membres de *l'Institut Mechanic* de San-Francisco, avons dû nous pénétrer de l'importance des faits et des considérations qui suivent :

« Des Chinois coolies ou serfs, constituant une population méprisable, arrivent chaque année par milliers sur nos rivages, occupent et détruisent nos mines, portent préjudice aux intérêts du travail des blancs et, par la concurrence qu'ils leur font, abaissent graduellement leur salaire jusqu'au dessous de ce qui est nécessaire à la vie.

« Des compagnies de capitalistes chinois établies soit à San-Francisco, soit en Chine, font venir, tous les ans, des masses de cette population déplorable, engagées pour un certain nombre d'années, et font par elles une concurrence ruineuse aux travaux de la race blanche. Ces Chinois ne diffèrent des esclaves d'Afrique que par la durée du temps de leur engagement ; ils ne peuvent pas plus que ces derniers devenir citoyens des États-Unis ;

« Le capital ne manquera pas de tirer avantage de la présence de cette misérable population qui, poussée bientôt par la nécessité, fera de plus en plus la guerre aux intérêts des classes laborieuses de notre race ; et celles-ci tomberont alors dans la dégradation, subiront l'oppression et les conséquences du manque d'emploi ;

« Il ne saurait convenir à la dignité des citoyens libres appartenant à la race blanche d'accepter le travail à des conditions présumées égales à celles faites à la race mongolienne ou en concurrence, soit avec elle, soit avec tous autres dont le travail s'accomplit contrairement aux vues exprimées dans notre Constitution ;

« Lorsque les États-Unis ont conclu leur traité avec la Chine, nul ne pouvait s'attendre à la voir jeter sur notre sol des hordes d'une vile population incapable d'aspirer à la citoyenneté. Ce n'est pas ainsi que le traité a été compris. — Dans les décisions émanées de la cour suprême des États-Unis, on peut voir qu'elles ne sont relatives qu'à des émigrants capables de devenir citoyens et non à des hordes incivilisées dont la présence et les habitudes

pilleront, et elles seront obligées de céder leur rang dans l'échelle sociale à des classes plus intelligentes et plus morales.

---

immorales sont une honte pour notre civilisation, un abaissement de notre dignité;

« Il est certain que les lois qui réglementent l'immigration en notre pays stipulent pour les populations capables de prendre part à la citoyenneté américaine, et toutes les fois qu'il y est fait exception, c'est invariablement au sujet des personnes dont la couleur fait obstacle à cette citoyenneté. *Whose Color precludes capacity to become american citizens ;*

« Si des restrictions légales ne s'y opposent c'est par centaines de mille que ces populations inférieures vont inonder de plus en plus notre pays, usurper les fonctions réservées au travail honorable, envahir les occupations des hommes de race blanche.

« En conséquence, les résolutions suivantes ont été adoptées :

RÉSOLUTIONS.

« Nous ne pensons pas qu'une juste interprétation des lois des États-Unis puisse avoir pour effet de priver un État du pouvoir de protéger ses intérêts industriels contre un mal local, complétement destructeur de ces intérêts et complétement imprévu par les dispositions qui réglementent l'immigration.

« Nous recommandons ce sujet à l'étude toute nouvelle de la législature californienne, comme digne de son attention spéciale, attendu qu'il affecte directement la prospérité d'une classe nombreuse de citoyens qui n'a que son travail pour capital.

« En sa qualité de représentant des classes laborieuses de la Californie, cet « Institute » est énergiquement opposé à la continuation des importations de barbares (barbarians) incapables de devenir citoyens, dont l'égalité avec nous n'est reconnue nulle part ni dans les mines, ni dans les ateliers, ni sur aucun terrain ; dont les exigences sont autres que les nôtres et doivent un jour anéantir les justes salaires dus à l'homme qui travaille.

« Les vues de cet « Institute » seront imprimées et communiquées à tous les travailleurs de la Californie, et ils seront requis de coopérer par leur union (dans les limites permises par la loi) à la suppression d'un mal qui menace de destruction la dignité du travail et les salaires équitables. »

Ce serait une erreur de croire que cette espèce de protectionisme n'existe

Elles descendront, et elles finiront peut-être, si elles ne se retrempent point sous une forte tutelle, par succomber dans le vaste et incessant conflit de la concurrence universelle. Ainsi, c'est à dire avec l'appareil dont se sert le génie de la spoliation pour enrichir les uns aux dépens des autres, disparaîtra l'*inégalité artificielle* des revenus.

Si nous considérons maintenant la multitude des familles qui composent la société, nous trouverons que les unes n'ont qu'un

---

point dans les couches inférieures de la société européenne comme il existe dans celles de la société américaine ou parmi les descendants des *convicts* de la Nouvelle Galle du sud. Il fut notamment sur le point de déborder en 1848. Tandis que les théoriciens du socialisme allaient au Luxembourg discuter les moyens « d'organiser le travail, » les hommes pratiques de la classe ouvrière demandaient l'expulsion des ouvriers étrangers, et en particulier des Anglais, des Belges, des Savoisiens et des « Auvergnats. » Un bon nombre de ces malheureux furent même expulsés par voie d'émeute, et le 19 mars, le préfet de police, M. Caussidière, défendait aux ouvriers étrangers de se rendre à Paris, en les avertissant que s'ils persistaient, malgré cet avis, « ils s'exposeraient à s'en voir éloignés et même à être expulsés du territoire français par une mesure exceptionnelle que les circonstances motiveraient. »

« Il s'est passé, écrivions-nous à cette occasion, dans les premiers jours de la révolution, un fait déplorable. A Rouen et dans plusieurs autres localités, les ouvriers anglais ont été chassés par les ouvriers français, et renvoyés dans leur pays sans avoir reçu même les salaires qui leur étaient dus. Ce fait a été porté devant le parlement anglais, et un membre de la chambre des communes a demandé si le gouvernement ne comptait pas user de représailles. Lord John Russell a répondu que telle n'était point son intention ; que l'Angleterre serait toujours charmée de conserver chez elle les étrangers qui lui ont apporté le tribut de leur industrie et de leur travail, et qu'elle n'imiterait dans aucun cas l'exemple de barbarie qui venait de lui être donné par la France.

« Ces paroles du ministre anglais étaient rassurantes pour les résidents

revenu insuffisant pour les faire subsister, tandis que les autres ont un revenu suffisant ou suffisant et au delà.

Comment vivent les familles dont le revenu est insuffisant pour couvrir leurs frais d'existence? Elles entament d'abord leur capital et, par là même, elles diminuent encore, progressivement, leur revenu. Ensuite, quand elles ont consommé toute la portion de ce capital qu'il est en leur pouvoir d'aliéner, ou elles périssent ou elles recourent à la charité, qui leur fournit

---

français, mais il paraît que les mêmes sentiments de modération et de sagesse n'animent pas les classes inférieures de la population de la Grande-Bretagne. Les ouvriers anglais veulent renvoyer les Français établis en Angleterre, et peut-être y réussiront-ils. Si ce malheur arrive, si chaque nation exclut les étrangers de son sein, que deviendront les principes de fraternité universelle que nous nous honorons d'avoir proclamés les premiers? Nous conjurons notre population ouvrière de se pénétrer un peu mieux du sens du mot fraternité, et d'accueillir l'étranger comme un frère au lieu de le repousser comme un ennemi. Nous l'en conjurons dans l'intérêt du pays et dans son propre intérêt; car tout étranger qui nous apporte le tribut de son travail, de ses lumières et de ses capitaux contribue à nous enrichir (*). »

Les ouvriers étrangers n'en demeurèrent pas moins, aussi longtemps que prédomina l'influence populaire, exclus des ateliers français. En admettant que les classes ouvrières réussissent aujourd'hui à se rendre maîtresses du pouvoir, se montreraient-elles plus libérales et plus fraternelles à l'égard de leurs concurrents du dehors que ne l'étaient en 1848, les apôtres par excellence de la liberté, de l'égalité et de la fraternité? Il est permis d'en douter. Nous ne sommes point débarrassés, hélas! du protectionisme, et qui sait si nos descendants n'auront pas à le subir, appliqué aux intérêts spéciaux des ouvriers, comme nous l'avons subi jusqu'à présent appliqué aux intérêts spéciaux des entrepreneurs d'industrie?

(*) Journal la *République française*, 21 mars 1848.

le supplément de moyens d'existence indispensable pour combler la différence de leur revenu effectif avec leur revenu nécessaire. Telle est, il faut le dire, la condition de la classe la plus nombreuse et la plus pauvre, soit qu'elle y ait été réduite par des institutions et des lois iniques ou par son incapacité à se gouverner elle-même, le plus souvent, par la réunion de ces deux causes. Cette classe vit au jour le jour consommant *actuellement* tout son revenu, sans en pouvoir rien réserver et accumuler pour les besoins de l'avenir, menacée par toutes les crises en y comprenant même celles que suscite le progrès, et victime de tous les maux dont le mauvais gouvernement de la nature et des hommes accable les sociétés. Elle s'est incessamment grossie depuis que le régime de tutelle auquel elle était jadis assujettie a disparu. Elle va s'appauvrissant et se dégradant chaque jour ; elle perd la beauté et la santé du corps ; il semble même que la rouille de la misère corrode et affaiblisse peu à peu en elle les ressorts de l'intelligence et de l'âme. La *liberté imposée*, en la livrant au gouvernement d'elle-même, avant qu'elle ne fût capable de l'exercer, dans un milieu où le vieux régime des priviléges perfectionné et augmenté continue à déprimer le développement de ses forces productives, lui a été plus funeste que ne l'avait été, dans aucun lieu et dans aucun temps, la servitude. Il a fallu inventer un mot nouveau pour exprimer cet état de pauvreté et d'abjection croissantes et irrémédiables, où peut descendre une multitude qui succombe à la fois sous le fardeau d'un *self government* qu'elle est incapable de supporter, et d'un régime d'exploitation hypocrite qui rend illimitée la responsabilité des faibles en continuant à limiter leur liberté au profit des forts. Ce mot qui signifie le progrès dans la misère et la dégradation, c'est le *paupérisme.*

Au dessus des familles qui ne possèdent point un revenu suffisant pour couvrir leurs frais d'existence, s'étagent celles dont les revenus y suffisent, ou bien encore s'élèvent au dessus. Ces familles aisées ou riches emploient leurs revenus, partie à satisfaire à leurs besoins actuels, partie à subvenir à leurs besoins futurs, en d'autres termes, elles *consomment* et elles *épargnent*. Quelquefois elles épargnent au delà de ce qui leur est nécessaire pour se maintenir à la station qu'elles ont atteinte dans l'universelle ascension vers le sommet de la pyramide sociale. Alors, en s'aidant des forces nouvelles qu'elles ont acquises et capitalisées, elles montent plus haut, elles atteignent une station supérieure. Quelquefois, elles épargnent moins qu'il n'est nécessaire pour se maintenir à leur rang, elles descendent à un degré inférieur, et trop souvent elles finissent par tomber, de chute en chute, dans les bas fonds fangeux du paupérisme.

Tout revenu, quels que soient du reste son origine et son importance, aboutit à une consommation. Selon que la consommation est bien ou mal gouvernée, elle peut être *utile* ou *nuisible*.

Étudions successivement ces deux modes d'existence du phénomène de la consommation.

I. La consommation utile. Le gouvernement de la consommation est du ressort de la morale avant d'appartenir à celui de l'économie politique. Tout homme a des *obligations* à remplir envers lui-même, envers les siens et envers la société. Quelques-unes de ces obligations lui sont imposées par la nature, en dehors de l'action de sa volonté. Telle est la nécessité de pourvoir au maintien de sa propre existence. Mais sa volonté intervient dans la création du plus grand nombre, lorsqu'il se charge, par exemple, de la responsabilité d'une famille. S'il ne satisfait pas à ces obligations diverses, soit qu'elles lui aient été imposées en dehors de l'action de sa volonté, soit qu'il se les impose à lui-même, de deux choses l'une, ou il les laisse en souffrance ou il les reporte indûment sur autrui. Dans le premier cas, il commet une *nuisance* à l'égard de lui-même et des siens, dans le second cas, il commet une nuisance à l'égard de la société.

Il suffirait donc d'observer la justice, c'est à dire de remplir exactement toutes ses obligations envers soi-même et envers autrui pour gouverner utilement sa consommation. Mais l'observation de la justice n'a été, en aucun temps, chose facile, et il semble même qu'elle le devienne de moins en moins. A mesure, en effet, que la société s'élève de la barbarie à la civilisation, et que nous nous élevons nous-mêmes dans ses rangs ou dans ses cercles superposés, à mesure, en conséquence, que la masse de nos obligations s'accroît et se diversifie, il nous faut, à la fois, appliquer plus de lumières et un sens plus exercé à la connaissance de la justice, et mettre en œuvre des forces morales plus grandes pour maîtriser les penchants qui nous poussent incessamment à l'enfreindre (1).

---

(1) « Aujourd'hui, — remarque M. Ch. Le Hardy de Beaulieu dans un opuscule rempli de vues neuves et élevées sur la *Morale agent du bien-être*, — aujourd'hui que les sciences ont fait d'immenses progrès et que leur enseignement a été simplifié de manière à les rendre accessibles à un très grand nombre de personnes, le pouvoir d'agir, c'est à dire de faire également le bien et le mal, s'est étendu dans la même proportion, et pour que ce pouvoir fût constamment dirigé vers le bien, ou tout au moins vers l'abstention du mal, il faudrait qu'il fût soumis à une puissance rectrice, au moins égale, émanant des facultés morales de l'homme, ou, en d'autres termes, celles-ci devrait

Chacun doit faire d'abord la part nécessaire de la *consommation actuelle* et celle de la *consommation future*. Pour opérer utilement cette répartition, il doit considérer : 1° la quotité et les probabilités de durée de son revenu; 2° le nombre et l'importance des obligations diverses auxquelles il est tenu de satisfaire; la portion de ces obligations qui incombe au présent et celle qui incombera à l'avenir. Parmi les obligations actuelles vient, en premier lieu, la nécessité d'entretenir en bon état le capital de forces physiques, intellectuelles et morales dont chacun dispose pour produire et se gouverner soi-même. Comme nous l'avons remarqué précédemment (1), le montant de cet entretien nécessaire varie suivant la dépense de forces qu'exigent les fonctions productives auxquelles tout capital personnel est appliqué. En second lieu, après l'obligation de pourvoir à l'entretien du personnel de la production vient celle de pourvoir à son renouvellement, c'est à dire à l'élève et à l'éducation des enfants, dans la mesure requise par leurs facultés et par la situation sociale dans laquelle ils sont nés. Viennent enfin toutes les autres obligations naturelles ou conventionnelles qui sont imposées à chacun ou qu'il a pu contracter.

---

grandir et se fortifier en lui, au moins dans la mesure du développement de ses facultés intellectuelles. Or, nous ne voyons pas que, dans les sociétés modernes, l'enseignement moral ait fait, à beaucoup près, les mêmes progrès que l'enseignement intellectuel, tandis qu'il aurait dû dépasser celui-ci.

« ... Pour rétablir l'équilibre rompu entre le pouvoir de faire le mal et la volonté de s'en abstenir ou de faire le bien, il faut donc que l'éducation morale du genre humain reçoive de notables perfectionnements. » CH. LE HARDY DE BEAULIEU. — *La Morale agent du bien-être*, p. 3.

(1) Voir le T. Iᵉʳ, VII leçon, *La part du travail*.

Parmi les obligations qui concernent spécialement l'avenir, viennent, en première ligne, celles qui dérivent de la nécessité de conserver et d'accroître au besoin le revenu, d'où chacun retire les moyens de satisfaire à ses obligations actuelles ou futures. Si ce revenu provient uniquement de la mise en œuvre d'un capital personnel de forces, d'aptitudes et de connaissances, ce capital étant soumis à des risques spéciaux, tels que maladies, accidents, vieillesse, etc., une partie du revenu qu'il procure doit être incessamment épargnée et capitalisée, de manière à couvrir ces risques, afin que le consommateur puisse survivre au producteur. Si le revenu provient encore de l'exploitation de capitaux mobiliers ou immobiliers, il faut, de même, en épargner la portion nécessaire pour couvrir les risques qui menacent tout capital engagé dans la production. Enfin, la plupart des obligations qui pèsent sur l'homme s'étendant du présent à l'avenir, il faut en proportionner le nombre et le poids aux ressources que l'on possède ou sur lesquelles on peut compter pour y faire face, au moins s'il s'agit de celles qui sont soumises à l'influence de la volonté (la fondation d'une famille par exemple). En tous cas, on doit calculer sa dépense actuelle de manière à ne laisser en souffrance aucune obligation essentielle, soit dans le présent, soit dans l'avenir. Sinon, l'on s'expose à infliger des *nuisances* à ceux envers qui on a des obligations à remplir ou bien encore à ceux sur qui on en reporte le fardeau.

Ce gouvernement utile de la consommation constitue un véritable travail dont la rémunération s'élève précisément en raison des aptitudes qui y sont déployées et du bon usage qui en est fait. Lorsque ce travail est bien exécuté, il procure au consommateur et à la société un maximum d'utilité, partant de jouissances; lorsqu'il l'est mal, il y a, au contraire, nuisance ou tout au moins déperdition d'utilité, partant souffrance ou diminution de jouissances. Comme nous l'avons remarqué plus haut, le gouvernement de la consommation exige la mise en œuvre de facultés de deux sortes : intellectuelles et morales. Il faut de l'intelligence pour apprécier les ressources probables dont on pourra disposer dans le cours de son existence, et pour mesurer, d'après l'étendue de ces ressources, la satisfaction à accorder aux obligations non volontaires auxquelles on est assujetti, comme aussi pour y proportionner le nombre et l'importance de ses obligations volontaires. Il faut de l'intelligence encore pour bien établir la hiérarchie des obligations qu'on est tenu de remplir et mesurer la satisfaction à accorder à chacune d'après son importance effective. Il faut enfin de l'intelligence pour faire la part utile des obligations présentes et celle des obligations futures. Cependant, l'intelligence seule ne suffit pas. Il faut y joindre des forces morales. En vain jugerait-on que telles satisfactions matérielles qui concernent le présent doivent être réduites au profit d'autres dépenses qui concernent l'avenir, l'assurance de la vieillesse ou l'éducation des enfants par exemple, on serait impuissant à établir cet ordre utile dans ses consommations, si l'on ne possédait point la force morale nécessaire pour combattre et réfréner ses appétits et leur imposer des privations. Sans l'auxiliaire de l'intelligence, la force morale s'appliquerait mal, elle imposerait aux besoins actuels des privations inutiles parfois même nuisibles; sans l'auxiliaire de la force morale, l'intelligence à son tour aurait beau concevoir le meilleur gouvernement possible de la consommation, elle serait impuissante à le réaliser.

Lorsque le consommateur possède l'intelligence et la force

morale requises pour bien gouverner l'emploi de son revenu et lorsqu'il a soin de se livrer au travail incessant que ce bon gouvernement exige, lorsqu'il remplit en conséquence toutes ses obligations envers lui-même et envers autrui, dans l'ordre, dans la mesure et dans le temps opportuns, il résout le problème de sa consommation conformément aux lois de la morale et de l'économie politique.

II. La consommation nuisible. Il existe une immense variété de gouvernements privés, depuis ceux des hommes qui se préoccupent uniquement de la satisfaction présente de leurs appétits matériels, sans rechercher s'ils ne nuisent pas à eux-mêmes et aux autres en négligeant tout le reste, jusqu'à ceux des hommes qui imposent à leur consommation une *règle* fondée sur la Justice et sur l'Utilité, autrement dit, qui gouvernent leur consommation au moyen d'une charte conforme, d'une part, aux lois générales de la morale et de l'économie politique, appropriée, d'une autre part, à leur situation spéciale, et dont ils observent religieusement les articles. Toute consommation qui s'écarte de cette règle, invariable dans ses principes, mais infiniment variée dans ses applications, est *nuisible*, soit d'une manière absolue, soit d'une manière relative.

Par *consommations absolument nuisibles*, il faut entendre celles qui détruisent ou détériorent le capital personnel du consommateur, au lieu de l'entretenir et de l'améliorer. Tel est l'abus des liqueurs fortes et, en général, tout excès qui use le corps et énerve l'âme, en rendant ainsi l'homme moins apte à produire et à se gouverner. Par *consommations relativement nuisibles*, il faut entendre celles qui proviennent d'un mauvais aménagement de la consommation, eu égard, d'un côté, au montant et au degré de stabilité du revenu du consommateur, d'un autre

côté, au nombre et à l'importance des obligations qui pèsent
sur lui. Remplir incomplétement une obligation essentielle
pour satisfaire plus largement une obligation secondaire, négli-
ger, par exemple, l'éducation de ses enfants, ou refuser à ses
semblables une assistance nécessaire pour augmenter son con-
fort personnel, sans même s'adonner à aucun excès, mais de
manière à laisser dépérir, d'un côté, plus de capital qu'on n'en
accroît de l'autre, c'est faire une consommation relativement
nuisible.

Toute consommation nuisible a sa source dans des vices ou
des défauts qui sont des exagérations ou des lacunes de notre
organisation, exagération de nos penchants physiques, faiblesse
de notre intelligence et insuffisance de nos forces morales. Ces
vices ou ces défauts déterminent, dans l'économie de la consommation, les deux tendances opposées, mais également nuisibles, de la *prodigalité* et de l'*avarice*. En général, les prodigues sont affligés d'une lacune morale à l'endroit des
sentiments de la prévoyance et de la responsabilité, et ils sacri-
fient, en conséquence, les obligations de l'avenir aux besoins
du présent. Non seulement, ils n'épargnent rien sur leur revenu,
mais encore ils l'entament progressivement et ils finissent par
ne plus couvrir leurs frais d'existence. Les avares pèchent, au
contraire, par une exagération des sentiments de la prévoyance
et de l'amour de soi, qui les pousse à tout sacrifier à une satisfaction ou plutôt à une assurance lointaine de leurs besoins
personnels. Si les prodigues ne méritent guère les sympathies
qu'on a coutume de leur accorder, car ils méconnaissent et
négligent trop souvent des obligations essentielles, en revanche,
les avares ne méritent pas non plus qu'on les réhabilite comme
on a essayé de le faire, au nom de la science économique. On

ne peut pas dire, en effet, que les avares gouvernent *utilement* leur consommation. Lorsqu'ils se privent des nécessités mêmes de la vie pour subvenir à des risques que leur imagination exagère ou pour s'abandonner aveuglément à la passion excessive de l'accumulation, ils détériorent leur capital personnel, en ne lui accordant point la somme de réparations physiques, intellectuelles et morales qu'il exige; ils s'appauvrissent ainsi d'un côté s'ils s'enrichissent d'un autre. C'est bien pis encore lorsqu'ils négligent de remplir leurs obligations actuelles envers autrui, lorsqu'ils lésinent sur l'entretien et l'éducation de leurs enfants ou sur l'assistance qu'ils doivent à leur prochain, en infligeant, par là même à une portion du capital personnel de la société une *moins-value* ou un dommage que ne compense point la *plus value* dont leur épargne sordide accroît le stock général des capitaux mobiliers et immobiliers. S'ils augmentent, d'un côté, le matériel de la production, ils en détériorent et en appauvrissent, d'un autre côté, le personnel, en sorte que l'emploi qu'ils font de leur revenu rentre décidément dans la catégorie des consommations nuisibles.

En résumé, la consommation utile entretient et accroît incessamment la somme des moyens d'existence et de progrès de la société, tandis que la consommation nuisible la diminue, soit qu'elle endommage le personnel ou qu'elle entame le matériel de la production.

C'est pourquoi, de tous temps, des coutumes, des institutions et des lois, fondées sur la notion plus ou moins exacte et complète de l'intérêt général, sont intervenues pour *contraindre* les hommes à gouverner leur consommation d'une manière utile.

Ainsi, dans l'ancien état de la société, les classes inférieures, asservies à des degrés divers, n'étaient pas plus maîtresses de gouverner leur consommation que leur production. On gouvernait, par exemple, la consommation des esclaves exactement comme celle des autres bêtes de somme attachées au domaine du maître. Le serf possédait, sous ce rapport, une latitude plus grande; mais sa consommation n'en était pas moins strictement réglementée, soit par la volonté du seigneur, soit par la « coutume » de la seigneurie. Au sein des corporations, une intervention analogue était exercée, soit par les maîtres à l'égard des ouvriers, soit par les ouvriers eux-mêmes, les uns à l'égard des autres. Ces réglementations ou ces interventions étaient souvent vexatoires et tyranniques, mais, telles quelles, malgré leurs imperfections et leurs abus, elles contribuaient à empêcher les classes les moins capables de bien gouverner leur revenu, de s'adonner à des consommations nuisibles; elles constituaient, pour ces classes mineures, un régime préventif, imparfait sans doute mais nécessaire, des nuisances de la consommation (1).

---

(1) « Les prudhommes ou les consuls des corporations, dit M. Levasseur, exerçaient non seulement la charité et la justice repressive, mais une sorte de justice préventive; ils veillaient à ce que les règlements fussent bien exécutés, à ce qu'aucun travail ne fût imparfait, et qu'aucune mauvaise action ne deshonorât la société. »

Au sein des confréries et des sociétés de compagnonnage, une surveillance analogue, plus active et plus minutieuse encore, était exercée sur la conduite et les mœurs des membres de la communauté. L'association des francs-maçons constituée en 1459 à Strasbourg, peut être citée à titre d'exemple.

« Aucune association ouvrière, dit M. Levasseur, ne paraît avoir été pénétrée d'un esprit religieux plus profond et plus sévère. C'est au nom du Père, du Fils et du Saint-Esprit et de la vierge Marie et aussi de ses quatre

On peut en dire autant des lois somptuaires qui réglementaient la consommation des classes non asservies. Quel était l'objet de ces lois que l'on retrouve à toutes les époques et chez tous les peuples? C'était de combattre l'action de certains penchants excessifs ou vicieux, tels que la gourmandise, la luxure, l'ostentation, etc., qui poussent à des consommations absolument ou relativement nuisibles; c'était d'établir et de maintenir une proportion utile entre les diverses parties de la consommation de chacune des classes dont se composait la société, en prenant pour base la moyenne de leurs revenus. Les lois somptuaires réglementaient le plus grand nombre des consommations matérielles, la nourriture, le vêtement, l'habitation, les moyens de transport, etc., et quoiqu'elles ne fussent point irréprochables, quoique leur mise à exécution laissât, de même, souvent à désirer, elles exerçaient certainement une influence salutaire (1). Si elles finirent par devenir odieuses et insupportables, cela tenait d'abord à ce qu'aux époques où s'accomplissait le déclassement de l'ancienne société, où les classes supé-

---

serviteurs, les quatre saints couronnés, « que les statuts sont publiés. Les gens qui vivent dans le concubinage (*), les joueurs (**) et les chrétiens tièdes, qui n'observent pas « ponctuellement leurs devoirs » et ne reçoivent pas « annuellement les saints sacrements, » sont proscrits de la communauté et défense est faite à tout franc-maçon d'entretenir avec eux aucune relation. »

(1) Voir au sujet des *lois somptuaires*. G. Roscher, *Principes de l'économie politique,* — *politique du luxe.* T. II, p. 250, trad. Wolowski.

(*) Statut 11. Il ne faut recevoir dans la société aucun ouvrier ou maître qui vivrait en concubinage; si cela arrivait à quelqu'un de la société, toute relation avec lui devrait cesser.

(**) 12. On ne recevra dans la société que les ouvriers et les maîtres qui observeront ponctuellement leurs devoirs religieux et recevront, annuellement, les saints Sacrements; on en exclura avec soin ceux qui seront convaincus de risquer leur argent au jeu. — *Ord. des tailleurs de pierre de Strasbourg,* 1459. (*Histoire des classes ouvrières en France,* par Em. Levasseur. T. Ier. *Les Corps de métiers,* — *les Confréries,* — *le Compagnonnage.*)

rieures déclinaient tandis que les classes moyennes s'élevaient, elles maintenaient entre les consommations de ces deux catégories sociales des distinctions qui avaient cessé d'avoir une raison d'être dans la différence de leurs situations et de leurs revenus; cela tenait encore à ce qu'elles continuaient de limiter la consommation de produits et de denrées qui, à l'époque où elles avaient été établies, étaient des articles de grand luxe, mais que les progrès de l'industrie et du commerce avaient rendues successivement accessibles à toutes les classes de la société. Elles entravaient donc, par leurs règlements surannés, le progrès industriel et commercial, tout en imposant à la masse des consommateurs des privations inutiles sinon nuisibles, et elles devaient, en conséquence, devenir doublement impopulaires.

De nos jours, la plupart des restrictions que l'ancien régime opposait à la liberté de la consommation ont disparu, mais est-ce à dire que la consommation ait cessé d'avoir besoin d'une règle? Non à-coup sûr. Il en est, sous ce rapport, de la consommation comme de la reproduction. Parce qu'elle n'est plus réglée d'autorité, il ne s'ensuit pas qu'elle ne doive plus être réglée; que chacun puisse aveuglément et indifféremment, en matière de consommation comme en matière de reproduction, obéir à ses penchants; qu'il suffise de *laisser faire* la nature. Non! A la *règle imposée* il faut substituer une *règle volontaire,* mieux ajustée à la situation de chacun et plus mobile, mais non moins formelle et non moins rigide, sous peine de subir et de faire subir aux autres des *nuisances* analogues à celles que l'antique réglementation de la consommation avait pour objet de prévenir.

La nécessité d'une règle en matière de consommation étant bien démontrée, il reste à savoir si toutes les individualités

dont se composent nos sociétés possèdent et la capacité nécessaire pour l'établir et la force morale requise pour l'observer?
Nous ne le pensons pas. Nous pensons que la multitude a
encore besoin, quoique à des degrés divers, d'une tutelle pour
suppléer à l'insuffisance de sa capacité et de ses forces morales
dans le gouvernement de sa consommation, et nous en trouvons la preuve dans l'impossibilité où elle se trouve de couvrir
ses frais d'existence sans recourir à l'assistance, dans le travail
hâtif ou excessif dont les chefs de famille des classes ouvrières
accablent les mineurs qu'ils ont l'obligation d'entretenir, même
lorsque leur salaire utilement employé pourrait suffire pour
subvenir aux besoins de la famille. Si cette multitude incapable du *self government* était libre de se placer sous la tutelle
qui lui est encore nécessaire, il y a apparence qu'elle n'y manquerait point; qu'elle échangerait d'elle-même sa condition
misérable et précaire contre une tutelle qui se résoudrait pour
elle en une assurance libre contre le paupérisme.

Quant aux individualités qui possèdent la capacité et la force
morale requises pour gouverner elles-mêmes leur consommation aussi bien que leur production, la tutelle leur serait nuisible, d'abord en ce qu'elle les assujettirait à une règle générale
toujours moins exactement ajustée aux besoins de leur gouvernement individuel que ne pourrait l'être la règle spéciale
qu'elles s'imposeraient à elles-mêmes, ensuite, en ce qu'elle
entraverait le développement de leurs facultés morales et intellectuelles, en les privant du débouché du *self government*, maintenant à leur portée. Il importe, en conséquence, de laisser ces
individualités capables du *self government* pleinement libres de
gouverner leur consommation aussi bien que leur production,
sauf répression en cas de *nuisance*.

La répression en cas de nuisance dans l'exercice du *self government* privé peut être de deux sortes : morale ou matérielle. La répression morale s'opère au moyen de l'intervention de l'opinion publique. Sans doute l'intervention de l'opinion publique dans le *self government* privé peut être parfois abusive et nuisible dans la pratique; mais elle n'en est pas moins légitime et utile, en principe. Du moment, en effet, où un homme se conduit de telle manière qu'il résulte de sa conduite une nuisance pour autrui, l'opinion publique, qui représente l'intérêt commun auquel il porte atteinte, est fondée à exercer sur lui une censure et à lui infliger soit un blâme, soit toute autre pénalité morale ou sociale, en proportion avec la nuisance commise. Que si une pénalité de ce genre ne suffit point, — et on peut espérer qu'elle suffira un jour, — il y a lieu de recourir aux pénalités matérielles.

Cette question du *self government* individuel divise aujourd'hui profondément les esprits. Les uns sont d'avis non seulement que tous les hommes ont droit au *self government*, mais encore qu'il faut le leur imposer, même quand l'expérience a démontré qu'ils ne possèdent ni l'intelligence ni la force morale requises pour le pratiquer; quand, en conséquence, ils préfèrent être gouvernés plutôt que de se gouverner. Les autres, au contraire, refusent d'une manière non moins absolue aux individus l'aptitude à se gouverner eux-mêmes, conformément à la justice et à l'utilité générale, et ils rêvent le rétablissement, sous d'autres formes, des antiques régimes de tutelle qui soumettaient toutes les individualités au gouvernement de la société. La vérité est entre ces deux thèses opposées de l'*individualisme* et du *socialisme*. L'observation et l'expérience démontrent qu'il n'est pas vrai, comme l'affirment les indivi-

dualistes, que *tous* les hommes soient capables de se gouverner ;
qu'il n'est pas vrai, non plus, comme l'affirment les socialistes
que tous les hommes soient incapables de se gouverner. D'où
la conclusion qu'il faut les laisser pleinement libres, soit de
pratiquer le *self government*, soit de ne le point pratiquer.

DOUZIÈME LEÇON

LES CONSOMMATIONS PUBLIQUES

Du partage du revenu entre les consommations publiques et les consommations privées. — Proportion dans laquelle se fait ce partage. — En quoi consistent les services publics. — Que l'ensemble de ces services constitue la tutelle sociale exercée par les gouvernements. — Des attributions et de la constitution naturelles ou utiles des gouvernements dans les trois phases du développement économique des sociétés, — sous les régimes de la communauté, du monopole et de la concurrence. — Que les gouvernements débutent par la communauté et que leurs fonctions se spécialisent avec celles de l'industrie privée. — Que toute fonction ou toute industrie spécialisée existe d'abord à l'état de monopole naturel. — Exemples. — Comment les monopoles naturels se transforment en monopoles artificiels. — Que tout monopole est productif de *nuisances*. — Que les gouvernements doivent réprimer les nuisances causées par le monopole. — Raison d'être du régime réglementaire dans la seconde phase du développement économique de la société. — Que les gouvernements eux-mêmes sont constitués dans cette seconde phase sous la forme de monopoles plus ou moins limités. — Pourquoi le régime communautaire est alors populaire. — Comment la société passe de la phase du monopole à celle de la concurrence. — Des attributions utiles des gouvernements dans la phase de la concurrence. — Que la production de la sécurité doit se développer et se perfectionner dans cette phase; — que l'intervention du gouvernement dans la production et dans la distribution de la richesse cesse, en revanche, d'avoir une raison d'être. — Des nuisances de la consommation et de la mesure dans laquelle le gouvernement doit intervenir pour les empêcher. — Que la constitution du gouvernement se modifiant avec celle des autres entreprises, l'*unité économique* s'établit dans chaque phase du développement des sociétés. — Que cette unité a maintenant cessé d'exister. — Que le gouvernement est demeuré à l'état de monopole, tandis que les autres entreprises entraient dans la phase de la concurrence. — Maux qui découlent de cette dissonance entre la constitution du gouvernement et celle de la société. — Pourquoi un gouvernement de monopole devient de plus en plus anti-économique au sein d'une société régie par la concurrence. — Comparaison. — Pourquoi les gouvernements sont demeurés des monopoles, tandis que les entreprises privées étaient soumises à la loi de la concurrence. — Comment la question de la constitution des gouvernements était envisagée à l'époque de la révolution française. — Que, dans l'opinion générale, cette question se trouvait en dehors du domaine de l'économie politique. — Solutions qu'on lui a données. — Du régime constitutionnel et de son insuffisance. — Autres solutions, le socialisme, le principe des nationalités. — Inanité de ces utopies. — Que la constitution des gouvernements est du ressort de l'économie politique aussi bien que celle des autres entreprises. — Critique de la constitution des gouvernements modernes au point de vue économique. — Qu'ils pèchent contre les lois de l'unité des opérations, de la division du travail, des limites naturelles, de la concurrence, de la spécialité et de la liberté des échanges. — *Nuisances* qui résultent pour la société de ces vices de constitution des gouvernements. — Mauvaise qualité et cherté croissante des services publics, inégalité de leur distribution. — Que les gouvernements sont les ulcères des sociétés. — Remède économique que ce mal comporte. — Qu'il faut simplifier les gouvernements et les soumettre à la loi de la concurrence comme toutes les autres entreprises. — Que l'unité économique se trouvera ainsi rétablie. — Possibilité et résultats de la *concurrence politique*.

Quoique la consommation ait généralement cessé d'être réglementée, le domaine du *self government* en cette matière n'est pas cependant illimité. Tout revenu se divise en deux parts : l'une est saisie par l'impôt et sert à alimenter les *consommations publiques,* tandis que l'autre est abandonnée au *self government* du producteur du revenu et sert à alimenter les *consommations privées.*

La somme qui est prélevée dans chaque pays pour subvenir aux consommations publiques est plus ou moins considérable. On l'évalue communément, dans les pays civilisés, à la sixième ou à la septième partie du revenu de chacun des membres de la société. Mais les statistiques laissent encore beaucoup à désirer sur ce point. Si elles spécifient exactement le montant de l'impôt par tête d'habitant, en revanche elles ne fournissent que des renseignements incomplets sur le montant des valeurs imposées et des indications vagues sur la répartition et l'incidence de l'impôt. En outre, elles négligent le plus souvent de faire la somme des taxes générales et des taxes locales, de l'impôt en argent et de l'impôt en nature (de la conscription par exemple), en sorte que la part proportionnelle de revenu qui est enlevée à chacun pour les consommations publiques demeure fort incertaine.

Quoi qu'il en soit, c'est au moyen de cette portion du revenu de chacun des membres de la société ou des capitaux à l'aide desquels le revenu se constitue, qu'il est pourvu aux dépenses des gouvernements producteurs des services qui font l'objet des consommations publiques. En quoi consistent ces services et les gouvernements qui les produisent?

Le premier et le plus essentiel des services publics concerne le *besoin de sécurité.* Ce besoin est provoqué, d'un côté, par l'imperfection morale de l'homme, de l'autre par la nature du milieu où il se trouve placé. Dès l'origine, les hommes paisibles eurent à se défendre soit contre les agressions individuelles, soit contre les agressions collectives des hommes de proie, sans parler des périls auxquels les exposaient les attaques des autres créatures vivantes ou les cataclysmes de la nature. En conséquence, il leur fallut, de bonne heure, établir un appareil destiné à les préserver des risques de destruction qui menaçaient incessamment leurs propriétés personnelles, mobilières ou immobilières. D'un autre côté, les races de proie, qui combinaient leurs forces en vue d'assujettir les races laborieuses et paisibles, ne tardèrent pas à reconnaître la nécessité d'observer dans leurs rapports mutuels et de faire régner au sein des communautés qu'elles avaient asservies une certaine justice. C'est ainsi que nous voyons les brigands eux-mêmes se soumettre à des règles fondées toujours à quelque degré sur la justice, sans lesquelles leurs bandes ne pourraient subsister. Produire de la sécurité, telle est en résumé la fonction essentielle des gouvernements. Dans ce but, ils établissent et ils entretiennent, d'une part, des tribunaux et une police, d'une autre part, une armée. Les tribunaux et la police ont pour mission de faire régner la sécurité à l'intérieur, en préservant les différents membres de la communauté, de l'assassinat, du vol et, en général, de toute atteinte contre leurs personnes et leurs propriétés. L'armée a pour mission de défendre la communauté contre les agressions ou les prétentions abusives des autres communautés comme aussi d'étendre au besoin la clientèle de la classe gouvernante par voie de conquête.

Ces fonctions sont communes à tous les gouvernements; elles l'ont été partout et de tous temps. Beaucoup d'autres encore viennent se joindre à celles-là, mais sans avoir le même caractère de permanence et d'universalité. Non seulement les gouvernements produisent de la sécurité, mais encore ils entretiennent les voies de communications naturelles et ils en créent d'artificielles, ils battent monnaie, ils distribuent l'enseignement, ils commanditent le culte, ils subventionnent les beaux-arts, ils protégent diversement l'agriculture, l'industrie, le commerce, la navigation, ils assistent les pauvres, enfin, ils interviennent plus ou moins dans toutes les branches de l'activité humaine. Ces attributions qui varient en nombre et en étendue suivant les lieux et les époques constituent la *tutelle sociale* qui est exercée au nom et dans l'intérêt de tous sur chacun des membres de la communauté ou de « l'État. »

Considérée dans ses conditions d'existence et de développement, d'une part, dans ses rapports avec le besoin auquel elle est destinée à pourvoir, de l'autre, la *tutelle sociale* exercée par les gouvernements ne diffère pas des autres branches de l'activité humaine. Elle est soumise aux mêmes lois et elle passe par les mêmes phases. En général, elle tend à s'organiser de la manière la plus économique et à satisfaire aussi complétement que possible aux besoins de la consommation. Cependant, au moment où nous sommes, elle est visiblement en retard sous ce double rapport, si on la compare aux autres branches de la production, et, à mesure que celles-ci progressent, les maux qui résultent de ce retard de développement de la plus importante des industries, deviennent plus sensibles.

Si nous voulons connaître la cause de cette discordance qui se manifeste de nos jours entre l'état des gouvernements et celui des autres branches de l'activité sociale, nous devrons d'abord jeter un coup d'œil sur les phases naturelles du développement économique des sociétés, et rechercher quelles sont, dans chacune, les attributions et la constitution *utiles* des gouverne-

ments. Ces phases sont au nombre de trois : 1° la communauté,
2° le monopole, 3° la concurrence.

I. La communauté. A l'origine, les sociétés se constituent
par l'aggrégation d'un certain nombre de familles qui s'associent en vue de la protection et de l'assistance mutuelles. Cette
réunion de familles forme une tribu ou une commune. Lorsque
les familles composant la tribu ou la commune trouvent leurs
moyens d'existence dans une industrie rudimentaire, telle que
la chasse, la communauté est à peu près complète. Lorsque
l'agriculture se substitue à la chasse, chaque famille se met à
produire isolément ses moyens de subsistance, et la propriété
privée ou patrimoniale remplace de plus en plus la propriété
communale. La communauté ne subsiste plus alors que pour
les services qui requièrent l'association et la combinaison des
forces particulières : ces services consistent d'abord dans l'établissement et la mise en œuvre d'un appareil de défense, parfois aussi, d'aggression, s'il s'agit d'une tribu guerrière dont les
moyens d'existence résident en partie dans le brigandage. Mais
d'autres besoins se manifestent successivement qui ne peuvent
de même être satisfaits que par une action commune : ce sont
des routes et des ponts qu'il faut établir dans le village et aux
environs, un puits qu'il faut creuser, un temple qu'il faut élever
pour le culte, etc., etc. D'un autre côté, la commune ne demeure point isolée, elle a des rapports inévitables avec ses
voisines. Il faut délimiter les domaines de chacune et résoudre
les litiges généraux ou particuliers qui résultent incessamment
du voisinage; il faut encore conclure, en cas de nécessité, des
ligues offensives ou défensives. Que si enfin une commune en
assujettit une autre, il faut maintenir celle-ci dans l'obéissance.
— En même temps, se développent au sein de la petite com-

munauté certains vices auxquels on reconnait à la longue le caractère de *nuisances sociales* : l'imprévoyance, la corruption des mœurs, l'ivrognerie. La portion de la communauté qui en est atteinte va s'appauvrissant et se dépravant de génération en génération. Elle devient, en conséquence, pour la communauté tout entière une cause d'affaiblissement et de ruine. Il est donc nécessaire d'extirper ces germes de dissolution ou, du moins, de les empêcher de se développer. On y avise par l'établissement de *coutumes* fondées sur l'expérience des *nuisances* qui résultent de certains actes, et c'est le gouvernement qui est chargé de faire observer ces coutumes indispensables au maintien et au progrès de la communauté.

A mesure que les *services publics* deviennent ainsi plus nombreux et plus compliqués pour répondre aux besoins croissants de la communauté, l'organisation de ces services tend davantage à se spécialiser. D'abord chacune des familles dont se composait la tribu ou la commune primitive contribuait, dans la mesure de ses forces et de ses ressources, à fournir le matériel et le personnel nécessaires au gouvernement : dans cet état primitif, de même que les membres de chaque famille pourvoyaient grossièrement à la subsistance et à l'entretien de la famille en cumulant les métiers de pasteurs ou de cultivateurs, de tisserands, de forgerons, de charrons, etc., ils concouraient au gouvernement de la communauté des familles en cumulant les fonctions de juges, de gendarmes, de soldats, etc., etc. Mais du moment où la commune grandissant en nombre et en richesse, les services publics se multiplièrent, en se perfectionnant, il fallut les spécialiser. Les nécessités de la défense ou de l'attaque, par exemple, donnèrent naissance à l'art militaire ; les nécessités de l'ordre intérieur et de la paix

extérieure firent naître, de même, les sciences du droit privé
et du droit public ainsi que l'art de la police. Ces arts nouveaux, qui exigeaient des aptitudes et des connaissances spéciales, ne pouvaient être qu'imparfaitement exercés par tous,
et à mesure qu'ils se développaient, ils échappaient davantage
à la communauté. Aussi voit-on la « spécialisation » s'opérer
peu à peu dans les services publics comme dans les travaux
privés. Elle n'apparaît jamais, toutefois, qu'au moment où elle
devient absolument nécessaire. Le métier de soldat, par
exemple, demeure longtemps dans le domaine de la communauté, tandis que les officiers qui ont besoin de s'assimiler un
capital de connaissances spéciales pour pratiquer utilement
leurs fonctions, deviennent uniquement des hommes de guerre.
Les fonctions des hommes politiques, des administrateurs, des
juges, des prêtres, des instituteurs, se spécialisent sous l'influence de la même cause. Parmi ces fonctions gouvernantes,
celles qui ont une certaine affinité demeurent d'abord unies,
tout en se séparant des autres, puis, à mesure que la société en
se développant leur offre un marché plus vaste, elles se séparent
pour constituer autant de ramifications distinctes de la tutelle
sociale. Comme toutes les autres branches de travail, celles-ci
deviennent le domaine d'un groupe de familles qui s'en transmettent, de génération en génération, les aptitudes, les connaissances et les procédés.

En résumé, la société apparaît, dans la première phase de
son existence, comme une réunion de familles, dont chacune
produit isolément ce qu'elle peut produire avec ses seules
forces, et, en commun, ce qui ne peut être produit que par
l'association et la combinaison des forces de toutes, savoir la
sécurité intérieure et extérieure, les voies de communica-

tion, etc. Les membres de chaque famille contribuent à produire l'ensemble des services nécessaires à la communauté, comme ils produisent l'ensemble des services nécessaires à la famille, jusqu'à ce que le progrès amène dans la production des services publics comme dans celle des services privés, la spécialisation des fonctions et, avec elle, une nouvelle phase de développement économique de la société.

II. LE MONOPOLE. A mesure que la spécialisation des industries prend naissance, on voit apparaître le monopole. Toute industrie spécialisée constitue d'abord un monopole. Éclaircissons ceci par quelques exemples. Avant l'établissement d'un atelier spécial de forgeron ou de charron au sein de la société embryonnaire, chacun exerçait plus ou moins grossièrement ce métier dans la mesure de ses besoins. Mais du moment où le marché de la commune devient assez étendu pour fournir des moyens d'existence à un forgeron ou à un charron, il ne manque pas de s'en établir un, et l'on trouve aussitôt plus d'avantage à s'adresser à lui pour les travaux de forgerie ou de charronnage qu'à les exécuter soi-même; on cesse, en conséquence, de savoir forger ou charronner, comme aussi de posséder les outils du métier, et l'on est alors à la merci du forgeron ou du charron. Un autre exemple plus frappant encore est celui de la fabrication du pain. Lorsque chaque famille fait elle-même son pain, quelques-uns de ses membres savent pratiquer, à la vérité d'une manière imparfaite, les métiers de meunier et de boulanger; en outre, elle possède, soit isolément, soit en commun, un moulin et un four. Lorsque la séparation des industries intervient, on cesse au sein de chaque famille de moudre le blé et de faire le pain, surtout lorsqu'on s'adonne à d'autres industries spécialisées; on perd, en conséquence, peu à peu, la connaissance et la pratique de la meunerie et de la boulangerie; enfin, on laisse tomber en ruines le moulin et le four. On est alors à la merci du meunier et du boulanger. Sans doute, dans le cas où ceux-ci se feraient payer à un taux usuraire leurs services, on pourrait en revenir au système primitif de fabrication; mais il faut du temps pour reconstruire le moulin et le four, comme aussi pour retrouver les procédés et les tours de main maintenant oubliés des métiers de meunier et de boulanger. En général, s'il s'agit de l'approvisionnement des denrées nécessaires à la vie, au début du régime de la spécialisation des industries, la situation des consommateurs pourra être des plus critiques, elle deviendra même pire que ne l'était leur situation primitive, si les monopoleurs n'imposent point de limites à leurs exigences. Objectera-t-on que les consommateurs sont les maîtres d'abandonner leurs industries spéciales pour redevenir producteurs de denrées alimentaires? Soit! mais ils ne possèdent plus les agents productifs, les instruments, les matériaux et les connaissances nécessaires à la production agricole, et, en attendant qu'ils aient pu se les procurer, les mettre en œuvre et en obtenir des produits, ils seront obligés de subir les exigences des monopoleurs ou de mourir de faim. Ce que nous disons de la production des denrées alimentaires s'applique également à toutes les branches de l'activité humaine, toute industrie passant nécessairement par la phase du monopole au sortir de la production embryonnaire. Seulement, il est dans la nature du monopole de causer des *nuisances* plus ou moins graves selon qu'il s'applique à un produit ou à un service plus ou moins nécessaire. Lorsqu'il s'agit de produits ou de services de première nécessité, le monopole peut engendrer une *usure* meurtrière; lorsqu'il s'agit de produits ou de services de luxe, sa puissance demeure, au contraire, très faible, la demande diminuant alors avec l'offre, souvent même dans une progression plus rapide (Voir la 1ʳᵉ partie, 5ᵉ leçon : *La valeur et le prix*) et il ne peut occasionner qu'une nuisance insignifiante.

Né avec la spécialisation de l'industrie, le monopole subsiste jusqu'à ce que la concurrence ait pu s'établir pleinement dans la fonction spécialisée. Or, c'est une erreur de croire que l'établissement de la concurrence soit partout et toujours immédiat. La concurrence *tend* à s'établir sans doute, et cette tendance est d'autant plus forte que le monopole porte sur des produits ou des services plus nécessaires et qu'il est, par là même, plus productif; mais il ne s'ensuit pas que la concurrence doive remplacer immédiatement le monopole. Elle rencontre des obstacles à la fois dans la nature et dans l'homme lui-même, et ces obstacles sont quelquefois bien lents à surmonter.

La science économique distingue deux sortes de monopoles : les monopoles naturels et les monopoles artificiels. D'abord, toute industrie spécialisée est à l'état de monopole naturel, mais cet état est essentiellement transitoire; il disparaît à mesure que le nombre des producteurs spéciaux et la masse de leurs produits venant à s'augmenter, ils se font davantage *concurrence*. Seulement, des obstacles, les uns naturels, les autres artificiels peuvent intervenir pour retarder l'accroissement du nombre des producteurs et de la quantité des produits. Il peut arriver que l'approvisionnement des agents ou des matériaux nécessaires à une production soit naturellement limité, en sorte qu'on ne puisse élever *l'offre* des produits au niveau de la *demande*. Tel est le cas de certains vins et de certains tabacs; tel est encore le cas de certaines aptitudes extraordinaires pour le chant, la danse, l'art d'écrire, l'éloquence, etc.; tel est enfin le cas de certaines machines ou de certains procédés économiques dont on ne possède point les équivalents jusqu'à ce que ces équivalents soient découverts. Dans ces différents cas, le monopole existe par le fait de la limitation naturelle de la production. Il peut arriver encore que la consommation soit insuffisante pour alimenter une industrie spécialisée, autrement qu'à l'état de monopole, et ce cas est beaucoup plus fréquent qu'on ne le suppose. Admettons qu'il s'agisse d'enseignement : il y a dans une localité isolée une population exactement suffisante pour fournir un marché à une école. Celui qui entreprendra cette école jouira donc d'un monopole jusqu'à ce que la population se soit assez accrue pour fournir un marché à plusieurs établissements d'éducation, ou bien encore, jusqu'à ce que la sécurité et les communications se soient développées et perfectionnées de manière à permettre aux parents d'envoyer, sans risques et à peu de frais, leurs enfants dans les écoles ou dans les pensions des autres localités. Admettons encore qu'il s'agisse de commerce. Il y a dans une localité, un marché de consommation des produits du dehors, qui suffit exactement pour alimenter une boutique spécialement approvisionnée de ces produits. En conséquence, la boutique s'établit, mais elle demeure maîtresse du marché jusqu'à ce que celui-ci devienne assez important pour en alimenter une seconde. Que si le boutiquier abuse de son monopole, un entrepreneur, alléché par les profits extraordinaires qu'il réalise, pourra bien, à la vérité, venir lui faire concurrence; mais si le marché est insuffisant pour alimenter les deux établissements rivaux, le plus faible devra nécessairement succomber. Dans ce cas, les consommateurs se trouveront à la discrétion du boutiquier et ils seront plus ou moins durement exploités par lui, selon qu'il leur sera plus ou moins difficile de se passer des articles dont il possède le monopole de vente, selon encore qu'ils auront ou non la possibilité de les acheter à des foires temporaires ou à des marchands ambulants. Dans les deux cas que nous venons de citer et dans bien d'autres, le monopole existe par le fait de la limitation naturelle de la consommation.

A ces monopoles naturels, qui proviennent de circonstances indépendantes de l'homme, viennent se joindre des *monopoles artificiels* qui sont le fait de la volonté humaine. Dans toute industrie, l'avénement de la concurrence a pour résultat immédiat et sensible la diminution des profits. Il est donc tout simple que les producteurs s'efforcent d'éloigner une si dangereuse ennemie, en prolongeant artificiellement la durée naturelle de l'existence de leurs monopoles. S'ils disposent d'une certaine force ou d'une certaine influence, ils ne manqueront pas de l'utiliser dans ce but; ils feront prohiber l'établissement des entreprises similaires; ou si les entreprises similaires qui leur font concurrence se trouvent placées en dehors des limites de la communauté dont ils sont membres, ils feront prohiber l'importation des produits de ces entreprises. Dans ce cas, le monopole existera par le fait de la limitation artificielle de la production.

Or tout monopole soit naturel soit artificiel est essentiellement productif de *nuisances*. Les producteurs qui en sont investis prélèvent sur toutes les autres branches de la production une rente ou une usure égale à la différence existant entre le prix naturel ou nécessaire du produit et le prix auquel le monopole parvient à le porter. Cette différence varie, comme nous l'avons vu, suivant la nature du produit; elle peut être énorme, et engendrer par conséquent une *nuisance* meurtrière, quand il s'agit d'articles de première nécessité; en revanche, elle ne peut jamais s'élever bien haut quand il s'agit d'articles de luxe. Là ne s'arrêtent point toutefois les nuisances que cause le monopole. D'une part, la facilité à réaliser des bénéfices usuraires ralentit les progrès des industries monopolisées et les fait même tomber en décadence; d'une autre part, le tribut que la société paye aux monopoleurs empêche le développement de la population et de la richesse générales. La consommation, en conséquence, ne s'accroît point, trop souvent même elle diminue, et les monopoleurs finissent ainsi par être enveloppés dans la ruine qu'ils ont provoquée. Le monopole a été la cause originaire de l'affaiblissement et, par là même, de la destruction violente des anciennes sociétés, et de nos jours, une communauté livrée au monopole s'exposerait non moins infailliblement à être ruinée par la concurrence pacifique des autres communautés.

Dans cette seconde phase du développement économique des sociétés quelles sont les attributions et la constitution *utiles* des gouvernements?

Les attributions ou les fonctions gouvernementales doivent nécessairement croître en nombre et en importance à mesure que la spécialisation des industries, et les échanges qui en découlent, succèdent à la production embryonnaire. Dans cet état nouveau, les échanges nécessitent, d'abord, la création d'un appareil spécial de protection, ayant pour objet la police des marchés, la vérification des poids et des mesures, le contrôle des monnaies. Ensuite, la société prise dans son ensemble exige une somme plus grande de sécurité. La spécialisation des industries ayant pour résultat d'augmenter dans une proportion considérable la richesse produite, la société est plus exposée à des agressions du dehors ; à l'intérieur même, l'accroissement de la masse des valeurs appropriées ou des « propriétés », multiplie le nombre et aggrave l'importance des conflits qui surgissent entre les propriétaires. Il faut, en conséquence, développer les services publics qui ont pour objet la sécurité extérieure et intérieure. Mais à ces attributions qui ne sont qu'une extension de celles de la première phase viennent s'en ajouter de nouvelles, qui appartiennent particulièrement à la seconde, nous voulons parler de la police des monopoles.

On a vu plus haut que toutes les branches d'industrie constituent d'abord, en se spécialisant, des monopoles naturels, lesquels ont une tendance irrésistible à se transformer en monopoles artificiels. Un individu s'adonne à une spécialité dont il a par là même le monopole ; si le marché suffit pour alimenter un plus grand nombre d'entreprises, elles s'établissent, mais aussi longtemps que le marché n'est point illimité, et par conséquent que les entrepreneurs *possibles* sont peu nombreux, ils ont une tendance naturelle à s'entendre et à se coaliser pour limiter la concurrence, celle-ci ayant pour résultat immédiat de limiter leurs profits. C'est ainsi que, dès le début de cette seconde période, on voit toutes les branches de travail s'organiser en corporations composées de groupes plus ou moins nombreux dont les membres sont coalisés d'une manière permanente. Ces différents groupes, coalisés ou organisés en vue du monopole de la branche spéciale d'industrie qui leur fournit des moyens d'existence, se partagent le domaine de la production, et la société entière n'en est bientôt que la collection. Ces groupes ont leurs états-majors d'entrepreneurs et leurs armées d'ouvriers, auxquels une clientèle appropriée, en partage de laquelle les étrangers à la corporation ne peuvent entrer, fournit des moyens d'existence assurés. Sous ce régime, le plus nécessaire des instruments de travail, la terre, constitue, comme tout le reste, un monopole entre les mains d'une corporation qui a seule le droit de la posséder. D'abord, les membres de cette corporation exploitent eux-mêmes leurs domaines en se faisant assister par leurs serviteurs ou leurs esclaves ; ensuite, lorsque les serviteurs ou les esclaves ont acquis la capacité requise pour entreprendre eux-mêmes une exploitation agricole, les propriétaires divisent entre eux une partie du domaine seigneurial, à la charge de cultiver le restant ; autrement dit, ils leur donnent en location une partie du domaine, en exigeant pour prix de loyer une certaine quantité de travail sous forme de *corvées*. Mais le monopole foncier subsiste toujours : d'une part, les terres ne peuvent être possédées par d'autres que par des membres de la corporation, d'une autre part, les consommateurs de cet instrument de travail sont immobilisés sur la terre seigneuriale, et ils subissent ainsi le monopole de location du seigneur ; tandis que le seigneur, de son côté, ne peut louer sa terre à des travailleurs étrangers. Le domaine entier de la production est donc partagé entre une multitude de monopoles. Mais ces monopoles sont extrêmement inégaux en puissance, selon qu'ils portent sur des articles plus ou moins nécessaires à la vie. En les supposant abandonnés à eux-mêmes, ceux qui accaparent la production des articles de première nécessité peuvent exploiter les autres, en raison directe de l'intensité des besoins auxquels ils correspondent. C'est pourquoi, il est nécessaire d'opposer une limite ou un frein à ceux dont la puissance

est la plus grande, et qui en abusant de cette puissance cause-
raient à la société la *nuisance* la plus dommageable. En conséquence, le gouvernement intervient pour réglementer et limiter
les monopoles les plus dangereux, il soumet à un maximum les
prix des denrées nécessaires à la vie, et le loyer des capitaux;
il limite de même le loyer de la terre, en établissant des maxi-
mums pour le nombre et la durée des jours de corvée. Cette
limitation des monopoles les plus productifs de *nuisances*
demeurait toujours imparfaite sans doute, mais elle était indispensable sous peine de livrer la société à l'exploitation effrénée
des monopoles qui se trouvaient, en vertu de leur nature,
investis d'une puissance supérieure à celle de la généralité.
Dira-t-on qu'au lieu de réglementer les monopoles, il aurait
mieux valu de les supprimer? Mais, dans la plupart des cas,
cette suppression était impossible. En vain, par exemple,
aurait-on supprimé les corporations des boulangers, des bou-
chers, des marchands de grains, dans les marchés resserrés du
moyen âge, elles se seraient incessamment reformées par des
coalitions d'autant plus dangereuses qu'elles auraient été
secrètes. Mieux valait donc laisser subsister au grand jour des
monopoles, dont la suppression effective était impossible, et
leur imposer les limites que l'expérience démontrait être les
plus utiles dans l'intérêt de la communauté. Le *régime réglementaire* contre lequel nous nous élevons avec raison aujourd'hui
avait alors pleinement sa raison d'être, en ce qu'il était le seul
frein possible et efficace que l'on pût opposer aux *nuisances* du
monopole.

Enfin, dans cette seconde phase du développement économique des sociétés, la police des nuisances de la consommation acquiert plus d'importance à mesure que les articles de

consommation deviennent plus nombreux et peuvent être mis
plus aisément à la portée des masses encore incapables
d'un bon *self government*. Les lois somptuaires doivent être
incessamment étendues à un plus grand nombre d'objets. Il
convient de remarquer toutefois que cette partie de la tutelle
sociale tend à sortir des attributions gouvernementales, à
mesure que la communauté se spécialise. Les entrepreneurs
d'industrie groupés dans les corporations, les ouvriers agglomérés dans les sociétés de compagnonnage font eux-mêmes la
police de leurs consommations, dans l'intérêt de l'existence et
des progrès des communautés spéciales dont ils font partie, et
leurs règlements somptuaires contre l'ivrognerie et la débauche
par exemple, rendent superflue l'intervention du gouvernement, investi de la tutelle de la communauté générale, composée de la somme des communautés spéciales.

Maintenant, quelle est dans cette phase du développement
de la société, la constitution naturelle, ou, ce qui revient au
même, la constitution utile du gouvernement? Nous avons vu
que les fonctions gouvernantes tendent à se spécialiser comme
toutes les autres branches de l'activité humaine. Partout, on
les voit devenir la spécialité d'un groupe plus ou moins nombreux de familles, qui se les partagent et qui s'efforcent d'en
conserver le monopole. Le gouvernement apparaît comme une
corporation ou une réunion de corporations superposées à celles
qui ont monopolisé les autres branches de travail. Ces corporations gouvernantes non seulement repoussent la concurrence
des intrus qui essayent d'entrer en partage avec elles, mais
encore elles repoussent, autant qu'elles le peuvent toute tentative de limitation de leur monopole par voie de réglementation
et de *maximum*. De là, d'incessants débats entre la corpora-

tion gouvernante, et les masses qui subissent son monopole,
celles-ci s'efforçant incessamment d'en limiter la puissance
qu'elle s'efforce à son tour de maintenir intacte. De là encore,
les tentatives qui sont faites pour confisquer ce monopole, le plus
puissant, puisqu'il dispose de la force organisée pour la défense
commune, et par là même le plus productif, tentatives quali-
fiées de criminelles quand elles échouent, de glorieuses et de
libératrices quand elles réussissent, mais n'aboutissant, en ce
cas, presque toujours, qu'à remplacer des monopoleurs expéri-
mentés et repus par des monopoleurs inexpérimentés et à re-
paitre.

La spécialisation des fonctions gouvernantes n'en a pas
moins été un progrès. C'est pourquoi les républiques démocra-
tiques au sein desquelles le gouvernement était l'affaire de tous
les membres de la communauté se sont successivement transformées en républiques oligarchiques ou en monarchies, présentant pour caractère essentiel la spécialisation des fonctions
gouvernantes dans la classe d'individus qui possédait les aptitudes requises pour les exercer. Comment donc se fait-il que
ces communautés primitives soient demeurées un idéal que les
hommes se sont efforcés incessamment, quoique en vain, de
ressaisir? C'est que les gouvernements en se spécialisant sont
devenus des monopoles, et que l'abus qu'ils n'ont pas manqué
de faire de leur puissance d'une part, l'insuffisance et l'ineffi-
cacité des mesures auxquelles les « consommateurs des services
gouvernementaux » de l'autre, ont eu recours pour prévenir ou
corriger cet abus, ont dû naturellement faire regretter l'état de
choses antérieur. Éclaircissons ceci par une simple comparaison. Supposons que chaque famille cesse de produire elle-même
ses aliments pour s'adonner à une industrie spécialisée, elle

devra désormais s'approvisionner auprès des producteurs ou des marchands de denrées alimentaires. Si les circonstances sont telles qu'une concurrence suffisante ne puisse s'établir entre ces fournisseurs des nécessités de la vie, si, d'un autre côté, la réglementation établie pour limiter la puissance de leur monopole demeure inefficace, les consommateurs ainsi exploités ne pourront-ils pas regretter l'ancien état de choses? Leur sera-t-il possible cependant de le rétablir, et, en admettant même qu'ils y parviennent, qu'ils retournent de la production spécialisée à la production embryonnaire, auront-ils réalisé un progrès? Non! ils auront reculé, et le cours naturel des choses ne tardera pas à les ramener au point d'où ils étaient partis. La république démocratique, dans laquelle chacun remplit sa part dans les fonctions publiques, nécessaires à la communauté, est, comme on voit, un idéal rétrograde, mais on conçoit que l'abus du monopole politique des classes gouvernantes ait rendu cet idéal populaire, de même qu'on conçoit que l'abus du monopole des denrées nécessaires à la vie ait pu faire considérer comme un âge d'or cet état primitif de la société, dans lequel chacun était son marchand de grains et son boulanger.

III. La concurrence. C'est l'agrandissement successif du marché de la consommation qui détermine le passage de la société de la production embryonnaire et communautaire, à la production spécialisée et monopolisée d'abord, à la production de concurrence ensuite. Comment s'opère cet agrandissement du marché? Par le développement progressif de la production dans l'intérieur de la commune et au dehors. Du moment où un débouché se forme pour une entreprise spécialisée, cette entreprise ne manque pas de naître. Ainsi, du moment où il existe

dans un village assez d'agriculteurs pour fournir des moyens
d'existence à un charron, on voit s'établir un atelier de charronnage. Si le nombre des agriculteurs s'accroît, si leur richesse
s'augmente, si encore des moyens de communication s'établissent entre le village et les hameaux des environs, le charron
pourra agrandir ses ateliers et se faire aider par un nombre
croissant de compagnons et d'ouvriers. Bientôt, le débouché
suffira pour alimenter un second atelier, puis un troisième ;
mais les entrepreneurs qui exercent cette industrie ne manqueront pas de se coaliser, puis de former une corporation permanente pour l'exploitation exclusive du marché. Cependant,
si le marché vient à s'étendre encore, un moment arrivera où les
entreprises existantes ne suffisant plus pour l'approvisionner, on
réclamera la liberté de l'industrie, c'est à dire la concurrence
et où, malgré la résistance désespérée des monopoleurs du
charronnage, on finira par l'obtenir. Alors, que se passera-t-il ?
D'abord les constructeurs de charrettes, voitures, etc., essayeront de se coaliser de nouveau, mais s'ils y réussissent et si, en
conséquence, leurs bénéfices s'élèvent à un taux exceptionnel,
de nouvelles entreprises s'établiront pour leur faire concurrence ; ensuite, s'ils ne peuvent plus interdire la concurrence
intérieure ils essayeront du moins de se protéger contre la concurrence étrangère, en faisant prohiber l'importation de ses produits sur les marchés de la communauté dont ils sont membres,
et tous les autres producteurs se comporteront de même. Mais
si le marché continue néanmoins à s'étendre, si des voies de
communications rapides et à bon marché s'établissent entre
les différentes communautés devenues plus nombreuses et plus
riches, ces restrictions opposées à la concurrence finiront
par devenir nuisibles aux intérêts mêmes qu'elles avaient

pour objet de protéger. En effet, si les constructeurs de cha-
rettes, de voitures, etc., sont intéressés à conserver le monopole de leur marché, en revanche ils sont intéressés aussi à le
voir s'agrandir. Or ce marché est susceptible d'agrandissement
dans l'intérieur de la communauté et au dehors. Dans l'intérieur, son agrandissement peut provenir de deux causes : de
l'augmentation du nombre et des ressources des consommateurs de charrettes, voitures, etc., et de l'abaissement du prix de
ces véhicules, abaissement qui les mette à la portée d'un plus
grand nombre de consommateurs. Au dehors, l'agrandissement
du marché peut provenir des mêmes causes, auxquelles s'ajoute
le progrès des voies de communication qui n'est autre chose
qu'une diminution des frais de production dans l'espace.
Mais, l'expérience démontre, peu à peu, que si la limitation de
la concurrence *assure le marché,* c'est en faisant obstacle à son
extension au dedans comme au dehors. C'est ainsi notamment
que la protection accordée à ceux qui fournissent les matières
premières nécessaires à la construction des charrettes et des voitures, élève les frais de production de ces véhicules et diminue
par là même l'étendue de leur marché à l'intérieur et à l'étranger.
A la vérité, l'exclusion des voitures de l'étranger en agrandissant
artificiellement le débouché des producteurs nationaux peut
compenser cette diminution; mais il n'en est pas de même à
l'extérieur. Là, il faut lutter contre des concurrences étrangères, et ceux-là dont les frais de production sont grevés des
surtaxes de la protection des matières premières, etc., y luttent
avec un désavantage marqué. Un moment arrive donc, où les
marchés étrangers devenant de plus en plus accessibles, le régime protecteur y fait perdre beaucoup plus qu'il ne fait gagner
sur le marché national, en admettant qu'il y fasse gagner quel-

que chose. La protection est alors abandonnée, la liberté du commerce s'ajoute à la liberté de l'industrie et l'on entre, malgré les efforts désespérés des intérêts qui s'accrochent au monopole, dans l'ère de la concurrence.

Quelles sont, dans cet état nouveau, les attributions et la constitution naturelles du gouvernement?

Nous connaissons les attributions naturelles du gouvernement dans les deux phases précédentes du développement économique des sociétés. Dans la phase de la concurrence, où nous commençons à nous engager, elles subissent de nouvelles modifications en plus et en moins. Dans cette phase, les sociétés, croissant rapidement en nombre et en richesse, ont besoin par là même d'une sécurité plus parfaite, mieux assise et plus étendue. Pour faire naître et maintenir l'ordre au sein d'une multitude d'intérêts incessamment en contact, il faut à la fois une justice plus exacte et une puissance plus grande pour la faire observer. En outre, les propriétés se multipliant et se diversifiant à l'infini, il faut multiplier et diversifier les appareils qui servent à les défendre. La production des inventions et la production littéraire, par exemple, donnent naissance, en se développant, à un nombre considérable de propriétés d'une espèce particulière, dont les limites soit dans l'espace soit dans le temps, engendrent des contestations continuelles. Il faut pour résoudre ces questions litigieuses une justice *ad hoc*. En d'autres termes, la justice devra s'étendre et se diversifier en raison de l'extension et de la diversification du débouché que l'accroissement et la multiplication de toutes les branches de la richesse ouvrent à la fraude et à l'injustice. Enfin, la sécurité doit s'allonger, pour ainsi dire, dans *l'espace* et dans le *temps*. Si le développement des voies de communication et les progrès de l'industrie permettent aux hommes et aux produits de se transporter aux extrémités du globe, ils devront y trouver des garanties de sécurité suffisantes, sinon ils ne se déplaceront point. Si des contrats ou des engagements sont effectués à longue échéance ou même sans limites de temps, comme dans le cas des rentes perpétuelles, l'exécution de ces contrats ou l'accomplissement de ces engagements devra encore être assuré, sinon on ne les conclura point. La « production de la sécurité » doit donc se développer et se perfectionner dans cette nouvelle phase de l'existence des sociétés, en raison même de l'extension et du raffinement du besoin auquel elle doit pourvoir.

En revanche, si les attributions naturelles du gouvernement s'augmentent et se compliquent de ce côté, elles se réduisent et se simplifient d'un autre. Le gouvernement n'a plus à intervenir ni dans la production ni dans la distribution de la richesse. Il lui suffit de cesser de prêter son appui aux monopoles artificiels et de laisser la concurrence agir pour faire disparaître successivement les monopoles naturels. Cela fait, la production et la distribution de la richesse tendent d'elles-même à s'opérer de la manière la plus *utile*.

Nous croyons superflu de revenir en détail sur ces deux points, que nous avons mis, croyons-nous, suffisamment en lumière. (Voir la 1re partie, VIe leçon, et la 2e partie, XIe leçon.) S'agit-il de la production? Non seulement les entreprises se constituent toujours, sous un régime de pleine concurrence, dans le nombre, dans les formes, dans le lieu, et dans les limites d'espace et de temps les plus utiles, mais encore les entrepreneurs sont obligés d'adopter les procédés et les méthodes les plus économiques. Car le progrès devient pour eux une condition d'existence. S'ils produisent à plus haut prix que leurs concurrents, leurs frais de production cessent bientôt d'être couverts, ils entament leurs capitaux, et ils sont condamnés à liquider leurs entreprises ou à faire banqueroute. S'agit-il de la distribution de la richesse? De même que la concurrence agit incessamment pour rendre la production plus économique, elle agit aussi pour rendre la distribution des produits aussi utile ou, ce qui revient au même, aussi équitable que possible. Sous un régime de pleine concurrence, les prix de toutes choses ont une irrésistible tendance à se mettre au niveau des frais et de la rémunération nécessaires pour produire ces choses et les mettre au marché. Quand, sous ce régime, une marchandise est accidentellement rare sur un marché, quand, d'un autre côté, le besoin qu'on en a est considérable et urgent, quand le prix s'élève en conséquence, de manière à fournir une *rente* aux bénéficiaires de ce monopole accidentel, l'appât de cette rente ne manque pas d'attirer la concurrence, l'offre s'augmente, le prix baisse et la rente disparaît. Il n'est donc plus nécessaire de recourir à une réglementation artificielle pour limiter *l'usure* qui n'est autre chose que la rente d'un monopole; le régulateur naturel de la concurrence, agissant par le mécanisme de la loi des quantités et des prix, rend l'usure impossible ou la fait disparaître dès qu'elle se produit. En faisant graviter les prix courants de toutes choses vers le niveau des frais nécessaires pour les produire, la concurrence attribue aux détenteurs des divers agents productifs une part exactement proportionnée à la quantité de forces qu'ils ont dépensées, ni plus ni moins.

L'intervention du gouvernement dans la production et dans la distribution de la richesse cesse, comme on voit, d'avoir une raison d'être sous un régime de pleine concurrence. Il y a plus.

Après avoir été utile dans les deux phases précédentes soit pour suppléer à l'insuffisance des forces individuelles soit pour limiter la puissance abusive des monopoles, elle est maintenant nuisible. Si le gouvernement entreprend une industrie, il est obligé d'en écarter artificiellement la concurrence pour compenser son infériorité industrielle, et d'en faire ainsi un monopole. Si le gouvernement réglemente une industrie, il éloigne encore la concurrence des entreprises réglementées, et il replace de même ces entreprises dans l'état économiquement inférieur du monopole.

En revanche, le gouvernement ne peut-il pas continuer utilement à intervenir pour écarter les *nuisances* de la consommation? Si les masses sont incapables d'un bon *self government* de leur consommation, le gouvernement est fondé évidemment à intervenir pour réprimer ou prévenir les nuisances qu'elles commettent en négligeant, par exemple, l'accomplissement de leurs obligations morales pour gorger leurs appétits matériels. Deux cas peuvent ici se présenter. S'il s'agit d'individualités ayant les aptitudes requises pour se gouverner, le gouvernement doit se borner à réprimer les *nuisances* qu'elles commettent en se gouvernant mal, sans entreprendre de substituer sa direction à la leur. Sinon il empêcherait les forces morales nécessaires pour pratiquer un bon *self government* de se développer par un constant exercice, et d'arriver ainsi à faire une concurrence suffisante aux appétits purement matériels. Une individualité gouvernée n'ayant pas, en effet, à exécuter le travail nécessaire au gouvernement de soi-même, les facultés qu'elle possède pour exécuter ce travail et qui demeurent inactives ne peuvent évidemment recevoir tout leur développement utile, et elles courent, de plus, le risque de s'atrophier. S'il s'agit, au contraire, d'individualités qui ne possèdent pas encore les facultés requises pour le *self government*, autrement dit d'hommes-enfants, ayant besoin d'une tutelle appropriée à leur état moral, le gouvernement peut être fondé à se charger de cette tutelle. Mais ses autres attributions l'empêcheront, en ce cas, de remplir les fonctions de tuteur des incapables aussi utilement que pourrait le faire une entreprise spéciale. C'est pourquoi la tutelle des individualités incapables du *self government* est destinée, selon toute apparence, à devenir l'objet d'une branche d'industrie qui naîtra tôt tard de la transformation progressive de la servitude. (Voir la 2ᵉ partie, IXᵉ et Xᵉ leçons.)

Ainsi, dans les trois états économiques que nous venons de passer en revue, les attributions naturelles ou utiles du gouvernement consistent à écarter autant que possible les *nuisances* qui se manifestent dans la production, dans la distribution et dans la consommation des richesses. Ces nuisances diffèrent selon les états de la société; d'où il résulte que l'intervention du gouvernement pour les empêcher doit différer aussi : dans la première phase du développement social, par exemple, le gouvernement doit se charger de certains travaux qui ne pourraient être exécutés par les forces individuelles et dont la non exécution serait nuisible à la société, tandis que, dans les deux phases suivantes, il doit se borner à interdire les actes positivement nuisibles.

La constitution naturelle ou utile des gouvernements se modifie comme leurs attributions selon l'état de la société. Dans la première phase du développement social, les fonctions gouvernementales sont exercées par tous les membres de la communauté. Dans la seconde phase, elles se spécialisent et

elles deviennent le monopole d'une classe ou d'une corporation.
Au moyen âge, par exemple, la société entière est partagée en
corporations, au sein desquelles se spécialisent et se monopo-
lisent les différentes branches de l'activité humaine, depuis les
plus élevées jusqu'aux plus basses, sécurité, culte, enseignement,
beaux-arts, industrie, commerce. Il y a alors *unité* dans la constitution du gouvernement et de la société. Les corporations
gouvernantes sont constituées exactement comme celles des
maçons, des tailleurs, des cordonniers, des boulangers. Chaque
corporation, haute ou basse, a son domaine qu'elle exploite
d'une manière exclusive et qu'elle s'efforce incessamment
d'étendre aux dépens des autres corporations, tant au dedans
qu'au dehors : dans ce domaine, les consommateurs sont à sa
merci, à moins qu'ils n'aient réussi à opposer des restrictions
au pouvoir que son monopole lui confère. Ces restrictions,
dont le *maximum* est la pièce principale, forment un ensemble
de garanties contre l'abus du monopole. Les corporations gouvernantes finissent comme les autres par y être assujetties, malgré leurs efforts pour maintenir leur monopole intact et pour
en user dans toute son étendue. En langage économique, les
chartes ou les constitutions ne sont autre chose que des applications du régime du *maximum*, faites au profit des consommateurs des services publics. En Angleterre, par exemple, où
la corporation gouvernante fut obligée, de bonne heure, de
compter avec les consommateurs, la constitution se grossit successivement des garanties qu'ils réussirent de gré ou de force à
obtenir. Sauf dans les pays où la classe gouvernante elle-même
est assujettie à un chef héréditaire comme l'équipage d'un navire
à son capitaine (et ce gouvernement absolutiste même peut avoir
sa raison d'être dans certaines circonstances) on voit partout

cette classe se gouverner comme une grande corporation ; elle a
son parlement, où siégent ses principaux membres et sans l'as-
sentiment duquel aucune mesure importante n'est prise. En
présence de ce parlement, qui est le conseil de la corporation
politique, vient se placer, dans les pays où les consommateurs
ont réussi à limiter plus ou moins son monopole, une assemblée
composée de leurs délégués, et ayant pour mission de défendre
leurs droits et leurs intérêts contre les abus particulièrement
dangereux de ce monopole. Cette assemblée des représentants
ou des délégués des consommateurs surveille la production et
la distribution utiles des services publics, elle en débat les prix,
et elle se trouve par là même en opposition constante avec les
chefs ou les mandataires de la corporation gouvernante quand
elle ne se laisse pas intimider ou corrompre par eux. Telles
apparaissent, d'une part, la Chambre des lords, de l'autre, la
Chambre des communes en Angleterre.

En résumé, dans la première phase de l'existence des sociétés, les services publics sont produits comme les autres par
ceux-là mêmes qui les consomment; dans la seconde phase, ils
passent, en se spécialisant, entre les mains de corporations,
dont le monopole d'abord illimité est successivement, — à
mesure que ses abus se font sentir, — restreint au profit des
consommateurs. On le restreint au moyen du système de garanties et de *maximum* que l'expérience fait reconnaître comme
le plus propre à assurer la production la meilleure et la
plus économique des services publics, et ce système ne diffère
pas de celui qui est appliqué aux corporations qui monopoli-
sent de même les autres branches de la production. La constitution naturelle ou utile du gouvernement se trouve ainsi pleinement en harmonie avec celle de toutes les autres entreprises;

autrement dit, il y a *unité* dans la constitution politique et économique de la société.

Or, si nous savons, d'une part, quelles ont été dans les deux premières phases du développement social, la constitution utile de la production des services publics et celle des services privés, d'une autre part, quelle est dans la troisième phase la constitution utile des services privés, il nous sera facile de savoir encore quelle doit être, dans cette troisième phase, la constitution utile des services publics. Si, grâce à l'agrandissement progressif des marchés de consommation, les entreprises qui fournissent les produits ou les services nécessaires à la consommation privée passent d'un régime de monopole plus ou moins limité à un régime de concurrence, il y a apparence que la constitution des gouvernements producteurs des services publics devra inévitablement subir une transformation analogue; qu'ils passeront de même du régime du monopole à celui de la concurrence, et que *l'unité* économique finira ainsi par s'établir dans la troisième phase du développement des sociétés comme elle s'est établie dans les deux précédentes.

Au moment où nous sommes toutefois, cette unité économique ne semble pas près encore d'être reconstituée. Tandis que les entreprises qui pourvoient à la consommation privée sont déjà, pour le plus grand nombre, placées sous le régime de la concurrence, les gouvernements producteurs des services publics se trouvent encore attardés dans le vieux régime du monopole. De là, une situation anormale et périlleuse, car, de même que des gouvernements communautaires ne pouvaient plus suffire à des sociétés qui étaient entrées dans la phase du monopole, des gouvernements de monopole ne peuvent plus suffire à des sociétés qui sont entrées dans la phase de la concurrence. En termes plus brefs, si les gouvernements de la première phase étaient antiéconomiques dans la seconde, ceux de la seconde doivent être antiéconomiques dans la troisième.

Nous nous servirons encore d'une simple comparaison pour mettre en pleine lumière ce défaut d'unité qui se manifeste de plus en plus entre la constitution des gouvernements et celle de la multitude des entreprises entre lesquelles se partage l'activité sociale. Reportons-nous à la boutique de village, et recherchons quand elle s'établit et comment elle se développe. Elle s'établit quand les familles dont la réunion constitue la société embryonnaire du village sont devenues assez nombreuses et assez aisées pour lui fournir un débouché permanent, et pour procurer ainsi des moyens d'existence suffisants au boutiquier. A l'origine toutefois le boutiquier est obligé, à cause de l'exiguité de son marché de consommation, d'exercer avec son commerce un ou plusieurs métiers et de comprendre dans ce commerce des articles fort divers. Mais que le village devienne un bourg, puis une ville, que le « marché » de la boutique s'étende en conséquence, le boutiquier devra spécialiser davantage ses occupations et sa vente. S'il continue à exercer quelque autre métier, il ne pourra plus suffire à son commerce dont le débouché aura grandi. S'il continue à débiter les mêmes articles, il lui sera également de plus en plus difficile d'y suffire, car la consommation exigera à la fois une plus grande quantité et un assortiment plus varié de chaque marchandise. S'il s'agit de coutellerie, il lui faudra désormais non seulement des couteaux, mais encore des ciseaux, des canifs, des rasoirs, etc.; s'il s'agit de parfumerie, au lieu d'une espèce grossière de savon, il lui en faudra d'une douzaine de qualités, sans parler des essences et des cosmétiques. De boutiquier devenu commerçant dans un marché de consommation agrandi, il devra donc spécialiser de plus en plus son commerce. Au lieu de vendre des épiceries, de la mercerie, de la parfumerie, de la coutellerie, il devra se borner à vendre des épiceries ou même une seule sorte d'épiceries, du thé ou du café par exemple. Bref, au lieu d'exercer une vingtaine de commerces à l'état embryonnaire, il devra se borner à en exercer un à l'état de spécialité. Les choses ne manqueront pas de se passer ainsi, en admettant que le commerce demeure libre dans les phases successives du développement économique du village. Dans ce cas, la pression de la concurrence obligera le boutiquier primitif à spécialiser sa vente ; car, en la maintenant sur l'ancien pied, il s'exposerait à perdre sa clientèle, qu'il ne pourrait plus servir aussi bien et à aussi bas prix que ses concurrents dont les établissements seraient spécialisés. Mais il en sera autrement si le boutiquier, d'abord investi du monopole naturel de l'approvisionnement du village, a eu assez de pouvoir ou d'influence pour maintenir ensuite ce monopole à l'état artificiel. Dans ce cas, comment les choses se passeront-elles ? Le boutiquier continuera d'exercer son commerce sur l'ancien pied ; seulement, à mesure que son débouché s'agrandira, il sera obligé d'augmenter les proportions de son établissement, et finalement, lorsque le village sera devenu une grande ville, d'en faire un bazar colossal. Que s'il lui est impossible de subvenir à une demande qui comprend maintenant autant de milliers d'articles qu'elle comprenait primitivement d'unités, il abandonnera peut-être quelques-unes des branches les moins lucratives de son monopole, ou du moins il tolérera l'établissement de quelques autres magasins pour ces branches secondaires, à la condition qu'ils ne subsisteront que sous son bon plaisir et qu'ils lui payeront tribut. En revanche, il ne manquera pas de conserver et de défendre avec un soin jaloux les branches principales de son monopole.

Cependant, à mesure que le marché de consommation s'agrandit et se diversifie, l'établissement de l'épicier monopoleur se trouve placé dans des conditions de production moins économiques. Tandis que les autres branches de travail se séparent en vertu du principe de la division du travail, se développent dans leurs limites naturelles et se perfectionnent sous le stimulant de la concurrence, celles qu'il monopolise grandissent artificiellement, en dehors de ces conditions organiques de la croissance économique. Qu'en résulte-t-il? c'est que les industries de concurrence livrent à la consommation des produits de plus en plus parfaits et à des prix décroissants, tandis que le commerce monopolisé demeure chaque jour davantage en retard sous ce double rapport. Néanmoins, si ce commerce porte sur des articles indispensables à la consommation, les bénéfices du monopoleur croîtront quand même, par le seul fait de l'agrandissement progressif du marché.

Poursuivons jusqu'au bout notre hypothèse. A mesure que les progrès des industries de concurrence rendront plus sensible et plus dommageable le retard de perfectionnement du commerce monopolisé, les consommateurs murmureront davantage contre ce monopole. Cependant, s'il est sauvegardé par quelque antique superstition, si l'on est universellement convaincu qu'il est dans la nature du commerce de l'épicerie d'être exercé sous forme de monopole, on se bornera d'abord à le réglementer, en imposant au monopoleur l'obligation d'approvisionner convenablement le marché qui lui est inféodé, comme aussi peut-être en soumettant ses marchandises à un *maximum*. Peut-être enfin, les consommateurs chargeront-ils des délégués de veiller à ce que cette réglementation préservatrice de leurs intérêts soit strictement observée. Le monopoleur s'efforcera naturellement de repousser une semblable immixtion dans ses affaires, et il emploiera pour s'en débarrasser tantôt la violence et tantôt la corruption. En admettant qu'il réussisse à remettre les consommateurs complétement à sa merci, il aura le choix entre deux partis : 1° Il pourra interdire, sous des peines rigoureuses, toute plainte au sujet de la qualité et du prix de ses marchandises, et jouir ainsi de son monopole avec quiétude. Mais alors la société retardée et épuisée par un monopole sans frein ira s'affaiblissant, et elle finira par périr en entraînant le monopoleur dans sa ruine. 2° Il pourra donner satisfaction à ses consommateurs mécontents, en améliorant ses marchandises sous le double rapport de la qualité et du prix, mais l'assiette antiéconomique de son commerce l'empêchera quoi qu'il fasse, d'opérer cette amélioration d'une manière suffisante et durable. Le mécontentement renaîtra bientôt, et si les consommateurs ont crû en nombre et en puissance, ils réussiront peut-être, à leur tour, à mettre le monopoleur à leur discrétion. Quelles seront les conséquences de cette « révolution ? » De deux choses l'une, ou les consommateurs se borneront à imposer au monopoleur un ensemble de règles et de garanties destinées à assurer la bonne qualité et le bas prix de ses marchandises, en d'autres termes, ils l'obligeront à accepter une *constitution*, ou ils voudront exploiter pour leur propre compte le monopole de l'épicerie en constituant une gérance et un conseil de surveillance *ad hoc*, avec diverses précautions pour en assurer la bonne gestion, mais l'un et l'autre remèdes seront presque également inefficaces. De quelque façon qu'il soit organisé et géré, le monopole de cette multitude de branches dans lesquelles se ramifie maintenant le petit commerce de l'épicier primitif n'en demeurera pas moins antiéconomique, et, chaque jour même il le deviendra davantage; chaque jour, en conséquence, il causera à la société des nuisances plus nombreuses et plus sensibles. Peut-être cherchera-t-on alors des remèdes d'une autre nature à ce mal chronique. On s'imaginera, par exemple, que le débouché ouvert au commerce monopolisé est insuffisant, et l'on s'efforcera de l'agrandir par « l'annexion » de nouveaux consommateurs, ou bien encore on se persuadera que le mal vient de ce que ceux qui vendent les épiceries et ceux qui les achètent n'appartiennent pas tous à la même race, et l'on s'appliquera à réorganiser le monopole de l'épicerie conformément au « principe des nationalités. » Mais l'expérience ne tardera pas à démontrer que ces soi-disant panacées aggravent le mal au lieu de le guérir. Enfin, en désespoir de cause, la série des remèdes empiriques étant épuisée, on aura recours aux procédés de l'observation et de l'analyse pour remonter à la source du mal, et l'on découvrira, non sans surprise, qu'il n'est pas vrai, ainsi que les monopoleurs s'étaient appliqués à le faire croire, le croyant du reste eux-mêmes, que le monopole soit la forme nécessaire et providentielle du commerce de l'épicerie. En conséquence, au lieu de poursuivre l'œuvre impossible d'une meilleure « organisation » de ce monopole, on travaillera à le démolir, en faisant passer successivement les différentes branches de commerce qui s'y trouvent agglomérées, dans le domaine de la concurrence. Cette agglomération contre nature étant dissoute, chaque branche devenue libre pourra se développer dans ses conditions normales, en proportion des besoins du marché, et la société débarrassée d'un monopole qui la retardait et l'épuisait croîtra plus rapidement en nombre et en richesse.

C'est là l'histoire des gouvernements depuis que la société a commencé à passer de la phase du monopole dans celle de la concurrence.

Lorsque les progrès généraux de la population et de la richesse d'une part, les progrès particuliers de la sécurité et des moyens de communication de l'autre, eurent agrandi les marchés de tous les produits et services, les corporations qui possédaient depuis des siècles, dans chaque localité, le monopole des différentes branches de l'activité humaine devinrent de plus en plus insuffisantes pour satisfaire aux besoins croissants de ces marchés agrandis. Des apôtres d'une science nouvelle apparurent alors, et ils s'appliquèrent à démontrer que cette antique organisation de l'industrie était maintenant surannée, qu'il fallait, dans l'intérêt de la société, substituer la concurrence au monopole. Les corporations privilégiées ne manquèrent pas de se défendre, mais les intérêts auxquels leurs monopoles portaient atteinte grandissant chaque jour, les plus faibles, celles qui occupaient les régions inférieures et moyennes de la société finirent par succomber. En revanche, celles qui occupaient les régions supérieures et dont les fonctions étaient environnées d'un prestige particulier échappèrent à ce régime nouveau qui était imposé aux autres. On s'était accoutumé à croire que les gouvernements, ayant à remplir une mission d'un caractère sublime, ne pouvaient rien avoir de commun, dans leur mode d'établissement et de fonctionnement, avec la multitude des autres entreprises, et l'on n'eut pas même l'idée que les règles qui s'appliquaient à celles-ci pussent également leur être applicables. Telle était la situation des esprits, lorsque la révolution française vint mettre à l'ordre du jour la reconstitution du gouvernement et celle de la société elle-même. L'opinion

dominante à cette époque, au moins parmi les classes éclairées,
dont l'influence, malgré des éclipses temporaires, finit toujours
et nécessairement par prévaloir, était que la multitude des
branches inférieures de l'activité humaine devaient être abandonnées à la concurrence, sauf toutefois un certain nombre de
restrictions. Ainsi, on croyait que les industries et les professions qui concernent la subsistance des masses devaient continuer à être sévèrement réglementées ; on croyait encore qu'il
importait d'empêcher la formation de grandes associations, afin
d'éviter le retour des abus du régime des corporations ; on
croyait enfin, — et ceci était un reste du droit économique de
l'ancien régime, — que le marché national était la propriété
de l'industrie indigène, et qu'il fallait, par conséquent, en
écarter aussi complétement que possible la concurrence étrangère. Mais, ces restrictions faites, — à la vérité, elles étaient
nombreuses, — les esprits éclairés s'accordaient à considérer
la concurrence comme le seul régime applicable à la plupart
des branches du travail matériel, et c'était en même temps à
ces branches qu'ils restreignaient le domaine de la science nouvelle qui se résumait dans la théorie de la concurrence. En
revanche, ces mêmes esprits qui appartenaient presque sans
exception, notons-le bien, au personnel des anciennes corporations gouvernantes, étaient convaincus que les fonctions qui
avaient jusqu'alors formé le domaine de ces corporations supérieures, la sécurité, le monnayage, les transports, le culte,
l'enseignement, etc., devaient être nécessairement réservées,
en vertu de leur nature propre, au gouvernement ; à quoi
ils ajoutaient que l'économie politique n'avait point à s'en
occuper. Cela étant, il s'agissait de constituer le gouvernement, sans avoir égard aux données de la science économique,

mais de manière cependant à ce qu'il pût remplir, aussi avantageusement que possible pour la société, les fonctions nombreuses et importantes qu'on lui attribuait.

La compétence de l'économie politique en matière de gouvernement étant ainsi récusée, on ne doit pas s'étonner, si, pour résoudre le problème de la constitution utile de la production des services publics, on prit d'abord la voie qui en éloignait le plus. Que fit-on en effet? On commença par *fusionner* tous les services qui formaient, sous l'ancien régime, le domaine de corporations séparées, service de la sécurité, service de l'enseignement et des cultes, service du monnayage, service des transports, etc., et l'on constitua ainsi une énorme « régie » des services publics ; ensuite, on essaya de remettre cette régie aux mains d'une démocratie communautaire, dont les institutions étaient empruntées à celles de la phase embryonnaire de l'existence des sociétés. Mais s'il était possible, à la rigueur, — quoique ce fût visiblement une œuvre rétrograde, — de fusionner des services de nature diverse dans une régie unique, il était impossible de faire manœuvrer cette lourde et monstrueuse machine autrement que par un personnel spécial. En conséquence, on vit se reconstituer une classe gouvernante dans laquelle l'ancien personnel gouvernemental se fondit avec l'élément nouveau que la révolution avait fait surgir. Cette classe nécessaire pouvait à la vérité se recruter désormais plus aisément qu'autrefois dans la masse de la nation à laquelle tous les emplois publics devenaient accessibles, mais les familles dont elle se composait ne manquèrent pas de se transmettre de génération en génération, les fonctions politiques, militaires, judiciaires et administratives qui leur fournissaient des moyens d'existence ; car elles s'en léguaient les traditions par l'éducation du foyer, et leurs relations habituelles leur permettaient d'en assurer la conservation à leurs descendants. C'est ainsi que les familles adonnées à l'agriculture, à l'industrie et au commerce se transmettent de même, communément, de génération en génération, les entreprises à l'aide desquelles elles subsistent.

Le monopole gouvernemental se reconstitua donc, dans les différentes branches de travail qui lui étaient auparavant dévolues, — on pourrait ajouter même qu'il rétrograda en fusionnant des industries que le progrès avaient séparées sous le régime du monopole; il se reconstitua encore dans le personnel spécial que nécessitait la production des services publics.

A la vérité, ce monopole fut plus rigoureusement réglementé et *maximé* qu'il ne l'avait été auparavant et l'on conçoit qu'il ne pouvait l'être trop. En effet, en reconstituant, d'un côté, avec les débris des anciennes corporations gouvernantes, une corporation colossale que l'on investissait du monopole des services les plus nécessaires à la société; en dissolvant, de l'autre, toutes les corporations inférieures et en empêchant leur reconstitution sous des formes nouvelles, appropriées au régime de la concurrence, on faisait de la société gouvernée une poussière sans consistance, et on livrait les consommateurs ainsi individualisés des services publics, à la discrétion de l'aggrégation formidable à laquelle on en conférait de nouveau le monopole. Il importait donc que des garanties aussi complètes et aussi clairement spécifiées que possible fussent accordées à la masse des consommateurs contre l'abus de ce monopole, que la nature même des choses allait faire retomber, à peu près comme autrefois, entre les mains d'une classe spécialement adonnée à la production des services publics. Tel fut l'objet des *constitutions*, c'est à dire des procédés de réglementation et de limitation du monopole gouvernemental qui ont été particulièrement en vogue depuis la révolution française. A l'origine, on avait une confiance illimitée dans cette réglementation politique ; on était convaincu qu'avec une constitution bien faite un peuple ne pouvait manquer de se trouver garanti à perpétuité contre les abus d'un mauvais gouvernement. L'expérience ne tarda pas à faire justice de ces illusions. Au lieu de procurer aux peuples un bon gouvernement, les constitutions ne devinrent que trop souvent des instruments d'exploitation entre les mains des classes supérieures, qui avaient eu l'habileté de se faire attribuer le contrôle du gouvernement qui se trouvait, de fait, monopolisé par elles. Alors, les classes exploitées par ce monopole firent des révolutions pour s'en emparer à leur tour. Mais les révolutions n'aboutissant qu'à déplacer le monopole gouvernemental, et presque toujours même à l'aggraver, — car il fallait l'élargir et par conséquent l'alourdir pour y faire entrer les classes conquérantes plus nombreuses et plus faméliques que les classes auxquelles elles se substituaient, — le mal subsista. Les panacées constitutionnelles perdirent peu à peu de leur crédit, et l'on se mit à en chercher d'autres. On s'imagina, par exemple, que le mal provenait non de la mauvaise constitution du gouvernement, mais de la mauvaise constitution de la société elle-même, et l'on voulut étendre le système d'organisation des services publics à tous les autres services, en un mot, englober la société dans le gouvernement. Telle fut la panacée du socialisme, qui prenait précisément le progrès à rebours. L'économie politique, appuyée sur les intérêts que le socialisme menaçait, en eut facilement raison, mais le malaise social persistant toujours, une autre

panacée succéda à celle-là. On affirma que le mal provenait de
ce que les gouvernements n'étaient pas suffisamment « nationaux, » c'est à dire de ce que le monopole des services publics
se trouvait, en tout ou en partie, entre des mains étrangères, et
l'on se mit à agiter la question dite des *nationalités*. On en est
là aujourd'hui. On croit que le malaise dont souffre la communauté des peuples civilisés provient uniquement de ce que quelques-uns de ces peuples sont soumis à des gouvernements
étrangers, et l'on en conclut qu'il importe par dessus tout de
remettre les « natifs » en possession des monopoles gouvernementaux. Cela fait, et quelles que soient d'ailleurs l'ignorance
et l'immoralité des natifs, — les services publics ne laisseront
plus rien à souhaiter, et les nations entreront dans l'ère bénie
de la liberté et de la paix. En conséquence, on convie les
peuples à verser leur sang et à dépenser leur argent pour reconstituer au plus vite les « nationalités, » ou, ce qui revient au
même, pour livrer chaque variété ou sous-variété de la race
humaine à un monopole gouvernemental appartenant exclusivement à des hommes de cette variété ou sous-variété. Nous
ignorons encore ce qui adviendra de cette nouvelle utopie ;
mais en admettant qu'on réussît à l'incarner dans les faits,
nous pouvons affirmer que le malaise social n'en subsisterait
pas moins. Il y a apparence même qu'il s'en trouverait aggravé,
d'abord par suite des dépenses énormes qu'exigeraient les révolutions et les guerres nécessaires pour instituer, partout, des
gouvernements purement nationaux, ensuite parce que, dans
beaucoup de pays, où les aptitudes gouvernantes sont rares et
de basse qualité, les gouvernements étrangers sont préférables
aux gouvernements nationaux.

Ces utopies et bien d'autres ont leur source dans l'erreur que

nous avons signalée plus haut, savoir que la constitution des
gouvernements n'est point, comme celle des autres entreprises,
du ressort de l'économie politique, d'où il résulte que la solution du problème d'un bon gouvernement doit être cherchée
ailleurs. L'échec désastreux de toutes les tentatives qui ont été
faites pour améliorer les services publics, tant sous le rapport
de leur production que sous celui de leur distribution, sans
avoir égard aux lois économiques qui président à la production
et à la distribution des autres services, démontre suffisamment,
croyons-nous, que l'on se trompait en plaçant ainsi les gouvernements dans une région inaccessible à l'économie politique.
Science de l'utile, l'économie politique est seule compétente,
au contraire, pour déterminer les conditions dans lesquelles
doivent être établies toutes les entreprises, aussi bien celles que
les gouvernements accaparent que celles qui sont abandonnées
à l'activité privée.

Du moment où l'on restitue à l'économie politique cette partie essentielle de son domaine, sans se laisser arrêter davantage
par un préjugé trop respectueux pour des puissances que la
crainte des uns, l'orgueil des autres, avaient divinisées, la solution du problème d'un gouvernement utile devient non seulement possible mais encore facile. Il suffit de rechercher, en
premier lieu, si les entreprises gouvernementales sont constituées conformément aux lois économiques qui président à la
constitution de toutes les autres entreprises, quelle que soit la
nature particulière de chacune, en second lieu, comment, dans
la négative, on peut les y conformer.

De même qu'il y a des lois physiques et des principes de
mécanique qui doivent être observés dans la construction des
édifices, il y a des lois économiques qui doivent l'être dans la

constitution des entreprises. Ainsi, pour produire de la manière
la plus économique, toute entreprise doit être construite et
mise en œuvre conformément aux principes de l'unité des opérations et de la division du travail, des limites naturelles et de
la concurrence ; pour distribuer ses produits ou ses services
de la manière la plus équitable et par conséquent la plus utile,
toute entreprise doit encore se conformer aux principes de la
spécialité et de la liberté des échanges. Or les entreprises gouvernementales, telles qu'elles sont construites et mises en œuvre
de nos jours, pèchent essentiellement contre ces lois naturelles
de la production et de la distribution des services.

I. Les gouvernements pèchent visiblement contre les lois de
l'unité des opérations et de la division du travail. Comment
nous apparaissent-ils en effet? Comme des entreprises colos-
sales, exerçant à la fois une multitude de fonctions et d'industries. Non seulement les gouvernements pourvoient à la sécurité
publique, mais encore, pour la plupart du moins, ils distribuent
l'enseignement, ils commanditent le culte et les beaux-arts, ils
transportent les lettres, expédient les dépêches télégraphiques,
construisent et parfois exploitent les voies de communication,
enfin ils interviennent plus ou moins dans les autres branches
de l'activité humaine. Comment donc pourraient-ils s'acquitter
utilement de ces fonctions multiples? Supposons qu'une compagnie s'établisse pour exploiter à la fois : 1° des chemins de fer
et des bateaux à vapeur ; 2° des fabriques de tissus de laine et
de coton ; 3° des magasins d'épiceries ; 4° des théâtres, etc., etc.,
en admettant même que le gouvernement consentît à lui accorder l'anonymat (ce que l'administration ne ferait point, car
elle considère naïvement le principe de l'unité des opérations
comme essentiel... pour autrui), une entreprise pareille ne trou-

verait pas un souscripteur. Pourquoi? Parce que si peu fami-
lière que soit la masse du public avec l'admirable livre de la
Richesse des nations, elle refuserait de confier ses capitaux à
une compagnie qui poursuivrait une foule d'objets différents et
disparates : à défaut de la science, le bon sens appuyé sur une
expérience de tous les jours lui démontrerait qu'on ne peut
utilement, dans aucune direction de l'activité humaine, « chasser plusieurs lièvres à la fois; » qu'alors même que les diverses
industries qu'il s'agirait d'entreprendre seraient avantageuses
séparément, elles deviendraient mauvaises par leur réunion
contre nature. Or qu'est-ce qu'un gouvernement sinon une
vaste entreprise, exerçant des industries et des fonctions multiples et disparates? Au point de vue des lois de l'unité des opérations et de la division du travail, un gouvernement qui entreprend la production de la sécurité et de l'enseignement, le
transport des lettres et des dépêches télégraphiques, la construction et l'exploitation des chemins de fer, la fabrication des
monnaies, etc., n'est-il pas un véritable *monstre?*

II. Les gouvernements ne pèchent pas moins contre la loi
des *limites naturelles*. Comme nous l'avons remarqué précédemment (T. Iᵉʳ, Vᵉ leçon. *L'Assiette de la production*) toute entreprise a ses limites dans lesquelles elle peut s'exercer avec un
maximum d'utilité. Si elle les excède et si elle demeure en deçà,
sa production devient moins économique. Or les gouvernements
n'ont jamais eu aucun égard à cette loi. De tous temps, on les
a vus s'appliquer à étendre le domaine soumis à leur monopole,
et, « la monarchie universelle » est demeurée l'idéal des politiques sinon des économistes. En tous cas, ce sont les hasards
de la guerre ou des alliances de familles et non point des considérations tirées de l'étude des lois de l'utilité qui ont déterminé

la grandeur des États. Comment d'ailleurs des gouvernements
qui exercent plusieurs industries ou plusieurs fonctions se con-
formeraient-ils à la loi des limites naturelles? Chaque industrie
a les siennes, et telle limite qui est utile pour la production de
la sécurité cesse de l'être pour celle de l'enseignement. Cela
étant, un gouvernement ne peut évidemment observer une loi
qui lui imposerait autant de limites différentes qu'il exerce
d'industries ou de fonctions.

III. Les gouvernements pèchent contre la loi de la concurrence. Sous ce rapport cependant leur constitution n'est pas
uniforme. Pour certains services publics, la sécurité, le transport des lettres et le monnayage par exemple, ils prohibent
absolument la concurrence dans les limites de leur domaine ;
pour d'autres, tels que l'enseignement, la charité, le transport
des hommes et des marchandises, ils l'admettent dans une
mesure plus ou moins étendue, mais presque toujours dans des
conditions fort inégales. Ainsi, en matière d'enseignement, ils
ont pour système de produire à perte, en rejetant les déficits
de leurs établissements sur les contribuables parmi lesquels
sont compris leurs concurrents eux-mêmes; en matière de charité, ils refusent d'autoriser la fondation d'établissements privés, sous forme de sociétés perpétuelles jouissant du droit de
propriété dans toute sa plénitude, comme les établissements de
la charité publique. Aucun service public, pour tout dire, n'est
produit et distribué dans des conditions de pleine concurrence,
c'est à dire en laissant le champ entièrement libre aux entreprises rivales et en subissant l'obligation de couvrir les frais de
sa production, avec la rémunération ordinaire des capitaux qui
y sont engagés. Les industries monopolisées par les gouvernements, pouvant ainsi subsister sans couvrir leurs frais de pro-

duction, n'ont pas besoin, comme les entreprises de concurrence, de perfectionner incessamment leurs procédés et leurs méthodes; elles s'empressent donc moins de satisfaire à ce besoin qui n'est pas pour elles de première nécessité, et elles demeurent par là même en retard sur les autres branches de l'activité sociale.

IV. Les gouvernements pèchent, enfin, dans la distribution de leurs services, contre les principes de la spécialité et de la liberté des échanges.

Dans les industries de concurrence, ces deux principes sont rigoureusement observés. D'une part, chaque consommateur demande spécialement l'espèce de produits ou de services dont il a besoin, dans les quantités et qualités qui conviennent le mieux à son usage, et ces produits ou services lui sont fournis conformément à sa demande; d'une autre part, il en débat librement les prix et les conditions de payement. En matière de services publics, au contraire, l'échange est commun et obligatoire, au lieu d'être spécial et libre. Le gouvernement met ses services à la disposition de la communauté des consommateurs, assujettis à son monopole, et ils sont tenus de les accepter tels quels, sans pouvoir en débattre individuellement les prix et les conditions de payement, à moins qu'ils ne puissent s'en passer, et dans ce cas même, ils sont obligés, le plus souvent, d'en payer leur part. La valeur de l'ensemble des services fournis par le gouvernement est totalisée et elle constitue la *dépense publique*. La somme nécessaire pour couvrir cette dépense est totalisée de même, et prélevée, d'après une règle de répartition plus ou moins arbitraire, sur la communauté des consommateurs. Si, comme c'est le cas ordinaire, elle demeure insuffisante, le gouvernement comble le déficit au moyen d'un emprunt, en rejetant ainsi sur les générations futures une partie de la dépense des services fournis à la génération actuelle.

De la méconnaissance de ces différents principes qui régissent la constitution utile des entreprises, il résulte que les services publics demeurent dans un état de flagrante infériorité, en comparaison des services privés. La différence serait bien plus sensible encore si les gouvernements ne soumettaient point à une réglementation antiéconomique les branches de travail qu'ils n'ont point accaparées, en les empêchant de se constituer dans les formes et dans les limites les plus utiles, en interdisant, par exemple, au plus grand nombre des entreprises de se constituer sous forme de sociétés anonymes, à toutes de se fonder pour une durée illimitée, et, par conséquent, d'émettre des obligations perpétuelles. En entravant le développement utile des entreprises privées, ces restrictions et ces prohibitions ont pour résultat uniforme de diminuer la différence qui existe entre elles et les entreprises dont les gouvernements se sont attribué, à des degrés divers, le monopole.

Néanmoins cette différence est encore énorme, soit que l'on se place au point de vue de la production ou de la distribution utile des services.

I. En ce qui concerne la production, la méconnaissance des principes de l'unité des opérations, de la division du travail, des limites naturelles et de la concurrence a pour résultats inévitables de surélever les prix des services publics et d'en abaisser la qualité. Tandis que tous les produits et services des industries de concurrence sont fournis incessamment en plus grande abondance, en meilleure qualité et à plus bas prix, les services des gouvernements demeurent insuffisants, grossiers et chers. Cependant, à mesure que la population devient plus nombreuse et que ses ressources augmentent, grâce à la productivité croissante des industries constituées et mises en œuvre conformément aux lois économiques, les besoins auxquels correspondent les services publics exigent une satisfaction plus ample et plus raffinée. S'agit-il de la sécurité? Elle doit être nécessairement plus complète et plus diversifiée dans une société riche et civilisée, où les propriétés à protéger se sont multipliées et ramifiées à l'infini, que dans une société pauvre et barbare. S'agit-il de l'enseignement? A l'origine, la somme de connaissances que chaque génération avait à léguer à la génération suivante était peu considérable et peu variée; en outre, ces connaissances, pour peu qu'elles dépassassent les notions élémentaires des métiers manuels, n'étaient nécessaires qu'à la classe peu nombreuse qui gouvernait la société : il suffisait donc, pour satisfaire aux besoins de ce petit nombre de consommateurs d'enseignement, de quelques écoles dans lesquelles toutes les sciences connues étaient mises à leur portée, comme tous les produits de l'industrie naissante étaient réunis dans la boutique de village. Mais à mesure que le capital intellectuel et moral de l'humanité s'est grossi par le travail des générations successives; à mesure encore que le besoin des connaissances nécessaires pour créer des richesses ou en gouverner l'emploi a été ressenti par une classe plus nombreuse, il a fallu multiplier et diversifier davantage les ateliers d'enseignement. De nos jours, au moins dans les sociétés où prédomine le *self-government*, l'acquisition d'une certaine somme de connaissances est devenue un besoin universel. Qui osera affirmer cependant qu'il y soit suffisamment pourvu? Que l'on compare l'extension qu'ont prise et les progrès qu'ont réalisés, depuis un demi-siècle, les industries qui pourvoient à la satisfaction de besoins bien moins nécessaires, mais qui sont entrées dans le domaine de la concurrence, à l'extension si insuffisante et aux progrès si lents de l'enseignement accaparé partout, plus ou moins, par le gouvernementalisme? De tous les produits, l'homme est celui que l'on excelle aujourd'hui le moins à façonner : si l'on réussit à lui inculquer, d'une manière suffisante, l'art de gouverner les machines dont il fait usage, combien peu, en revanche, l'art de se gouverner soi-même est avancé et vulgarisé! A quoi peut servir cependant de multiplier et de perfectionner les produits si les hommes n'en savent point faire un emploi utile? S'ils ne se servent des ressources et de la puissance croissantes que leur confère une industrie progressive que pour s'adonner à des vices abrutissants ou pour s'entre-détruire dans des luttes sauvages? Ce retard de l'industrie qui sert à façonner les hommes en leur inculquant les principes du *self-government*, de tous les arts à la fois le plus difficile et le plus nécessaire, n'est-il pas et ne deviendra-t-il pas de plus en plus une nuisance sociale? — La même observation s'applique aux autres industries que les gouvernements ont accaparées : toutes demeurent en retard sur les industries de concurrence, et à mesure que la société croît en nombre, en richesse et en puissance, elle souffre davantage de ce retard de quelques-unes des branches les plus élevées et les plus nécessaires de son organisme.

II. Envisagée au point de vue de la distribution utile des services, la méconnaissance des principes de la spécialité et de la liberté des échanges, engendre des nuisances plus graves encore, en ce qu'elle entraîne une inévitable inégalité dans la répartition des services publics et des frais de leur production, en ce qu'elle permet même de rejeter sur les générations futures une partie de la dépense des services fournis à la génération actuelle. D'un côté, en effet, nul ne peut savoir quelle est sa quote-part dans la distribution des services publics et qu'elle est sa quote-part dans la dépense. On peut affirmer toutefois que les classes les plus pauvres, partant, les moins influentes dans l'État, sont celles qui reçoivent la moindre proportion des services publics, et qui contribuent cependant, pour la plus forte proportion, à les payer. D'un autre côté, la totalité des recettes, quelle qu'en soit du reste la provenance, ne suffit plus que bien rarement à couvrir la totalité des dépenses. Tous les gouvernements sont régulièrement obligés d'emprunter pour combler les déficits sans cesse renaissants et grossissants des branches de travail qu'ils ont monopolisées. Au moment où nous sommes, leurs dettes réunies (sans compter celles des sous-gouvernements provinciaux, cantonnaux ou communaux) dépassent 60 milliards, et elles augmentent d'année en année (1). Qu'est-ce que cela signifie? Cela signifie qu'une partie des frais de production des services publics est mise à la charge des générations futures au lieu d'être acquittée *bonâ fide* par la

---

(1) Le *capital nominal* des dettes publiques se montait en 1859, d'après l'*Annuaire* de M. J. E. Horn, aux sommes que voici : États-Unis, 241.1 millions de fr.; Autriche, 6.850 ; Bade, 186.5 ; Bavière, 684.1 ; Belgique, 599,7 ; Brésil, 400 ; Danemark, 313.3 ; Espagne, 3.658,7 ; France, 9113.3 ; Grande-Bretagne, 20,093.3 ; Grèce, 17 ; Hanovre, 170 ; Italie, 2500 ; Pays-Bas, 2.354.1 ; Portugal, 501,8 ; Prusse, 1200 ; Russie, 6.480 ; Saxe royale, 227,5 ; Suède et Norwége, 452 ; Turquie, 885 ; enfin, Wurtemberg, 119,3 ; ce qui donnerait un total de *cinquante-un milliards cent cinquante-trois millions trois cent mille francs.* (*Annuaire international du crédit public pour* 1860, par J. E. Horn, p. 292.)

Depuis que ce relevé a été fait, la seule dette des États de l'Union américaine s'est accrue de près de dix milliards.

génération qui a consommé ces services. Cette facilité immorale à rejetter sur l'avenir une partie des frais des consommations présentes ne doit-elle pas avoir pour résultat inévitable d'exciter les gouvernements à augmenter incessamment leurs dépenses? Que l'on se représente ce qui arriverait si une pratique analogue était possible en matière de consommations privées : quelles dettes on ferait chez son épicier, chez son tailleur, chez son bottier, si l'on pouvait, en s'autorisant d'une pratique généralement admise, rejeter sur « les générations futures » l'obligation de les payer! De deux choses l'une, ou les générations futures succomberont un jour sous le fardeau de ces dettes accumulées, ou elles refuseront, comme ce sera leur droit, de les acquitter, autrement dit, elles feront banqueroute.

C'est ainsi, par le fait de leur constitution antiéconomique, que les gouvernements sont devenus, suivant une expression énergique de J. B. Say, les *ulcères* des sociétés (1). A mesure que la population et la richesse augmentent, grâce au développement

(1) Si par une suite des profusions où nous jettent des machines politiques abusives et compliquées, dit encore J. B. Say, le système des impôts excessifs prévaut, et surtout s'il se propage, s'étend et se consolide, il est à craindre qu'il ne replonge dans la barbarie les nations dont l'industrie nous étonne le plus; il est à craindre que ces nations ne deviennent de vastes galères, où l'on verrait peu à peu la classe indigente, c'est à dire le plus grand nombre, tourner avec envie ses regards vers la condition du sauvage... du sauvage qui n'est pas bien pourvu, à la vérité, ni lui ni sa famille, mais qui du moins n'est pas tenu de subvenir, par des efforts perpétuels, à d'énormes consommations publiques, dont le public ne profite pas ou qui tournent même à son détriment. (J. B. SAY. *Traité d'économie politique.* Liv. III, chap. X.)

progressif des industries de concurrence, une masse croissante de forces vives est soutirée à la société, au moyen de la pompe aspirante des impôts et des emprunts, pour subvenir aux frais de production des services publics ou, pour mieux dire, à l'entretien et à l'enrichissement facile de la classe particulière qui possède le monopole de la production de ces services. Non seulement, les gouvernements se font payer chaque jour plus cher les fonctions nécessaires qu'ils accaparent, mais encore ils se livrent, sur une échelle de plus en plus colossale, à des entreprises nuisibles, telles que les guerres, à une époque où la guerre, ayant cessé d'avoir sa raison d'être, est devenue le plus barbare et le plus odieux des anachronismes (1).

A cet ulcère qui dévore les forces vives des sociétés, à mesure que le progrès les fait naître, quel est le remède?

Si, comme nous avons essayé de le démontrer, le mal provient de la constitution antiéconomique des gouvernements, le remède consiste évidemment à conformer cette constitution aux principes essentiels qu'elle méconnaît, c'est à dire à la rendre *économique*. Il faut pour cela, en premier lieu, débarrasser les gouvernements de toutes les attributions qui ont été annexées à leur fonction naturelle de producteurs de la sécurité, en faisant rentrer l'enseignement, le culte, le monnayage, les transports, etc., dans le domaine de l'activité privée; en second lieu, soumettre les gouvernements, comme toutes les autres entreprises, à la loi de la concurrence.

Déjà, la cause de la simplification des attributions gouvernementales est gagnée dans la théorie, si elle ne l'est pas encore

---

(1) Voir à ce sujet le *Dictionnaire de l'économie politique*, art. *Paix*, et *L'abbé de Saint-Pierre, sa vie et ses œuvres*. Introduction.

dans la pratique (1). En revanche, l'idée de soumettre les gouvernements au régime de la concurrence est généralement encore regardé comme chimérique (2). Mais sur ce point les faits devancent peut-être la théorie. Le « droit de sécission » qui se fraye aujourd'hui son chemin dans le monde aura pour conséquence nécessaire l'établissement de la *liberté de gouvernement*. Le jour où ce droit sera reconnu et appliqué, dans toute son étendue naturelle, la *concurrence politique* servira de complément à la concurrence agricole, industrielle et commerciale.

Sans doute, ce progrès sera lent à accomplir. Mais il en est ainsi de tous les progrès. Quand on considère la masse d'intérêts et de préjugés qui leur font obstacle, on désespère même de les voir se réaliser jamais. Écoutons plutôt ce que

---

(1) Nos deux précédents ouvrages, les *Soirées de la rue Saint-Lazare* et les *Questions d'économie politique et de droit public*, auxquels nous prenons la liberté de renvoyer nos lecteurs, sont presque entièrement consacrés à la démonstration des *nuisances* de l'intervention gouvernementale. Nous avons fondé, dans le même but, le journal l'*Economiste belge*.

(2) Nous n'en croyons pas moins devoir revendiquer, hardiment, la priorité de cette prétendue chimère. Voir les *Questions d'économie politique et de droit public. La liberté du gouvernement.* T. II, p. 245, et les *Soirées de la rue Saint-Lazare.* 11ᵉ soirée. P. 303. Consulter encore, pour les développements, L'ÉCONOMISTE BELGE, le *Sentiment et l'intérêt en matière de nationalité*, nᵒ du 24 mai 1862, polémique avec M. Hyac. Deheselle sur le même sujet, nᵒˢ des 4 et 21 juin, 5 et 19 juillet, le *Principe du sécessionisme*, 30 août; *Lettres à un Russe sur l'établissement d'une constitution en Russie*, 2 et 30 août; 19 septembre 1862; *la Crise américaine*, 17 janvier 1863; *un nouveau Crédit Mobilier*, 14 février; *une Solution pacifique de la question polonaise*, 9 mai, etc., etc.

disait au siècle dernier, Adam Smith, de la liberté commerciale :

« S'attendre, disait-il, que la liberté du commerce soit jamais rétablie entièrement dans la Grande-Bretagne, ce serait une bonhommie aussi absurde que de compter d'y voir jamais réaliser l'*Oceana* ou l'*Utopie*. Non seulement les préjugés, mais, ce qui est bien plus insurmontable, les intérêts particuliers d'un certain nombre d'individus s'y opposent irrésistiblement.

« Si les officiers d'une armée s'opposaient à toute réduction des troupes avec autant de zèle et d'unanimité que les maîtres manufacturiers en déploient pour s'élever contre toute loi tendante à augmenter la concurrence sur le marché intérieur ; si les premiers animaient leurs soldats comme les autres enflamment leurs ouvriers pour les soulever et les déchaîner contre toute proposition d'une pareille mesure, il n'y aurait pas moins de danger à réduire une armée, qu'il n'y en a eu dernièrement à vouloir diminuer à quelques égards le monopole que nos manufacturiers ont obtenu contre leurs concitoyens. Ce monopole a tellement grossi parmi nous le nombre de certaines races d'hommes, que, semblables à un déluge de troupes sur pieds, elles sont devenues formidables au gouvernement et ont intimidé la législature dans mainte occasion.

« Le membre du parlement qui vient à l'appui de toute proposition faite pour fortifier le monopole est sûr d'acquérir non seulement la réputation de bien entendre le commerce, mais de la faveur et du crédit dans un ordre d'hommes à qui leur multitude et leurs richesses donnent une grande importance. S'il s'y oppose, au contraire, et qu'il ait de plus assez d'autorité pour les traverser dans leurs desseins, ni la probité la plus reconnue, ni le plus haut rang, ni les plus grands services rendus au public ne peuvent le mettre à l'abri de la détraction et des calomnies les plus infâmes, des insultes personnelles, et quelquefois du danger réel que produit le déchaînement des monopoleurs furieux et déçus dans leurs espérances (1). *

Cependant, la liberté commerciale a fini par avoir raison des « monopoleurs furieux » dont parle le père de l'économie politique, et l'on peut aujourd'hui, sans s'abandonner à des rêves utopiques, espérer qu'avant un siècle le système protecteur n'existera plus qu'à l'état de mauvais souvenir dans la mémoire des hommes. Pourquoi les monopoles politiques ne disparaîtraient-ils pas à leur tour comme sont en train de disparaître les monopoles industriels et commerciaux? S'ils disposent d'une puissance formidable, les intérêts auxquels ils portent dommage grandissent aussi, chaque jour, en nombre et en force. Leur heure suprême finira donc par sonner, et l'*Unité économique* se trouvera ainsi établie dans la phase de la concurrence comme elle l'a été dans les phases précédentes de la communauté et du monopole. Alors, la production et la distribution des services, enfin pleinement soumises, dans toutes les branches de l'activité humaine, au gouvernement des lois économiques, pourront s'opérer de la manière la plus utile.

---

(1) ADAM SMITH. *La Richesse des nations.* Liv. IV. Chap. II.

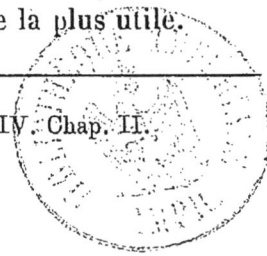

FIN.

TABLE DES MATIÈRES

TROISIÈME PARTIE

DE LA CIRCULATION

QUATRIÈME PARTIE

DE LA CONSOMMATION

ONZIÈME LEÇON. — *Le revenu.* — *La consommation utile et la consommation nuisible.* — Comment se forment les revenus. — Sources et formes diverses des revenus. — Des causes naturelles de l'inégalité des revenus. — Inégalité des aptitudes productives et des milieux où elles s'exercent. — Inégalité des aptitudes conservatrices ou accumulatives. — Que l'égalité des revenus, partant, des conditions est contraire à la nature des hommes et des choses. — Que les revenus sont naturellement mobiles comme ils sont naturellement inégaux. — Des causes artificielles de l'inégalité des revenus. — Que ces causes se résument dans la spoliation. — Raison d'être économique de la spoliation. — Des formes progressives de la spoliation, vol, brigandage, piraterie, conquête, esclavage, monopoles, priviléges. — De la spoliation contenue dans l'ancien régime des corporations ; — dans le régime moderne de la protection ; — son mode d'action et ses résultats. — Des autres forteresses de la spoliation, le monopole gouvernemental, les priviléges en matière de crédit, d'association, etc. — De la spoliation sous forme de communisme, en matière de production intellectuelle. — Des procédés employés pour immobiliser l'inégalité artificielle des revenus. — De la déperdition de forces et de richesses que la spoliation occasionne. — Ce qu'il faut penser d'une liquidation sociale des résultats de la spoliation. — Que les révolutions ne suppriment pas la spoliation ; qu'elles la transforment en l'aggravant. — Qu'il importe d'atteindre les inégalités artificielles non dans leurs résultats mais dans leurs causes. — Que ces causes ayant disparu, les inégalités artificielles feront place non à une égalité chimérique mais à l'inégalité naturelle.